open
source
P R E S S

Konstantinos Agouros

DNS/DHCP

Grundlagen und Praxis

Bibliografische Information Der Deutschen Nationalbibliothek

Die Deutsche Nationalbibliothek verzeichnet diese Publikation in der Deutschen Nationalbibliografie; detaillierte bibliografische Daten sind im Internet über http://dnb.d-nb.de abrufbar.

© 2007 Open Source Press, München
Gesamtlektorat: Ulrich Wolf
Satz: Open Source Press (LaTeX)
Umschlaggestaltung: www.fritzdesign.de
Gesamtherstellung: Kösel, Krugzell

ISBN 978-3-937514-35-2   http://www.opensourcepress.de

Inhaltsverzeichnis

Vorwort

DHCP und DNS sind zwei Protokolle, die im Hintergrund eines Netzwerks ihren Dienst verrichten und von denen die meisten Anwender nicht einmal wissen, dass es sie gibt.

Als mich mein Lektor Ulrich Wolf fragte, ob ich nicht ein Buch über dieses Gespann schreiben möchte, dachte ich zunächst, die beiden könne man zwar gemeinsam beschreiben, aber ein großer Zusammenhang sei kaum herzustellen. Wir sehr DHCP und DNS jedoch als „Strippenzieher" zusammengehören und gemeinsam die Geschicke im Netzwerk bestimmen, wurde mir erst im Laufe der Arbeit so richtig bewusst.

DHCP ist das weniger komplexe Protokoll, trotzdem gibt es eine lange Liste von Optionen zur Übermittlung von Konfigurationsdaten, von denen in der Praxis nur ein kleiner Teil zum Einsatz kommt. Viele Administratoren begnügen sich damit, IP-Adressen, DNS-Server-Adressen und Defaultroute zuzuweisen. Das Protokoll bietet aber eine Fülle weiterer Möglichkeiten, Clients im Netz zu konfigurieren und ihnen Fähigkeiten zu verleihen, von denen sie andernfalls gar nichts „wüssten".

DNS ist einer der ältesten Dienste im Internet und mittlerweile einer der komplexesten. Die ersten RFCs, die sich mit der Zuordnung von Namen zu Adressen befassen, stammen aus den 1970-er Jahren. Heute bildet DNS das Rückgrat für das gesamte Internet wie auch für jedes LAN. Neben der Namen-Adressen-Verwaltung regelt DNS zahlreiche Dienste, von denen E-Mail der erste und bis heute einer wichtigsten ist. Doch auch neuere Technologien wie Voice over IP oder Microsofts Active Directory Service sind ohne DNS und dessen moderne Erweiterungen wie NAPTR-Records oder ENUM undenkbar.

Dieses Buch möchte erklären, was die beiden Protokolle leisten können und wie sie es tun. Da man sich nach meiner Überzeugung leichter tut, wenn man versteht, wie etwas funktioniert, werden jeweils die theoretischen Grundlagen aus den RFCs zusammengefasst. Das sind (vor allem bei DNS) eine ganze Menge, so dass wir uns hier auf die wichtigsten beschränken.

DHCP soll eine Arbeitserleichterung für den Administrator sein, damit ein Gerät „einfach so" funktioniert. Kommt es zu Problemen, obliegt die Fehlersuche jedoch dem Administrator. Um es gar nicht erst soweit kommen zu lassen oder wenigstens die Fehlersuche zu vereinfachen, stellt das Buch Optionen für verschiedene DHCP-Clients von Windows, MacOS, Linux und Solaris vor, damit diese gleich richtig konfiguriert werden können. Ferner zeigt es, mit welchen Werkzeugen man nach Fehlern suchen kann. Auf der Server-Seite ist der ISC-DHCP-Daemon der in der Open-Source-Welt am weitesten verbreitete und wird deshalb ausführlich erläutert; daneben stellt dieses Buch aber auch weitere Daemons für Cisco und Solaris vor.

Trotz der vielen Jahre, die DNS schon im Einsatz ist (oder gerade deswegen?), machen Administratoren bei der Konfigurationen immer noch manches falsch. Dies führt dazu, dass E-Mail nicht ankommt oder Webseiten nicht erreichbar sind. Schon 1996 erschien darum ein eigener RFC „Common Errors". Meine Auswertungen von Sicherheitslogfiles (bei denen ich auch nach DNS-Reverse-Records für IP-Adressen in Firewall-Logs suche) zeigt, dass die in diesem RFC aufgeführten Fehler auch nach zehn Jahren immer noch hochaktuell sind. Um den Leser davor zu bewahren, beschreibt das Buch eine empfohlene Vorgehensweise bei der Konfiguration, wobei auch auf neuere Entwicklungen wie SRV oder NAPTR eingegangen wird.

Da Sicherheitsfragen in Netzwerken mein Hauptberuf sind, sind auch Kapitel zu Sicherheitsaspekten der beiden Protokolle enthalten.

Ich hoffe, das Buch gibt Ihnen die notwendigen Informationen an die Hand, um DHCP und DNS sicher und störungsfrei zu betreiben, und wird so zu einem brauchbaren Ratgeber und Nachschlagewerk bei Ihrer Arbeit.

Danksagung

Zuallererst möchte ich Ulrich Wolf von Open Source Press danken, ohne dessen Initiative und beständiges Nachhaken bei Unklarheiten im Manuskript dieses Buch nicht möglich gewesen wäre.

Mindestens ebenso viel Dank gebührt Katharina Komarnicki, die das ganze Werk kritisch gelesen hat und deren Fragen und Kommentare mich immer wieder auf den Boden der Tatsachen zurückgeholt haben.

Ich danke Otmar Lendl für seine Kommentare zu ENUM sowie Markus Stumpf und Lutz Donnerhacke für ihre Ratschläge für den DNS-Teil des Buches. Weiterhin gebührt Dank dem IRC-Kanal #NOC,

Last but not least danke ich meinen Kollegen Martin Auer, Jürgen P. Meier, Chris Patzer und Bernd Raschke für die Diskussionen, und dass ich sie während der Schaffensperiode nerven durfte.

Teil I

DHCP

Theorie

Jeder Administrator, der mehr als drei Rechner in einem Netzwerk betreibt, ist froh, wenn er nicht jedes Gerät einzeln für das Netzwerk konfigurieren muss. Das Hinzufügen eines Rechners ist zwar nicht allzu mühsam, aber spätestens bei der ersten Änderung eines zentralen Parameters wie etwa des Defaultrouters spart man sich viele Wege im inzwischen wahrscheinlich gewachsenen Netzwerk, wenn die Konfiguration der Netzwerkeinstellungen zentral erfolgt. Bei Netzen von einigen Hundert oder gar Tausend Geräten ist an eine manuelle Konfiguration ohnehin nicht mehr zu denken.

Mit dem *Bootstrap Protocol* (BOOTP) wurde in den 80-er Jahren ein erstes Protokoll geschaffen, das die automatische Konfiguration der Adresse in einem LAN sicherstellte. Diesem folgte in den 90-er Jahren das weitaus flexiblere *Dynamic Host Configuration Protocol* (DHCP), welches es erlaubt, neben der Adresskonfiguration eine ganze Liste von Konfigurationsdaten über das Netzwerk an die Clients zu senden.

DHCP ist wie das *Domain Name System* (DNS), das im zweiten Teil dieses Buches beschrieben wird, ein Protokoll „im Hintergrund". Clients, die sich per DHCP in das Netzwerk konfigurieren, liefern mit Formulierungen wie

„IP-Adresse automatisch beziehen" einen Hinweis auf das eingesetzte Verfahren. DHCP-Server, die den Dienst bereitstellen, findet man heute nicht nur auf Servern: Die meisten DSL-Router, die Internetprovider ihren Kunden für den Netzzugang anbieten, stellen IP-Adressen für die LAN-Seite des Netzwerks über DHCP bereit.

1.1 Geschichte

In der Frühzeit des Internet war es noch möglich, die wenigen Geräte IP-basierter LANs manuell zu konfigurieren. Doch schon in den 80-er Jahren wurde das Booten von Workstations über das Netzwerk populär, entweder um ganz ohne Harddisk zu laufen oder die Installation über das Netzwerk zu bekommen. Um nun nicht bei jedem Start die richtige IP-Adresse eingeben zu müssen, war ein entsprechendes Protokoll notwendig.

Der Ansatz hieß *Reverse ARP* (RARP). Im Gegensatz zu ARP – dem *Address Resolution Protocol* zur Zuordnung von MAC-Adresse zu IP-Adresse – wird hier die Frage ins Netz gestellt: „Welche IP hat die MAC-Adresse xy?"

Damit war es jedoch noch nicht getan, denn eine IP-Adresse allein liefert noch keine Angaben zum Routing, zur DNS-Auflösung und – für den Netzwerkboot ganz wichtig – zur Bezugsquelle für die Dateien. Also wurde der RPC-basierte Dienst *Bootparam* entwickelt, mit dem der Ablauf beim Start eines Clients wie folgt aussieht:

1. IP-Adresse mittels RARP ermitteln

2. per Broadcast in dem Netz nach Bootparametern fragen

3. IP-Konfiguration aufgrund der Parameter anpassen

4. Bootfile- und Serverangaben für den Bootvorgang

Um diesen Prozess und auch den Verwaltungsaufwand zu verringern (bei individueller Konfiguration müssen alle Hosts in /etc/ethers und /etc/bootparams gepflegt werden), entwickelten Bill Croft von der Stanford University und John Gilmore von Sun[1] 1985 BOOTP. Damit konnte ein Gerät im LAN durch den Austausch von Nachrichten (Bootp Request/Bootp Reply) alle notwendigen Parameter abfragen.

Mit DHCP folgte der vorerst letzte Schritt in der Evolution des Protokolls, das die mangelnde Flexibilität von BOOTP bei stetig gewachsenen Anforderungen an ein solches Protokoll ausglich. DHCP ist abwärtskompatibel zu BOOTP, so dass auch Geräte, die nur das ältere Protokoll sprechen, von einem DHCP-Server bedient werden können.

---

[1] Wer eine Sun Workstation mit `boot net` startet, verwendet auch im Jahr 2007 immer noch `rarp/bootparam` – die Verwendung von DHCP muss angegeben werden.

1.2 RFCs

Wie viele andere Protokolle, wird auch DHCP von der *Internet Engineering Taskforce* (IETF) standardisiert. Die Dokumentationen werden von der IETF *Requests for Comments* (RFC) genannt, was bereits deutlich macht, dass die Entstehung eines Protokolls ein offener Prozess ist, an dem sich jeder Interessierte beteiligen kann. Der Titel eines RFC nennt das Thema, und eine zusätzliche Nummer gibt Hinweise auf das Themengebiet. Die für DHCP wesentlichen RFCs sind 2131 und 2132 (2131 löst den älteren RFC 1541 ab). Der RFC für das ältere BOOTP ist 951, dieser wird aber nicht mehr weiterentwickelt.

Tabelle 1.1 gibt eine Übersicht über die aktuellen RFCs zum Thema DHCP.

RFC	Beschreibung	
951	Ursprünglicher BOOTP-RFC	Tabelle 1.1: DHCP-RFCs
1542	Klarstellungen und Erweiterungen zu BOOTP	
2131	DHCP (ersetzt RFC 1541)	
2132	DHCP-Optionen und BOOTP-Herstellererweiterungen	
2485	DHCP-Optionen für das *Open Group's User Authentication Protocol*	
2489	Prozedur zur Definition neuer DHCP-Optionen	

1.3 Funktionsweise

Im einfachsten Fall hat ein Rechner eine physische Verbindung zum lokalen Netzwerk, verfügt aber selbst weder über eine IP-Adresse noch eine IP-Konfiguration. Daher schickt er eine DHCP-Anfrage in einem Paket an die Broadcastadresse im Netzwerk – auf IP-Ebene lautet diese 255.255.255.255. Auf der darunterliegenden Ebene (z. B. Ethernet) wird ebenfalls die entsprechende Broadcastadresse verwendet (z. B. FF:FF:FF:FF:FF:FF) ebenso wie für andere Hardwareschichten. Damit ist sichergestellt, dass alle mit dem Netz verbundenen Rechner die Anfrage erhalten und der Server sie beantworten kann. Das Paket mit der Anfrage wird als UDP-Paket an Port 67 gesendet, also dieselbe Portnummer, die auch BOOTP-Server verwenden. DHCP-Server können auch als BOOTP-Server für ältere Geräte fungieren.

Die erste Nachricht ist vom Typ DHCPDISCOVER. Der Client erfragt so ohne Vorgabe einer eigenen IP-Adresse eine Netzwerkkonfiguration. Die Menge der Informationen, die ein Client erwartet, ist variabel. Verschiedene Betriebssysteme etwa verlangen unterschiedliche Listen von Optionen, die sie für den Netzbetrieb benötigen. Die Abfrage folgender Angaben ist üblich:

- eigene IP-Adresse

- Defaultroute

- DNS-Server

Nach weiteren Optionen fragt der Client bei Bedarf: Windows-Systeme bei-
spielsweise nach NetBios Servern, Sun Install Clients nach dem Fileserver
und dem Dateinamen zum Booten. Abbildung 1.1 stellt den Aufbau eines
DHCP-Pakets dar. Sämtliche Parameter sind fest definiert und von fester
Länge, erst im Teil options folgt der variable Anteil, der sich in Anzahl und
Länge unterscheiden kann.

Abbildung 1.1:
DHCP-Paket

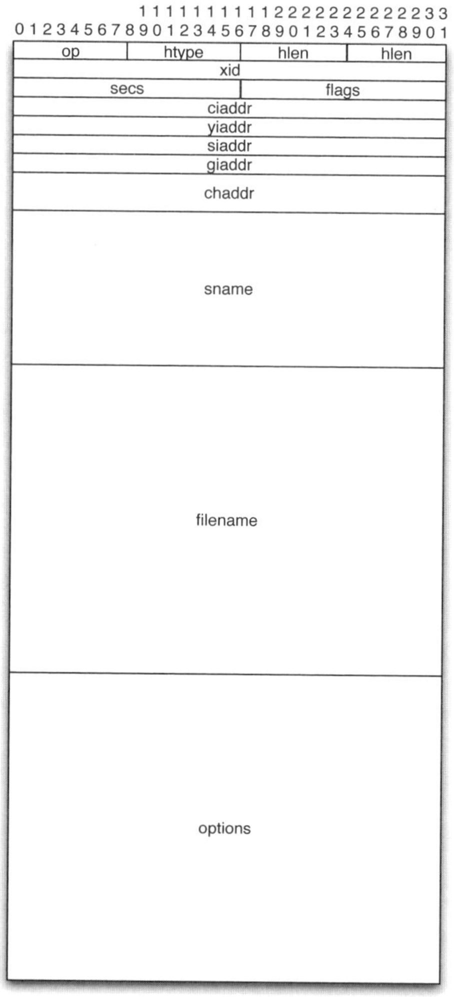

Die Felder haben die folgende Bedeutung:

`xid`

Transaktions-ID zur Zuordnung von Fragen und Antworten

`ciaddr`

IP-Adresse des Clients (beim Discover leer)

`yiaddr`

IP-Adresse, die der Server zuweisen möchte

`siaddr`

IP-Adresse des Servers

`giaddr`

IP-Adresse eines DHCP-Relays (siehe 1.4)

`chaddr`

Hardware-Adresse des Clients (MAC bei Ethernet); das Feld belegt 64 Bit.

`sname`

optionaler Servername, der bei Netzwerkboots benötigt wird; das Feld belegt 256 Bit, ist in einem Discover leer und wird im Offer gesetzt.

`file`

Dateiname für ein Bootfile bei einem Netzwerkboot; das Feld belegt 1024 Bit, der Dateiname kann also maximal 128 Zeichen lang sein.

Dem Client können nun mehrere Server antworten.[2] Diese Antworten heißen DHCPOFFER. Der Client kann abwarten, ob mehr als eine Antwort ankommt, und dann aufgrund der angebotenen Parameter entscheiden, welche „Offer" er annimmt. Um nun die Adresse tatsächlich zugewiesen zu bekommen, schickt der Client eine Nachricht vom Typ DHCPREQUEST. Das Paket wird daraufhin nicht an die Broadcastadresse gesendet, sondern an den Server, dessen Parameter der Client akzeptiert hat. In diesem Request ist auch das Feld der angefragten IP-Adresse nicht leer, sondern enthält die Adresse aus dem Angebot des Servers. Schließlich quittiert der Server die Adresszuweisung mit einer Nachricht vom Typ DHCPACK (Acknowledged), in der die tatsächlich übermittelten und gespeicherten Parameter sicherheitshalber nochmals mitgeschickt werden. Bei Erhalt der ACK-Nachricht sollte der Client überprüfen, ob die Hardwareadresse im Paket stimmt, und mittels ARP Requests testen, ob die zugewiesene Adresse nicht doch schon im Netz existiert. Wenn dies der Fall ist, teilt der Client dem Server den

---

[2] Häufig sorgen im Netzwerk DHCP-Server für Verwirrung, die aktiviert und dann vergessen wurden, denn sie versorgen Clients weiterhin mit (falschen) Netzwerkparametern.

Misserfolg in einem DHCPDECLINE mit. Verweigert der Server die Zuteilung (als Antwort auf das Request-Paket), schickt er ein DHCPNAK (Not Acknowledged) statt eines ACK. Bleiben die Anfragen des Client unbeantwortet, probiert er es mehrere Male von Neuem mit einer DHCPDISCOVER-Nachricht.

Abbildung 1.2 zeigt den Verlauf am Beispiel eines Clients, der im Netzwerk 192.168.1.0 nach einer Adresse sucht. Der DHCP-Server hat die Adresse 192.168.1.1.

Abbildung 1.2:
Verlauf einer
DHCP-Anfrage

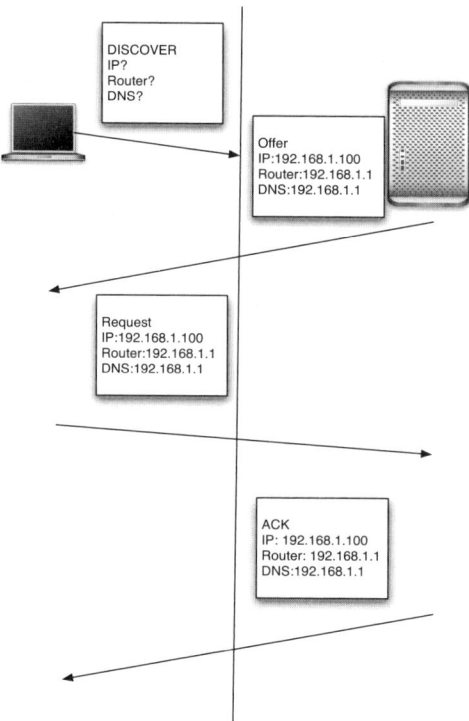

Eine zugewiesene IP-Adresse kann der Client beim Herunterfahren mit einer DHCPRELEASE-Nachricht an den Server wieder freigeben. Damit steht sie im Pool wieder zur Verfügung, was die Flexibilität in kleinen Netzen erhöht, wo nur wenige Adressen zur Verfügung stehen. Ob dies geschieht, hängt von der Implementierung des Clients ab. Im RFC wird dieses Verhalten mit „should" empfohlen: Der Client *kann* so verfahren, *muss* es aber nicht, wenn er dem Standard entsprechen will.

Jede zugewiesene Adresse ist mit einer Gültigkeitsdauer (*Lease Time*) versehen, die von der Konfiguration des DHCP-Servers abhängt. Ist diese überschritten, findet die Verhandlung von Neuem, aber verkürzt, statt: Der Cli-

ent schickt einen DHCPREQUEST mit den zuletzt gültigen Parametern an
den DHCP-Server, um nach Möglichkeit die alte IP-Adresse zu behalten.
Auch bei einem Neustart kann ein Client die Verhandlung mit den Angaben der letzten Verbindung im Request beginnen. Ist das Netz dasselbe und
die Adresse noch nicht wieder vergeben, kann der Server per ACK einfach
bestätigen. Andernfalls sendet er ein NAK, und der Client fängt mit dem
DHCPDISCOVER von vorne an.

1.3.1 DHCPINFORM

Ein in RFC 2131 neu hinzugekommener Messagetyp ist DHCPINFORM.
Laut RFC dient diese Nachricht einem Client mit einer extern (z. B. fest)
konfigurierten Adresse dazu, weitere Konfigurationsparameter im Netz (etwa vom DNS-Server oder dem Defaultrouter) zu erfragen. Der Client schickt
eine DHCPINFORM-Nachricht an den Server (oder per Broadcast, wenn
der Server nicht bekannt ist) und trägt seine eigene IP-Adresse als Client-
Adresse in das Paket ein. Der Server antwortet mit einem DHCPACK, das
die angefragten Parameter enthält. Der Server kann die Anfrage auf Konsis-
tenz in Bezug auf die von ihm verteilte Netzwerkkonfiguration prüfen, darf
aber keine Lease Time zuweisen.

Im *Web Proxy Autodiscovery Protocol* (WPAD) werden im ersten Schritt DH-
CPINFORMs verwendet. Dabei wird an den DHCP-Server ein Inform mit
der Option 252 (diese ist per Konvention, nicht per RFC vergeben) auf
der Liste der angefragten Optionen gesendet. Als Antwort sollte der Client
einen String mit einer URL für ein Proxy-Autokonfigurationsskript erhalten.

Wenn man den RFC streng auslegt, ist es aus Sicht des Servers eigentlich
falsch, dass ein Client, der über den DHCP-Server seine Parameter bekommen hat, ein INFORM statt eines REQUEST schickt. Da aber auf der anderen Seite eine Applikation, nämlich der Webbrowser, diese Anfrage stellt,
bewegt man sich hier in einer Grauzone.

1.4 Relaying

Die Broadcasts der Clients erstrecken sich immer nur über ein LAN-Segment. Wenn man nicht in jedes Subnetz einen eigenen DHCP-Server stellen
möchte, bietet es sich an, einen DHCP Relay Agent auf einem dazwischen-
liegenden Router einzurichten. Diese Vorgehensweise ist übrigens schon
im BOOTP festgelegt; der DHCP-RFC fordert ja Kompatibilität mit der alten
Spezifikation.

Somit kann ein DHCP-Server Clients in verschiedenen Netzen bedienen
und für verschiedene Netze auch verschiedene Konfigurationen zuweisen.
Damit der Server aber nun weiß, aus welchem Netz die Anfrage kommt,

muss dies bereits im Discover, das ja eigentlich noch gar keine IP-Adressen enthält, kenntlich gemacht werden. Dazu füllt der Relay Agent das `giaddr`-Feld im DHCP-Paket mit der IP-Adresse des Interface aus, auf dem die Anfrage empfangen wurde. So kann der DHCP-Server das Subnetz zuordnen und die entsprechenden Parameter zuweisen.

Abbildung 1.3 zeigt, wie der DHCP-Server in Netz 192.168.1.0/24 Anfragen aus dem Netz 192.168.2.0 beantworten kann, wenn der Router die IP-Adressen 192.168.1.254 bzw. 192.168.2.254 hat.

Abbildung 1.3:
DHCP mit Relay
Agent

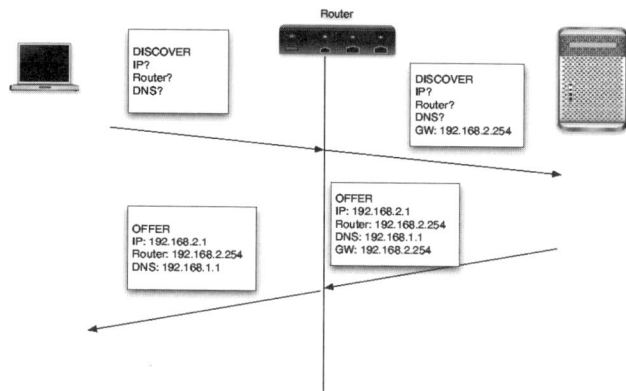

Diese Funktionalität stammt, wie bereits erwähnt, noch aus dem BOOTP-Standard, so dass BOOTP Relay und DHCP Relay dasselbe meinen (beide Formulierungen kommen häufig vor).

1.5 Optionen

Bereits im BOOTP gab es Raum für Erweiterungen in Form eines sogenannten *Vendor Space*, in dem Hersteller netzwerkbootfähiger Hardware eigene Parameter unterbringen konnten. BOOTP- und DHCP-Optionen sind dabei weitgehend austauschbar. Kapitel 9 des RFC 2132, des aktuellen RFC für BOOTP- und DHCP-Optionen, erklärt die DHCP-spezifischen Ausnahmen.

An diesen wird auch der Unterschied im Anfragen und Zuteilen von Optionen (die bei BOOTP *Vendor Extensions* heißen) deutlich: Eine DHCP-spezifische Option ist die Optionenliste in einem DHCPREQUEST. DHCP-Clients können damit die Liste der Optionen festsetzen, die sie mitgeteilt bekommen möchten. Diese Funktion steht bei BOOTP nicht zur Verfügung, so dass hier alle konfigurierten Optionen mitgeschickt werden.

Ein weiterer Unterschied betrifft die Lease Time. Im Gegensatz zu BOOTP kann bei DHCP die Zuteilung einer IP-Adresse zeitlich begrenzt sein.

Um etwas mehr Struktur in den potentiellen Wildwuchs an Herstellererweiterungen zu bringen, wurde für DHCP die sogenannte *Vendor Class* eingeführt. Dabei handelt es sich um eine Zwischenstufe, unterhalb derer Optionen umdefiniert werden können. Der Vendor Space selbst ist ein String, z. B. SUNW, der von Sun Workstations bei einem Netzwerkboot per DHCP verwendet wird.

Wenn ein Client nach Optionen verlangt, die auf dem Server nicht konfiguriert sind, muss der Server die Frage nach diesen Optionen ignorieren und dem Client eine Antwort mit allen bekannten Werten senden. Dabei darf der Server eine Meldung ausgeben, dass eine Frage nach etwas Unbekanntem gestellt wurde. Der Client soll dennoch versuchen fortzufahren, selbst wenn nicht alle Fragen beantwortet wurden – auf die Gefahr hin, dass dann nicht unbedingt alle Funktionalitäten zur Verfügung stehen. Auch hier kann der Client eine Meldung ausgeben, dass eine angefragte Option nicht beantwortet wurde.

1.5.1 Gebräuchliche Optionen

Im Folgenden werden von den vielen laut RFC 2132 verabschiedeten Optionen diejenigen vorgestellt, die tatsächlich in der Praxis Anwendung finden.

Der Abschnitt 2.4.3 erläutert dann die Syntax der dhcpd.conf für diese Optionen.

Subnet Mask
: Subnetzmaske, die im LAN gilt und die der Schnittstelle zugewiesen werden soll.

Router
: gibt den oder die Defaultrouter in einem Netz an. Es handelt sich um eine nach Präferenz sortierte Liste von IP-Adressen.

Domain Name Server
: eine Liste von IP-Adressen von DNS-Servern, die zur Namensauflösung verwendet werden können.

Log Server
: ein Syslog-Server, an den der Client seine Logfiles senden soll.

LPR Server
: ein Druckserver, der über das LPD-Protokoll angesprochen werden kann.

Domain Name
: der Name der DNS-Domain, in der sich der Client befindet. Dieser wird auch zur Auflösung von unqualifizierten Hostnamen benutzt – wie die Option domain in der Datei /etc/resolv.conf.

Perform Router Discover

legt fest, ob der Client nach der Methode aus RFC 1256 selbst nach Routern im Netz suchen soll (Ja/Nein).

Static Route

übergibt eine Liste von statischen Routen, die nicht classless sind (also mit 8-, 16- oder 24-Bit-Netzmaske). Die Manpage des ISC-DHCP Daemon hält diese Option für nicht mehr zeitgemäß, ein aktuelles Windows-XP und auch der dhcpcd unter Linux fragen allerdings danach.

Host Name

der eigene Hostname als nullterminierter String.

NetBIOS over TCP/IP Name Server

enthält eine Liste von IP-Adressen von NetBIOS-Nameservern. Die Reihenfolge bestimmt die Priorität.

NetBIOS over TCP/IP Datagram Distribution Server

enthält eine Liste von IP-Adressen, die NetBIOS-Broadcasts in IP-Broadcasts umwandeln. Genauere Erklärungen hierzu finden sich in RFC 1001.

NetBIOS Node Type

enthält den Node Type als Zahl. Mögliche Werte sind:

1 B-Node, der nur Broadcasts schickt und kein WINS verwendet

2 P-Node, der keine Broadcasts schickt und nur WINS verwendet

4 M-Node, der erst Broadcast und dann WINS versucht

8 H-Node, der erst WINS und dann Broadcasts versucht

NetBIOS Scope

ein String, der den NetBIOS-Scope enthält. Laut RFC 1001 ergibt sich aus NetBIOS-Namen und Scope ein gültiger DNS-Hostname.

NTP Server

eine Liste möglicher NTP-Server, nach ihrer Wichtigkeit geordnet.

NIS Server

eine Liste von NIS-Server, nach ihrer Wichtigkeit geordnet.

NIS Domain

ein String, der die NIS-Domain angibt.

Subnet Mask

die Subnetz-Maske, die in dem Netz gelten soll.

Time Offset

eine Zahl (Sekunden), die die Verschiebung der Zeitzone des Client von der Coordinated Universal Time (UTC) angibt. Befindet sich der Client in einer Zeitzone westlich von Greenwich, so sind negative Werte anzugeben.

Time Server

eine Liste von Time Servern, die die Zeit gemäß RFC 868 übermitteln. Dieser Dienst lässt sich in der Regel über die `/etc/inetd.conf` oder die `/etc/xinetd.conf` aktivieren. Er ist allerdings nicht so genau wie NTP.

Es gibt im RFC noch eine Liste von Parametern für die IP-Konfiguration (wie MTU oder Default TTL) sowie Optionen für TCP-Parameter (wie TTL oder Keepalive-Intervalle). Dem Autor sind allerdings keine Clients bekannt, die dies anfragen und nutzen. Lediglich der `dhcpcd` von Linux fragt nach der IP Default TTL.

2 Kapitel

ISC-DHCP

Der am weitesten verbreitete DHCP-Server ist der DHCPD des *Internet Software Consortium* (ISC). Er läuft auf fast allen Betriebssystemen, darunter allen gängigen Unix-Dialekten, und ist der Standard-Server in fast allen Linux-Distributionen. Er lässt sich als fertiges, vom Distributor bereitgestelltes Paket installieren oder aus den Quellen übersetzen. Das ISC zeichnet auch für den Nameserver BIND verantwortlich. Beide Projekte können als Referenzimplementierung für die jeweiligen Protokolle betrachtet werden.

Darüber hinaus ist die Auswahl an DHCP-Daemons nicht besonders vielfältig. Neben der ISC-Implementierung gibt es den frei verfügbaren udhcp. Sun liefert eine eigene DHCP-Implementierung in Solaris, und Windows-Server-Betriebssysteme bringen ebenfalls einen DHCP-Dienst mit. Netzwerkdevices wie Router oder Hardware-Firewalls besitzen häufig ebenfalls einen DHCP-Server-Dienst.

2.1   Installation aus dem Quellcode

Für jene, denen kein fertiges Binärpaket zur Verfügung steht, soll es im Folgenden um das Übersetzen aus dem Quellcode gehen. Dieser ist unter `http://www.isc.org` verfügbar. Das Tar-File packt sich in ein Unterverzeichnis `dhcp-version` aus, das man also zuvor nicht eigens anlegen muss.

Es gibt ein Configure-Script, so dass die Kombination `./configure && make && make install` funktioniert. Allerdings bietet das Script kaum Optionen, um zum Beispiel das Installationsziel zu verändern. Standard-Installationsziel ist `/usr/`. Da auch eine Hilfefunktion fehlt, bleibt nur: „Read the source, Luke!"

Interessant ist die Option `--copts`, mit der Compileroptionen an den GCC durchgereicht werden können.

Innerhalb des Source-Verzeichnisses legt das Konfigurationsskript ein Unterverzeichnis `build.systemname` an (also `build.linux` oder für MacOSX `build.darwin`). Dort wird alles abgelegt, was der Compiler erzeugt.

Neben dem eigentlichen DHCP-Daemon werden auch ein DHCP-Client sowie die `omshell` installiert, ein Kommandozeilentool, um den DHCP Daemon zu steuern und zu verwalten.

2.2   Dateien

Folgende Dateien und Verzeichnisse sind für einen funktionierenden DHCP-Daemon notwendig:

`dhcpd.conf`
    Konfigurationsdatei, in der alle Parameter vermerkt sind.

`var/lib/dhcp`
    oder ein ähnliches Verzeichnis, in das der DHCP-Daemon schreiben kann. Wenn dieser mit einer eigenen Benutzerkennung läuft, muss das Verzeichnis für diese Kennung schreibbar sein.

`dhcpd.leases`
    (im schreibbaren Verzeichnis) enthält die zugeteilten Adressen mit einem Vermerk, wann die Zuteilungen beginnen und enden, in welchem Zustand sie sich gerade befinden, welche MAC-Adresse sie zuletzt zugeteilt bekommen haben und gegebenenfalls die Hostnamen der Clients. In einer hochverfügbaren Konfiguration werden auch die Zustände der HA-Partner hier vermerkt.

Vor dem ersten Start des Daemon muss die Datei dhcpd.leases existieren und schreibbar sein, andernfalls gibt der Daemon eine Fehlermeldung
aus. Mittels touch dhcp.leases im richtigen Verzeichnis kann sie angelegt werden. Die dhcpd.conf wird normalerweise unterhalb von /etc
erwartet, ein anderer Pfad kann dhcpd über eine Kommandozeilenoption
mitgegeben werden.

2.3 Start des Programms

Die Arbeitsweise des DHCP-Daemon wird im Wesentlichen über die Datei
dhcpd.conf gesteuert. Zusätzlich gibt es einige Kommandozeilenoptionen.
Die wichtigste Angabe ist die Schnittstelle (oder die Schnittstellen), auf denen der Server Anfragen akzeptieren soll.

Die folgenden Optionen stehen zur Verfügung:

-p *Portnummer*
> Wenn der DHCP-Daemon nicht auf Port 67 auf Anfragen warten soll,
> ist diese Option unter Angabe der anderen Portnummer zu verwen-
> den. Dies ist allerdings bestenfalls zu Testzwecken nützlich.[1]

-f
> startet den DHCP-Daemon im Vordergrund.

-d
> leitet die Meldungen des DHCP-Daemon an den Standard-Error-File-
> deskriptor des Aufrufenden, statt sie über Syslog zu protokollieren.

-cf *Konfigurationsdatei*
> benutzt Konfigurationsdatei statt (/etc/dhcpd.conf)

-lf *Leasedatei*
> benutzt Leasedatei statt der Standard-Leasedatei als Speicherort für
> die vergebenen Adressen. Auch diese Leasedatei muss vor dem ersten
> Start existieren und schreibbar sein. Sie darf leer sein, also genügt ein
> touch *Leasedatei*, um sie anzulegen.

-pf *PID-Datei*
> Wenn ein anderes als das Standard-PID-File (/var/run/dhcpd.pid)
> verwendet werden soll, so wird dieses hinter der Option -pf angege-
> ben.

-q
> unterdrückt die Meldung mit dem Copyright-Text des ISC, die der ISC
> beim Start normalerweise ausgibt („quiet").

---

[1] Oder für einen Proxy-DHCP-Dienst, auf den Abschnitt 3.4.2 eingeht.

`-t`

lässt den DHCP-Daemon nicht starten, sondern lediglich die Konfiguration auf Syntaxfehler testen.

`-T`

dient der Überprüfung der Leasedatei.

`-tf` *Tracedatei*

veranlasst den DHCP-Server, ein vollständiges Aktivitätslog zu schreiben, welches wieder eingespielt werden kann. Damit lassen sich verschiedene Konfigurationen testen, auch wenn die Clients nicht in der gleichen Reihenfolge ihre Anfragen senden.

`-play` *Tracedatei*

spielt ein Aktivitätslog wieder ein.

2.4 Aufbau von `dhcpd.conf`

Der wesentliche Inhalt der Datei sind Parameter für die Clients im Netz. Dabei können Optionen hierarchisch angegeben werden, entweder für alle Anfragen, für ein Subnetz, einen Adresspool in einem Subnetz oder letztlich für jeden Host individuell. Optionen werden vererbt, so dass die jeweils spezielleren Optionen die allgemeineren überschreiben.

Um dies an einem Beispiel zu illustrieren, sei folgende Situation gegeben:

- DNS-Server für alle Clients ist 192.168.1.1

- Defaultrouter für alle Clients ist 192.168.1.254

- DNS-Domain für alle Clients ist `opensourcepress.de`

- das Subnetz 192.168.1.16-192.168.1.31 hat den Defaultrouter 192.168.1.30

- der Host 192.168.1.25 soll die DNS-Domain `opensourcepress.net` haben

Wenn also der Host 192.168.1.25 nach seiner Konfiguration fragt, so bekommt er neben seiner IP-Adresse den Defaultrouter 192.168.1.30 und die Domain `opensourcepress.net` zugewiesen.

Zusätzlich kann es Parameter geben, die nicht die Clients betreffen. Dies sind Angaben für dynamische DNS-Updates (welche Zone an welchem DNS-Server mit welcher Authentisierung) und die Hochverfügbarkeit (für welchen Pool wird mit welchem anderen Server gearbeitet).

Eine einfache `dhcpd.conf` für das Netzwerk 192.168.1.0/24 soll den Aufbau verdeutlichen:

```
option domain-name "opensourcepress.de";
option domain-name-servers 192.168.1.1;
option routers 192.168.1.254;
ddns-update-style none;

subnet 192.168.1.0 netmask 255.255.255.0 {
  range 192.168.1.5 192.168.1.100;
}
```

Mit dieser kurzen Datei werden die Adressen von 192.168.1.5-192.168.1.100 an DHCP-Clients verteilt. Die erste Zeile teilt jedem Client als Defaultdomain opensourcepress.de zu, so dass diese bei der Auflösung von nicht-qualifizierten Hostnamen angehängt wird.

Zeile 2 setzt den DNS-Server auf 192.168.1.1. Diese beiden Zeilen würden bei einem Unix-System dazu führen, dass in der Datei /etc/resolv.conf folgende Einträge erzeugt werden:

```
nameserver 192.168.1.1
domain opensourcepress.de
```

Die dritte Zeile setzt den Defaultrouter auf 192.168.1.254. Sinnvollerweise packt man diese Option in den Subnetzblock, da jedes Subnetz einen anderen Defaultrouter hat. In diesem einfachen Beispiel kann die Angabe aber auch im allgemeinen Block stehen bleiben.

Zeile 4 enthält eine Anweisung zur Steuerung dynamischer DNS-Updates, mit denen der vom Client mitgeschickte Name im Nameserver eingetragen wird. Wie dies genau funktioniert, wird in Abschnitt 2.4.6 erklärt, für den Moment ist diese Funktion mit der Zeile 4 abgeschaltet. Ohne Angabe würde der DHCP-Server eine Fehlermeldung produzieren.

Schließlich folgt die Subnetzdefinition. Für diesen Netzblock (in dem auch unser DHCP-Server liegt) gilt die Range-Definition, aus der dann Adressen zugeteilt werden.

2.4.1 Syntax

An dem einfachen Beispiel wird die Syntax der dhcpd.conf deutlich. Anweisungen werden immer mit einem Semikolon beendet, die Ausnahme sind Blockdefinitionen, die in geschweiften Klammern stehen. Alle DHCP-Optionen, die den Clients zugeteilt werden, haben die Form:

```
option optionsname wert;
```

Ist der Wert ein String wie etwa der Domainname, so wird dieser in doppelte Anführungszeichen gesetzt. Zahlen und IP-Adressen benötigen keine

Anführungszeichen. Boolesche Variablen bekommen den Wert `true` oder `false` ohne Anführungszeichen zugewiesen. Schließlich gibt es noch Listen (z. B. mehrere Nameserver). Hier sind die einzelnen Parameter durch ein Komma getrennt. In allen anderen Fällen wird die Syntax bei der Erklärung der Parameter erläutert.

2.4.2 Netzblöcke und Subnetze

Wenn ein DHCP-Server mehrere Subnetze bedient, stehen die subnetzspezifischen Angaben innerhalb von Subnetzblöcken in der `dhcpd.conf`. Mindestens der Defaultrouter und der Bereich, aus dem DHCP-Adressen vergeben werden, unterscheiden sich pro Subnetz. Ein Subnetzblock ist wie folgt aufgebaut:

```
subnet netzadresse netmask netzmaske {
Optionen für diesen Bereich
}
```

Der ISC-DHCPD braucht für jedes angeschlossene Netz und jedes Netz, für das er Adressen zuteilen soll, eine solche Definition. Auch wenn alle weiteren Parameter allgemeingültig sind, weil nur ein Netz bedient werden soll, wie im vorangegangenen Beispiel, ist dies zwingend notwendig. Soll zum Beispiel ein DHCP-Server für das Netz 10.1.1.0/24 zuständig sein, das hinter einem Router liegt, aber der Server selbst im Netz 192.168.1.0/24 stehen, so muss auch für das Netz 192.168.1.0/24 eine Subnetzdefinition vorhanden sein. Diese kann leer sein, wenn in diesem Netz keine Anfragen bearbeitet werden sollen. Aber ohne diese Definition für die unmittelbar angeschlossenen Netze verweigert der DHCP-Daemon den Start.

Generell spart sich der Administrator Mühe, wenn er netzspezifische Parameter wie den Defaultrouter immer in `subnet`-Blöcke stellt, da dann weniger umkonfiguriert werden muss, wenn später einmal ein zweites Netz hinzukommt.

Der Parameter `range` gibt eine Start- und Endadresse an. Aus diesem Bereich werden dann die Clients bedient. Der Bereich muss in das Subnetz passen.

Sollten in demselben LAN-Segment mehrere verschiedene IP-Netze betrieben werden, für die der DHCP-Server Adressen verteilen soll, so müssen die `subnet`-Blöcke in einen `shared-network`-Block eingebettet werden. Wenn sich im selben LAN 192.168.1.0/24 und 192.168.2.0/24 befinden, sieht dies wie folgt aus:

```
shared-network mylans {
  parameter oder optionen für beide lans
  subnet 192.168.1.0 netmask 255.255.255.0 {
```

```
    parameter für das erste LAN
  }
  subnet 192.168.2.0 netmask 255.255.255.0 {
    parameter für das zweite LAN
  }
}
```

Pools

Wenn innerhalb eines Subnetzes unterschiedliche Parameter für verschiedene Gruppen von Hosts gelten sollen, kann als Hierarchiestufe innerhalb eines Subnetzes ein Pool dienen.

Um das Ganze an einem Beispiel zu erläutern, erweitern wir `dhcpd.conf` von Seite 30, so dass nur noch zehn unbekannte Hosts (ohne Angabe einer Hostdeklaration) eine Adresse zugeteilt bekommen. Der Rest steht für registrierte Hosts zur Verfügung.

```
option domain-name "opensourcepress.de";
option domain-name-servers 192.168.1.1;
ddns-update-style none;

subnet 192.168.1.0 netmask 255.255.255.0 {
  option routers 192.168.1.254;
  pool {
    range 192.168.1.5 192.168.1.14;
    allow unknown-clients;
  }
  pool {
    range 192.168.1.15 192.168.1.100;
    deny unknown-clients;
  }
}
```

Die Unterteilung erfolgt aufgrund des Rangs. Hier werden nur zehn Adressen an Hosts vergeben, die nicht explizit in der Konfigurationsdatei deklariert wurden. `allow unknown-clients` bzw. `deny unknown-clients` erlaubt bzw. verbietet unbekannten Hosts die Zuteilung einer IP-Adresse. Stünde eine dieser Anweisungen auf der äußeren Ebene, so würde sie für die gesamte Konfiguration gelten, könnte aber in einem `subnet`, `pool` oder `host` überschrieben werden.

Hosts

Die feinste Abstufung ist schließlich der einzelne Host. Die Zuordnung, welcher Client welchem Eintrag entspricht, erfolgt entweder über die MAC-Adresse oder einen DHCP-Client-Identifier, den der Client mitsenden muss. Dabei hat der Identifier die höhere Priorität.

Innerhalb einer Hostdeklaration können beliebige Optionen individuell gesetzt werden, also z. B. ein anderer Nameserver oder Router. Folgende Anweisungen beziehen sich nur auf einzelne Hosts:

`fixed-address`
> IP-Adresse, die der Client zugewiesen bekommen soll. Wenn sich der Client an verschiedene LAN-Subnetze anschließen kann, kann dieser Parameter mehrfach mit unterschiedlichen Adressen angegeben werden. Da der DHCP-Server „weiß", aus welchem Subnetz die Anfrage kam, kann die richtige Adresse ausgewählt werden. Der Parameter ist vom Typ IP-Adresse, also ohne Anführungszeichen anzugeben.

`hostname`
> der dem Client zugewiesen werden soll. Der Parameter ist ein String, muss also in Anführungszeichen stehen.

`dhcp-client-identifier`
> mit dem sich der Client beim Server meldet. Hiermit wird der Host identifiziert, so dass die richtige Hostdeklaration zugeordnet werden kann. Diese Option ist ein String, muss also in Anführungszeichen oder in einzelnen Bytes hexadezimal angegeben werden.

`hardware`
> der Schnittstelle. Falls kein Client-Identifier mitgeschickt wird, kann darüber die Zuordnung erfolgen. Das Format dieser Anweisung ist
>
> ```
> hardware Typ Adresse;
> ```
>
> Typ ist entweder `ethernet` oder `token-ring`. Dies ist als Schlüsselwort zu betrachten und wird daher nicht in Anführungszeichen gesetzt. Die Adresse schließlich ist eine MAC-Adresse, die wie auf Unix-Systemen üblich in sechs Oktetts mit Doppelpunkt getrennt angegeben wird (z. B. `00:11:22:33:44:aa`). Als Adresse wird auch dieser Parameter ohne Anführungszeichen angegeben. Führende Nullen können weggelassen und die Buchstaben bei Hexadezimalzahlen groß oder klein geschrieben werden.

Das folgende Beispiel enthält zwei Hostdefinitionen. Der erste Host identifiziert sich über die Hardwareadresse, der zweite über einen Identifier.

```
host host1 {
    hardware ethernet 0:aa:bb:11:22:33;
    fixed-address 192.168.1.8;
}

host host2 {
    dhcp-client-identifier "host2";
    fixed-address 192.168.1.9;
}
```

Gruppen

group ermöglicht freie Gruppierungen ohne Hierarchie. Dem Schlüsselwort folgt direkt eine Klammer, innerhalb derer Parameter stehen, die dann
für alle eingeschlossenen Objekte, z. B. Hosts, gelten. Eine Anwendung ist
etwa eine Gruppe von Hosts, für die bestimmte Parameter gelten sollen, die
sich von anderen im Subnetz unterscheiden. Wenn für die beiden Hosts aus
dem letzten Beispiel als Nameserver die 192.168.1.2 und als NTP-Server die
192.168.1.3 gelten soll, so ergibt dies die folgende group-Deklaration:

```
group {
  option domain-name-servers 192.168.1.2;
  option ntp-servers 192.168.1.3;

  host host1 {
      hardware ethernet 0:aa:bb:11:22:33;
      fixed-address 192.168.1.8;
  }

  host host2 {
      dhcp-client-identifier "host2";
      fixed-address 192.168.1.9;
  }
}
```

Klassen

Klassen erlauben die Einteilung von Hosts aufgrund von Bedingungen, beispielsweise auf der Basis von Hardwareadresse, Hersteller oder Client-Iden-
tifier. Klassen dienen wie Gruppen dazu, ihren Mitgliedern bestimme Parameter zuzuweisen, aber auch, um die Anzahl der gleichzeitig aktiven Clients zu begrenzen. So ist es möglich, dass in einem Pool mit 20 Adressen
nur die fünf vorhandenen Sun-Rechner gleichzeitig eine Adresse zugewiesen bekommen.

Ein Beispiel zeigt Abschnitt 3.4, in dem der DHCP-Server bestimmte Werte
jenen Clients zuweist, die über das Netzwerk installiert werden.

Zu einer class-Deklaration gehört ein Name in Anführungszeichen. Innerhalb der Deklaration bestimmen die Anweisungen match oder match
if die Zugehörigkeit zur Klasse. Dann können weitere Optionen folgen,
die für alle Mitglieder dieser Klasse gelten. Mittels der Anweisung lease
limit kann festgelegt werden, wie viele zu dieser Klasse gehörende Clients
gleichzeitig Adressen zugewiesen bekommen.

Der Name der Klasse kann auch in allow-Statements verwendet werden,
um allen Mitgliedern der Klasse Zugang zu einem pool zu gewähren. Damit

ist es möglich, allen Geräten eines Herstellers einen bestimmten Adressbereich zuzuordnen.

Bedingungen für Klassendefinitionen beginnen mit dem Schlüsselwort `match`, dem eine der Bedingungen folgt, die in der Manual-Seite `dhcp-eval` beschrieben sind. Bedingungen können Boolesche Ausdrücke, Stringoperationen oder numerische Operationen sein. Es kann dabei auf Daten zurückgegriffen werden, die in den DHCP-Paketen übermittelt werden, um aufgrund des Inhaltes der Daten unterschiedliche Antworten senden zu können. Die folgenden Beispiele illustrieren die Möglichkeiten von Klassen und `match`-Anweisungen.

Hier eine Klassendefinition, die auf die Herstellerkennung[2] von Sun-Servern passt:

```
class "suns" {
  match if substring (option dhcp-vendor-identifier, 0, 4) = "SUNW";
  next-server 192.168.1.1;
}
```

In diesem Beispiel erhalten nur die Sun-Rechner als Installationsserver die Adresse 192.168.1.1.

Die Anweisung `lease limit` innerhalb der Klassendeklaration beschränkt die Anzahl gleichzeitiger Clients in einer Klasse. Dabei ist darauf zu achten, dass nur dann wieder Adressen frei werden, wenn entweder einer der Clients seine Adresse mit einem DHCPRELEASE-Paket freigibt oder wenn sie nach der gültigen Lease-Zeit nicht wieder erneuert wird. Mit der Ergänzung

```
class "suns" {
  match if substring (option dhcp-vendor-identifier, 1, 4) = "SUNW";
  next-server 192.168.1.1;
  lease-limit 5;
}
```

in der Klassendefinition für das Netz 192.168.1.0/24 können höchstens fünf Suns gleichzeitig eine DHCP-Adresse erhalten. Das betrifft sowohl die bekannten als auch die unbekannten Clients.

Wenn auch Intel-PCs über PXE[3] in diesem Netzwerk booten können und insgesamt nur fünf Bootclients gleichzeitig aktiv sein sollen, so lässt sich die Klassendefinition folgendermaßen erweitern:

```
class "installclients" {
  match if substring (option dhcp-vendor-identifier, 1, 4) = "SUNW" or
```

---

[2] Da neuere Sun-Modelle andere Ethernet-Präfixe haben, ist dies die einzige sichere Methode.

[3] PXE steht für *Pre-Boot eXecution Enviroment*, die Netzwerkboot-Spezifikation von Intel, die in den meisten modernen PC-Netzwerkkarten implementiert ist.

```
    (option dhcp-vendor-identifier, 1, 9) = "PXEClient";
  next-server 192.168.1.1;
  lease-limit 5;
}
```

2.4.3   Wichtige Optionen

In Abschnitt 1.5.1 wurden bereits die gebräuchlichen Optionen genannt. Hier nun geht es um deren Syntax in der Konfigurationsdatei. Eine vollständige Liste der Optionen, die der ISC-DHCP-Daemon ohne eigene Erweiterungen unterstützt, findet man in der Manual-Seite dhcp-options.

routers

Die Option routers gibt mehrere Router, durch Komma getrennt, an. Der Client soll die angegebene Reihenfolge berücksichtigen. Das Argument ist vom Typ IP-Adresse, es werden also keine Anführungszeichen benötigt. Die Option kann im allgemeinen Kontext, innerhalb einer Subnetzdefinition, einer Gruppe oder eines Hosts verwendet werden.

Um für das Subnetz 192.168.1.0/24 die Router 192.168.1.254 und 192.168.1. 253 anzugeben, ist folgender Eintrag nötig:

```
  subnet 192.168.1.0 netmask 255.255.255.0 {
    option routers 192.168.1.254,192.168.1.253;
    ...
  }
```

subnet-mask

Die Subnetzmaske eines Netzes definiert dessen Größe. Genauer gesagt, enthält sie die Menge von Bits, die den Netzwerkteil der IP-Adresse definieren (von links gezählt). Eine Maske mit 25 Bit Netzwerkanteil beschreibt ein Netz von 128 Adressen z. B. 192.168.1.0-192.168.1.127. Schreibt man 25 Einsen gefolgt von sieben Nullen als binäre 32-Bitzahl und wandelt diese wieder in die Form einer IP-Adresse um, so resultiert daraus die Schreibweise 255.255.255.128.

Argument der Option subnet-mask ist die Subnetzmaske, die der Client verwenden soll, im Quadded-Dot-Format also z. B. 255.255.248.0. Fehlt diese Option, so verwendet der DHCP-Server die Subnetzmaske aus der subnet-Definition, die für den Client zutrifft. Da das Argument vom Typ IP-Adresse ist, müssen keine Anführungszeichen angegeben werden. Die Option wird innerhalb von Subnetz-, Group- oder Host-Definitionen verwendet.

Folgender Eintrag übergibt den Clients eine 26-Bit-Subnetzmaske, obwohl das Subnetz 24 Bit groß ist:

```
subnet 192.168.1.0 netmask 255.255.255.0 {
  option subnet-mask 255.255.255.192;
  ..
}
```

domain-name

Die Option domain-name erhält als Argument den Domainnamen, den der Client verwenden soll. Das Argument ist vom Typ String, muss also in Anführungszeichen stehen. Die Option kann vom globalen bis zum Hostkontext überall verwendet werden.

Im folgenden Beispiel kommt innerhalb des Subnetzes 192.168.1.0/24 der Domainname dhcp.opensourcepress.de zum Einsatz:

```
subnet 192.168.1.0 netmask 255.255.255.0 {
  option domain-name "dhcp.opensourcepress.de";
  ...
}
```

domain-name-servers

Die Option domain-name-servers enthält als Argument eine IP-Adresse oder eine Liste von Adressen. Im Falle der Liste ist die Reihenfolge wichtig, da sie die Reihenfolge widerspiegelt, in der der Client die Nameserver zur Auflösung verwenden soll. Das Argument ist vom Typ IP-Adresse, benötigt also keine Anführungszeichen. Die Option kann in allen Kontexten vorkommen. Man sollte sie im hierarchisch höchsten Kontext verwenden, der im Netzwerk sinnvoll ist.

Als Beispiel werden für das gesamte Netz die Adressen 192.168.1.1 und 192.168.1.2 als Nameserver konfiguriert.

```
domain-name-server 192.168.1.1,192.168.1.2;
subnet 192.168.1.0 netmask 255.255.255.0 {
  ...
}
```

log-servers

Auch die Option log-servers erhält eine IP-Adresse oder eine Liste von Adressen als Argument, bei der die Reihenfolge wichtig ist. Die Option kann in allen Kontexten verwendet werden. Man sollte sie im hierarchisch höchsten Kontext verwenden, der im Netzwerk sinnvoll ist.

Hier wird die Adresse 192.168.1.1 für das gesamte Netz als Logserver definiert:

```
log-servers 192.168.1.1;
subnet 192.168.1.0 netmask 255.255.255.0 {
    ...
}
```

lpr-servers

Mit der Option `lpr-servers` gibt man Unix-Druckserver an. Als Argument bekommt sie eine IP-Adresse oder eine Liste von Adressen. Bei der Liste ist die Reihenfolge wichtig. Die IP-Adresse oder die Adresse müssen nicht in Anführungszeichen stehen. Die Option kann in allen Kontexten verwendet werden.

Hier wird die Adresse 192.168.1.2 für das gesamte Netz als Unix-Druckserver definiert:

```
lpr-servers 192.168.1.1;
subnet 192.168.1.0 netmask 255.255.255.0 {
    ...
}
```

router-discovery

Die Option `router-discovery` gibt an, ob der Client auf Router Advertisements gemäß RFC 1256 lauschen soll oder nicht. Als Argument erhält sie einen Booleschen Wert, also `true` oder `false`. Das in RFC 1256 beschriebene Protokoll erlaubt es, Routen automatisch an die Rechner im Netz zuzuweisen, ohne dass ein Routingprotokoll wie OSPF oder RIP konfiguriert sein muss. Das Protokoll ist zwar der Standard bei IPv6, in v4-Netzen jedoch eher selten. Der ISC-DHCPD fragt allerdings nach dieser Option. Sie kann in allen Kontexten verwendet werden.

So wird diese Funktionalität für das gesamte Netz deaktiviert:

```
router-discovery false;
subnet 192.168.1.0 netmask 255.255.255.0 {
    ...
}
```

`static-routes`

Die Option `static-routes` verarbeitet als Argument eine Netz- und eine Gatewayadresse oder eine kommagetrennte Liste dieser Adresspaare. Dabei wird die Netzadresse als Klasse-A-, B- oder C-Adresse interpretiert, es sind also nur Routen mit Netzmaske 8, 16 oder 24 möglich. Die Manual-Seite `dhcp-options` von ISC-DHCP weist darauf hin, dass diese Option eigentlich nicht mehr benutzt wird. Sowohl Windows XP als auch der ISC-DHCPD fragen aber nach dieser Option und wenden sie auch an. Dabei erzeugt Windows allerdings Hostrouten,[4] so dass dies hier nicht den gewünschten Effekt hat. Diese Option kann in allen Kontexten verwendet werden. Da aber die Gateway-Adressen vom Subnetz abhängen, sollten sie mindestens im Subnetz-Block stehen.

Im Beispiel wird das Netz 192.168.2.0/24 über den Router 192.168.1.5 und das Netz 172.16.0.0/16 über den Router 192.168.1.7 geleitet.

```
subnet 192.168.1.0 netmask 255.255.255.0 {
  static-routes 192.168.2.0 192.168.1.5, 172.16.0.0 192.168.1.7;
  ...
}
```

`host-name`

Die Option `host-name` bekommt den Hostname als String zugewiesen. Dabei kann der Domainanteil enthalten sein oder auch nicht. Dieser sollte allerdings im Regelfall über die Domainname-Option zugewiesen werden. Wenn der Client seinen eigenen Namen nicht kennt, kann er ihn mittels dieser Option erfragen. Dies ist zum Beispiel bei Netzwerk-Installationen von Nutzen. Diese Option ist nur im Host-Kontext sinnvoll.

Hier bekommt der Host mit der IP-Adresse 192.168.1.20 den Hostnamen `testsun` zugewiesen:

```
option domain-name "opensourcepress.de";
subnet 192.168.1.0 netmask 255.255.255.0 {
  option domain-name "dhcp.opensourcepress.de";
}
host "testsun" {
  hardware ethernet 00:11:22:aa:bb:cc;
  option host-name "testsun";
  fixed-address 192.168.1.20;
}
```

---

[4] Wenn das Netz 10.0.0.0/8 mit Router 192.168.1.25 übergeben wird, so erzeugt Windows daraus eine Route 10.0.0.0/32. Das heißt, nur Pakete, die an die Hostadresse 10.0.0.0 gesendet werden, werden über den angegebenen Router geroutet, alle anderen Adressen in diesem Netzwerk werden nicht richtig geroutet.

`netbios-name-servers`

Den Server für den NetBIOS-Namensdienst für Windows-Netze konfiguriert die Option `netbios-name-servers`. Als Argument bekommt sie eine IP-Adresse oder eine kommagetrennte Liste von Adressen. Die Reihenfolge gibt wieder die Reihenfolge an, in der der Client sie verwenden soll. NetBIOS-Nameserver werden benötigt, um in einem Windows-Netz Namen von z. B. Fileservern aufzulösen. Mit dem Active Directory Service hat Microsoft diesen Namensdienst zwar eigentlich abgelöst, er wird aber vielfach noch verwendet. Die Option kann in allen Hierarchieebenen verwendet werden. Wenn die NetBIOS-Auflösung über Broadcast Domains erfolgt, sollte die Option pro Subnetz gesetzt sein.

Im Beispiel sind 192.168.1.2 und 192.168.1.3 die NetBIOS-Nameserver im Netz:

```
subnet 192.168.1.0 netmask 255.255.255.0 {
  netbios-name-servers 192.168.1.2,192.168.1.3;
}
```

`netbios-dd-server`

Als Argument bekommt die Option `netbios-dd-server` eine IP-Adresse oder eine kommagetrennte Liste von IP-Adressen, die der Client in der angegebenen Reihenfolge verwendet. *NetBIOS Datagram Distribution Server* (DD-Server) dienen dem Weiterverteilen von Paketen, die mittels Broadcast an alle anderen Stationen im NetBIOS Scope geschickt werden sollen. Wenn alle Clients im gleichen Subnetz liegen, ist dies normalerweise nicht notwendig, außer wenn Clients selbst aufgrund ihres Nodetypes (siehe nächster Abschnitt) keine Broadcasts schicken dürfen. Wenn aber ein Host außerhalb der Broadcast Domain liegt (z. B. in einem anderen Subnetz), dann ermöglicht der DD-Server eine Art Proxy-Broadcast-Funktionalität. Die Option kann in allen Hierarchiestufen vorkommen, wird aber sinnvollerweise in den einzelnen Subnetzen verwendet. Die Option wird üblicherweise nur von Windows-Clients angefragt.

Im Beispiel sind alle Windowsserver im Netz 192.168.1.0/24. Damit aber auch Clients im Subnetz 192.168.2.0 am NetBIOS teilhaben können, wird der DD-Server ebenfalls für dieses Subnetz gesetzt.

```
netbios-name-servers 192.168.1.2,192.168.1.3;
subnet 192.168.1.0 netmask 255.255.255.0 {
  ...
}
subnet 192.168.2.0 netmask 255.255.255.0 {
  netbios-dd-server 192.168.1.2,192.168.1.3;
  ...
}
```

netbios-node-type

Die Option `netbios-node-type` bekommt als Argument die Zahl 1, 2, 4 oder 8. Entsprechend der in Abschnitt 1.5.1 beschriebenen Belegung ergibt sich damit das NetBIOS-Verhalten des Clients, d. h., ob er WINS, Broadcast oder beides nacheinander benutzt und in welcher Weise. Sollen beide Möglichkeiten gegeben sein, wird festgelegt, in welcher Reihenfolge dies geschieht. Kommt diese Option auf einer Ebene oberhalb der Host-Ebene zum Einsatz, so gilt sie für alle Clients der entsprechenden Ebene. Analog zum Beispiel für den DD-Server sollen alle Clients im Netz 192.168.2.0/24 nur WINS benutzen, damit sie keinen DD-Server brauchen und trotzdem Namen auflösen können.

```
netbios-name-servers 192.168.1.2,192.168.1.3;
subnet 192.168.1.0 netmask 255.255.255.0 {
  ...
}
subnet 192.168.2.0 netmask 255.255.255.0 {
  netbios-node-type 2;
  ...
}
```

netbios-scope

Die Option `netbios-scope` bekommt den Namen des Scope als String übergeben. Die Option kann genauso wie der Domainname in allen Hierarchiestufen verwendet werden. Dabei sollte natürlich darauf geachtet werden, dass sie zur Netzwerkkonfiguration passt.

```
netbios-scope "opensourcepress.de";
subnet 192.168.1.0 netmask 255.255.255.0 {
  ...
}
```

ntp-servers

Die Option `ntp-servers` bestimmt den Server zum Einstellen der Uhrzeit über das Network Time Protocol. Sie verwendet als Argument eine IP-Adresse oder eine Liste von IP-Adressen, wobei die Reihenfolge die Präferenz angibt. Die angegebenen Server sollten selbst NTP-synchronisiert sein (entweder über eine eigene genaue Uhr oder das Internet). Dabei ist der Zeitunterschied beim Start des Clients wichtig (wenn z. B. die Hardwareuhr falsch geht). Wird auf dem Client der NTP-Daemon verwendet, um die Zeit ständig aktuell zu halten, so schlägt das Setzen der Zeit fehl, wenn die Zeitdifferenz zu hoch ist. Daher sollte der Client seine Zeit erst einmal mittels des Kommandos ntpdate unter Verwendung eines Servers setzen und erst dann den NTP-Daemon starten. Für diese Aufgabe sind die Startskripte auf dem Client verantwortlich.

Im Beispiel sind 192.168.1.1 und 192.168.1.254 die NTP-Server für alle Clients.

```
ntp-servers 192.168.1.1, 192.168.1.254;
subnet 192.168.1.0 netmask 255.255.255.0 {
   ...
}
```

nis-servers

Mit der Option nis-servers wird dem Client mitgeteilt, welche Server er für den Network Information Service[5] verwenden kann, um Benutzer, Hosts und Services zentral zu finden. Als Argument erhält sie eine oder mehrere IP-Adressen in Listenform. Die Option kann in jeder Hierarchiestufe verwendet werden. Linux- und Solaris-Clients verwenden diese Option.

Im Beispiel sind 192.168.1.1 und 192.168.1.2 die NIS-Server für alle Clients.

```
nis-servers 192.168.1.1,192.168.1.2;
subnet 192.168.1.0 netmask 255.255.255.0 {
   ...
}
```

nis-domain

Soll NIS verwendet werden, ist zwingend eine NIS-Domain erforderlich, die mit der Option nis-domain zugewiesen wird. Das Argument ist der Name der Domain als String in Anführungszeichen. Die Option kann wie nis-servers in jeder Hierarchiestufe verwendet werden. Im Beispiel ist die NIS-Domain opensourcepress.

```
nis-servers 192.168.1.1,192.168.1.2;
nis-domain "opensourcepress";
subnet 192.168.1.0 netmask 255.255.255.0 {
   ...
}
```

---

[5] Eine Entwicklung von Sun, die ursprünglich unter dem Namen „Yellow Pages" lief, bis sie aufgrund einer Markenrechtsklage der British Telecom in Network Information Service (NIS) umbenannt werden musste.

```
time-offset
```

Die Option `time-offset` erhält als Argument die Zahl in Sekunden, die
der Client von der Coordinated Universal Time (UTC) entfernt ist. Befindet
sich der Client westlich von Greenwich, so werden negative Werte angegeben. Die Option kann in allen Hierarchiestufen verwendet werden. Es ist
möglich, dass zwei Netze in unterschiedlichen Zeitzonen stehen.

Hier werden die 3600 Sekunden für die Zeitzone in Deutschland gesetzt:

```
time-offset 3600;
subnet 192.168.1.0 netmask 255.255.255.0 {
    ...
}
```

```
time-servers
```

Die letzte hier vorgestellte Option heißt `time-servers`. Ihr Argument ist
eine IP-Adresse oder eine Liste von IP Adressen. Die Reihenfolge gibt die
Präferenz an, in der der Client diese verwenden soll. Die Adressen dienen
dem Client zum Setzen der Uhrzeit über das Time Protocol gemäß RFC 868.
Dies ist weniger genau als NTP, aber dafür auch nicht so kompliziert. Das
Protokoll wird oft von Geräten wie Switches oder IP-Telefonen verwendet.
Die Option kann in jeder Hierarchiestufe verwendet werden.

Hier ist 192.168.1.1 der Timeserver für alle Clients.

```
time-servers 192.168.1.1;
subnet 192.168.1.0 netmask 255.255.255.0 {
    ...
}
```

2.4.4 Eigene Optionen

RFC 2132 definiert insgesamt 61 Optionen, allerdings benötigen neue Betriebssysteme oder Techniken eventuell zusätzliche Parameter, die verteilt
werden müssen. Apples OS X fragt z. B. nach Option Nummer 95 und sucht
damit nach einem LDAP-Server. Windows-Clients fragen nach Option 252,
wenn im Internet Explorer die Proxykonfiguration auf automatisch gestellt
wird. Um auch für diese Anfragen Parameter versenden zu können, bietet
der DHCP-Server die Möglichkeit, eigene Optionen hinzuzufügen. Hierzu
muss die Option zunächst deklariert werden, und zwar mit Name, Nummer und Datentyp (String, Zahl, IP-Adresse etc.). Ist die Option deklariert,
kann sie wie eine der 61 vordefinierten verwendet werden. Die Syntax für
die Definition einer neuen Option sieht folgendermaßen aus:

```
option neuer-name code codenummer = variablentyp;
```

Folgende Variablentypen stehen zur Verfügung:

BOOLEAN

Wahrheitswerte; das Argument ist immer entweder `true` oder `false` ohne Anführungszeichen. Die Syntax lautet:

```
option neuer-name code codenummer = boolean;
```

Statt `true` und `false` können auch on und off verwendet werden.

INTEGER

ganze Zahlen; in der Deklaration kann angegeben werden, ob der Wert vorzeichenbehaftet ist und wie viel Bit Breite verwendet werden sollen (8, 16 oder 32):

```
option neuer-name code codenummer = vorzeichen integer breite;
```

Das folgende Beispiel deklariert eine Option mit einem vorzeichenbehafteten 8-Bit-Integer und einem nicht vorzeichenbehafteten 32-Bit-Integer.

```
option smallintvalue code 244 = signed integer 8;
option bigintvalue code 245 = unsigned integer 32;
```

IP-ADDRESS

IP-Adressen; dies kann sowohl eine Adresse als auch ein auflösbarer Hostname sein. Die Syntax lautet:

```
option neuer-name code codenummer = ip-address;
```

Für den Host `demohost.opensourcepress.de` mit 192.168.1.25 sind folgende Schreibweisen gültig:

```
option demo-host code 194 = ip-address;
option demo-host 192.168.1.25;
option demo-host demohost.opensourcepress.de;
```

Die erste Zeile deklariert die Option, die zwei folgenden zeigen jeweils eine Möglichkeit, sie zu belegen. Es ist zu beachten, dass der Hostname nicht in Anführungszeichen gesetzt wird.

TEXT

ASCII-Strings, wie z. B. Domainnamen; das Argument wird hier als Text in Anführungszeichen angegeben. Die Syntax für eine solche Deklaration sieht folgendermaßen aus:

```
option neuer-name code codenummer = text;
```

DATA STRING

8-Bit-Strings; das Argument kann entweder wie beim Typ TEXT in Anführungszeichen angegeben werden oder als Folge hexadezimal notierter Bytes, die mit Doppelpunkt getrennt werden. Die Syntax der Deklaration lautet:

```
option neuer-name code codenummer = string;
```

Das folgende Beispiel deklariert eine Option vom Typ String und belegt sie dann zweimal, der Inhalt der Belegung ist derselbe, er ist nur unterschiedlich dargestellt.

```
option teststring code 123 = string;
option teststring "abcdefg";
option teststring 61:62:63:64:65:66:67;
```

ARRAYS

Mit Arrays lassen sich mehrere Parameter übergeben, z. B. Defaultrouter oder Nameserver bei den Standardoptionen. Der DHCP-Daemon erlaubt es, Arrays aller Datentypen außer DATA STRING und TEXT zu definieren. Die Syntax sieht folgendermaßen aus:

```
option neuer-name code codenummer = array of variablentyp;
```

RECORDS

Schließlich ist es möglich, zusammengesetzte Werte ähnlich einer Datenstruktur in einer Programmiersprache zu definieren. So etwas kam bereits in den Standardoptionen bei der Option static-route vor, der zwei IP-Adressen folgen. Records können auch in einem Array verwendet werden. Die Syntax der Deklaration lautet:

```
option neuer-name code codenummer = { variablentyp variablentyp
    variablentyp... };
```

Das folgende Beispiel definiert Route samt Netzmaske und Gateway:

```
option full-route code 244 = {ip-address ip-address ip-address};
option full-route 172.16.0.0 255.255.0.0 192.168.1.5;
```

Um die Deklaration und die Verwendung der Optionen noch einmal in einem Zusammenhang zu sehen, der bei echten Konfigurationen häufig auftaucht, sollen die Optionen 95, 150 und 252 definiert und dann auch angewendet werden:

```
option ldap-server code 95 = text;
option option-150 code 150 = text;
option proxy-auto code 252 = text;

option ldap-server "ldap://192.168.1.1/dc=opensourcepress,dc=de";
option option-150 "/grub.lst";
option proxy-auto "http://proxy/test.pac";
```

Die Option 150 wird von der Diskless-Variante von Grub (pxegrub) verwendet, um ihre `grub.conf`-Datei zu finden.

2.4.5 Vendorspaces

In DHCP sind „Vendor-Encapsulated"-Optionen vorgesehen. Hier können Hersteller einen eigenen Namensraum erzeugen, in dem die Nummerierung der Optionen komplett neu gesetzt wird. Diese Optionen können in der `dhcpd.conf` auf zwei verschiedene Arten angegeben werden. Eine kompakte, aber enorm unübersichtliche Art ist die direkte Eingabe in Form von Hexadezimalstrings, wie im folgenden Beispiel aus der Manpage von `dhcp-options`:

```
option vendor-encapsulated-options
    2:4:AC:11:41:1:
    3:12:73:75:6e:64:68:63:70:2d:73:65:72:76:65:72:31:37:2d:31:
    4:12:2f:65:78:70:6f:72:74:2f:72:6f:6f:74:2f:69:38:36:70:63;
```

Bei dieser Schreibweise müssen der Typ, die Länge und der Inhalt der Option innerhalb des Vendorspace hexadezimal notiert sein. Dies ist für jede Option innerhalb des Vendorspace notwendig.

Die deutlich besser lesbare und strukturierte Methode umfasst folgende Schritte:

- Deklaration eines Vendorspace mit Namen

- Deklaration von Optionen innerhalb dieses Vendorspace mit Codes und Datentyp

- Belegen der Optionen

- Anwenden der Optionen auf die richtigen Objekte in der DHCP-Daemon-Konfiguration

Die Deklaration des Vendorspace erfolgt über die Anweisung

```
option space name;
```

Der Name steht hier nicht in Anführungszeichen. Nun werden innerhalb dieses Option Space, wie in Abschnitt 2.4.4 beschrieben, Optionen deklariert. Der Unterschied besteht darin, dass dem Optionsnamen der Vendorspacename vorangestellt wird und ein Punkt den Vendorspacenamen vom Optionsnamen trennt. Beispiel soll der Name des Vendorspace SUNW für Sun-Systeme sein. Optionen, die ein Sun-System zum Booten benötigt, sind ein Bootserver und eine Pfadangabe, wo sich dort das NFS Root Directory befindet. In Kapitel 3.4.1 werden alle Optionen dargestellt, die nötig sind, damit ein Sun-Server per DHCP booten kann. Hier soll ein Auschnitt das Prinzip verdeutlichen.

Folgende Zeilen definieren den Vendorspace samt drei Optionen:

```
option space SUNW;
option SUNW.server-address code 2 = ip-address;
option SUNW.server-name code 3 = text;
option SUNW.root-path code 4 = text;;
```

Nun können diese Optionen mit Werten befüllt werden, wie der folgende Konfigurationsausschnitt zeigt:

```
option SUNW.server-address 192.168.1.55;
option SUNW.server-name "sunserver";
option SUNW.root-path "/export/Solarisroot";
```

Nun fehlt noch eine Anweisung, die den DHCP-Server dazu veranlasst, diese Definitionen auch anzuwenden und die Antworten in Vendorspace-Optionen einzupacken. Dies geschieht mit der Direktive `vendor-option-space` in einer passenden Hierarchiestufe. Da SUNW-Optionen nur für Sun-Clients sinnvoll sind, bietet sich hier eine Klassendefinition an, die Suns erkennt. In Abschnitt 2.4.2 haben wir eine solche Klasse definiert, in die wir jetzt die Deklaration `vendor-option-space` einfügen:

```
class "suns" {
  match if substring (option dhcp-vendor-identifier, 0, 4) = "SUNW";
  vendor-option-space SUNW;
}
```

Diese drei Konfigurationsabschnitte sorgen nun dafür, dass über das Netz bootende Sun Clients die drei Parameter zugewiesen bekommen.

Andere Vendorspaces, die häufig Verwendung finden, sind `PXEClient` für PCs, die – ausgestattet mit entsprechenden Netzwerkkarten – über das Netz booten, `pxelinux` für Linux-Clients, die unter Verwendung des von Syslinux abgeleiteten PXELinux-Projektes über das Netzwerk booten, oder `MSFT 5.0` für Windows-Clients.

2.4.6 DNS-Anbindung

Haben die Clients über den DHCP-Server eine IP-Adresse bezogen, sind sie zunächst einmal nur unter dieser ansprechbar. Um die Clients auch mit einem im ganzen Netzwerk bekannten Namen anzusprechen, lässt sich der DHCP-Server auch mit einem Nameserver koppeln. Nach der Zuweisung einer Adresse an einen Client werden die Adresse und ein Hostname auf dem DNS-Server eingetragen. Der verwendete Hostname kann entweder vom Client gesendet oder vom Server vorgegeben werden.

In der allerersten Beispielkonfiguration wurde die Option `ddns-update-style` verwendet, ohne die eine Konfiguration nicht funktionsfähig wäre. Die Anweisung akzeptiert eines von drei Argumenten:

`none`
> dynamische DNS-Updates vollständig abschalten.

`ad-hoc`
> Ad-Hoc-Schema für die Updates verwenden.

`interim`
> Interim-Schema für die Updates verwenden.

Ad-Hoc und Interim implementieren die Updates kompatibel zu RFC 2136 für allgemeine DNS-Updates (nicht nur DHCP-Server schreiben auf einen DNS-Server), so dass sie mit jedem DNS-Server arbeiten sollten, der diesen RFC implementiert. Zum Zeitpunkt, als dieses Buch geschrieben wurde, hat die IETF gerade ein drittes Schema als RFC verabschiedet. Das IETF-Schema arbeitet ähnlich wie das Interim-Schema, verwendet aber keinen eigenen DNS-Record-Typ, sondern nutzt TXT-Records, um die Informationen abzulegen. Bisher gibt es noch keine Nameserver oder DHCP-Server, die dieses Schema bzw. den neuen Recordtyp implementieren.

Ad-Hoc

Das Ad-Hoc-Schema ist eine Eigenentwicklung der ISC-Entwickler. Es funktioniert aber nicht in einem High-Availability-Szenario, da es nicht vorsieht, dass zwei DHCP-Server Updates ausführen können. Für einen DNS-Eintrag benötigt der DHCP-Server einen *Fully Qualified Domain Name* (FQDN) des Clients. Diesen bestimmt der Server im Ad-Hoc-Schema in zwei Phasen: zunächst den Hostnamen, dann den Domainnamen.

Zur Bestimmung des Hostnamens wird zunächst überprüft, ob die Option `ddns-hostname`[6] für diesen Client gesetzt wurde. Wenn ja, wird diese angewendet, wenn nein, wird überprüft, ob im DHCP-Client-Identifier ein FQDN mitgeschickt wurde. Ist dies auch nicht Fall, prüft der Server, ob der Client eine Hostname-Option mitgeschickt hat. Ist immer noch kein Name gefunden, so ist die letzte Möglichkeit eine `host`-Deklaration für diesen Client. Ist eine vorhanden, wird diese angewendet. War keine der Methoden zur Hostnamen-Ermittlung erfolgreich, wird kein DNS-Update ausgeführt.

Zur Bestimmung des Domainnamens werden nur Parameter aus der DHCP-Daemon-Konfiguration verwendet und ignoriert, was der Client eventuell mitschickt. Zunächst prüft der DHCP-Daemont, ob `ddns-domainname`

[6] Siehe Abschnitt 2.4.8.

gesetzt ist. Falls nicht, wird überprüft, ob im Scope des Clients die Option `domain-name` gesetzt ist, und diese gegebenenfalls angewendet. Wurde auch diese nicht gefunden, findet kein DNS-Update statt.

Wenn nun ein Host- und ein Domainname ermittelt wurden, kann ein Update stattfinden. Der DHCP-Server versucht zunächst, einen A-Record (Hostname zu IP-Adresse) anzulegen. Erhält er als Antwort des Nameservers einen Fehlercode, dass es diesen A-Record bereits gibt, so findet der Update nicht statt, da ja sonst ein DHCP-Client die Rolle eines Servers mit fester Adresse übernehmen könnte – das würde Man-in-the-Middle-Angriffe sehr einfach machen. War das Anlegen des A-Records erfolgreich, so wird auch der PTR oder Reverse Record (IP-Adresse zu Hostname) angelegt. Es findet keine Überprüfung statt, ob es für diese Adresse bereits einen Eintrag gibt. Da der DHCP-Server diesen Adressbereich allein verwalten sollte, kann davon ausgegangen werden, dass es nicht zu Konflikten kommt.

Wenn eine Lease abläuft oder der Client sich mittels DHCPRELEASE abmeldet, werden der A-Record und der PTR-Record wieder entfernt.

Interim

Das Interim-Schema ist näher an dem Verfahren, das von der IETF Working Group derzeit ausgearbeitet wird. Es folgt diesem aber nicht vollständig.

Ein wesentlicher Unterschied besteht darin, dass nicht unbedingt A- und PTR-Record vom Server eingetragen werden, wenn der Client in seiner Anfrage eine FQDN-Option mitschickt. Diese Option enthält ein Flag, das bestimmt, ob der Client seinen A-Record selbst updaten möchte. Ist es gesetzt, kann der DHCP-Server konfiguriert werden, sich an die Vorgabe des Clients zu halten. Dies geschieht mit der Anweisung `allow client-updates`. Das Gegenstück heißt `ignore client-updates`.[7] Wenn der Server die Updates der Clients erlaubt und der Client einen FQDN in der FQDN-Option mitschickt, wird dieser verwendet, um den PTR-Record einzutragen. Den A-Record trägt der Client selbst ein. Das Verfahren hat folgenden Sinn:

Wenn ein fremder Client aus der Domain `beispiel.de` im lokalen Netz eine Adresse zugewiesen bekommt, so ist der lokale Nameserver für die PTR-Records zuständig. Wenn der Host `test` heißt und die 192.168.1.26 zugewiesen bekommt, so wird danach die Adresse 192.168.1.26 zum Namen `test.beispiel.de` aufgelöst. Der Nameserver für `beispiel.de` steht aber in einem vollkommen anderen Netz. Der lokale DHCP-Server hat deshalb nicht das Recht, diesen mit Updates zu versorgen, der besuchende Client darf dies möglicherweise schon. Daher übernimmt es dann der besuchende Client, den A-Record in den Nameserver für `beispiel.de` einzutragen.

---

[7] Wenn man den Clients nicht erlauben will, selbst den DNS-Server upzudaten, sollte man diese Anweisung setzen; dann hat der DHCP-Server die Hoheit.

Dem DHCP-Server obliegt nur dann die Verantwortung, einen Namen zu finden und einzutragen, wenn er dazu konfiguriert ist, die Updates der Clients nicht zu akzeptieren, oder wenn der Client signalisiert, dass er das Update nicht selbst durchführen möchte.

Die Methode, den Namen festzulegen, ist im Prinzip die gleiche wie im Ad-Hoc-Fall, allerdings mit dem Unterschied, dass nur der Hostname-Anteil verwendet wird, wenn der Client einen FQDN schickt.

Im vorigen Beispiel würde also beim FQDN `test.beispiel.de` und der lokalen Domain `opensourcepress.de` der Host `test.opensourcepress.de` mit der Adresse 192.168.1.26 als A- und PTR-Record eingetragen. Wenn die Anweisung `use-host-decl-names` verwendet wird, wird der Name aus der Host-Deklaration verwendet (sofern er vorhanden ist).

Um in einer Hochverfügbarkeitskonfiguration sicherzustellen, dass die beteiligten Server koordiniert arbeiten und der gleiche Name nicht zweimal vergeben wird, geht man folgendermaßen vor: Der Server, der die Lease ausstellt, erzeugt einen MD5-Hash-Wert über den DHCP Client Identifier. Auf dem DNS-Server wird dann außer dem A-Record auch ein TXT-Record eingetragen, der diesen Hash enthält. Wenn der Update des A-Records fehlschlägt, weil der A-Record schon vorhanden ist, wird unter der Bedingung trotzdem weitergemacht, dass es den TXT-Record gibt und die Hash-ID dieselbe ist, da es sich ja um eine Lease für den gleichen Host handelt. Stimmt der Hash nicht überein, dann ist der Name, den der Client haben möchte, bereits benutzt, und ein DNS-Update findet nur dann statt, wenn der Client einen anderen Namen wählt.

Dieses Vorgehen ist eine Abweichung von den RFCs. Diese schlagen vor, einen eigenen DHCID-Recordtyp auf Nameservern einzuführen, der dann mit dem Hashwert gefüllt wird. Da aber dieser Recordtyp noch von keinem Nameserver unterstützt wird, verwendet der ISC-DHCP-Daemon die TXT-Records als Zwischenlösung.

Security

Wer in einer Nameserverkonfiguration dynamische Updates erlaubt sollte sicherstellen, dass es nicht zu unerwünschten Änderungen kommt. Im DNS-Teil des Buches ab Seite 317 wird im Detail darauf eingegangen, wie ein Nameserver zu konfigurieren ist, damit dies mit einem vertretbaren Maß an Sicherheit zu bewerkstelligen ist. Daher soll es hier nur kurz um die Nameserver-Konfiguration gehen.

Um Updates abzusichern, können geheime Schlüssel eingesetzt werden, die zusammen mit einem Hash-Algorithmus verifizieren, dass der Sender des Updates berechtigt ist, dieses durchzuführen. Einen solchen Schlüssel generiert man bei Bind Version 9 mit Hilfe des Programms `dnssec-keygen` (bei Version 8 heißt es noch `dnskeygen`). Der Aufruf sieht bei Verwendung des HMAC-MD5-Algorithmus folgendermaßen aus:

```
dnssec-keygen -a HMAC-MD5 -b 128 -n USER DHCP-KEY
```

Für das ältere Tool ist folgende Syntax anzuwenden:

```
dnskeygen -H 128 -u -c -n DHCP-KEY
```

Das Ergebnis sind zwei Dateien mit je einem Schlüssel. Falls ein Public/Private-Key-Verfahren zur Anwendung kommt, enthält eine Datei den Public Key und eine den Private Key. Bei symmetrischen Verfahren wie im Fall HMAC-MD5 ist der Schlüssel in beiden Dateien gleich, wird aber unterschiedlich dargestellt. Der Inhalt der Datei mit der Endung `.key` sieht etwa aus wie im folgenden Beispiel:

```
DHCP-KEY. IN KEY 0 3 157 pjGqiQBjQUXELdUyP4lPzA==
```

Dies ist ein vollständiger KEY-Record. Zur Verbindung von DHCP und DNS-Server sind allerdings nur der Name des Schlüssels (erste Spalte) und der Schlüssel selbst (letzte Spalte) interessant.

Mittels einer Key-Deklaration muss dieser Schlüssel nun in die `dhcpd.conf` des DHCP-Servers und die `named.conf` des Nameservers, der die Updates empfangen soll, eingetragen werden. Die Key-Deklaration ist in beiden Dateien die gleiche. Die Syntax sieht allgemein so aus:

```
key name {
  algorithm Name des Algorithmus;
  secret schlüssel;
}
```

Wenn im Beispiel DHCP-KEY der Name und `pjGqiQBjQUXELdUyP4lPzA==` der Schlüssel ist, so ergibt sich daraus folgende Deklaration:

```
key DHCP-KEY {
  algorithm hmac-md5;
  secret "pjGqiQBjQUXELdUyP4lPzA==";
}
```

Auf dem Nameserver muss in der Vorwärts- und in der Reversezone nun diesem Schlüssel die Erlaubnis gegeben werden, Zonenänderungen durchzuführen. In diese Zonendefinitionen für `opensourcepress.de` und die Reversezone `1.168.192.in-addr.arpa` werden nun `allow-update`-Anweisungen eingefügt:

```
zone "opensourcepress.de" {
  type master;
  file "opensourcepress.de";
  allow-update { key DHCP-KEY; } ;
};

zone "1.168.192.in-addr.arpa" {
  type master;
  file "rev-192.168.1";
  allow-update { key DHCP-KEY; };
};
```

In der dhcpd.conf muss diese Zuordnung ebenfalls definiert sein. Die key-Deklaration ist die gleiche. Für Vorwärts- und Reverse-Zone, die aktualisiert werden soll, muss je eine zone-Deklaration angelegt werden. Die Deklaration enthält den Namen der Zone ohne Anführungszeichen, den Primary-Nameserver und den Namen des Schlüssels, für den ein key angelegt sein muss. Allgemein sieht die Syntax folgendermaßen aus:

```
zone Name-der-Zone-ohne-Anführungszeichen {
  primary Adresse_des_Nameservers;
  key Name-des-Schlüssels;
};
```

Im Beispiel für opensourcepress.de und die Zone 1.168.192.in-addr.arpa ergeben sich folgende zone-Deklarationen:

```
zone opensourcepress.de {
  primary 127.0.0.1;
  key DHCP-KEY;
};

zone 1.168.192.in-addr.arpa {
  primary 127.0.0.1;
  key DHCP-KEY;;
};
```

Es können nur Zonen upgedated werden, für die ein eigener Start Of Authority (SOA) Record existiert. Wenn statt opensourcepress.de beispielsweise dhcp.opensourcepress.de verwendet wird, das nicht als eigene Zone deklariert ist, kann diese Teilzone nicht verwendet werden. Wenn dhcp.opensourcepress.de jedoch als eigene Zone mit eigenem SOA-Record definiert ist, kann sie verwendet werden.

Weitere Optionen zur Namensauflösung

In diesem Abschnitt soll es um einige weitere Anweisungen gehen, die das Verhalten der DHCP-Verbindung beeinflussen.

do-forward-updates

> erhält als Argument einen Booleschen Wert (man kann statt `true` oder `false` auch on oder off schreiben). Wird `false` gewählt, versucht der DHCP-Server nicht, den A-Record des Clients einzutragen. Diese Anweisung hat nur bei Verwendung des Interim-Update-Schemas Wirkung.

ddns-updates

> erhält einen Booleschen Wert und schaltet dynamische DNS-Updates für den umgebenden Kontext vollständig an oder ab.

ddns-hostname

> Auf Seite 50 wurde beschrieben, wie der DHCP-Server aus Host- und Domain-Anteil den FQDN zusammensetzt. Mit `ddns-hostname` kann dies beeinflusst werden, denn die Anweisung überschreibt das Standardverhalten für die Hostnamenswahl. Üblicherweise setzt man dies in einem Host-Kontext ein. Im Kapitel 3 werden aber noch kreativere Anwendungen vorgestellt.

ddns-domainname

> Entsprechend dem Hostnamenanteil, setzt man mit dieser Anweisung den Domainnamen fest, der für die Updates verwendet werden soll.

ddns-rev-domainname

> beschreibt den Domainnamenanteil, der an die umgekehrte IP-Adresse[8] angehängt wird, um ihr mit einem PTR-Record den Hostnamen zuzuordnen. Normalerweise ist dies `in-addr.arpa`. Sollte etwas anderes nötig sein, so kann dies mit dieser Anweisung überschrieben werden.

ddns-ttl

> überschreibt die Time To Live, mit der der Hostname beim DNS registriert wird. Als Argument wird die Zeit in Sekunden übergeben. Ist dieser Wert nicht gesetzt, wird die Hälfte der Leasetime verwendet.[9]

DNS-Anbindung im Zusammenhang

Um nun die Einzelteile zusammenzusetzen, die in diesem Abschnitt vorgestellt wurden, betrachten wir die vollständige Konfiguration einer DNS-Integration. Folgende Parameter für das Netz sollen gelten:

- Die Domain ist `opensourcepress.de`.

---

[8] Aus 192.168.1.0 wird 1.168.192.
[9] Diese Option steht übrigens nicht in der Manual-Seite.

- Die IP-Adressen stammen aus dem Netz 192.168.1.0/24.

- Der Nameserver ist 192.168.1.1.

- Es wird das Interim-Schema verwendet.

- Der Defaultrouter ist 192.168.1.1.

```
ddns-update-style interim;

key DHCP-KEY {
  algorithm hmac-md5;
  secret "pjGqiQBjQUXELdUyP4lPzA==";
}

zone opensourcepress.de {
  primary 192.168.1.1;
  key DHCP-KEY;
};

zone 1.168.192.in-addr.arpa {
  primary 192.168.1.1;
  key DHCP-KEY;
};

option domain-name "opensourcepress.de";

subnet 192.168.1.0 netmask 255.255.255.0{
  option routers 192.168.1.1;
  option domain-name-servers 192.168.1.1;
  option broadcast-address 192.168.1.255;
  option subnet-mask 255.255.255.0;

  pool {
    range 192.168.1.5 192.168.1.50;
  }
}
```

2.4.7 Hochverfügbarkeit und Load Balancing

Um sich gegen den Ausfall des DHCP-Servers abzusichern, reicht es im einfachsten Fall schon aus, zwei Server mit identischer Konfiguration in das Netzwerk zu stellen, da vergebene Adressen vor ihrer Zuweisung im Netz getestet werden. Die Fehlersuche in einer solchen Konfiguration ist natürlich kompliziert. Sinnvoller ist es daher, Ausfallsicherheit in Form einer synchronisierten, redundanten Konfiguration zu realisieren, bei der die beiden Server abgleichen, wer welche Adressen vergibt. Diese Konfiguration kann auch zum Loadbalancing benutzt werden.

Hier wird das Failover-Protokoll gemäß dem Draft-RFC `draft-ietc-dhc-failover-07.txt` implementiert. Die Manual-Seite `dhcpd.conf` weist allerdings darauf hin, dass der RFC noch nicht abgeschlossen ist und auch keine Interoperabilitätstests mit anderen Implementierungen durchgeführt wurden.

Genau zwei DHCP-Server können sich einen Adresspool teilen, wobei jeder Server etwa die Hälfte der Adressen verteilt. Fällt ein Server aus, erneuert der andere die Adressen aus dessen Bereich. Fällt ein Server länger aus, versetzt ihn der aktive Partner in den Zustand `partner-down` und übernimmt den gesamten Adressbereich. Manuell lässt sich der Zustandswechsel entweder über die `omshell` (siehe Abschnitt 2.6 zur Benutzung) erreichen oder indem man den laufenden Server stoppt, in der Leases-Datei den `failover`-Eintrag editiert und dort den Status auf `partner-down` setzt. Schließlich muss man den übriggebliebenen Server wieder starten. Sollte dieser Server jetzt auch ausfallen und währenddessen der andere wieder starten, können Inkonsistenzen entstehen. Wenn der ausgefallene Server wieder startet, erfragt er den aktuellen Status bei seinem Partner, und nach dem Abgleich bedienen beide den Adresspool wie vor dem Ausfall.

Wenn die an einer solchen Konfiguration beteiligten Server starten, findet zunächst ein Abgleich statt. Damit keine Inkonsistenzen entstehen, werden während dieses Abgleichs keine Adressen zugewiesen. Dieser Vorgang ist je nach Größe des Adresspools sehr schnell abgeschlossen. Den Abschluss des Vorgangs dokumentiert im Logfile der Eintrag `peer moves from communications-interrupted to normal`.

Konfiguration

Zur Konfiguration wird eine `failover`-Deklaration verwendet. Dem Schlüsselwort folgt ein Name in Anführungszeichen, der später in der oder den `pool`-Definitionen, für die die Hochverfügbarkeit gelten soll, als Referenz dient.

Die Konfiguration sieht folgendermaßen aus:

```
failover peer "bla" {
      primary;
      address 192.168.1.1;
      port 519;
      peer address 192.168.1.2;
      peer port 519;
      max-response-delay 60;
      max-unacked-updates 10;
      mclt 3600;
      split 128;
      load balance max seconds 3;
}
```

Die erste Zeile legt fest, ob der DHCP-Server, der diese Deklaration enthält, der Primary oder der Secondary in diesem Pool ist. Das Schlüsselwort für einen Secondary lautet erwartungsgemäß `secondary`.

Die `address`-Anweisung dient der Festlegung der IP-Adresse, auf der Verbindungen vom Partner entgegengenommen werden. Da dieser Wert auch als Identifikator in der Kommunikation zwischen den beiden Partnern verwendet wird, muss er gesetzt sein.

`port` bestimmt, auf welchem Port der DHCP-Server Verbindungen für das Hochverfügbarkeitsprotokoll annimmt.

`peer address` setzt die Adresse oder den auflösbaren Hostname des Partners.

Der `peer port` bestimmt den Port, auf dem der Partner seine Verbindung akzeptiert.

Die Anweisung `max-response-delay` bestimmt den Wert in Sekunden, nach dem der Server ohne Antwort des Partners davon ausgeht, dass dieser nicht mehr läuft. Der Wert muss angegeben werden und sollte so gewählt sein, dass es einerseits nicht zu falschen Alarmmen kommt, es aber andererseits bei einem wirklichen Ausfall nicht zu lange dauert, bis der aktive Server übernimmt.

Der Parameter `max-unacked-updates` gibt an, wie viele nicht bestätigte Updates über den HA-Link geschickt werden können, bevor ein NAK gesendet wird. Die Manual-Seite empfiehlt den Wert 10.

Der Parameter `mclt` definiert die *Maximum Client Lease Time*. Diese gibt den Zeitraum in Sekunden an, in der jeder HA-Partner eine Lease erneuern kann, ohne den anderen zu kontaktieren. Der Wert stellt einen Kompromiss dar zwischen der Last auf den Servern bei einem Kommunikationsabbruch und der Zeit von einem Ausfall bis zur Erneuerung der Lease, die der ausgefallene Server verteilt hat. Die Manual-Seite schlägt eine Stunde (also 3600 Sekunden) vor. Dieser Wert kann nur auf dem Primary gesetzt werden.

Der Parameter `split` regelt die Arbeitsteilung zwischen den beiden Servern zum Zweck des Loadbalancing. Der DHCP-Server bildet aufgrund der Client-Identifikation einen Hashwert im Bereich von 0 bis 255. Die so ermittelte Zahl wird mit dem bei Split gesetzten Wert verglichen, und in einer Größer-Kleiner-Entscheidung wird der Server ausgewählt, der die Anfrage beantworten soll. Laut Manual-Seite ist lediglich ein Wert von 128 sinnvoll, der eine Gleichverteilung erlaubt. Das Studium des Sourcecodes zeigt aber, dass auch andere Werte möglich sind. Aus dem Sourcecode ist auch ersichtlich, dass die 8-Bit-Zahl hinter `split` in eine wesentlich breitere Zahl (mehr Bits) „aufgeblasen“ wird. Dabei ist die Menge der gesetzen Bits in der „großen“ Zahl prozentual gleich dem bei `split` gesetzten Wert. Der Algorithmus, der diese Umsetzung vornimmt, steht im Sourcecode in `server/confparse.c` ab Zeile 923 (bei Version 3.0.4):

```
memset (hba, 0, sizeof hba);
for (i = 0; i < split; i++) {
    if (i < split)
        hba [i / 8] |= (1 << (i & 7));
```

Oder einfacher ausgedrückt: In der Variablen `hba` werden so lange Bits auf 1 gesetzt, bis der Index kleiner als der Wert von `split` ist.

In der Manual-Seite findet sich noch die Anweisung `hba`, die als Argument eine mit Doppelpunkten getrennte Bitmaske erhält. Dies ist genau der Wert, in dem bei Verwendung von `split` die Bits gesetzt werden. Verwendet man `hba` direkt, so erlaubt dies eine feinere Unterteilung, die allerdings laut Manual-Seite im Status „deprecated" ist, also nicht mehr verwendet werden sollte. Die Begründung ist laut Manual-Seite, dass diese hohe Granularität ohnehin übflüssig ist. Es kann immer nur entweder `hba` oder `split` benutzt werden.

Der letzte Parameter dient der weiteren Absicherung. Die Zahl gibt die Sekunden an, nach denen das Loadbalancing abgeschaltet wird. Schickt ein Client Discover oder Request, wartet der laut Hash nicht zuständige Partner die angegebene Anzahl Sekunden, geht dann davon aus, dass der andere keine Anfragen mehr beantwortet, und übernimmt. Damit ist der Fall abgedeckt, dass zwar das HA-Protokoll zwischen den beiden noch arbeitet, aber die DHCP-Anfragen nicht mehr beantwortet werden. Der empfohlene Wert ist mit 3 bis 5 Sekunden angegeben.

Um jetzt einem Pool die so definierte HA-Konfiguration zuzuordnen, muss in die Pool-Definition eine `failover peer`-Anweisung eingefügt werden. In einem Pool mit Failover dürfen keine dynamischen BOOTP-Clients enthalten sein, daher müssen diese abgeschaltet werden.

Ein Pool, der die Beispiel-Failover-Definition benutzt, sollte folgende zwei Anweisungen enthalten:

```
pool {
    failover peer "bla";
    deny dynamic bootp clients;
    ...
};
```

2.4.8 Weitere Parameter und Anweisungen

Dieser Abschnitt ist der „Restesammler" für `dhcpd.conf` und behandelt Anweisungen zur Steuerung der Gültigkeit einer Lease, zum Netzwerkboot, zur Zugriffskontrolle und zum Feintuning des DHCP-Servers.

Lease-Gültigkeit

Einer der Unterschiede zwischen BOOTP und DHCP ist die Gültigkeitsdauer oder Lease Time. BOOTP kennt diese nicht, so dass ein Client theoretisch die ihm zugewiesene Adresse ewig behalten kann. Erst DHCP führt diesen Parameter ein; nach Ablauf dieser Zeitspanne muss der Client nachfragen, ob er die aktuelle Adresse behalten kann oder eine neue (oder auch gar keine) Adresse mehr bekommt. Die Wahl der richtigen Lease Time hängt immer von den Gegebenheiten im Netzwerk ab: Für Installclients sollte sie nicht unter der Zeit liegen, die die Installation dauert. Ein Internetprovider möchte vielleicht die Zwangstrennung von Kabelmodems nach 24 Stunden über die Lease Time steuern. Bei der Auswahl der Lease Time sollte auch berücksichtigt werden, ob es mehr Clients als Adressen gibt. Sie sollte kurz genug sein, um zu verhindern, dass die Leases abgeschalteter Clients den Zugang für neue Clients blockieren.

Folgende Parameter bestimmten die Lease Time:

`default-lease-time`
> Argument dieser Anweisung ist die Zeit in Sekunden, die ein Client, der nicht nach einer bestimmten Zeit fragt, für seine Lease zugewiesen bekommt. Beispiel für eine Lease von 24 Stunden:
>
> ```
> default-lease-time 86400;
> ```

`min-lease-time`
> Das Argument ist die Zeit in Sekunden, die mindestens für eine Lease gelten soll. Wenn ein Client nach 120 Sekunden fragt, aber der Wert auf 600 Sekunden steht, so wird die Lease des Clients 600 Sekunden gültig sein.

`max-lease-time`
> Diese Anweisung verwendet als Argument die Zeit in Sekunden, die maximal für eine Lease gelten soll. Wenn ein Client nach 2 Tagen fragt, aber nur 86400 Sekunden eingetragen sind, so wird die Lease des Clients auch nur einen Tag gültig sein. Diese Begrenzung gilt allerdings nicht für BOOTP-Clients.

Sind dynamische BOOTP-Clients erlaubt, weist ihnen der DHCP-Server eine unendliche Lease Time zu, da die Clients ja nicht wissen, dass sie wieder nachfragen sollen. Um aber den Verbrauch von Adressen etwas zu beschränken, gibt es zwei Parameter, mit denen der DHCP-Server angewiesen werden kann, diese Leases aus seiner Datenbank zu löschen:

`dynamic-bootp-lease-cutoff`
> Mit dieser Anweisung „vergisst" der DHCP-Server zu einem Stichdatum alle an BOOTP-Clients vergebenen Adressen und gibt sie wieder

frei. Dies ist zum Beispiel sinnvoll, um zu Beginn von Semester- oder Betriebsferien die Adressdatenbank des Servers aufzuräumen. Als Argument bekommt die Anweisung Datum und Uhrzeit als String in folgender Form:

```
W JJJJ/MM/DD HH:MM:SS
```

W steht für den Wochentag als Zahl, wobei 0 der Sonntag und 6 der Samstag ist. JJJJ gibt das Jahr an, MM den Monat usw. Die Uhrzeit ist grundsätzlich in Coordinated Univeral Time (UTC) und nicht in der lokalen Zeit mit Zeitzone anzugeben. Ein Beispiel für den 26.9.2006 12:00:00 wäre:

```
6 2006/09/26 12:00:00
```

dynamic-bootp-lease-length
: die Gültigkeitsdauer einer BOOTP-Lease in Sekunden; Da BOOTP-Clients die Lease nicht erneuern, muss der Client innerhalb dieser Zeit einmal booten, um wieder eine Adresse anzufordern. In diesem Fall erhält er dieselbe Adresse; der DHCP-Daemon behandelt dies wie eine Erneuerung. Bootet der Client während dieser Zeit nicht, so geht der Server davon aus, dass der Client ausgeschaltet ist, und gibt die Adresse wieder frei, damit sie einem anderen Client zugewiesen werden kann. Wenn dieser Parameter verwendet wird, so sollte sichergestellt sein, dass es nicht doch Clients gibt, die länger laufen, da es sonst zur doppelten Vergabe einer Adresse kommen kann.

Netzwerkboots

In Abschnitt 3.4 wird noch im Detail erklärt, wie für Sun und PXE-Clients ein Netzwerkboot aufgesetzt wird. Es gibt jedoch nur zwei Standardanweisungen, die noch aus dem BOOTP-RFC stammen:

filename
: weist dem Client ein Bootfile zu, das dieser dann über das *Trivial File Transfer Protocol* (TFTP) zu laden versucht. Der Client geht, wenn nichts anderes definiert wird, davon aus, dass der TFTP-Server auf dem DHCP-Server läuft, von dem er seine Adresse bezogen hat. Die Anweisung wird sinnvollerweise entweder in einem Host-Kontext gesetzt oder in einer Klasse, die alle Clients gleichen Typs umfasst. Denn es ist nicht sinnvoll zu versuchen, einen Solaris-Sparc-Kernel auf einem Intel-PC zu booten. Als Beispiel soll die Datei pxegrub gebootet werden. Dies konfiguriert man folgendermaßen:

```
filename "pxegrub";
```

Die Dateien werden unter dem Standardpfad des TFTP-Servers (üblicherweise `/tftpboot`) gesucht. Der Client schickt eine Dateianforderung für denau den Pfad, der hier eingetragen ist. Ist dies ein relativer Pfad, so wird im Standardverzeichnis gesucht.

`next-server`
: Wenn der TFTP-Server nicht mit dem DHCP-Server identisch ist, wird hier der TFTP-Server festgelegt. Als Argument bekommt die Option einen auflösbaren Hostnamen oder eine IP-Adresse, z. B.:

```
next-server 192.168.1.200;
```

Zugriffskontrolle

Um zu steuern, welche Clients Adressen zugewiesen bekommen und welche nicht bzw. welche Klassen auf einen Client zutreffen, dienen die Schlüsselwörter `allow` und `deny`. Als drittes Schlüsselwort existiert `ignore`. Den Schlüsselwörtern folgt jeweils ein Parameter, der angibt, was erlaubt, unterbunden oder ignoriert werden soll. Der umgebende Scope ist der Gültigkeitsbereich. Die folgenden Funktionen können erlaubt oder verboten werden:

`unknown-clients`
: steuert, ob unbekannte Clients Adressen zugewiesen bekommen. Als unbekannt gilt ein Client, für den es keine Host-Deklaration gibt. Standardmäßig ist dies angeschaltet. Will man keine unbekannten Clients, so sollte man dies mit einem `deny` in der Pool-Deklaration abschalten.

`bootp`
: steuert, ob der DHCP-Server auf BOOTP-Anfragen reagiert. Standardmäßig antwortet der Server. Damit eine HA-Konfiguration möglich ist, sollte `deny` mit `dynamic bootp clients` in einer `pool` Deklaration verwendet werden. `bootp` kann auch mit `ignore` statt `deny` verwendet werden.

`booting`
: kann für einen einzelnen Host an- und abstellen, ob er eine Adresse bekommt oder nicht. Standardmäßig ist dies erlaubt. Dies ist nur im Rahmen einer Host-Deklaration sinnvoll. Mit `deny` wird dem Client die Adresse verweigert, mit `ignore` die Anfragen ignoriert.

`duplicates`
: Wenn ein Client mit verschiedenen Client-Identifiern aber derselben Hardwareadresse bootet (z. B. Linux und Windows im Dual Boot), sorgt ein `allow duplicates` dafür, dass der Client in beiden Fällen

bei existierender Host-Deklaration dieselbe Adresse zugewiesen bekommt und der Server die noch vorhandene Lease überschreibt. Dies ist zwar streng genommen eine Verletzung des DHCP-Protokolls, verhindert aber, dass ein Client mehrere Leases hält, was ja auch keinen Sinn ergibt, wenn es sich um dieselbe Maschine handelt. Standardmäßig ist dieses Verhalten angeschaltet.

declines

Wenn ein Client die ihm angebotene Adresse nicht akzeptiert, so sendet er ein DHCPDECLINE zurück. Der Server geht dann davon aus, dass mit dieser Adresse etwas nicht in Ordnung ist, und verwendet sie nicht mehr. Ein Angreifer kann das jetzt ausnutzen und damit den gesamten Adressraum des DHCP-Pools verbrauchen. Wenn man den Clients also nicht vertraut, kann man dies mittels deny declines oder ignore declines abschalten. In der Standardeinstellung sind DECLINE Nachrichten erlaubt und werden verarbeitet.

client-updates

Hiermit wird an- oder abgestellt, ob der DHCP-Server beachtet, dass der Client selbst seinen DNS-A-Record einträgt. Bei einem deny übernimmt der DHCP-Server diese Aufgabe.

Die Parameter in dieser Liste gelten für alle Bereiche. Innerhalb eines Pools gibt es weitere Möglichkeiten, die im folgenden aufgelistet sind. Die Parameter steuern den Zugriff auf einen Pool. Ihnen wird allow oder deny vorangestellt, um zu erlauben oder zu verbieten.

known-clients

gibt an, ob Hosts, die eine Host-Deklaration haben, Adressen aus dem Pool bekommen können. Dies ist standardmäßig nicht erlaubt.

unknown-clients

bewirkt das Gegenteil der vorangegangenen Deklaration. Hier wird für den betroffenen Pool festgelegt, ob Clients ohne Host-Deklaration Adressen aus diesem Pool bekommen.

members of *klasse*

erlaubt (oder verbietet) allen Mitgliedern der Klasse, die in Anführungszeichen, Adressen aus diesem Pool zu beziehen.

dynamic bootp clients

erlaubt oder verbietet aufPoolebene, dass BOOTP-Clients auch Adressen aus diesem Pool bekommen. In einer Hochverfügbarkeitskonfiguration muss dies verboten sein.

all clients

Mit einem deny all-clients kann für diesen Pool die Adressvergabe vollständig eingestellt werden. Dies kann man benutzen, um einen komplizierteren Pool vorzubereiten und in Reserve zu halten, um ihn bei Bedarf schnell hinzuzuschalten.

Mit der Anweisung `boot-unknown-clients`, der ein Boolescher Wert folgt, kann ebenfalls an- und abgeschaltet werden, ob Clients, die keine Host-Deklaration besitzen, eine Adresse zugewiesen bekommen.

Schließlich gibt es noch das Schlüsselwort `authoritative`. Es legt fest, ob der DHCP-Server NAK-Nachrichten schickt. Ist diese Anweisung gesetzt, geht der DHCP-Server davon aus, dass er „Recht hat". Wenn also eine Anfrage oder Antwort sichtbar ist, die nicht der Konfiguration des DHCP-Servers entspricht, sendet er nur dann eine NAK-Nachricht, wenn `authoritative` gesetzt ist. Um dies abzuschalten, wird dem `authoritative` ein `not` vorangestellt. Standardmäßig ist dies nicht aktiviert.

Sonstiges

Zuletzt bleiben noch die folgenden Anweisungen für die Datei `dhcpd.conf`.

`lease-file-name`
> legt den Pfad zur Lease-Datei an eine andere Stelle. Das Argument ist der Dateiname in Anführungszeichen. Als Beispiel:

```
lease-file-name /var/dhcp/dhcp.lease;
```

`pid-file-name`
> legt den Pfad zur PID-Datei an eine andere Stelle. Als Argument wird der Dateiname in Anführungszeichen mitgegeben. Als Beispiel:

```
pid-file-name /var/pids/dhcpd.pid;
```

`local-port`
> lässt den DHCP-Server Anfragen auf einem anderem Port als Port 67 erwarten. Dies ist im Wesentlichen für Testzwecke von Nutzen. Eine weitere Anwendung sehen wir in Abschnitt 3.4.2. Argument ist die Portnummer.

`local-address`
> veranlasst, dass der DHCP-Server nicht auf Pakete antwortet, die an die Broadcast-Adresse geschickt werden, sondern auf Pakete, die an die als Argument übergebene Adresse geschickt werden. Auch dies ist nur für Testzwecke geeignet.

`log-facility`
> stellt ein, mit welcher Syslog-Facility der DHCP-Daemon seine Status-Meldungen sendet. Als Argument wird der Name der Facility übergeben. Mögliche Facilities sind z. B. `auth`, `mail`, `kern` oder `local0–local7`.

omapi-port

> Port, auf dem der Server auf OMAPI[10]-Verbindungen lauscht. Mit dieser Verbindung ist es möglich, den Server zu steuern und Einfluss auf die Lease-Datenbank zu nehmen. Als Argument wird die Portnummer gesetzt. In Abschnitt 2.6 wird erläutert, wie die Steuerung funktioniert.

always-broadcast

> Normalerweise ist durch die BOOTP- und DHCP-Protokolle definiert, wann Broadcasts verwendet werden. Dazu wird in den Nachrichten ein Flag gesetzt. Einige DHCP-Clients setzen dies jedoch nicht korrekt um. Für diese Clients kann mittels dieser Option das Broadcastflag immer angeschaltet werden. Um die Menge von Broadcasts im Netz so gering wie möglich zu halten, sollte man diesen Parameter nur für die Clients setzen, die dies benötigen.

always-reply-rfc-1048

> Einige BOOTP-Clients möchten zwar Parameter gemäß RFC 1048[11] zugewiesen bekommen, fragen aber nicht richtig danach. Wenn im Logfile eine Meldung {non-rfc1048} erscheint, handelt es sich um einen solchen Client. Dann kann man in dessen Host-Deklaration diese Option mit true oder on hinzufügen, so dass der Client immer die Parameter erhält.

get-lease-hostnames

> stellt ein, ob der Hostname in der Lease-Datenbank gesucht und benutzt werden soll. Als Argument wird ein Boolescher Wert übergeben.

min-secs

> definiert eine Wartezeit, nach der der DHCP-Server eine Adresse zuweist; Argument ist die Wartezeit in Sekunden. Der Maximalwert beträgt 255. So kann ein zweiter DHCP-Server als Reserve aufgesetzt werden, der verzögert antwortet, wenn der erste nicht reagiert.

one-lease-per-client

> Wenn diese Option auf true gesetzt wird, verwirft der DHCP-Server alle Leases, die für diesen Client gespeichert sind, denn er geht davon aus, dass der Client selbst alles vergessen hat. Wenn neben Hardwareadressen zur Zuordnung auch Client-Identifier verwendet werden, ist dies mit Vorsicht zu verwenden.

ping-check

> steuert, ob der DHCP-Server mittels Ping überprüft, ob die Adresse,

---

[10] Object Management Application Programming Interface

[11] Dabei handelt es sich um die Parameter, die nicht in der Optionliste stehen, sondern nach BOOTP-Standard als Vendor Extensions benutzt werden.

die er vergeben möchte, nicht bereits vergeben ist. Der Server sendet hierzu ein ICMP-Echo (Ping) aus und wartet eine Sekunde auf eine Antwort. Als Argument wird ein Boolescher Wert übergeben, der diese Funktion an- oder abstellt. Die beim Ping-Check entstehende Verzögerung führt bei manchen DHCP-Clients zu Störungen.

`ping-timeout`
Ist der `ping-check` aktiv, kann mit dieser Anweisung die Zeit eingestellt werden, die der DHCP-Server auf eine Antwort wartet. Der Wert (Standard ist eine Sekunde) sollte nicht zu hoch gewählt werden, da die Clients sonst länger auf eine Antwort warten müssen als der Timeout dauert.

`server-identifier`
überschreibt den Server-Identifier in den Antworten des DHCP-Servers. Das Argument ist eine IP-Adresse, der Standardwert die erste IP-Adresse des Interface, auf dem die Anfrage hereinkam. Dies sollte nur überschrieben werden, wenn es aufgrund der Netzwerktopologie oder Konfiguration unbedingt notwendig ist.

`server-name`
übergibt den Namen des Servers, den der Server in seinen Antworten an die Clients übermittelt. Als Argument wird der Name in Anführungszeichen übergeben.

`stash-agent-options`
Wenn ein Client über ein Relay bootet, werden nicht alle Optionen bei jeder Antwort erneut mitgeschickt. Ist diese Option mit `true` aktiviert, beantwortet der DHCP-Server alle Anfragen so, als ob alle Optionen der ersten Anfrage in jeder weiteren Anfrage mitgesendet werden.

`update-optimization`
steuert, ob der Server jedesmal ein DNS-Update durchführt, wenn ein Client seine Lease erneuert, oder nur dann, wenn dies notwendig ist. Als Argument wird ein Boolescher Wert übergeben. Dies ist standardmäßig angeschaltet.

`update-static-leases`
legt fest, ob der DHCP-Server für Clients mit einer `fixed-address`-Deklaration DNS-Updates ausführt. Als Argument erhält die Anweisung einen Booleschen Wert. In der Standardeinstellung ist dies ausgeschaltet.

2.5 Die Datei `dhcpd.leases`

Der ISC-DHCP-Daemon speichert die vergebenen Leases in einer ASCII-Datei, so dass die Informationen über einen Reboot hinweg erhalten bleiben.

Mit Ausnahme der Failover-Konfigurationen sollte diese Datei nicht per Hand manipuliert werden. Es kann aber nützlich sein, sich darin über den Zustand der Datenbank zu informieren. Daher soll es im Folgenden um das Format der Datei gehen.

Die Datei besteht aus einer Reihe von Lease-Definitionen. Diese beginnen mit dem Schlüsselwort `lease`, gefolgt von der IP-Adresse und Anweisungen in geschweiften Klammern. Eine neu vergebene Lease wird an das Ende der Datei geschrieben. Es kann also vorkommen, dass ein Eintrag für dieselbe Lease mehrfach in der Datei auftritt; in diesem Fall ist der letzte Eintrag in der Datei gültig.

Außer den Leases enthält die Datei Beschreibungen des Failover-Zustands der verschiedenen Pools, sofern dies verwendet wird. Schließlich können noch Gruppen und Untergruppen in der Datei stehen, wenn diese, wie im nächsten Abschnitt beschrieben, über OMAPI angelegt werden.

Ein Lease-Eintrag sieht beispielsweise folgendermaßen aus:

```
lease 192.168.1.55 {
  starts 1 2006/08/28 07:50:25;
  ends 1 2006/08/28 19:50:25;
  binding state active;
  next binding state free;
  hardware ethernet 00:0a:95:97:2e:36;
}
```

Die Schlüsselwörter `starts` und `ends` geben Datum und Uhrzeit von Zuweisung und Ablauf der Lease an. Das Format der Datumsangabe setzt sich wie folgt zusammen:

```
W YYYY/MM/DD HH:mm:SS
```

W steht für den Wochentag, die anderen Buchstaben für Zeiteinheiten von Jahr bis Sekunde. Die Uhrzeit ist stets in Universal Coordinated Time (UTC) angegeben, die lokale Zeit also entsprechend umzurechnen.

`binding state` und `next binding state` geben den aktuellen Zustand der Lease bzw. den Zustand nach Ablauf an. Mögliche Werte sind `active`, wenn die Lease gerade in Benutzung ist, und `free`, wenn sie nicht vergeben ist. In einer HA-Konfiguration gibt es darüber hinaus den Zustand `backup`, der angibt, dass die Lease vom HA-Partner vergeben werden kann.

Das Schlüsselwort `hardware` gibt die von der Lease benutzten MAC-Adresse an.

In einer HA/Loadsharing-Konfiguration gibt es neben `starts` und `ends` noch `tstp` und `tsfp`, die die Zeitpunkte angegeben, wann der Partner den Ablauf einer Lease übermittelt bzw. bestätigt hat.

Mit `uid` wird der vom Client optional mitgeschickte Client Identifier gespeichert. Als Argument wird der ARP-Typ (1 für Ethernet), gefolgt von der MAC-Adresse in der Doppelpunktschreibweise (`01:aa:bb:cc:dd:ee:ff`) oder als String in Anführungszeichen, gespeichert. Enthält der String Zeichen, die als 7-Bit-ASCII darstellbar sind, muss man die Oktal-Schreibweise mit vorangestelltem Backslash nutzen. Für Clients, die in der Hostname-Option den Hostnamen mitsenden, findet sich dieser hinter dem Schlüsselwort `hostname` in Anführungszeichen.

Enthält die Lease-Definition ein `abandoned`, so hat der DHCP-Server beschlossen, diese Adresse zu verwerfen und nicht mehr zu verwenden. Liegt der Grund dafür in einer inzwischen behobenen Fehlkonfiguration im Netzwerk, lässt sich dies wieder abstellen. Solch eine Situation kann entweder über das im nächsten Abschnitt vorgestellte OMAPI-Protokoll oder durch Editieren der Lease-Datei entstehen. Wird die Leasedatei von Hand editiert, ist der DHCP-Daemon vorher zu stoppen, damit keine Inkonsistenzen entstehen.

Hat ein Client über einen Relay-Agent mit dem DHCP-Server kommuniziert und der Relay-Agent seinerseits die DHCP-Anfragen um seine eigene Adresse erweitert, wird dies in der Lease ebenfalls gespeichert. Dazu dienen `option agent.circuit-id` und `option agent.remote-id`, denen die jeweiligen Parameter in Anführungszeichen folgen. So lässt sich in der Datei `dhcpd.conf` in einer If-Abfrage die richtige Behandlung des DHCP-Clients steuern, auch wenn dieser den DHCP-Server direkt anspricht.

Es gibt eine Liste von Variablen, die mit `set variable = wert;` gesetzt werden. Es handelt sich um Zuweisungen für DNS-Updates. Die Variablen sind:

ddns-text
> Der Wert dieser Variablen ist die ID, die bei Einsatz des Interim-Schemas als TXT-Record gespeichert wird (vergleiche Abschnitt 2.4.6).

ddns-fwd-name
> In dieser Variablen wird der DNS-Name gespeichert, den der DHCP-Server als A-Record eingetragen hat, sofern das DNS-Update erfolgreich war. Der Name kann derselbe wie für den PTR-Record sein.

ddns-client-fqdn
> Wenn das Interim-Schema verwendet wird, die Clients ihre Namen selbst aktualisieren dürfen und dies bei dieser Lease auch tatsächlich passiert ist, so wird der Hostname in dieser Variablen gespeichert.

```
ddns-rev-name
```
Hat der DHCP-Server den PTR-Record erfolgreich aktualisiert, ist dieser hier gespeichert. Dabei handelt es sich um den Namen, der in der Zone-Datei des DNS-Servers links von `IN PTR` steht, zum Beispiel `1.1.168.192.in-addr.arpa`.

2.6   DHCP-Daemon fernsteuern

Ist in der Konfiguration der Parameter `omapi-port` gesetzt, kann man den DHCP-Daemon über diesen Port eingeschränkt fernsteuern. OMAPI steht für *Object Management API*. Mittels dieses API können Objekte in der Lease-Datenbank des DHCP-Servers erzeugt, manipuliert und gelöscht werden. Als interaktive Schnittstelle dient das Programm `omshell`.

Der Aufruf von `omshell` erfolgt ohne Argumente. Zunächst verbindet man sich mit dem DHCP-Server, und zwar über das Kommando `connect`. Gibt man keinen Server und/oder Port an, so verbindet sich die Shell mit Localhost am Standardport 7911. Der Dialog bei einer normalen Verbindung sieht wie folgt aus:

```
# omshell
> connect
obj: <null>
>
```

Sollte der OMAPI-Port nicht konfiguriert sein oder der falsche Server angesprochen werden, gibt `omshell` eine Fehlermeldung aus.

Die Kommandos `server` und `port` konfigurieren Server und Ports um. `server` erwartet eine IP-Adresse als Argument, `port` die Portnummer. Um die Verbindung zu authentisieren, dient das Schlüsselwort `key`. Das Kommando benötigt zwei Argumente: den Namen eines TSIG-Schlüssels und den Schlüssel (zur Transaktionssignatur TSIC siehe Seite 302). Dies entspricht einer `key`-Anweisung in der `dhcpd.conf` des DHCP-Servers. Mittels der Anweisung `omapi-key` in der `dhcpd.conf` weist man der OMAPI-Verbindung serverseitig einen Schlüssel zu.

Die Meldung `obj: <null>` zeigt an, dass direkt nach der Verbindung kein Objekt in Bearbeitung ist. Um eine Aktion zu starten, muss in der `omshell` zunächst ein lokales Objekt erzeugt werden. Hierzu dient das Kommando `new`. Diesem folgt der Objekttyp, der `host`, `lease` oder `group` sein kann.

Mittels set *schlüssel = wert* können im lokalen Objekt Werte gesetzt werden. Mit dem Kommando `open` kann man beim Server abfragen, ob er ein Objekt hat, das zum lokalen Objekt passt. Eine Beispielkommunikation soll dies verdeutlichen:

```
> connect
obj: <null>
> new lease
obj: lease
> set ip-address = 10.1.25.250
obj: lease
ip-address = 0a:01:19:c8
> open
obj: lease
ip-address = 0a:01:19:c8
state = 00:00:00:01
subnet = 00:00:00:04
pool = 00:00:00:05
ends = 00:00:00:00
starts = 00:00:00:00
tstp = 00:00:00:00
tsfp = 00:00:00:00
cltt = 00:00:00:00
```

Über die IP-Adresse konnte der DHCP-Server die Zuordnung zu einer Lease in seiner Datenbank vornehmen. Um die Lease zu manipulieren, können mit set Werte geändert oder hinzugefügt werden. Die Lease aus dem Beispiel hat keinen Hostnamen (da sie auch nicht vergeben ist). Dieser wird folgendermaßen hinzugefügt:

```
> set client-hostname = "testhost"
obj: lease
ip-address = 0a:01:19:c8
state = 00:00:00:01
subnet = 00:00:00:04
pool = 00:00:00:05
ends = 00:00:00:00
starts = 00:00:00:00
tstp = 00:00:00:00
tsfp = 00:00:00:00
cltt = 00:00:00:00
client-hostname = "testhost"
```

Mit dem set-Kommando wurde nur das lokale Objekt in der omshell geändert. Das Kommando update schreibt dies auf den Server zurück, was wiederum mit einer Ausgabe der Werte des Objekts quittiert wird.

Neue Objekte erzeugt man im Prinzip genauso, nur dass man nicht das open-, sondern das create-Kommando verwendet, um dem Server die Parameter zu übergeben. Soll also zum Beispiel ein neuer Host angelegt werden, erzeugt man diesen mit new zunächst lokal, setzt mit set die gewünschten Parameter und übermittelt dies zuletzt mit create an den Server.

```
> new host
obj: host
```

```
> set ip-address = 192.168.1.55
obj: host
ip-address = c0:a8:01:37
> set hardware-address = 00:11:22:33:44:55
obj: host
ip-address = c0:a8:01:37
hardware-address = 00:11:22:33:44:55
> set hardware-type = 1
obj: host
ip-address = c0:a8:01:37
hardware-address = 00:11:22:33:44:55
hardware-type = 1
> set client-hostname "testhost"
obj: host
ip-address = c0:a8:01:37
hardware-address = 00:11:22:33:44:55
hardware-type = 00:00:00:01
client-hostname = "testhost"
> create
obj: host
ip-address = c0:a8:01:37
hardware-address = 00:11:22:33:44:55
hardware-type = 00:00:00:01
name = "testhost"
```

In der dhcp.leases findet man dann am Ende den neuen Eintrag:

```
host testhost {
  dynamic;
  hardware ethernet 00:11:22:33:44:55;
  fixed-address 192.168.1.55;
}
```

Das Kommando unset als Gegenstück zu set löscht ein einzelnes Attribut. Ist man sich nicht sicher, ob das lokale Objekt noch dem Objekt auf dem Server entspricht, kann man es mit dem Kommando refresh aktualisieren.

Das Kommando remove dient dem Löschen eines angelegten Objekts. Dazu muss das lokale Objekt dem auf dem Server liegenden mit open zugeordnet worden sein. Das folgende Beispiel entfernt den angelegten Host wieder.

```
> open
obj: host
ip-address = c0:a8:01:37
name = "testhost"
hardware-address = 00:11:22:33:44:55
hardware-type = 00:00:00:01
> remove
obj: <null>
```

Jetzt ist dieser Host nicht mehr gültig, aber noch nicht aus der Leases-Datei entfernt, sondern dort lediglich mit einem Eintrag deleted versehen.

2.7 Logmeldungen und Debugging

Der ISC-DHCP-Daemon schreibt natürlich auch Logdaten und bedient sich dabei des Unix-Syslog-Mechanismus. Treten Probleme auf, sind die Logdateien der erste Anlaufstelle für den Administrator.

Die ausgetauschten DHCP-Nachrichten werden mit dem Namen der Nachricht in der Logdatei ausgegeben. Zunächst einmal ein Auszug, der den Normalfall des Austauschs von DHCPDISCOVER, DHCPOFFER, DHCPREQUEST und DHCPACK zeigt:

```
Nov  5 11:23:08 server dhcpd: DHCPDISCOVER from 00:11:22:33:44:55 via et
h0
Nov  5 11:23:08 server dhcpd: DHCPOFFER on 192.168.1.17 to 00:11:22:33:4
4:55 via eth0
Nov  5 11:23:09 server dhcpd: DHCPREQUEST for 192.168.1.17 (192.168.1.1)
 from 00:11:22:33:44:55 via eth0
Nov  5 11:23:09 server dhcpd: DHCPACK on 192.168.1.17 to 00:11:22:33:44:
55 via eth0
```

Die erste Zeile gibt an, dass der Client mit der Hardwareadresse 00:11:22:33:44:55 eine DHCP-Adresse sucht. Dass die erste Nachricht ein Discover ist zeigt, dass der Client ohne eine gespeicherte Adresse sucht, andernfalls hätte er zunächst ein DHCPREQUEST für diese Adresse gesendet. Das `via eth0` des Logeintrages verrät, dass die Anfrage direkt auf der lokalen Schnittstelle eth0, und nicht über einen Router empfangen wurde.

Die zweite Zeile protokolliert ein DHCPOFFER des Servers für die Adresse 192.168.1.7 an die MAC-Adresse, ebenfalls über die Schnittstelle eth0. Die dritte Zeile zeigt das DHCPREQUEST des Clients, welches als Unicast-Paket direkt an den DHCP-Server (192.168.1.1) ging. Die vierte Zeile schließlich ist die Bestätigung, dass der Server die Adresse eingetragen hat.

Erneuert ein Client seine Lease, so entfallen Discover und Offer, und es werden nur zwei Logeinträge erzeugt:

```
Nov  5 10:04:37 server dhcpd: DHCPREQUEST for 192.168.1.18 from aa:bb:cc
:dd:ee:ff via eth0
Nov  5 10:04:37 server dhcpd: DHCPACK on 192.168.1.18 to aa:bb:cc:dd:ee:
ff via eth0
```

Wird irgendwo im Netzwerk der Internet Explorer als Webbrowser eingesetzt und dieser so eingestellt ist, dass er seine Proxykonfiguration automatisch sucht, tut er dies über ein DHCPINFORM. Im Logfile finden sich dann folgende Einträge:

```
Oct 29 19:25:54 server dhcpd: DHCPINFORM from 192.168.1.11 via eth0
Oct 29 19:25:54 server dhcpd: DHCPACK to 192.168.1.11
```

Inform-Anfragen richten sich immer direkt an einen DHCP-Server. Da keine Broadcasts vorkommen können bzw. keine Pakete an eine MAC-Adresse geschickt werden, wird hier nur die IP-Adresse des Clients im Logfile vermerkt.

Wenn dem DHCP-Server die zu verteilenden Adressen ausgehen oder in einem Bereich, in dem nur mit MAC-Adressen bekannte Clients erlaubt sind, ein unbekannter Client eine Adresse anfragt, so erscheint eine Meldung wie die folgende im Logfile:

```
Nov 12 21:46:14 server dhcpd: DHCPDISCOVER from 00:11:22:33:44:55 via et
h0: network 192.168.1/24: no free leases
```

In einem Netz, in dem nur autorisierte Clients Adressen bekommen, ist diese Meldung also ein Alarmsignal, dass möglicherweise ein unbekannter Client versuct eine Adresse zu erhalten. Aber auch wenn diese Meldung „nur" angibt, dass die Adressen ausgegangen sind, sollte der Administrator reagieren, da „legale Clients" andernfalls nicht mehr arbeiten können.

Gelangt eine Anfrage an den DHCP-Server, für die kein Pool definiert ist, erscheint eine Meldung wie diese:

```
Nov  4 23:24:23 server dhcpd: DHCPDISCOVER from 00:11:22:33:44:55 via 19
2.168.6.254: unknown network segment
```

Hier muss man dann entweder einen Pool für das Netzwerk 192.168.6.0 anlegen oder die DHCP-Relays auf den Routern so konfigurieren, dass die Anfragen bei dem DHCP-Server ankommen, der einen Pool für dieses Netz hat.

Dynamische DNS-Updates werden auch im Logfile vermerkt. Waren die Updates erfolgreich, wird für das Update in der Vorwärts- und in der Rückwärtszone je ein Logeintrag erzeugt:

```
Nov 12 05:12:10 server dhcpd: Added new forward map from client1.opensou
rcepress.de to 192.168.1.77
Nov 12 05:12:10 server dhcpd: added reverse map from 77.1.168.192.in-add
r.arpa. to client1.opensourcepress.de
```

Schlägt das Update fehl, wird auch dies in der Logdatei vermerkt.

```
Nov 12 06:49:33 server dhcpd: Unable to add forward map from clientxx.op
ensourcepress.de to 192.168.2.5: timed out
```

In diesem Fall ist die Verbindung in ein Timeout gelaufen, weil entweder die DHCP-DNS-Kopplung falsch konfiguriert oder der Nameserver nicht erreichbar ist. Die Fehlerbeschreibung am Zeilenende ermöglicht also einen Rückschluss auf die Fehlerursache.

Ist ein Client zwar im richtigen Netz und darf eine IP-Adresse beziehen, fragt aber in seinem Request nach einer Adresse, die der Server aufgrund seiner Konfiguration nicht vergeben kann, erscheint eine Meldung wie diese:

```
Nov  6 11:13:09 server dhcpd: DHCPREQUEST for 192.168.1.101 from 00:11:2
2:33:44:55 via eth1: unknown lease 192.178.1.101.
```

Der Client sollte dann statt einer Request- eine Discover-Nachricht senden, um eine gültige Adresse zugeteilt zu bekommen.

Abschließend noch ein Beispiel aus der Praxis, das die (Nicht-)Zusammenarbeit mehrerer DHCP-Server demonstriert.

Im Netz stehen die gekoppelten DHCP-Server 192.168.1.1 und 192.168.1.254. Der Server 192.168.1.254 ist ein Router, der auch mit dem Netz 192.168.2.0 verbunden ist. In diesem Netz hat der Client 00:11:22:33:44:55 eine fest zugeteilte Adresse, die an seine Hardwareadresse gebunden ist. Im Netz 192.168.1.0, für das beide DHCP-Server zusammenarbeiten, sind keine festen Adressen vorgegeben. Die folgenden Meldungen tauchen in der Logdatei des Servers 192.168.1.254 auf:

```
Nov  7 11:11:43 server dhcpd: DHCPREQUEST for 192.168.1.55 (192.168.1.1)
 from 00:11:22:33:44:55 via eth1: lease 192.168.1.55 unavailable.
Nov  7 11:11:43 server dhcpd: DHCPNAK on 192.168.1.55 to 00:11:22:33:44:
55 via eth1
```

Was ist passiert? Client 00:11:22:33:44:55 hat sich ins Netz 192.168.1.0/24 gehängt. Der Server 192.168.1.1, der nichts von der statischen Zuordnung im anderen Netz weiß, teilt ihm die Lease 192.168.1.55 zu. Der Server 192.168.1.254, der beide Netze bedient, kennt aber die feste Zuordnung und kann somit bestimmen, dass der Client im falschen Netz steckt. Darum wird ein NAK gesendet, und der Client bekommt keine Adresse. Wenn der Client mit dieser Hardwareadresse in beiden Netzen eine Adresse beziehen soll, so müssen zwei fixed-address-Einträge in den Hosteintrag geschrieben werden.

2.8   Relaying

Das ISC-DHCP-Paket enthält einen Relay-Agent namens dhcrelay, der auf Rechnern verwendet werden kann, die als Router im Netz fungieren. Der Agent besitzt keine Konfigurationsdatei, sondern wird ausschließlich über Kommandozeilenoptionen gesteuert. Diese dienen vor allem dazu festzulegen, auf welcher Schnittstelle weiterzuleitende Anfragen angenommen werden. Als Argumente sind zwingend die DHCP-Server anzugeben, an die

die Anfragen weitergeleitet werden sollen. In der Regel erfolgt der Aufruf von `dhcrelay` aus einem Init-Script.

Mit folgenden Optionen lässt sich das Verhalten von `dhcrelay` steuern:

-p *portnummer*
> legt den Port fest, wenn das Programm auf einem anderen als dem Standardport arbeiten soll.

-i *Name-der-Schnittstelle*
> gibt an, auf welcher der Schnittstellen das Programm arbeiten soll. Sollen mehrere benutzt werden, muss -i mehrfach angegeben werden. Fehlt die Option, wird auf allen Schnittstellen gelauscht. Da auch die Antworten des DHCP-Servers entgegengenommen werden müssen, muss in der Liste der Schnittstellen auch jene enthalten sein, an der der DHCP-Server angeschlossen ist.

-d
> startet das Programm im Debug-Modus statt im Hintergrund.

-q
> unterdrückt die Startmeldung der Netzwerkkonfiguration.

-c *Hopcount*
> Jedes DHCP-Paket enthält einen Hopcount, der angibt, über wie viele Relay-Agents das Paket bereits weitergereicht wurde. Standardmäßig werden DHCP-Pakete mit einem Hopcount von 10 oder mehr verworfen. Sollten sich mehr Router im Netz zwischen dem Client und dem Server befinden, kann die Grenze mit dieser Option erhöht werden.

-a
> fügt bei den Paketen auf dem Weg zum Server zwei Optionen hinzu. Die eine enthält den Namen des Interface, auf dem der Agent das Paket empfangen hat, die zweite ist die Remote ID, die aber in der Regel nicht weiter verwendet wird.

-A *Länge*
> setzt die Paketlänge fest. Diese sollte so bemessen sein, dass alle Optionen hineinpassen, aber Fragmentierungen vermieden werden.

-D
> Wenn eine Antwort zu einem Client gesendet werden soll, so muss in dieser das Agent-ID-Feld auf eine Adresse des Relays gesetzt sein, da sonst die Frage nicht über diesen Router hereingekommen sein kann. Wenn dies nicht der Fall ist, kann das DHCP-Relay entscheiden, ob es das Paket verwirft oder weiterleitet. Bei gesetztem -D werden nicht passende Pakete verworfen. Es ist sinnvoll, diese Option zu setzen, wenn man verhindern will, dass DHCP-Pakete über andere Router im Netz laufen.

`-m append|replace|discard|forward`

Es ist nur eines der vier Schlüsselwörter erlaubt. Wenn ein DHCP-Paket über mehrere Router zum Server weitergeleitet wurde, steuert dieser Parameter, was mit den vorgefundenen Relayinformationen geschehen soll. Es hängt von der Konfiguration des Servers ab, an den die Pakete weitergeleitet werden, welche Option sinnvoll ist. In den meisten Fällen ist das Standardverhalten ausreichend, man braucht die Option also nicht zu verwenden. Bei `append` fügt der als Relay fungierende Server die eigenen Informationen hinzu, bei `replace` ersetzen die eigenen Werte die gefundenen. Bei `discard` wird das gesamte Paket verworfen, wenn es von einem anderen Router weitergeleitet wurde, und bei `forward` wird das Paket unverändert weitergeleitet. `discard` erlaubt das Verwerfen, wenn Pakete aus einem durch einen weiteren Router getrennten Netz stammen und die Policy dies nicht erlaubt bzw. der Server damit nicht behelligt werden soll. Die Entscheidung zwischen `append` oder `replace` hängt davon ab, ob der verarbeitende DHCP-Server mit aneinandergehängten Kennungen zurecht kommt bzw. auf welche Kennung eines Relays er konfiguriert ist, um einen Adresspool zu finden, aus dem eine Adresse zugewiesen werden kann. Die Standardeinstellung ist `replace`.

Als Beispiel hat der Router die Schnittstellen eth0, eth1 und eth2. Der DHCP-Server ist an der Schnittstelle eth1 angeschlossen, die Clients an eth2. Der DHCP-Server läuft auf der Adresse 192.168.1.1. Der Aufruf lautet also:

```
# dhcrelay -i eth1 -i eth2 192.168.1.1
```

3

Praktische Client-Konfiguration

Dieses Kapitel bietet eine Beispielkonfiguration, die in der Praxis häufig gegebene Szenarien abdeckt. Da sich DHCP-Konfigurationen aus den Anforderungen der Clients ergeben, werden verschiedene Typen von Clients und deren gewünschte Optionen vorgestellt.

3.1 Windows-Clients

Windows-Clients benötigen als wesentlichen Parameter einen oder mehrere Netbios-Nameserver, sofern noch WINS zur Namensauflösung im Netzwerk verwendet wird. Seit Windows2000 und dem Active Directory Service finden die Clients alle Parameter über DNS-SRV-Records. In Kapitel 14 werden die Einträge beschrieben, die ein DNS-Server braucht, damit sich die Windows-Clients zurechtfinden. Ein Windows-XP-Client, der per DHCP seine Adresse bezieht, fragt nach folgenden Optionen:

Subnetzmaske
> Subnetzmaske auf dem anfragenden Interface.

Router
> ein oder mehrere Defaultrouter im Netz.

Domain Name Server
> ein oder meherere DNS-Server, die der Client verwendet.

Domain Name
> Name der Domain für DNS-Suchen.

Perform Router Discover
> Client führt Router Discovery gemäß RFC 1256 durch.

Vendor Specific Option
> Client ist im Vendor Option Space MSFT 5.0. Ältere Windows-Versionen haben hier eventuell nur MSFT.[1] Mit dieser Option wird nach Suboptionen für diesen Vendor Space gefragt.

Netbios over TCP/IP Nameserver
> ein oder mehrere WINS-Server im lokalen Netz.

Netbios Node Type
> beschreibt, wie der Client seine Namensauflösung vornimmt (siehe Abschnitt 1.5.1).

Netbios over TCP/IP Scope
> Netbios Scope für den Client.

Classless Static Routes
> Diese Option mit der Nummer 249 ist nicht standardisiert, wird aber von Microsoft verwendet, um Routen mit Netzmaske zu übertragen.[2] Die Syntax wird in RFC 3442 definiert und ist etwas komplizierter. Die Option bekommt eine Liste von Routen. Diese Liste besteht aus der Länge in Bits des Netzanteils (z. B. 24 für Netmaske 255.255.255.0), dem Netz und der Adresse des Gateways. Dabei werden allerdings nur die notwendigen Bytes der Netzadresse verwendet. Das heißt bei einer Länge der Netzmaske von 8 Bit nur ein Byte, bis 16 zwei, bis 24 drei und vier bei einer Länge von über 24.

Bei Einsatz des Internet Explorer kommt eine weitere Option hinzu, die allerdings nicht zum Bootvorgang gehört, sondern von der Applikation benutzt wird. Wenn der Browser für „automatisches Erkennen der Proxyeinstellungen" konfiguriert ist, versucht er beim Start per DHCPINFORM die

---

[1] Windows 98 schickt als Option Space MSFT 98.

[2] Microsoft verweist in einem Knowledgebase-Artikel selbst auf RFC 3442, der diese Option definiert. Allerdings hat in diesem RFC die Option die Nummer 121 und nicht 249.

URL für ein Proxy-Auto-Konfigurationsscript zu erfahren. Die Optionsnummer ist 252.[3] Windows-Clients kennen darüber hinaus Vendor-Optionen, die das Verhalten beeinflussen. Diese Optionen befinden sich im Vendor Space `MSFT 5.0`.

Windows-XP Clients geben ihre Lease nicht selbstständig frei, wenn das Betriebssystem herunterfährt. Dies kann zu Problemen führen, wenn mehr Clients als Adressen im Pool sind, diese aber nur kurz benutzt werden, so dass bei ordentlicher Freigabe kein Konflikt entstehen würde. Über eine Option im Vendor Space `MSFT 5.0` lässt sich regeln, dass die Clients die Lease freigeben. Die Option heißt `release-on-shutdown`, hat den Code 2 und ist ein 32-Bit-Integer. Ihr Option Space muss in `dhcpd.conf` deklariert werden, wie nachfolgend im Beispiel erläutert.

Im Beispiel sollen im Netz 192.168.1.0 mit Netzmaske 255.255.255.255.0 zwei DNS-Server 192.168.1.1 und 192.168.1.2 stehen. Der Domainname ist `opensourcepress.de`, die Clients erhalten die Subdomain `dhcp.opensourcepress.de`. Der DHCP-Server pflegt die DNS-Einträge. Die WINS-Server sind 192.168.1.5 und 192.168.1.6, der Router 192.168.1.254. Windows-Rechner sollen ihre Adressen aus dem Bereich 192.168.1.50-192.168.1.69 beziehen dürfen. Anderen steht der Bereich 192.168.1.70-192.168.1.100 zur Verfügung. Im Windows-Bereich sollen nur bekannten Clients Adressen zugewiesen werden.

Zwei Netze werden als Classless Routen eingetragen: 10.1.0.0/16 mit Gateway 192.168.1.252 und 172.16.1.128/25 mit Gateway 192.168.1.251. Es ist möglich, diese Liste auf verschiedene Arten zu deklarieren, zum Beispiel auch als String. Dabei werden die Bytes als doppelpunktgetrennte Hexadezimalzahlen dargestellt. Aus Gründen der besseren Lesbarkeit wird es in diesem Beispiel als Array aus Bytes dargestellt. Da die Routen netzspezifisch sind, werden sie in den Subnet-Block eingepackt.

Die Parameter für die Windows-Clients bildet man durch eine `class`-Deklaration und setzt in dieser Klasse auch die WINS-Server, da sich die anderen Clients nicht für diese Option interessieren. Der Vendor Space für Windows-Clients wird am Anfang der Konfiguration deklariert. Es ergibt sich folgende Konfiguration:

```
option msft-classless-routes code 249 = array of unsigned integer 8;

option space MSFT;
option MSFT.release-on-shutdown code 2 = unsigned integer 32;
class "windows-clients" {
```

[3] Bei Drucklegung des Buches hatte der Internet Explorer einen Fehler, der bewirkt, dass beim Zugriff auf den Webserver zum Herunterladen der Konfigurationsdatei ein Zeichen der URL abgeschnitten wird. Abhilfe schafft hier, die Datei auf dem Webserver zu kopieren oder zu verlinken. Der Internet Explorer ignoriert den vom Webserver übermittelten MIME-Type.

```
        match if option vendor-class-identifier = "MSFT 5.0";
        vendor-option-space MSFT;
        option MSFT.release-on-shutdown 1;
        option netbios-name-servers 192.168.1.5,192.168.1.6;
}

ddns-update-style interim;

key "geheim" {
  algorithm hmac-md5;
  secret "IzBGmzoBBY3s46u4fHrcrA==";
}

zone dhcp.opensourcepress.de {
  primary 192.168.1.1;
  key "geheim";
}

zone 1.168.192.in-addr.arpa {
  primary 192.168.1.1;
  key "geheim";
}


option domain-name "opensourcepress.de";

subnet 192.168.1.0 netmask 255.255.255.0 {
  # Wenn dem DHCP-Server etwas nicht passt, soll er ein NAK schicken
  authoritative;
  ddns-domainname "dhcp.opensourcepress.de";
  option broadcast-address 192.168.1.255;
  # Die Clients sollen nach 2 Stunden wieder fragen
  default-lease-time 7200;
  # Hoechstens ein Tag
  max-lease-time 86400;
  # Damit der DNS-Name zur Not aus der Deklaration im Configfile gesetzt
  # wird
  use-host-decl-names on;

  # Windows Clients
  pool {
    range 192.168.1.50 192.168.1.69;
    allow members of "windows-clients";
    option msft-classless-routes 16,10,1,192,168,1,252,25,172,16,1,128,1
92,168,1,251;
    deny unknown-clients;
  }
  # Der Rest
  pool {
    range 192.168.1.70 192.168.1.100;
    deny members of "windows-clients";
  }
```

```
  option domain-name-servers 192.168.1.1, 192.168.1.2;
  option routers 192.168.1.254;
}

host windows1 {
  hardware ethernet 00:11:22:33:44:50;
  fixed-address 192.168.1.50;
}

host windows2 {
  hardware ethernet 00:11:22:33:44:51;
  fixed-address 192.168.1.51
}

...

host windows20 {
  hardware ethernet 00:11:22:33:44:69;
  fixed-address 192.168.1.69
}
```

Der Pool aus elf Leases bedient in diesem Fall 20 Windows-Clients, wobei man davon ausgeht, dass nie mehr als elf gleichzeitig eine IP-Adresse haben wollen.

3.2 Linux- und BSD-Clients

Bei Linux gibt es keinen einheitlichen DHCP-Client und damit auch keine einheitlichen Optionen, die angefragt werden. Die verschiedenen Clients sind:

Linux Kernel Autokonfiguration
Wenn der Kernel mit IP-Autokonfiguration übersetzt wurde, fragt er selbst nach einer Adresse, wenn die Kommandozeilenoption ip=dhcp gestartet wird.

dhclient
Die DHCP-Daemon-Distribution des ISC enthält einen Client, der von den vorgestellten Varianten die flexibelste ist. Über eine Konfigurationdatei ist frei einstellbar, nach welchen Optionen gesucht wird. Über ein dann aufgerufenes Script können die Ergebnisse der Anfrage ausgewertet und die Unix-Konfigurationsdateien angepasst werden. Debian, Ubuntu Linux und FreeBSD verwenden dhclient.

dhcpcd

> Dieser Client ist über Kommandozeilenoptionen steuerbar. Er schickt eine Vendor-ID mit, die aus Systemnamen, Release und Maschinentyp besteht. Bei Linux auf einem x86 PC bedeutet dies: Linux 2.6.16 i386. Der Client modifiziert die Konfigurationsdateien, die zu den angefragten Optionen gehören, selbstständig ohne ein externes Script. Gentoo-Linux verwendet den dhcpcd.

pump

> Red-Hat-basierende Distributionen verwenden das Programm pump. Es unterstützt die Konfiguration der Adresse und der Netzmaske, der Defaultrouter, der DNS-Konfiguration und des NIS-Servers.

Diese Vielfalt und die Flexibilität der Clients machen es schwierig, ein allgemeines Kochrezept anzubieten. Daher werden wir hier die Standardoptionen angeben, die ohne Zusatzkonfiguration angefragt werden. Für dhcpcd werden wir im Anschluss an die Beispielkonfiguration die Optionen erläutern, mit denen er gestartet werden kann. Für den dhclient erklären wir die Konfigurationsdatei.

Die Optionen, die von verschiedenen Linux- und BSD-Varianten ohne Änderung der Standardkonfigurationen verwendet werden, sind in der folgenden Tabelle aufgeführt.

Option	Gentoo	SUSE	RedHat	Debian/Ubuntu	FreeBSD	OpenBSD
Subnetzmaske	•	•	•	•	•	•
Time Offset			•	•	•	
Router	•	•	•	•	•	•
Domain Namer Server	•	•	•	•	•	•
Log Server		•				
LPR Server		•				
Host Name	•	•	•	•		
Domain Name	•		•	•	•	•
Root Path	•	•				
Default TTL	•	•				
Broadcast Address	•	•	•	•	•	•
Perform Mask Discover	•	•				
Perform Router Discover	•	•				
Static Route	•	•				
NIS Domain	•	•	•			
NIS Servers	•	•	•			
NTP Servers	•	•	•			

Option	Gentoo	SUSE	RedHat	Debian/Ubuntu	FreeBSD	OpenBSD
Netbios over TCP/IP Namersrever		•		•		
Netbios ofer TCP/IP Datagram Distribution Server		•				
Netbios over TCP/IP Node Type		•				
Netbios over TCP/IP Scope		•		•		
Domain Search		•				

SUSE Linux benutzt dhcpcd, um auch nach Option 119 „Domain Search" zu fragen, die in RFC 3397 definiert ist. Diese Option hat die Aufgabe, bei der Hostnamensauflösung eine Liste von Domainnamen an den Unqualified Domainname anzuhängen. Dabei wird die Kodierung aus RFC 1035 verwendet (wohl auch um Platz zu sparen). Der relevante Teil 4.1.4 von RFC 1035 verwendet eine Liste von Domainnamen, bei der mit Zeigern auf die Liste gearbeitet wird, wenn dies Platz spart. Den einzelnen Komponenten des Domainnamens wird jeweils die Länge der Komponente vorangestellt. Mit einem Nullbyte wird der Domainname abgeschlossen. Als Kodierung für opensourcepress.de ergäbe sich somit:

```
15|o|p|e|n|s|o|u|r|c|e|p|r|e|s|s|2|d|e|0|
```

Wenn in der Liste ein Teil der Domain mehrfach vorkommt (weil Subdomains verwendet werden), so kann man ab dem zweiten Vorkommen einen Pointer einfügen, der einen Zähler ab Beginn der Liste repräsentiert.

Wenn also z. B. die Liste der Domains aus dhcp.opensourcepress.de und test.opensourcepress.de besteht, sähe die Kodierung folgendermaßen aus:

```
4|d|h|c|p|15|o|p|e|n|s|o|u|r|c|e|p|r|e|s|s|2|d|e|0|4|t|e|s|t|0xC0|0x05
```

Hinter test folgt ein 2 Byte langer Komprimierungszeiger. Das zweite Byte zeigt an, ab dem wievielten Byte in der gesamten Liste das Ende dieser Domain folgt. Das fünfte Byte steht auf 15, der Länge von opensourcepress. Der abarbeitende Algorithmus liest also die vier Bytes von test, springt dann an den Anfang des ersten Vorkommens von opensourcepress.de und fährt dort fort, bis eine 0 eingelesen wird, die das Ende des Namens angibt. So wird test.opensourcepress.de wieder zusammengesetzt. In der DHCP-Option wird dem Ganzen noch die Länge vorangestellt. Um die Kodierung richtig umzusetzen, müssen normale ASCII-Zeichen mit nicht druckbaren Zeichen gemischt werden. Man deklariert diese Option also vom Typ String, schreibt aber in Hex-Codes. Zur besseren Lesbarkeit und Wartbarkeit sollte man dabei aber immer eine Kommentarzeile einfügen, die den Inhalt beschreibt.

Das Beispielnetz soll wieder 192.168.1.0 mit Netzmaske 255.255.255.0 sein. In diesem Netz gibt es zwei DNS-Server 192.168.1.1 und 192.168.1.2. Der Domainname ist opensourcepress.de. Die Clients sollen die Subdomain dhcp.opensourcepress.de erhalten. Der DHCP-Server pflegt die DNS-Einträge. Die Suchreihenfolge für DNS-Domains soll opensourcepress.de, gefolgt von dhcp.opensourcepress.de sein. WINS-Server sind 192.168.1.5 und 192.168.1.6. Der Router hat die Adresse 192.168.1.254. Mask und Routerdiscovery werden nicht verwendet. NIS-Domain ist OPENSOURCEPRESS, und der NIS-Server hat die IP 192.168.1.1. Der Time-Offset ist 3600.[4] Der NTP-Server läuft ebenfalls auf der 192.168.1.1. Die IP Default Time To Live soll auf 64 Sekunden gestellt werden. Der Hostname wird individuell als Host-192.168.1.X gesetzt. Statische Routen und der Root-Path werden nicht gesetzt.

Da bis auf den dhcpcd bei Gentoo kein Linux-Client eine Vendor-ID mitschickt, wird keine Klasse definiert, weil ein Kriterium fehlt, nach dem die Clients in der Konfiguration zusammengefasst werden können.

Damit ergibt sich die folgende Konfiguration:

```
option domain-search 119 = string
option domain-name "opensourcepress.de";

subnet 192.168.1.0 netmask 255.255.255.0 {
  # Wenn dem DHCP-Server etwas nicht passt, soll er ein NAK schicken
  authoritative;
  ddns-domainname "dhcp.opensourcepress.de";
  option time-offset 3600;
  option broadcast-address 192.168.1.255;
  option subnet-mask 255.255.255.0;
  option default-ip-ttl 64;
  option perform-mask-discovery false;
  option router-discovery false;
  option nis-domain "OPENSOURCEPRESS";
  option nis-servers 192.168.1.1;
  option domain-name-servers 192.168.1.1, 192.168.1.2;
  option routers 192.168.1.254;
  option ntp-servers 192.168.1.1;
  # Für SUSE-Clients
  # das erste Byte ist die Gesamtlänge (27)
  # dann folgen opensourcepress.de und dhcp.opensourcepress.de
  # opensourcepress hat 15 Buchstaben (0f), de 2, test 4. Der
  # Compression Pointer zeigt auf das 0. Byte da hier opensourcepress.de
  # beginnt
```

---

[4] Deutschland ist in der Winterzeit eine Stunde vor UTC, bei Verwendung dieser Option muss der Administrator sie auch zu Sommer- und Winterzeitwechsel umstellen.

```
option domain-search 1b:0F:6f:70:65:6e:73:6f:75:72:63:65:70:72:65:73:7
3:02:64:65:00:04:64:68:63:70:c0:00;
   # Die Clients sollen nach 2 Stunden wieder fragen
   default-lease-time 7200;
   # Hoechstens ein Tag
   max-lease-time 86400;
   # Damit der DNS-Name notfall aus der Deklaration im Configfile
   # entnommen wird
   use-host-decl-names on;

   # Clients
   pool {
      range 192.168.1.70 192.168.1.100;
      option host-name = concat("Host-",binary-to-ascii(10,8,".",leased-ad
dress));
   }
}
```

3.2.1 dhcpcd

Der dhcpcd-Client unterstützt die folgenden Optionen auf der Kommandozeile:[5]

-k

schaltet den dhcpcd auf der angegebenen Schnittstelle geordnet ab, wenn er dort läuft. Der Daemon schickt eine Release-Nachricht und beendet sich. Dazu wird ein SIGHUP an den Prozess gesendet.

-m

Wenn Routen hinzugefügt werden, kann mit dieser Option die Metrik geändert werden. Standardwert ist Null.

-n

Mit dieser Option wird der dhcpcd für die Schnittstelle, auf der er läuft, dazu veranlasst, die Lease zu erneuern. Dazu wird ein SIGALRM an den Prozess gesendet.

-o

Mit dieser Option wird der dhcpcd davon abgehalten, die Schnittstelle zu deaktivieren, wenn der Prozess gestoppt wird. Dies kann nützlich sein, wenn externe Programme den dhcpcd stoppen.

-r

Soll der Prozess (aufgrund z. B. von alter Serversoftware) kompatibel zum alten RFC 1541 laufen, so kann dies mit -r angeschaltet werden.

[5] Weitere, seltener verwendete Optionen zeigt die Manual-Seite für dhcpd

-D

erzwingt, dass der Domainname des Clients auf den vom Server übermittelten Wert gesetzt wird.

-F

stellt ein, ob und wie der DHCP-Server den Hostnamen in die DNS-Zonen einträgt. Bei –F wird der FQDN statt des Hostnamens verwendet. Als Argument können none, ptr oder both verwendet werden. Bei none sollen keine Updates vorgenommen werden, bei ptr nur der PTR-Record und bei both PTR und A-Record. Der verwendete Name wird mit der Option -h angegeben.

-H

erzwingt, dass der Hostname auf den vom Server übermittelten Wert gesetzt wird.

-L *Verzeichnis*

Sollen die vom dhcpcd erzeugten Dateien nicht im Standardpfad abgelegt werden, so kann dies mit –L eingestellt werden.

-S

Es gibt DHCP-Server, die eine zweite Discover-Nachricht benötigen, bevor sie die Request-Nachricht bestätigen, was diese Option aktiviert.

-R, -Y, -N und -G

Diese vier Optionen schalten das Überschreiben der Dateien /etc/resolv.conf, /etc/yp.conf und /etc/ntp.conf bzw. das Setzen der Default-Route durch die vom Server übermittelten Werte für DNS-Auflösung, NIS, NTP und das Standard-Gateway ab.

-T

Um den dhcpcd im Testmodus laufen zu lassen, kann diese Option verwendet werden. Es werden keine Änderungen an der Konfiguration vorgenommen, jedoch die lokalen Dateien aktualisiert.

-t *Zeitangabe*

Damit der dhcpcd nicht ewig auf eine Antwort wartet (wenn etwa der DHCP-Daemon ausgefallen ist), kann mit –t die Wartezeit begrenzt werden. Fehlt diese Option, so wartet der Client 60 Sekunden lang. Ein geringerer Wert kann den Bootprozess beschleunigen.

-c *exefile*

Soll eine andere Datei als /etc/dhcpc/dhcpcd.exe aufgerufen werden, wenn dhcpcd eine Änderung an einer Schnittstelle vornimmt, so setzt man mit dieser Option die Datei. Das Script kann einen beliebigen Inhalt haben. Als Argument bekommt es den Pfad zur Hostinfo-Datei übergeben, in der alle gelernten Parameter stehen. Außer dem

Pfad übergibt der dhcpcd eines der drei Argumente up, new oder down, um festzulegen, ob die Schnittstelle mit der gleichen Adresse wie zuvor oder mit einer neuen Adresse aktiviert oder ob sie deaktiviert werden soll.

-i *Vendor-Class-ID*

Der dhcpcd ist der einzige vorgestellte Client, der eine Vendor Class ID mitsendet. Mit -i kann diese überschrieben werden.

-l *Zeitangabe*

Mit dieser Option kann die vom Client gewünschte Leasetime angegeben werden. Fehlt dieser Wert, fordert der Client eine unendlich lange Lease an.

-e *etc-Verzeichnis*

gibt den Ordner an, in dem die Dateien ntp.conf, resolv.conf und yp.conf angelegt bzw. überschrieben werden.

-v *Loglevel*

Legt die Ausführlichkeit der über Syslog gemachten Ausgaben fest. Argument ist das Syslog-Level. Der Standard ist LOG_WARNING. Wenn der Wert auf LOG_INFO oder LOG_DEBUG gesetzt wird, werden auch Meldungen an die aufrufende Konsole ausgegeben.

Als letztes Argument benötigt der dhcpd-Client die Schnittstelle, auf der die Adresse und die Konfiguration ermittelt werden sollen.

3.2.2 dhclient

Im Vergleich zu dhcpcd hat der dhclient nur wenige Optionen. Er wird stattdessen über die Datei dhclient.conf gesteuert, die sich üblicherweise im Verzeichnis /etc befindet. Die Namen der Optionen, die gesendet oder angefragt werden, entsprechen denen der Server-Konfiguration, die in Abschnitt 2.4.3 und der Manual-Seite beschrieben sind. Allerdings sind beim Client die Rollen vertauscht.

Um die angefragten Parameter auch auf dem Client umzusetzen (also z. B. /etc/resolv.conf zu überschreiben), dient /sbin/dhclient-script. Bei dieser Datei handelt es sich um ein Shellscript, welches von Betriebssystem zu Betriebssystem variiert (da etwa die Interfacenamen oder die Art und Weise, wie Alias-Interfaces angelegt werden, zwischen BSD, Solaris und Linux sehr unterschiedlich sind). In der Distribution sind Scripte für Linux, Solaris, NetBSD, FreeBSD, OpenBSD und NeXTStep enthalten. Das Script unterstützt von sich aus das Anlegen von /etc/resolv.conf und /etc/ntp.conf. Weiterhin unterstützt es das Setzen aller Parameter auf der Schnittstelle, für welche eine IP-Adresse angefragt wird, wie Adresse,

Subnetzmaske und Broadcastadresse und das Ändern der Hostnamens und der Route. Will man eigene Erweiterungen einbringen, so kann man entweder dieses Script direkt ändern oder zwei Import-Dateien modifizieren. Die Dateien heißen `dhclient-enter-hooks` und `dhclient-exit-hooks`. Sie liegen üblicherweise unter `/etc` oder `/etc/dhcp`. Wie die Namen der Dateien vermuten lassen, werden sie beim Start bzw. Stopp von `dhclient` aufgerufen.

Wer keine außergewöhnlichen Optionen per DHCP beziehen möchte, kann die `dhclient.conf` leer lassen. Ein Beispiel für die Optionen, die dann angefragt und umgesetzt werden, sieht man in der Spalte für OpenBSD in der Tabelle auf Seite 83.

In der Distribution ist die folgende `dhclient.conf` als Beispiel enthalten, die leicht modifiziert wurde, damit sie zu den anderen Beispielen passt.

```
timeout 60;
retry 60;
reboot 10;
select-timeout 5;
initial-interval 2;

send dhcp-client-identifier 1:0:a0:24:ab:fb:9c;
send dhcp-lease-time 3600;
request subnet-mask, broadcast-address, time-offset, routers,
        domain-name, domain-name-servers, host-name;
        require subnet-mask, domain-name-servers, nis-servers;
prepend domain-name-servers 127.0.0.1;
append nis-server 192.168.1.9;

reject 192.168.1.22;

alias {
  interface "eth0";
  fixed-address 192.168.1.66;
  option subnet-mask 255.255.255.0;
}

interface "wlan0" {
  send host-name "wlanclient.opensourcepress.de";
  send dhcp-lease-time 3600;
  supersede domain-name "opensourcepress.de wlan.opensourcepress.de
                        dhcp.opensourcepress.de";
  prepend domain-name-servers 127.0.0.1;
  request subnet-mask, broadcast-address, time-offset, routers,
          domain-name, domain-name-servers, host-name;
  require subnet-mask, domain-name-servers;
  script "/sbin/dhclient-script-wlan";
}

lease {
```

```
interface "eth0";
fixed-address 192.168.1.88;
medium "link0 link1";
option subnet-mask 255.255.255.0;
option broadcast-address 192.168.1.255;
option routers 192.168.1.254;
option domain-name-servers 127.0.0.1;
renew 2 2006/1/12 00:00:01;
rebind 2 2006/1/12 00:00:01;
expire 2 2006/1/12 00:00:01;
}
```

Die erste Gruppe beschäftigt sich mit den Timing-Parametern.

timeout

Die Zahl in Sekunden gibt an, wie lange der dhclient auf eine Antwort wartet, bis er beschließt aufzugeben, weil der Server nicht erreichbar ist. Nach Ablauf der Zeit prüft der Client, ob eine noch nicht
abgelaufene Lease in seiner Leasedatei oder eine statische Lease in
der Konfigurationsdatei vorhanden ist, und verwendet eine davon.
Dies wird weiter unten genauer erklärt. Der Standardwert beträgt 60
Sekunden.

retry

gibt an, wie viele Sekunden nach dem Timeout der Client erneut
versuchen soll, eine Konfiguration zu bekommen. Fehlt diese Anweisung, wartet er 5 Minuten.

reboot

Startet ein Client neu, versucht er die Adresse zu benutzen, die er zuletzt hatte (er findet die Adresse in seiner eigenen Leasedatenbank).
Die Anweisung reboot legt fest, wie viele Sekunden der Client versuchen soll, per DHCP wieder dieselbe Adresse zugewiesen zu bekommen, bevor er dann ein Request nach einer beliebigen Adresse stellt.
Der Standardwert ist 10 Sekunden.

select-timeout

Sind mehrere DHCP-Server im Netz, kann es sein, dass der Client Antworten von einem bestimmten Server bevorzugt. Mit dieser Anweisung kann eingestellt werden, wie lange der Client wartet, bis er auf
die Antworten der Server mit einem Request an den Server reagiert,
den er verwenden möchte. Der Standardwert für diese Anweisung ist
0 Sekunden. Das bedeutet, dass der Client auf die erste Serverantwort
reagiert.

initial-interval

stellt ein, wie viele Sekunden zwischen dem ersten und dem zweiten
Versuch, eine Antwort von einem DHCP-Server im Netz zu erhalten,

liegen sollen. Für alle weiteren Versuche wird der Abstand auf einen Wert gesetzt, der sich aus der Verdopplung des aktuellen Wertes multipliziert mit einer Zufallszahl zwischen 0 und 1 ergibt. Der Standardwert für den Beginn sind 10 Sekunden.

Mit dem Kommando `send` kann man Parameter an den DHCP-Server schicken. Aus Sicht des Clients können dies ein Client Identifier (wenn nicht der automatisch aus der MAC-Adresse generierte verwendet werden soll), der eigene Hostname, die gewünschte Lease-Zeit und der Vendor Option Space sein. Weitere gesendete Optionen, sollten sich dann auch in der Konfiguration des DHCP-Daemons widerspiegeln. Dem `send` folgt der Name der Option und dann der Wert. Es gelten die gleichen Regeln für die Syntax wie in der `dhcpd.conf`. Es können auch eigene Optionen mit der gleichen Syntax deklariert werden.

Mit dem Schlüsselwort `request` fragt der Client nach einer Liste von Optionen. Diese werden mit Komma getrennt.

Verwendet man `require` statt `request`, akzeptiert der Client die Lease nur dann, wenn der Server alle angefragten Optionen schickt.

Wenn der DHCP-Server nicht alle über einen `request` angefragten Optionen gesendet hat oder die Ergebnisse anderweitig modifiziert werden sollen, ist dies mit den folgenden Anweisungen möglich:

default
: Der Anweisung folgt der Name einer Option und deren Wert. Schickt der Server die Option mit, wird an das `dhclient-script` der Wert hinter `default` so übergeben, als hätte der Server dieses geschickt.

supersede
: überschreibt den vom Server gesendeten Wert einer Option vollständig. Dem Kommando folgt der Name der Option und der gewünschte Wert.

prepend
: Wenn eine Option eine Liste von Werten zurückgibt (wie hier z. B. die DNS-Server), so kann man mit dieser Anweisung einen eigenen Wert an den Anfang der Liste stellen.

append
: Gegenstück zu `prepend`, hier wird ein Wert hinten an die Liste angehängt.

Ist im Netz ein DHCP-Server mit bekannter Adresse aktiv, der falsche Antworten liefert, so kann der Client mit der Anweisung `reject`, gefolgt von der IP-Adresse, veranlasst werden, die Annahme aller Lease-Angebote dieses Servers zu verweigern.

Eine `alias`-Umgebung definiert eine zusätzliche statische Adresse. Dabei muss das Interface angegeben werden, für das die Adresse verwendet wird (im Beispiel eth0). Dem folgen Deklarationen wie in einer Host-Deklaration in der `dhcpd.conf`, allerdings ohne die Deklaration für die MAC-Adresse.

In einer `interface`-Umgebung können für jede gefundene Schnittstelle spezifische Parameter gesetzt werden. Dies ist vergleichbar mit den Hierarchiestufen in der `dhcpd.conf`. Die Werte innerhalb der `interface`-Deklaration überschreiben die außenstehenden Parameter. Im Beispiel wird das WLAN-Interface des Clients gesondert behandelt. Dabei ist die Anweisung `script` zu erwähnen, die den Standardwert `/sbin/dhclient-script` für das auszuführende Script überschreiben kann.

Schließlich gibt es noch statische Leasedeklarationen. Diese verwendet der Client, wenn er keine für ihn akzeptable Lease von einem Server erhält und keine zum lokalen Netz passende Lease in seiner Leasedatenbank findet, die noch nicht abgelaufen ist. Ob sie zum Netz passt, testet der Client, indem er sich die in dieser Lease angegebene Adresse gibt und dann versucht, den Router anzupingen. Als letzte Möglichkeit verwendet der Client schließlich die statische Lease in der `dhclient.conf`, wenn sie vorhanden ist.

Das Format der Lease entspricht dem in Abschnitt 2.5 beschriebenen. Allerdings gibt es zwei weitere Parameter:

`interface`
> gibt die Schnittstelle an, auf der diese Lease gelten soll.

`media`
> gibt bei Karten, die verschiedene Anschlüsse besitzen und deren Autosensing nicht funktioniert, an, in welcher Reihenfolge die Anschlüsse benutzt werden sollen. Wie dies beim jeweiligen Betriebssystem genau funktioniert und wie dementsprechend die Parameter heißen, ist am besten der aktuellen Manual-Seite von `ifconfig` zu entnehmen.

3.3   Apple-Clients

Apple MacOS X benutzt keine Vendor Spaces. Es fragt jedoch nach einigen Optionen, die nicht gemäß RFC 2132 standardisiert sind. RFC 3679 versucht eine Auflistung der Optionen, die als Quasi-Standards von verschiedenen Herstellern verwendet werden. Dabei sind auch die von Apple-Clients angefragten Optionen aufgelistet.

Ein Apple-Client fragt nach den folgenden Parametern:

Subnetzmaske
: Subnetzmaske, die auf dem anfragenden Interface gesetzt werden soll.

Router
: der oder die Defaultrouter im Netz.

Domain Name Server
: der oder die DNS-Server.

Domain Name
: Name der Domain, die für DNS-Suchen verwendet werden soll.

Directory Agent Information
: Diese Option mit der Nummer 78 kennt der ISC-DHCP-Server als Option `slp-directory-agent`. Hier wird nach einem Server für das Service Location Protocol nach RFC 2165 gefragt. Argument der Option ist ein Boolescher Wert, gefolgt von einer Liste von IP-Adressen. Der Boolean gibt an, ob der Client nur die übermittelten Adressen verwenden oder ob er mit Multicast selbst suchen soll.[6] Dies dient mit einem eigenen Server dazu, dass ein Benutzer Dienste im Netz findet. Dabei wurde der Dienst vom Server, auf dem er läuft, entkoppelt, so dass man nur noch einen Dienst angibt, den man nutzen will. Über SLP findet der Client dann auch das „Wo". Befinden sich also SLP-Server im Netz, so kann man sie mit dieser Option angeben.

Service Location Agent Scope
: Diese Option mit der Nummer 79 dient der Festlegung des „Scope" gemäß RFC 2165.[7] Auch diese Option erhält zuerst einen Boolean, der angibt, ob sich der Client ausschließlich an diese Liste hält oder selbst sucht, sowie einen String in Anführungszeichen, der diese Liste enthält.

Lightweight Directory Access Protocol
: Mit dieser Option (Nummer 95) kann ein LDAP-Server angegeben werden, der zur Authentisierung verwendet werden soll. Als Argument bekommt die Option eine LDAP-URI in Anführungszeichen, die auch den Base Distinguished Name enthalten soll.

Netinfo Parent Server Address
: Wenn der NetInfo-Service von Apple verwendet wird, kann mit dieser Option mit der Nummer 112 der nächsthöhere Server in der NetInfo-Hierarchie angegeben werden. Argument ist die IP-Adresse.

---

[6] Das *Service Location Protocol* (SLP) macht angebotene Dienste im Netz bekannt. Ein Client, der SLP nutzen will, muss nicht notwendigerweise den Server kennen, sondern kann mit Multicast danach suchen. Alternativ kann ihm der Server auch mitgeteilt werden, um unnötiges Multicast zu vermeiden.

[7] Unter Scope versteht man bei SLP eine organisatorische Gruppierung von Diensten; wer im Marketing ist, bekommt z. B. die Dienste des Scope `marketing` angeboten.

NetInfo Parent Server Tag

Diese Option gehört ebenfalls zum NetInfo-Service von Apple. Ihr Parameter gibt das Directory an, welches der Client benutzen soll, da auf einem Server mehrere verschiedene NetInfo-Directories vorhanden sein können.

Proxy autodiscovery

Wie bei den Windows Clients kann hiermit die URL für ein Proxy-Autokonfigurationsscript angegeben werden. Als Argument wird die URL zu diesem Script in Anführungszeichen eingetragen. Im Gegensatz zu Windows-Clients wird auch genau diese URL beim Webserver heruntergeladen. Diese Option ist seit Mac OS X 10.3 im Einsatz.

Im Beispielnetz 192.168.1.0 mit der Netzmaske 255.255.255.0 soll es zwei DNS-Server 192.168.1.1 und 192.168.1.2 geben. opensourcepress.de ist der Domainname. dhcp.opensourcepress.de ist die Subdomain der Clients. Der DHCP-Server pflegt die DNS-Einträge. Der NetInfo-Server ist die 192.168.1.7, der NetInfo Tag OpenSourcePress. Der LDAP-Server läuft auf der 192.168.1.1 und das LDAP-Suffix ist dc=openmsourcepress,dc=de.

Da in der Anfrage weder ein Vendor Identifier noch eine typische Option vorkommt, die nur Apple-Rechner kennen, ist hier keine Klassendefinition möglich,[8] daher schickt der Server die Parameter an alle Clients.

Damit ergibt sich folgende Konfiguration, wenn Apple-Clients im Netz sind:

```
option ldap-server code 95 = text;
option netinfo-server code 112 = ip-address;
option netinfo-tag code 113 = text;

ddns-update-style interim;

key "geheim" {
  algorithm hmac-md5;
  secret "IzBGmzoBBY3s46u4fHrcrA==";
}

zone dhcp.opensourcepress.de {
  primary 192.168.1.1;
  key "geheim";
}

zone 1.168.192.in-addr.arpa {
  primary 192.168.1.1;
  key "geheim";
}
```

[8] Das Einzige, was funktionieren würde, wäre ein hexadezimaler Match auf die gesamte Liste der angefragten Optionen. Die Liste selbst ist ja auch ein erkennbares Muster, ändert sich unter Umständen aber schon in Minor-Releases des Betriebssystems.

```
option domainname opensourcepress.de;

subnet 192.168.1.0 netmask 255.255.255.0 {
  # Wenn dem DHCP-Server etwas nicht passt, soll er ein NAK schicken
  authoritative;
  ddns-domainname dhcp.opensourcepress.de;

  option broadcast-address 192.168.1.255;
  option domain-name-servers 192.168.1.1,192.168.1.2;
  # Apple Optionen
  option ldap-server "ldaps://192.168.1.1/dc=opensourcepress,dc=de";
  option netinfo-server 192.168.1.7;
  option netinfo-tag "OpenSourcePress";

  # Die Clients sollen nach 2 Stunden wieder fragen
  default-lease-time 7200;
  # Hoechstens ein Tag
  max-lease-time 86400;
  # Damit der DNS-Name zur Not aus der Deklaration im Configfile
  # gesetzt wird
  use-host-decl-names on;

  # Alle Clients
  pool {
    range 192.168.1.70 192.168.1.100;
    deny members of windows-clients;
  }
  option domain-name-servers 192.168.1.1, 192.168.1.2;
  option routers 192.168.1.254;
}
```

3.4 Netzwerkboot

Eine der ursprünglichen Intentionen bei der Entwicklung von BOOTP war
es, plattenlosen Clients das Booten über das Netzwerk zu ermöglichen.
Neben der IP-Konfiguration muss dem Client dabei noch ein Dateiname
übermittelt werden, der das zu bootende Betriebssystem oder den ersten
Teil davon enthält. Hier dient sowohl in BOOTP als auch in DHCP die Anweisung bzw. Option `filename`. Der Client sendet eine Anfrage über das
Trivial File Transfer Protocol (TFTP) an den Server, von dem er seine IP-
Adresse bezogen hat, und fragt nach dem übermittelten Dateinamen. Wenn
der DHCP/BOOTP-Server nicht mit den TFTP-Server identisch ist, kann mit
der Anweisung `next-server` die IP-Adresse des TFTP-Servers angegeben
werden, von dem der Client die Datei holen soll.

Wie es dann nach dem Übermitteln des Bootimages weitergeht, hängt vom
Image und dem benutzten System ab. Am Beispiel von Sun Microsystems

Jumpstart-Technologie und Intels *Preboot Execution Environment* (PXE) für PC-Hardware wird gezeigt, welche Konfiguration am DHCP-Server notwendig ist, um dies zu einzurichten.

3.4.1 Sun und Jumpstart

Sun-Systeme kann man mittels `boot net` anweisen, statt von der lokalen Festplatte (bzw. dem Default Boot-Device) immer über das Netz zu booten. Alternativ lassen sich Sun-Clients aber auch so einrichten, dass sie nur dann über das Netzwerk booten, wenn das Bootmedium defekt oder gar nicht vorhanden ist.

`boot net` verwendet allerdings nicht das DHCP-Protokoll, sondern Reverse ARP (RARP) und den RPC-Bootparam-Dienst. Die Konfiguration von RARP ist simpel, aber mühsam, da jeder Host einzeln eingepflegt werden muss. Der RARP-Daemon liest die Datei `/etc/ethers`, in der den MAC-Adressen auflösbaren Hostnamen oder IP-Adresse zugewiesen werden, und gibt der Sun-Maschine darüber eine IP-Adresse. Nun versendet die Sun Broadcast-pakete an den Portmap-Dienst (UDP und TCP Port 111), um herauszufinden, ob im Netz ein Bootparam-Server steht. Wenn dies der Fall ist, so werden bei diesem der Ort der NFS-Freigabe für das System, die NFS-Freigabe für die Jumpstartkonfiguration sowie NFS-Parameter angefragt. Abbildung 3.1 stellt den Ablauf des Protokolls grafisch dar.

Genauere Einstellungen für das Netzwerk wie Netzmaske und Router werden erst in der `SYSIDNIS`-Datei festgeschrieben. Daher ist nur eine Installation im gleichen LAN-Segment auf diese Art möglich.

Neuere Sun-Hardware (gegebenenfalls sollte man bei Sun den Versions-stand des Openboot PROM überprüfen) erlaubt das Umstellen des Bootens auf DHCP. Dafür gibt man auf der Kommandozeile statt `boot net` nun `boot net:dhcp` ein. Dies erlaubt eine zentralisiertere Konfiguration der Parameter, da nicht für jeden einzelnen Host ein Eintrag vorgenommen werden muss. Sun-Clients erwarten noch eine Reihe von Parametern, die innerhalb des `SUNW` Vendor Space übergeben werden. Als Vendor Identifier schicken die Clients den String `SUNW`, gefolgt von einem Punkt und einer anschließenden Architektur-Beschreibung des Clients. Eine Ultra-1 schickt `SUNW.Ultra-1`, eine Blade-100 schickt `SUNW.Sun-Blade-100` und Solaris X86 schickt `SUNW.i86pc`. Diese Werte kann man in der `dhcpd.conf` verwenden, um die eventuell unterschiedlichen für den Bootvorgang notwendigen Kernel-Dateien auseinanderzuhalten. Die Ausgabe von `uname -i` gibt den fast richtigen String aus; das Komma muss nur durch einen Punkt ersetzt werden.

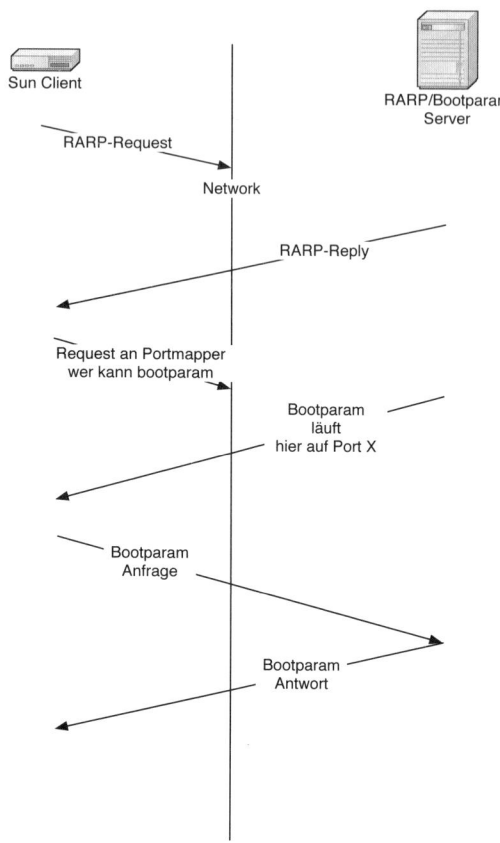

Innerhalb des Vendor Option Space von Sun werden die folgenden Optionen verwendet:

`root-mount-options` code 1

> Diese Option enthält die NFS-Mount-Optionen für das Mounten des Root-File-Systems. Diese kann man auf einem installierten Solaris der Manual-Seite für `mount_nfs` entnehmen; die Optionen enthalten etwa Lese- und Schreibblockgrößen. Das Argument sind die mit Komma getrennten Optionen als String.

`root-server-ip-address` code 2

> gibt die IP-Adresse des NFS-Servers an, der das Root-Filesystem enthält.

`root-server-hostname code 3`

> Statt der IP-Adresse kann auch der Hostname angegeben werden. Dann muss aber sichergestellt sein, dass der Client aufgrund der übermittelten DNS-Konfiguration diesen auch auflösen kann. Das Argument ist ein String.

`root-path-name code 4`

> Diese Option enthält den Pfad auf dem NFS-Server, der vom Client per NFS verbunden werden soll, um das Root-Dateisystem zu bekommen. Aus IP-Adresse oder Hostname der letzten beiden Optionen und dieser Option ergibt sich dann das Kommando `mount` *root-server-ip-address*`:`*root-path-name* `/`. Es sollte in der NFS-Konfiguration sichergestellt sein, dass dies auch für den Adressbereich des Clients freigegeben ist. Das Argument ist ein String.

`swap-server-ip-address code 5`

> Da bei einem Bootvorgang ohne Festplatte auch kein lokaler Swap Space zum Auslagern vorhanden ist, wird mit dieser Option angegeben, auf welchem Server die Swap-Datei zu finden ist. Das Argument ist eine IP-Adresse.

`swap-file-path code 6`

> Dies ist der Pfad auf dem in der letzten Option angegebenen Server, den der Client für seine Auslagerungsdatei verwenden soll. Das Argument ist ein String.

`boot-file-path code 7`

> Dies ist der Name des zu bootenden Kernelimages. Der Standardwert ist `kernel/unix`. Diese Option verändert nicht den Namen der Datei, die im aktuellen Fall bootet, sondern legt fest, was nach der Installation als Standardkernel eingetragen werden soll. Bei Solaris-Versionen kleiner als 10 kann man zwischen einem 32-Bit- und einem 64-Bit-Kernel unterscheiden, indem man den Dateinamen der 32- oder 64-Bit-Version der Kerneldatei hinterlegt. Das Argument ist ein String.

`posix-timezone-string code 8`

> Diese Option gibt den Namen der Zeitzone an, in der sich der Rechner befindet. Für Deutschland ist dies der String `MET`.

`boot-read-size code 9`

> Mit dieser Option wird die Blockgröße angegeben, die beim Lesen verwendet werden soll. Das Argument ist eine Zahl.

`install-server-ip-address code 10`

> Wenn vom Netzwerk gebootet und auch installiert werden soll, wird mit dieser Option die IP-Adresse des Installservers, der die zur Installation notwendigen Dateien enthält, angegeben. Das Argument ist eine IP-Adresse.

install-server-hostname code 11

Entsprechend der `install-server-ip-address` ist dies der Hostname des Installservers. Wird nur diese Option verwendet, muss dieser Name aufgrund der übermittelten DNS-Konfiguration auflösbar sein. Das Argument ist ein String.

install-path code 12

Diese Option gibt den Pfad auf dem Installationsserver, in dem die Dateien liegen. Aus `install-server-hostname` bzw. `install-server-ip-address` und dem `install-path` wird wie bei den entsprechenden Parametern beim Bootvorgang ein NFS-Mount zusammengefügt, der vorhanden und freigegeben sein muss, damit dies funktioniert. Das Argument ist ein String.

sysid-config-file-server code 13

Solaris fragt bei einer interaktiven Installation den Benutzer nach Parametern zur Netzwerk-Konfiguration, nach der Zeitzone, dem Terminaltyp, der verwendete Sprache und dem Rootpasswort. Über eine Konfigurationsdatei auf dem Server können diese Werte eingestellt werden. Server und Pfad werden in einer Option als String angegeben. Ein Beispiel wäre `fileserver:/export/jumpstart/sysidnis`. Das Argument ist ein String.

terminal-name code 15

gibt den Namen der verwendeten Terminal-Emulation an, etwa `xterm` oder `vt100`. Das Argument ist ein String.

Die Datei `sysidcfg` enthält Parameter, die normalerweise bei der Installation abgefragt werden. Fehlt einer dieser Parameter, muss er interaktiv angegeben werden. Der Inhalt der Datei sieht z. B. folgendermaßen aus:

```
name_service=DNS {domain_name=opensourcepress.de name_server=192.168.1.1}
network_interface=primary {default_route=192.168.1.254 netmask=255.255.25
5.0 protocol_ipv6=YES}
security_policy=NONE
timezone=MET
terminal=vt100
system_locale=en_US
root_password=lkjsdfjoi
```

Die erste Zeile stellt den verwendeten Dienst zur Namensauflösung ein. Möglich sind hier DNS, NIS, NIS+, LDAP oder lokale Dateien. In geschweiften Klammern dahinter stehen die Parameter, in diesem Fall die Domain und der Nameserver. Diese Parameter werden auf dem installierten System eingetragen, nachdem die Installation abgeschlossen ist. Hier würde die Datei `/etc/resolv.conf` angelegt, und in die Datei `/etc/nsswitch.conf` wird eingetragen, dass zur Hostnamensauflösung DNS verwendet wird.

Die nächste Zeile gibt die Netzmaske für die primäre Schnittstelle an. Weiterhin wird konfiguriert, welche Netzmaske verwendet werden soll, welche Adresse der Defaultrouter besitzt und ob IP-Protokoll Version 6 verwendet werden soll. Die nächste Zeile definiert die Sicherheitseinstellungen. Bei Solaris wird hier eingestellt, ob Kerberos verwendet wird. Mit der Option `timezone` wird die Zeitzone des installierten Systems eingestellt. Dem folgen die Ländereinstellungen und das Rootpasswort.

Im Beispiel ist der NFS-Server für die Installation und das Bootsystem die 192.168.1.8. Der Installationspfad ist `/export/jumpstart/solaris`, der Bootpfad `/export/jumpstart/boot` und der Pfad für die Datei `sysidcfg` ist `/export/jumpstart/sysidcfg`. Der TFTP-Server befindet sich ebenfalls auf der 192.168.1.8, der DHCP-Server besitzt die 192.168.1.1 und fungiert auch als DNS-Server. Der Defaultrouter hat die Adresse 192.168.1.254 und die Subnetzmaske ist 255.255.255.0. Der Bootkernel ist `inetboot.64` für alle Systeme außer Ultra-1-Clients, die einen 32-Bit-Kernel benutzen sollen. Die Sun-Clients werden aufgrund des Vendor Client Identifier erkannt und in einer Klasse zusammengefasst. Um den NFS-Server zu schonen, darf nur fünf Clients gleichzeitig eine Adresse zugewiesen werden. Der Hostname ergibt sich aus `Sun-`, gefolgt von der IP-Adresse.

Damit ergibt sich die folgende `dhcpd.conf`:

```
option space SUNW;
option SUNW.root-mount-options code 1 = text;
option SUNW.root-server-ip-address code 2 = ip-address;
option SUNW.root-server-hostname code 3 = text;
option SUNW.root-path-name code 4 = text;
option SUNW.swap-server-ip-address code 5 = ip-address;
option SUNW.swap-file-path code 6 = text;
option SUNW.boot-file-path code 7 = text;
option SUNW.posix-timezone-string code 8 = text;
option SUNW.boot-read-size code 9 = unsigned integer 16;
option SUNW.install-server-ip-address code 10 = ip-address;
option SUNW.install-server-hostname code 11 = text;
option SUNW.install-path code 12 = text;
option SUNW.sysid-config-file-server code 13 = text;
option SUNW.terminal-name code 15 = text;

class "sun-clients" {
  match if substring (option vendor-class-identifier, 0, 4) = "SUNW";
  vendor-option-space SUNW;
  option SUNW.sysid-config-file-server "192.168.1.8:/export/jumpstart/s
ysidcfg";
  option SUNW.install-server-ip-address 192.168.1.8;
  option SUNW.install-path "/export/jumpstart/install";
  option SUNW.root-server-ip-address 192.168.1.8;
  option SUNW.root-path-name "/export/jumpstart/boot";
  option SUNW.posix-timezone-string "MET";
  option SUNW.terminal-name "xterm";
```

```
    next-server 192.168.1.8;
    if option vendor-class-identifier = "SUNW.Ultra-1" {
      filename "inetboot.32";
    }
    else
    {
      filename "inetboot.64";
    }
  }

  lease limit 5;
  option host-name = concat("Sun-",binary-to-ascii(10,8,".",leased-addres
  s));
}

ddns-update-style interim;

  key "geheim" {
    algorithm hmac-md5;
    secret "IzBGmzoBBY3s46u4fHrcrA==";
  }

zone dhcp.opensourcepress.de {
  primary 192.168.1.1;
  key "geheim";
}

zone 1.168.192.in-addr.arpa {
  primary 192.168.1.1;
  key "geheim";
}


option domainname opensourcepress.de;

subnet 192.168.1.0 netmask 255.255.255.0 {
  # Wenn dem DHCP-Server etwas nicht passt, soll er ein NAK schicken
  authoritative;
  ddns-domainname dhcp.opensourcepress.de;
  option broadcast-address 192.168.1.255;


  # Die Clients sollen nach 2 Stunden wieder fragen
  default-lease-time 7200;
  # Hoechstens ein Tag
  max-lease-time 86400;
  # Damit der DNS-Name zur Not aus der Deklaration im Configfile
  # gesetzt wird
  use-host-decl-names on;

  # Alle Client
  pool {
    range 192.168.1.70 192.168.1.100;
```

```
  }
  option domain-name-servers 192.168.1.1, 192.168.1.2;
  option routers 192.168.1.254;
}
```

Wenn sich im `install-path`-Verzeichnis eine Datei `rules.ok` befindet, die auf ein zum anfragenden Client passendes Installationsprofil verweist, dann läuft der Installationsprozess in eine automatische Installation.

3.4.2 PXE und PCs

Das *Preboot Execution Environment* (PXE) von Intel ermöglicht es auch PC-Hardware, über das Netzwerk zu booten. Dabei ist die Logik auf der Netzwerkkarte implementiert, so dass dies unabhängig vom PC geschieht, der dies allerdings im BIOS unterstützen muss.

Im einfachsten Fall genügt es, dass die Anweisung `filename` eine für PXE gültige Datei an den Client überträgt (gegebenenfalls wird mit `next-server` der richtige Server angegeben). Der DHCP-Server erkennt PXE-Clients am Vendor Client Identifier, der mit `PXEClient` beginnt.

Die PXE-Spezifikation erlaubt es aber auch, das Ganze etwas interaktiver zu gestalten. Über den DHCP-Server können Daten für ein Auswahlmenü übermittelt werden, so dass der Benutzer z. B. auswählen kann, ob er Linux oder Windows über das Netz booten will.

Ein intelligenter Boot-Loader ermöglicht es auch bei einheitlicher DHCP-Konfiguration im zweiten Schritt verschiedene Betriebssysteme zu booten. Beispiele hierfür sind PXEGRUB, die Netzwerkvariante von GRUB, und PXE-LINUX, die PXE-Variante des SYSLINUX-Loaders von Peter Anvil.

Im Gegensatz zu PXEGRUB, das in der aktuellen Version nur bestimmte Netzwerkkarten unterstützt, arbeitet PXELINUX mit jeder PXE-fähigen Karte zusammen. PXELINUX erwartet auf dem TFTP-Server eine Konfigurationsdatei im Ordner `pxelinux.cfg`. Dabei sucht PXELINUX zunächst eine für den Client spezifische Konfigurationsdatei mit der IP-Adresse in Hexadezimalschreibweise als Hostnamen (`pxelinux.cfg/C0A80144` für 192. 168.1.68). Wird diese nicht gefunden, so wird schrittweise immer die letzte Stelle abgeschnitten, bis keine mehr übrig ist. Als letzte Rückzugsmöglichkeit wird schließlich die Datei `default` geladen. Diese enthält Einträge für die verschiedenen Betriebssysteme der Art:

```
LABEL Gentoo
    kernel vmlinuz-2.6.17-gentoo-r7
    append initrd=initrd-2.6.17-gentoo-r7 root=/dev/nfs

LABEL redhat
    kernel vmlinuz-rhel3
    append initrd=initrd-rhel3 root=/dev/nfs
```

Am boot:-Prompt kann der Benutzer dann einen der mit LABEL angegebenen Einträge starten.

Wenn das Weiterbooten über PXE-Client hinreichend ist, so ergibt sich eine relativ einfache Konfiguration. Die PXE-Clients können in eine eigene Klasse gepackt werden, aus der sie eine IP-Adresse zugewiesen bekommen, da man sie an der Vendor-ID erkennt. In unserem Beispiel hat der TFTP-Server, der pxeclient per TFTP bereithält, die Adresse 192.168.1.5:

```
class "pxe-clients" {
 match if substring (option vendor-class-identifier, 0, 9) = "PXEClient";
 next-server 192.168.1.5;
 filename "pxelinux.0";
}


subnet 192.168.1.0 netmask 255.255.255.0 {
  # Wenn dem DHCP-Server etwas nicht passt, soll er ein NAK schicken
  authoritative;
  option routers 192.168.1.254;
  # Die Clients sollen nach 2 Stunden wieder fragen
  default-lease-time 7200;
  # Hoechstens ein Tag
  max-lease-time 86400;

  # Clients
  pool {
    range 192.168.1.70 192.168.1.100;
    deny members of "pxe-clients";
  }

  # PXE-Clients

  pool {
    range 192.168.1.101 192.168.1.105;
    allow members of "pxe-clients";
  }
}
```

Wenn verschiedene Netzwerkboots von verschiedenen Servern notwendig sind, muss der DHCP-Server die Möglichkeit haben zu unterscheiden. Die PXE-Spezifikation bietet diese Möglichkeit und erlaubt dem Benutzer sogar die Auswahl des Servers über ein Bootmenü, das die Netzwerkkarte aufgrund der Angaben des DHCP-Servers erzeugt.

Laut Spezifikation sendet der Client zunächst einen allgemeinen DHCP-Request, der aber mit der richtigen Vendor-Kennung versehen ist. Der Server übermittelt daraufhin das Bootmenü. Es besteht aus einer Kennung, dass ein Bootmenü angezeigt werden soll, einer Liste von Servern mit Boot-Typ und einer Liste von Boot-Typen mit Beschreibung (die angezeigt wird). Ein Boot-Typ ist eine 16-Bit-Zahl in Intel Byte Order (Little Endian).

In der Spezifikation sind diese Typen bestimmten Herstellern zugeordnet, in der Praxis spielt es aber keine Rolle, welche Zahlen man verwendet, mit Ausnahme der Null, die für das Booten von der lokalen Festplatte reserviert ist. Wichtig ist allerdings, dass in beiden Auswahllisten die gleichen Boot-Typen verwendet werden, so dass die PXE-Karte für jede angebotene Auswahl einen Server findet.

Wenn der Benutzer nun einen Menüpunkt ausgewählt hat, sendet die PXE-Karte ein „enhanced" DHCPREQUEST. „Enhanced" ist hier vielleicht etwas hoch gegriffen, der Unterschied besteht darin, dass eine vendorspezifische Option mitgeschickt wird, die den Boot-Typ enthält, der der Auswahl des Benutzers entspricht.

Nun kommt der im Menü übermittelte Bootserver ins Spiel. Der Client versucht zuerst per DHCP-Broadcast eine Antwort auf das ergänzte Request zu erhalten. Damit der Client diese Antwort akzeptiert, muss der Server in seiner Antwort den richtigen Boot-Typ nochmals mitsenden, zusammen mit den schon bekannten Parametern zum Netzwerkboot. Erhält der Client keine passende Antwort, versucht er es mit einem Paket, das er als Unicast an die Adresse des Servers schickt, der im Menü zum Boot-Typ gehört. Dieses DHCP-Paket geht allerdings nicht an den Standardport, sondern an Port 4011, der in der Spezifikation als „Proxy-DHCP" definiert ist. Das Verhalten des Clients kann man in der Definition des Bootmenüs beeinflussen. Über einen Parameter kann man einstellen, ob der Client nur Broadcast, nur Unicast oder beides nacheinander versuchen soll. Die Spezifikation sieht auch Multicast-TFTP-Server vor, dabei lässt sich noch angeben, auf welchem Port sie arbeiten. Für eine funktionierende Konfiguration ist dies jedoch nicht notwendig.

Die Bootserverliste und die Menüeinträge ließen sich theoretisch im ISC-DHCP-Daemon sehr elegant mit Arrays abbilden. Aber Arrays, die Strings enthalten (und das sind die Beschreibungen der Einträge), sind momentan nicht unterstützt. Stattdessen nutzt der ISC-DHCP die `vendor-encapsulated-options`-Syntax wobei das gesamte Menü hexadezimal geschrieben wird. Wenn der ISC-DHCP-Daemon Arrays mit Strings unterstützt, wird dies einfacher.

In unserem letzten Beispiel[9] für dieses Kapitel hat der TFTP-Server für Linux die Adresse 192.168.1.5, der Jumpstart-Server für Solaris die 192.168.1.8 und der Windows Remote-Installation Server die 192.168.1.6. Da auf die Sub-Vendor-Options nicht getestet werden kann, wird der Inhalt der gesamten Vendor-Option, die der Client mitschickt und die die Benutzerauswahl enthält, als Schlüssel verwendet, um dann die richtigen Bootparameter zu senden. Wenn kein Bootmenüeintrag geschickt wird, es also die erste Anfrage ist, so wird das Bootmenü gesendet. Zur Auswahl stehen lokales

---

[9] Die Grundidee stammt von `http://www.rrze.uni-erlangen.de/dienste/arbeiten-rechnen/linux/howtos/booten/netboot.shtml`; sie wurde dahingehend erweitert, dass ein einziger DHCP-Server alle Antworten versenden kann.

Booten, Linux über `pxelinux` und Solaris X86 über PXEGRUB (Sun verteilt mit Solaris10 X86 eine PXEGRUB-Version, die mit mehreren Netzwerkkarten arbeiten kann. Allerdings kommt diese besser zurecht, wenn sie ohne PXE-Menü aufgerufen wird). Damit ergibt sich die folgende Konfiguration:

```
option domain-name "opensourcepress.de";

class "pxe-clients" {
  match if substring (option vendor-class-identifier, 0, 9) =
"PXEClient";
  # Benutzer hat die Linux oder Boot-Typ 1 gewählt
  if option vendor-encapsulated-options = 47:04:00:01:00:00:FF {
    filename "pxelinux.0";
    option vendor-class-identifier "PXEClient";
    next-server 192.168.1.5;
    option PXE.bootitem 0,1,0,0;
  }
  # Benutzer hat Windows oder Boot-Typ 2 gewählt
  elsif option vendor-encapsulated-options = 47:04:00:02:00:00:FF
  {
    option vendor-class-identifier "PXEClient";
    option bootfile-name "startrom.com";
    next-server 192.168.1.6;
    option PXE.bootitem 0,2,0,0;
  }
  # Benutzer hat Solaris oder Boot-Typ 3 gewählt
  elsif option vendor-encapsulated-options = 47:04:00:03:00:00:FF {
    filename "pxegrub.sol";
    next-server 192.168.1.8;
    option vendor-class-identifier "PXEClient";
    option PXE.bootitem 0,3,0,0;
  }
  # Und wenn der Client nichts mitschickt dann das Menu
  {
    option vendor-class-identifier "PXEClient";
    option vendor-encapsulated-options

  # Option 6: Bootmethode, 06 heißt, erst Broadcast, dann Unicast
  # Option 8: Liste der Bootserver.
  # Option 9 :Liste der Menueinträge, jeder Eintrag beginnt mit Boottyp
  # Option 10 (0A): Timeout und Anzeigetext.
    06: 01:
          06:
    08: 1c:
          00:00: 01: C0:A8:1:1:
          00:03: 01: C0:A8:1:1:
          00:01: 01: C0:A8:1:1:
          00:02: 01: C0:A8:1:1:
    09: 2a:
          00:00:
                0a: 4c:6f:63:61:6c:20:62:6f:6f:74:
          00:03:
```

```
             08: 44:4f:53:2f:55:4e:44:49:
      00:01:
             05: 4c:69:6e:75:78:
      00:02:
             07: 57:69:6e:64:6f:77:73:
   0A: 44:
      1E:
      50:72:65:73:73:20:3c:46:38:3e:20:6f:72:20:3c:4d:
      3e:20:66:6f:72:20:6d:65:6e:75:2e:20:20:50:72:65:
      73:73:20:3c:45:73:63:3e:20:6f:72:20:3c:43:74:72:
      6c:2b:43:3e:20:74:6f:20:6c:6f:63:61:6c:20:62:6f:
      6f:74:2e:
   FF;
   }
}
```

Die Bedeutung der einzelnen Optionen ist in der Intel-Spezifikation für PXE definiert. Die erste Zeile im hexadezimalen Abschnitt legt mit Option 6 die Bootmethode fest. Die Länge der Option ist 1. Die 06 in der nächsten Zeile bedeutet: Erst Broadcast, dann Unicast.

Option 8 ist die Liste der Bootserver. Die Länge ist die Länge der Liste in Byte. Jedes Listenelement besteht aus der Kennung (2 Byte), dem Typ (1 Byte) und der IP-Adresse des Servers (4 Byte). Die ersten zwei Stellen charakterisieren den Boottyp. Das Flag danach gibt an, ob nur der Sender, der das Bootmenü geschickt hat, gültige Antworten schicken darf. Dem folgt die IP-Adresse des DHCP-Servers, dies ist in unserem Beispiel die 192.168.1.1, da von dieser ja auch die Antwort auf die Benutzerauswahl kommt.

Option 9 ist die Liste der Menüeinträge; zunächst kommt wieder die Länge. Jeder Eintrag beginnt mit dem Boottyp, der in der Liste der Option 8 auch vorkommen muss. Für jeden Eintrag folgt die Länge und dann schließlich der Text als eine Reihe hexadezimal ausgedrückter Bytes.

Option 10 (0A) schließlich enthält nach der Länge des Parameters (hier 44) ein Byte für den Timeout in Sekunden (1e). Die Werte 0 und 255 haben eine besondere Bedeutung. 0 bedeutet, den ersten Eintrag zu booten, 255 bedeutet kein Timeout, nach dem es weitergeht. Dem folgt der anzuzeigende Text als String. Das FF schließt das ganze Menü ab.

4

Andere DHCP-Server

Der ISC-DHCP ist wohl der flexibelste und auf Serverhardware häufigste DHCP-Daemon, aber er ist nicht der einzige. In heterogenen Umgebungen sind auch Alternativen wichtig. Deshalb werden in diesem Kapitel neben den Softwarelösungen von Sun und dem udhcp-Daemon auch die DHCP-Funktionen in Ciscos IOS und auf Juniper Firewalls vorgestellt.

4.1 Sun-DHCP-Daemon

Von den vorgestellten Implementierungen ist der Sun-DHCP-Daemon nach dem ISC-DHCP-Daemon der leistungsfähigste. Glaubt man den Hersteller-angaben, ist er für Installationen mit mehr als 100 000 Clients performanter als der ISC-Konkurrent. Bei Installationen dieser Größe wird die Datenbank der zugeteilten Adressen in einem Binärformat gespeichert, da sonst der Zugriff auf die Informationen zu lange dauern würde. Für nach Suns Defini-tion „mittelgroße" Installationen bis 10 000 Clients empfiehlt der Hersteller, die Datenbank im Verzeichnisdienst NIS+ abzulegen.

Die Konfiguration erfolgt aber nicht wie bei den anderen Servern durch das Editieren einer Datei, stattdessen stellt Sun zwei Werkzeuge bereit, um die Einträge für Adresspools und für Optionen vorzunehmen: das kommandozeilenorientierte Programm dhcpconfig und den optional zu installierenden DHCP Manager, der eine grafische Konfiguration erlaubt. Je nach Auswahl der Pakete bei der Installation des Systems ist die Serversoftware nicht unbedingt mitinstalliert. Der eigentliche DHCP-Server besteht aus zwei Paketen, die sich auf der Solaris-CD (oder DVD) befinden: SUNWdhcpu und SUNWdhcpr. Soll der grafische DHCP Manager benutzt werden, so ist zusätzlich das Paket SUNWdhcm zu installieren. Wenn die Datenbank im Binärformat gespeichert werden soll, so ist noch das Paket SUNWdhcsb zu installieren. Die Installation der Pakete erfolgt, wie bei Solaris üblich, mit dem Kommando pkgadd *Paketname*. Vor der ersten Konfiguration sollte man sich überlegen, welche Speicherart man für die Datenbank benutzen möchte. Textdateien haben den Vorteil, dass sich der aktuelle Status einfacher überprüfen lässt. NIS+ kommt nur in Frage, wenn man auf eine vorhandene NIS+-Infrastruktur zugreifen kann. Binärdateien sind für große Installationen gedacht, funktionieren aber auch bei kleinen Installationen. Sollte sich im späteren Betrieb herausstellen, dass das gewählte Speicherformat nicht passt, so kann man mit dem DHCP Manager oder dem Kommando dhcpconfig -C die Daten nachträglich in ein anderes Format bringen.

4.1.1 Erstkonfiguration mit dhcpconfig

Die erstmalige Konfiguration des DHCP-Dienstes erledigt man mit dem Kommando dhcpconfig oder mit dem grafischen DHCP Manager.

dhcpconfig besitzt einen interaktiven Modus, der die Einstellungen in einem textbasierten Dialog abfragt, man kann es aber auch über Kommandozeilenoptionen nichtinteraktiv verwenden.

Für die allererste Konfiguration empfiehlt sich der interaktive Modus, da man hier nicht Gefahr läuft, einen Parameter zu vergessen. Nach dem ersten Aufruf von dhcpconfig ohne Argumente wird der folgende Bildschirm angezeigt:

```
    ***              DHCP Configuration              ***

Would you like to:

        1) Configure DHCP Service
        2) Configure BOOTP Relay Agent
        3) Unconfigure DHCP or Relay Service
        4) Exit

Choice:
```

Nach Auswahl des Punktes 1 fragt das Tool bei der ersten Konfiguration nach Speicherart und Speicherort:

```
###      DHCP Service Configuration      ###
###      Configure DHCP data store and location  ###

Enter data store (SUNWbinfiles, SUNWfiles or SUNWnisplus) [SUNWnisplus]:
SUNWfiles
Enter full path to data location [/var/dhcp]:
```

Im Beispiel wählen wir Textfiles als Speicherart und bestätigen den Standardspeicherort unter /var/dhcp. Je nach gewählter Plattenaufteilung bei der Installation von Solaris sollten man prüfen, ob /var ein geeigneter Speicherort ist, oder ob vielleicht an anderer Stelle eine eigene ausreichend große Partition bereitsteht. Hängt /var direkt unter einer kleinen Rootpartition, zieht man besser einen anderen Speicherort in Erwägung.

Anschließend werden Parameter zur Namensauflösung, die Standardleasezeit und die Möglichkeit für Clients abgefragt, ihre Lease neu zu verhandeln:

```
Enter location for hosts data (none, files, dns, or nisplus) [none]:
dns
Enter dns domain for hosts data: opensourcepress.de
Enter default DHCP lease policy (in days) [3]:
Do you want to allow clients to renegotiate their leases? ([Y]/N):
Created DHCP configuration file.
Created dhcptab.
Added "Locale" macro to dhcptab.
Added server macro to dhcptab - andromeda.
DHCP server started.
```

Der DHCP-Server ist jetzt bereits gestartet, verteilt aber noch keine IP-Adressen. Im Beispiel haben wir DNS zur Namensauflösung gewählt, als Domain opensourcepress.de angegeben, als Standardleasezeit die vorgeschlagenen drei Tage bestätigt und es Clients erlaubt, ihre Lease neu zu verhandeln.

Im nächsten Schritt fragt dhcpconfig nach der Konfiguration des Logging-Verhaltens:

```
###      Common daemon option setup      ###

Would you like to specify nondefault daemon options (Y/[N]):y
Do you want to enable transaction logging? (Y/[N]):y
Which syslog local facility [0-7] do you wish to log to? [0]:

Remember to add a line to /etc/syslog.conf, e.g:
```

```
        local0.notice                        /var/log/dhcpsvc
Restarting DHCP daemon... done
```

Alle Transaktionen, also das Zuweisen oder Löschen einer Lease, werden normalerweise per Syslog protokolliert. Soll dies nicht oder über eine andere Syslog-Facility als `local0` geschehen, dann beantwortet man die erste Frage mit y. Dann hat man in der folgenden Frage die Möglichkeit, die Protokollierung abzuschalten. Die letzte Frage dieser Gruppe dient der Definition des Syslogverhaltens. Es empfiehlt sich, das Transaktionslogging angeschaltet zu lassen, da sonst eine Fehlersuche sehr schwierig wird.

Die nächste Fragengruppe bezieht sich auf das allgemeine DHCP-Verhalten:

```
###     DHCP server option setup       ###

Would you like to specify nondefault server options (Y/[N]):y
How long (in seconds) should the DHCP server keep outstanding OFFERs?
[10]:
How often (in minutes) should the DHCP server rescan the dhcptab?
[Never]:
Do you want to enable BOOTP compatibility mode? (Y/[N]):y
Do you want the server to allocate IP addresses to new BOOTP clients?
([Y]/N):
Restarting DHCP daemon... done
```

Die Antwort auf die erste Frage bestimmt, ob nichtstandardisierte DHCP-Optionen möglich sind. Damit sind Optionen gemeint, die der Server nicht von sich aus unterstützt, wie etwa die Angabe des Defaultrouters. Dies sollte man auf jeden Fall mit y bestätigen, da man sonst einiges an Flexibilität einbüßt. Frage zwei beschäftigt sich mit dem Antwortverhalten von Clients. Hier gibt man an, wie lange der Server auf die Bestätigung für eine angebotene Adresse durch einen Client warten soll. Die vorgeschlagenen zehn Sekunden sollten in den meisten Fällen in einer LAN-Infrastruktur hinreichend sein, um einerseits die Clients nicht in Konflikte laufen zu lassen, andererseits den Adresspool nicht übermäßig zu beanspruchen. Die nächste Frage betrifft den Umgang des Servers mit Konfigurationsänderungen. Hier verhält sich der Sun-Server anders als der ISC-DHCPD. Letzteren muss man nach Konfigurationänderungen neu starten, damit die Änderungen auch wirksam werden. Nimmt man hingegen beim Sun-DHCP-Server Änderungen an der Konfiguration vor, so kann man über die Antwort auf diese Frage einstellen, wie oft er selbstständig die Konfiguration überprüft, um gegebenenfalls vorgenommene Änderungen einzulesen. Das betrifft auch Änderungen an der lokalen Konfiguration mit dem noch vorzustellenden Kommando `dhtadm`. Man sollte eine Zahl wählen, die der zu erwartenden Änderungshäufigkeit Rechnung trägt. Der Wert `never` ist meist keine gute Idee, solange Änderungen zu erwarten sind.

In der Antwort auf Frage 4 aktiviert oder deaktiviert man die Kompatibilität zu Clients, die nur BOOTP sprechen. Sind solche Clients nicht im Netzwerk, so kann dies deaktiviert bleiben. Die Antwort auf die letzte Frage bestimmt, ob Adressen an unbekannte Clients vergeben werden sollen. Es kann eine Sicherheits-Policy sein, jeden Host mit seiner MAC-Adresse einzutragen. Dann muss man diese Frage verneinen.

Der nächste Schritt definiert die Adressbereiche, für die der DHCP-Daemon Adressen zuweist. Zunächst will das Programm wissen, ob man diese Konfiguration jetzt vornehmen will, dann werden die Netzwerke der lokalen Schnittstellen abgefragt. Anschließend kann man noch Adressbereiche für entfernte Netzblöcke definieren.

```
###     Select Networks For BOOTP/DHCP Support   ###

Enable DHCP/BOOTP support of networks you select? ([Y]/N):

###     Configure Local Networks        ###

Configure BOOTP/DHCP on local LAN network: 10.2.0.0? ([Y]/N):
Do you want hostnames generated and inserted in the SUNWfiles hosts tabl
e? (Y/[N]):
Enter starting IP address [10.2.0.0]: 10.2.1.10
Enter the number of clients you want to add (x < 65535): 10

BOOTP compatibility with automatic allocation is enabled.
Do you want any of your 10 addresses to be BOOTP specific? ([Y]/N):
How many (x <= 10): 5
Disable (ping) verification of 10.2.0.0 address(es)? (Y/[N]):
 90% Complete.
Configured 10 entries for network: 10.2.0.0.
Configure BOOTP/DHCP on local LAN network: 192.168.1.0? ([Y]/N):n

###     Configure Remote Networks       ###

Would you like to configure BOOTP/DHCP service on remote networks? ([Y]/
N):
Enter Network Address of remote network, or <RETURN> if finished: 192.16
8.2.0
Do clients access this remote network via LAN or PPP connection? ([L]/P):
Do you want hostnames generated and inserted in the SUNWfiles hosts tab
le? (Y/[N]):
Enter Router (From client's perspective), or <RETURN> if finished.
IP address: 192.168.2.254
IP address:
Enter starting IP address [192.168.2.0]: 192.168.2.20
Enter the number of clients you want to add (x < 255): 5

BOOTP compatibility with automatic allocation is enabled.
Do you want any of your 5 addresses to be BOOTP specific? ([Y]/N):n
Disable (ping) verification of 192.168.2.0 address(es)? (Y/[N]):y
```

```
- 80% Complete.
Configured 5 entries for network: 192.168.2.0.

Network: 192.168.2.0 complete.
Enter Network Address of remote network, or <RETURN> if finished:
```

Als Beispiel dient uns hier ein Solaris-Rechner mit zwei Schnittstellen, von denen eine mit Adresse 10.2.1.1 und Netzmaske 255.255.0.0 belegt ist, die andere hat die Adresse 192.168.1.1 mit Netzmaske 255.255.255.0. Nach der Bestätigung, dass die Konfiguration der Netze erfolgen soll, folgt zunächst der Dialog für die lokal angeschlossenen Netze. Im Netz 10.2.0.0/16 wollen wir die DHCP-Adressen vergeben, daher lautet die Antwort auf die erste Frage: y. Wenn dynamisch Hostnamen für die Clients erzeugt und diese in die Leasedatenbank eingetragen werden sollen, muss man auch Frage zwei bejahen.[1] Nun möchte `dhcpconfig` wissen, mit welcher Adresse der Bereich beginnen und wie viele Adressen er enthalten soll.

Um sicherzustellen, dass keine der Adressen schon vergeben ist, probiert das Konfigurationtool diese mit dem Ping-Kommando durch, es sei denn, ein y bei der nachfolgenden Frage verhindert das. Nach Abschluss des Pinglaufs gibt es eine Statusmeldung aus und fragt, ob das nächste lokale Netzwerk konfiguriert werden soll, worauf wir im Beispiel verzichten.

Nun kann man Adressbereiche für Netze konfigurieren, die nicht direkt, sondern über (mindestens) einen Router zu erreichen sind. Die erste Frage der Gruppe prüft, ob solche Netze konfiguriert werden sollen. Wenn ja, dann wird nach einer Netzwerkadresse gefragt, für die ein Adresspool definiert werden soll. Dabei ergibt sich die Netzmaske nicht aus einer Eingabe, sondern aus der Solaris-Konfigurationsdatei (oder der entsprechenden NIS oder NIS+ Tabelle) /etc/netmasks für den angegebenen Adressbereich.

Im Beispiel geben wir das Netz 192.168.2.0 an, welches über LAN-Technologie angeschlossen ist, weswegen wir die nächste Frage mit L beantworten. Nun wird wieder die Frage gestellt, ob Hostnamen generiert und eingetragen werden sollen, was auch hier verneint wird.

Wenn eine DHCP-Anfrage über ein DHCP-Relay geleitet wird, so trägt dieses seine eigene IP-Adresse in das Feld `giaddr` der DHCP-Anfrage ein, und zwar die Adresse des Relays, die sich in dem Netz befindet, in dem die Anfrage gestellt wurde. Im nächsten Schritt wird nach dieser IP-Adresse gefragt, damit der DHCP-Server die Anfrage dem definierten Netz zuordnen kann. Da in einem redundanten Umfeld mehrere verschiedene Relays für ein Netz zuständig sein können, ist hier die Eingabe mehrerer Adressen möglich. Eine leere Eingabe schließt die Liste ab. Im Beispiel gibt es nur die Adresse 192.168.2.254 als Router für die Clients.

---

[1] Dabei werden die Namen nicht vom Sun-DHCP-Daemon generiert, sondern entweder der vom Client mitgesendete Hostname (so vorhanden) verwendet oder der in die DHCP-Konfiguration des Servers gespeicherte Name eingetragen.

In der nächsten Frage wird die Startadresse abgefragt und mit 192.168.2.20 beantwortet, dem folgt die Anzahl der Adressen, die für Clients in diesem Bereich zur Verfügung steht; dies sind im Beispiel fünf. Die Frage nach dem Pingen wird hier mit Nein beantwortet, danach ist die Konfiguration abgeschlossen. Nachdem man jetzt mit der Returntaste eine leere Adresse angegeben hat, gelangt man zum Startmenu der interaktiven Konfiguration zurück.

Wem dieser Weg der Konfiguration zu langwierig ist, kann ihn durch die Verwendung von Kommandozeilenoptionen abkürzen. Das Kommando

```
# dhcpconfig -D -r datastore -p Pfad
```

konfiguriert, welche Speicherart verwendet wird und wo die Datenbank liegt. Um die Beispielkonfiguration aus diesem Abschnitt nachzuvollziehen, sieht das Kommando folgendermaßen aus:

```
# dhcpconfig -D -r SUNWfiles -p /var/dhcp
```

Wird der Befehl noch um die Optionen -l *Länge* ergänzt, so definiert er die Gültigkeitsdauer von Leases. Das Wiederverhandeln von Leases schaltet die Option -n ab.

Die Option -N dient der Konfiguration von Netzbereichen. Hier ist die Netzadresse das Argument. Mit der Option -m kann man zusätzlich eine Subnetzmaske mitgeben. Bezieht sich die Konfiguration auf ein entferntes Netz, braucht man eine Routeradresse, die man mit der Option -r angibt. Um die beiden Netze aus dem oben aufgeführten Beispiel anzulegen, genügen die folgenden Kommandos:

```
# dhcpconfig -N 10.2.0.0
# dhcpconfig -N 192.168.2.0 -r 192.168.2.254
```

Dabei ist zu beachten, dass der Bereich, aus dem die Adressen vergeben werden sollen, bisher immer noch undefiniert ist.

Als Ergebnis der bisherigen Konfiguration hat dhcpconfig drei Dateien erzeugt.[2] Diese befinden sich im angegebenen Verzeichnis /var/dhcp. Die Dateien sind:

SUNWfiles1_10_2_0_0
> enthält die Leases für das Netz 10.2.0.0.

SUNWfiles1_192_168_2_0
> enthält die Leases für der Netz 192.168.2.0.

---

[2] Wäre NIS+ statt Klartextdateien als Speichermedium benutzt worden, wären es drei Tabellen in der NIS+-Datenbank.

`SUNWfile1_dhcptab`
    enthält die Makrodefinitionen.

Unter „Makro" ist beim Solaris-DHCP-Daemon die logische Einheit zu verstehen, in der Konfigurationsparameter zusammengefasst werden. Im Gegensatz zum ISC-DHCP-Daemon, der verschiedene Arten der Gruppierung
zulässt (Netzwerk, Gruppe, Klasse) ist beim Solaris-DHCP-Daemon jede
Sammlung von Optionen ein Makro. Ein solches kann dabei dem ganzen
Daemon, einem Netzbereich oder einem einzelnen Host zugeordnet sein.
Außer für Netzbereiche können auch Makros für Herstellerklassen (vgl. Abschnitt 1.5) und für einzelne Hardwareadressen gelten.

Die Optionen werden in folgender Reihenfolge in die Antwort eines einzelnen Hosts geschrieben:

- Klassenmakros

- Netzwerkmakros

- Makros für einzelne IP-Adressen

- Makros für einzelne Hardwareadressen oder Client-IDs

Parameter für den gesamten Server sind dabei ein Spezialfall der ersten Kategorie. Wenn eine Anfrage hereinkommt, wird diese Liste von oben nach
unten abgearbeitet und die Werte für die Antwort aus den jeweiligen Makros entnommen.

Steht bereits ein Wert in der Antwort, so wird er, wenn im nächsten passenden Makro ein anderer Wert steht, durch diesen überschrieben, so dass am
Schluss die richtigen Optionen für den anfragenden Client übrig bleiben.

Ob ein Makro für einen Client gilt oder nicht, entscheidet sich aufgrund
des Netzbereichs, aus dem der Client seine Anfrage stellt. Ist der Name
des Makros eine Netzwerkadresse, z. B. 192.168.1.0, so werden die Optionen
dann angewendet, wenn die Anfrage aus dem passenden LAN-Segment, in
diesen Fall 192.168.1.0/24, stammt. Die Netzmasken für die Netze stammen
aus der Datei `/etc/netmasks` oder der entsprechenden NIS-oder NIS+-
Tabelle. Daher ist es wichtig, dass diese Tabelle die richtigen Werte für alle
Netze enthält, für die der DHCP-Daemon arbeiten soll.

Dient eine der von den Clients ins Netz gesendete VendorIDs als Makro-
name (z. B. `SUNW.Ultra-1`), so wenden die Clients mit dieser VendorID den
Inhalt an. Derartige Makros werden vor den Netzwerkmakros abgearbeitet.
Bei Zuordnungen über MAC-Adressen entspricht der Name des Makros der
Adresse ohne Trennzeichen. Für die MAC-Adresse 00:11:22:33:44:AA ergibt
sich der Name `0011223344AA`. Makros für MAC-Adressen oder Client-IDs
werden als letzte abgearbeitet, überschreiben also im Zweifelsfall vorher
gesetzte Werte.

Die erzeugten Textdateien sind von Menschen lesbar, wenn man das Text-
format für die Speicherung der Datenbank gewählt hat. In diesen Fall könnte man sie auch direkt mit einem Editor bearbeiten, sollte das aber trotzdem vermeiden, da dabei einerseits schnell Fehler entstehen und zum anderen doch wieder der Einsatz der Verwaltungswerkzeuge notwendig ist,
wenn man auf ein anderes Datenbankformat wechselt.

Außer mit dem grafischen dhcpmanager, der unter dem Pfad /usr/sadm/
admin/bin installiert ist, lässt sich die Konfiguration auch mit den Programmen dhtadm und pntadm verwalten. dhtadm ist für die Konfigurati-
onstabellen zuständig, in denen auch die DHCP-Optionen und deren Werte stehen, pntadm hingegen für die Netzwerktabellen, in denen Clients den
IP-Adressen zugeordnet werden, und für statische Zuordnungen.

Bei den erzeugten Tabellen ist pntadm für SUNWfiles1_10_2_0_0 sowie
SUNWfiles1_192_168_2_0 zuständig, dhtadm für SUNWfile1_dhcptab.

In der Manual-Seite dhcptab finden sich alle DHCP-Optionen (inklusive
Nummer der Option), der DHCP-Daemon direkt unterstützt. Es ist möglich, selbst Optionen zu definieren. Auch Vendor-Space-Suboptionen sind
erlaubt.

4.1.2 Umgang mit dhtadm

dhtadm wird über Kommandozeilenoptionen gesteuert. Die Optionen un-
terteilen sich in Hauptoptionen, die mit Großbuchstaben angegeben werden, und Unteroptionen zu den Hauptoptionen, die mit Kleinbuchstaben
angegeben werden. Die Hauptoptionen sind:

-C

  erzeugt eine DHCP-Tabelle.

-A

  fügt Einträge in einer DHCP-Tabelle hinzu.

-M

  ändert Einträge in einer DHCP-Tabelle.

-D

  löscht einen Eintrag in einer DHCP-Tabelle.

-R

  löscht die gesamte Tabelle.

-P

  gibt die Tabelle aus.

Das Erzeugen der Tabelle mit der Option -C wurde im Beispiel bereits von dhcpconfig übernommen. Auch die Einträge für die Netze wurden bereits erzeugt.

Man kann mit dhtadm zwei Sorten von Einträgen in der Tabelle erzeugen – Makros und die Definition neuer Optionen. Bei beiden Arten von Einträgen muss man einen Namen und eine Definition angeben. Der Aufruf zum Erzeugen eines Makros lautet:

```
# dhtadm -A -m Name -d Definition
```

Als Beispiel wollen wir ein Makro für das Netz 192.168.1.0 erzeugen. Der Defaultrouter soll die Adresse 192.168.1.254 haben, die Netzmaske soll 255.255.255.0 sein, Broadcastadresse 192.168.1.255, DNS-Server ist 192.168.1.1 und die DNS-Domain soll opensourcepress.de lauten. Das folgende Kommando erzeugt diese Konfiguration:

```
# dhtadm -A -m 192.168.1.0 -d ':Broadcst=192.168.1.255:Subnet=\
255.255.255.0:Router=192.168.1.254:DNSdmain="opensourcepress.de":\
DNSserv=192.168.1.1:'
```

Ausgehend von einer leeren Tabelle ergibt dhtadm -P folgende Ausgabe:

```
Name                    Type            Value
==================================================
192.168.1.0             Macro           :Broadcst=192.168.1.255:Subnet=2
55.255.255.0:Router=192.168.1.254:DNSdmain="opensourcepress.de":DNSserv=
192.168.1.1:
```

Die Option selbst besteht aus einer Reihe von Zuweisungen der Art *Name=Wert*. Diese werden durch Doppelpunkte getrennt. Die Liste der Definition muss außerdem mit einem Doppelpunkt beginnen und enden. Ist der Wert ein String, wie etwa beim Domainnamen, so wird dieser in doppelte Anführungszeichen gesetzt. Die Namen der vordefinierten DHCP-Optionen stehen in der Manual-Seite zu dhcptab. Einzelne Attribute kann man nachträglich mit einer der Unteroptionen zur Option -M hinzufügen oder entfernen.

Um eine neue Option zu definieren, ersetzt man die Suboption -m durch -s und gibt ihr als Argument den Namen der DHCP-Option mit. Dieser kann dann in Makros verwendet werden. Die Definition wird ebenfalls mit der Suboption -d angegeben. Sie besteht aus den folgenden Komponenten, die mit Komma getrennt angegeben werden:

Kontext

> gibt an, ob es sich bei der Optionsdefinition um eine offizielle Option (Option-Codes 77-127), eine lokale Definition (Option-Codes 128-255) oder eine Vendor-Definition handelt (siehe Abschnitt 1.5). Die Schlüsselwörter sind: Extend, Site und Vendor=*Name-der-Klasse*.

Code

> Nummer der Option. Bei vendorspezifischen Codes ist es die Nummer der Suboption.

Typ

> Datentyp der Variablen. Gültige Werte sind hier:
>
> IP für IP-Adressen
>
> ASCII für Text
>
> BOOLEAN für Boolesche Werte
>
> NUMBER*Bereich* für Zahlen. Möglich sind die Werte 1, 2, 4 oder 8. Damit wird die Breite der Oktette (in 8-Bit-Schritten) angegeben. Die Zahl wird direkt an das Schlüsselwort gehängt, z. B. NUMBER4.
>
> OCTET für rohe, uninterpretierte Daten, die hexadezimal angegeben werden.

Granularität

> legt fest, wie viele Werte eines Typs eine Instanz der Option benötigt. Für die Option „statische Route" werden zum Beispiel zwei IP-Adressen benötigt, der Wert wäre hier also 2.

Maximum

> Optionen wie DNS-Server können mehrere Adressen enthalten. Dieser Parameter schränkt die Anzahl der möglichen Werte ein. Für Optionen, die nur einen Wert enthalten dürfen, muss hier auch die Zahl 1 stehen. Wird eine Null eingetragen, so ist eine variable Anzahl möglich.

Als Beispiel wollen wir die Option ProxyURL vom Typ String und der Optionsnummer 252 definieren. Dabei ist nur eine URL möglich:

```
# dhtadm -A -s ProxyURL -d 'Site,252,ASCII,1,0'
```

Die Ausgabe von dhtadm -P ergibt nun eine neue Zeile:

```
Name                    Type            Value
================================================
192.168.1.0             Macro           :Broadcst=192.168.1.255:Subnet=2
55.255.255.0:Router=192.168.1.254:DNSdmain="opensourcepress.de":DNSserv=
192.168.1.2:
ProxyURL                Symbol          Site,252,ASCII,1,0
```

Mit der Hauptoption -M können Einträge geändert werden. Die Suboptionen -m und -s haben dabei die gleiche Bedeutung wie bei -A. Wird eine Definition mit -d angegeben, so wird das existierende Makro oder das existierende Symbol durch das neue überschrieben. Um beim Makro für das Netz 192.168.1.0 den DNS-Server auf die Adresse 192.168.1.2 statt 192.168.1.1 zu setzen, kann man das folgende Kommando benutzen:

```
# dhtadm -M -m 192.168.1.0 -d ':Broadcst=192.168.1.255:Subnet=\
255.255.255.0:Router=192.168.1.254:DNSdmain="opensourcepress.de":\
DNSserv=192.168.1.1:'
```

Da es natürlich umständlich ist, immer die vollständige Zeile einzugeben, um nur einen einzigen Wert zu ändern, hinzuzufügen oder zu löschen, existiert die Suboption –e. Diese bekommt als Argument eine DHCP-Option und deren Wert, getrennt von einem Gleichheitszeichen. Ist diese DHCP-Option noch nicht in der Liste, so wird sie hinzugefügt. Ist sie vorhanden, so wird der zugeordnete Wert durch den Wert im Kommando ersetzt. Gibt man nur den Namen einer DHCP-Option, gefolgt vom Gleichheitszeichen, aber ohne Wert an, so wird die DHCP-Option aus dem Makro entfernt.

Folgendes Kommando ist also möglich:

```
# dhtadm -M -m 192.168.1.0 -e "DNSserv=192.168.1.2"
```

Der Kontrollaufruf von dhtadm –P zeigt, dass die Änderung wirksam ist:

```
Name                    Type            Value
==================================================
192.168.1.0             Macro           :Broadcst=192.168.1.255:Subnet=2
55.255.255.0:Router=192.168.1.254:DNSdmain="opensourcepress.de":DNSserv=
192.168.1.2:
ProxyURL                Symbol          Site,252,ASCII,1,0
```

Will man zu der Definition noch einen NTP-Server auf 192.168.1.1 hinzufügen, so kann man dies mit dem folgenden Kommando tun:

```
# dhtadm -M -m 192.168.1.0 -e "NTPservs=192.168.1.1"
```

Die DHCP-Option wird am Ende des Makros eingefügt, wie dhtadm –P zeigt:

```
Name                    Type            Value
==================================================
192.168.1.0             Macro           :Broadcst=192.168.1.255:Subnet=2
55.255.255.0:Router=192.168.1.254:DNSdmain="opensourcepress.de":DNSserv=
192.168.1.2:NTPservs=192.168.1.1
ProxyURL                Symbol          Site,252,ASCII,1,0
```

Zum Entfernen des NTP-Servers wird die Zeile wie oben angegeben, jedoch die IP-Adresse als Wert weglassen:

```
# dhtadm -M -m 192.168.1.0 -e "NTPservs="
```

Die Kontrolle der Tabelle zeigt, dass der Wert entfernt wurde.

```
Name                Type          Value
==================================================
192.168.1.0         Macro         :Broadcst=192.168.1.255:Subnet=2
55.255.255.0:Router=192.168.1.254:DNSdmain="opensourcepress.de":DNSserv=
192.168.1.2:
ProxyURL            Symbol        Site,252,ASCII,1,0
```

Zum Löschen von Einträgen dient schließlich die Hauptoption -D. Zum Löschen von Makros folgt die Suboption -m, gefolgt vom Namen des Makros. Um eine selbstdefinierte DHCP-Option zu entfernen, wird die Suboption -s gefolgt vom Namen der DHCP-Option gesetzt. Die folgenden beiden Kommandos löschen also die zwei Einträge der Tabelle:

```
# dhtadm -D -m 192.168.1.0
# dhtadm -D -s ProxyURL
```

4.1.3 Umgang mit `pntadm`

Durch die Definition eines Makros mit dhtadm, das den Namen eines Netzes trägt, weiß der Server zwar, dass die zugeordneten Optionen für Anfragen aus diesem Bereich gelten, aber es fehlt noch die Angabe, welche Adressen aus diesem Netz per DHCP verteilt oder möglicherweise statisch zugewiesen werden können.

Zur Verwaltung der IP-Adressen dient das Kommando pntadm. Wie bei dhtadm wird das Verhalten über Kommandozeilenoptionen gesteuert. Auch hier gibt es Hauptoptionen und Suboptionen. Die Hauptoptionen sind:

-C

Anlegen eines Netzwerkes, in dem Adressen vergeben werden.

-A

Hinzufügen einer Adresse zu einem Netzwerk.

-M

Modifizieren einer Adresse in einem Netzwerk.

-D

Löschen einer Adresse in einem Netzwerk.

-R

Löschen eines Netzwerks.

-P

Ausgeben der Adressen in einem Netzblock.

-L

Ausgeben der definierten Netzwerke.

Auch beim Anlegen und Verwalten der Netzwerktabellen ist es wichtig, dass die Datei /etc/netmasks die Aufteilung in die Subnetze so widerspiegelt, wie sie im LAN konfiguriert ist.

Wir haben im Abschnitt über dhtadm zwar alle Optionen definiert, die für das Netz 192.168.1.0 verteilt werden sollen, aber die zu vergebenden Adressen noch nicht zugeteilt. Um dies nachzuholen, legen wir zunächst mit pndadm das Netz 192.168.1.0 an:

```
# pntadm -C 192.168.1.0
```

Mit dem Kommando pntadm -L listen wir die definierten Netze auf. Das Netz erscheint nun in der Liste:

```
# pntadm -L
192.168.1.0
```

Allerdings sind im Netz selbst noch keine Adressen definiert, die vergeben werden können. Mit dem Kommando pntadm -P *Netzwerkname* lassen sich die Adressen und deren Zustand in einem Netz anzeigen:

```
# pntadm -P 192.168.1.0
Client ID   Flags Client IP   Server IP   Lease Expiration   Macro   Comment
```

Mit der Option -A werden nun Adressen hinzugefügt. Diese Option versteht die folgenden Suboptionen:

-c *Kommentar*
> Hinzufügen eine Kommentars.

-e *Datum*
> Leasezeit absolut auf das im Format MM/DD/YYYY angegebene Datum setzen.

-f *Wert*
> Flag setzen. Das Flag ist eine Bitmaske und kann Werte zwischen 0 und 8 annehmen. Der Wert kann als Dezimalzahl angegeben werden; alternativ lassen sich einzelne Bits durch die folgenden Schlüsselwörter mit vorangestelltem Pluszeichen setzen:
>
> DYNAMIC entspricht dem Wert 0 und bedeutet, dass der Server die Adresse verwaltet.
>
> PERMANENT entspricht dem Wert 1 und bewirkt die feste Zuteilung von Adressen. Wenn es gesetzt ist, wird also die Leasetime nicht ausgewertet.
>
> MANUAL entspricht dem Wert 2. Adressen, die dieses Bit gesetzt haben, sind statisch einem Client zugewiesen, der diese Adresse dann

immer zugewiesen bekommt. Kein anderer Client kann diese Adresse zugeteilt bekommen.

UNUSABLE entspricht dem Wert 4. Ist eine Adresse mit diesem Wert versehen, wird sie nicht zugeteilt. Der Server kann dieses Bit setzen, wenn er mittels Ping-Paketen ermittelt hat, dass die Adresse schon im Netzwerk existiert oder ein Client mittels einer Decline-Nachricht diese Adresse verweigert.

Soll der Wert als Zahl angegeben werden, so sind die Bitwerte zu addieren. Um z. B. MANUAL und UNUSABLE gemeinsam zu setzen, werden 2+4 addiert und der Wert 6 gesetzt.

-h Hostname

Hinzufügen eines Hostnamens. Dieser wird auch an den Client gesendet und in der lokalen Hosts-Datei ein Eintrag mit dem Namen und der Adresse geschrieben.

-i ClientID

Client-ID, die für diesen Eintrag gelten soll. Mit der Suboption -a kann ein String statt einer Hexadezimalzahl angegeben werden.

-s Servername

Server, der die Adresse zuteilen soll. Diese Option ist nur im Zusammenspiel mit NIS+ sinnvoll, und zwar wenn mehrere DHCP-Server ihre Konfigurationen aus den gleichen NIS+-Tabellen beziehen oder wenn ein DHCP-Server mehrere Schnittstellen hat, um anzugeben, welche der Schnittstellenadressen verwendet werden soll.

-m dhcptab-Makro

Makro aus der mit dhtadm verwalteten DHCP-Tabelle für diese Adresse; damit kann die automatische Zuordnung ergänzt oder überschrieben werden. Folgt auf -m die Option -y, so wird überprüft, ob es das Makro mit dem angegebenen Namen tatsächlich gibt.

Neben den Optionen muss man die Adresse und das Netzwerk (in dieser Reihenfolge) angeben. Suboptionen müssen vor der Hauptoption -A stehen, da diese nur noch die IP-Adresse und das Netz als Argumente erwartet.

Jetzt wollen wir die Adressen von 192.168.1.10-192.168.1.19 im Netzwerk 192.168.1.0 als DHCP-Pool definieren. 192.168.1.20 soll für BOOTP-Clients zur Verfügung stehen. Dafür sind die folgenden Kommandos notwendig:

```
# pntadm -A 192.168.1.10 192.168.1.0
# pntadm -A 192.168.1.11 192.168.1.0
# pntadm -A 192.168.1.12 192.168.1.0
...
# pntadm -f 8 -A 192.168.1.20 192.168.1.0
```

Die Ausgabe von `pntadm -P 192.168.1.0` ist jetzt mit den Adressen gefüllt, die natürlich noch nicht zugewiesen sind.

```
# pntadm -P 192.168.1.0
Client ID       Flags    Client IP       Server IP       Lease Expiration Macro
      Comment
00              08       192.168.1.20    192.168.1.1     Zero                UNKNO
WN
00              00       192.168.1.19    192.168.1.1     Zero                UNKNO
WN
00              00       192.168.1.18    192.168.1.1     Zero                UNKNO
WN
...
00              00       192.168.1.10    192.168.1.1     Zero                UNKNO
WN
```

Wenn man diese Einträge modifizieren möchte, gibt man statt -A die Option -M an. Diese Hauptoption versteht alle Suboptionen von -A und eine
zusätzliche Unteroption, nämlich -n für das Umbenennen einer Adresse.
Wenn also aus der Adresse 192.168.1.20, die für BOOTP bereitsteht, die
Adresse 192.168.1.21 werden soll, so geschieht dies mit folgendem Kommando:

```
# pntadm -M 192.168.1.20 -n 192.168.1.21 192.168.1.0
```

Wurde eine Adresse im Pool zugeteilt, so ändert sich der Output von `pntadm`
-P. In der Spalte `Client ID` befindet sich dann die MAC-Adresse des Clients mit vorangestelltem Hardwaretyp. Der folgende Auszug zeigt: Die Adresse 192.168.1.19 wurde der Hardwareadresse 00:03:ba:23:a0:73 zugewiesen.

```
# pntadm -P 192.168.1.0
Client ID           Flags    Client IP       Server IP       Lease Expiration
   Macro    Comment
0010003BA23A0730    00       192.168.1.19    192.168.1.1     Zero
   UNKNOWN
```

Wird der Eintrag für 192.168.1.19 mit der -D gelöscht, oder die Client-ID
mit

```
# pntadm -M 192.168.1.19 -i 00 192.168.1.0
```

entfernt, so führt dies nicht dazu, dass eine Aufforderung an den Client
gesendet wird, die Adresse freizugeben. Im Falle des Zurücksetzens der ID
könnte dies sogar zu einer doppelten Vergabe führen. Solche Änderungen
sollte man also dem DHCPD überlassen.

4.1.4 DNS-Updates

Wenn bei der Konfiguration mit `dhcpconfig` festgelegt wurde, dass Hostnamen und die Zuordnung zu verteilten IP-Adressen eingetragen werden sollen, und als Namensdienst DNS ausgewählt ist, so trägt der Solaris-DHCP-Daemon dies über DNS-Updates auf einem Nameserver ein. Jedoch sind die DNS-Updates nicht über ein Shared Secret geschützt, wie das beim ISC-DHCPD der Fall ist. Der Nameserver muss also so konfiguriert sein, dass er DNS-Updates von der IP-Adresse des DHCP-Servers beziehen darf. Dies stellt ein hohes Risiko dar, da die Absendeadresse eines Updates beliebig gefälscht sein kann. Wenn man diese Funktion wirklich verwenden will, sollte man also unbedingt die DHCP-Clients in eine Unterzone wie `dhcp.opensourcepress.de` packen, damit ein Angreifer allenfalls dort Schreibrechte erhält und nicht die ganze Zone übernehmen kann.

Der Solaris-DHCP-Daemon hat selbst keinen eigenen Parameter, der die IP-Adresse des Nameservers angibt, an den die Aktualisierungen gesendet werden. Stattdessen liest er die Nameserver aus `/etc/resolv.conf`. In der Zonendefinition der Zone, in die die Clients eingetragen werden sollen, ist bei Verwendung von Bind der folgende Vermerk notwendig:

```
allow-update { IP-Adresse-des-DHCP-Servers; };
```

4.1.5 Konfiguration als Relay

Wenn ein Solaris-Rechner als Router und BOOTP/DHCP-Relay arbeiten soll, wird dies auch über `dhcpconfig` konfiguriert. Dazu sind die IP-Adressen der DHCP-Server notwendig, im Beispiel 192.168.1.1 und 192.168.1.2:

```
# dhcpconfig
***          DHCP Configuration        ***

Would you like to:

        1) Configure DHCP Service
        2) Configure BOOTP Relay Agent
        3) Unconfigure DHCP or Relay Service
        4) Exit

Choice: 2

###     BOOTP Relay Agent Configuration ###

Enter destination BOOTP/DHCP servers. Type '.' when finished.

IP address or Hostname: 192.168.1.1
IP address or Hostname: 192.168.1.2
IP address or Hostname: .
```

```
Created DHCP configuration file.
DHCP server started.

###      Common daemon option setup      ###

Would you like to specify nondefault daemon options (Y/[N]):0
Do you want to enable transaction logging? (Y/[N]):y
Which syslog local facility [0-7] do you wish to log to? [0]:

Remember to add a line to /etc/syslog.conf, e.g:

        local0.notice                    /var/log/dhcpsvc
Restarting DHCP daemon...
```

4.1.6 dhcpmgr

Alle Aufgaben, die mit dhtadm und pntadm auf der Kommandozeile durchgeführt werden können, lassen sich auch grafisch mit der Java-Anwendung
dhcpmgr erledigen.

Abbildung 4.1:
dhcpmgr-Fenster

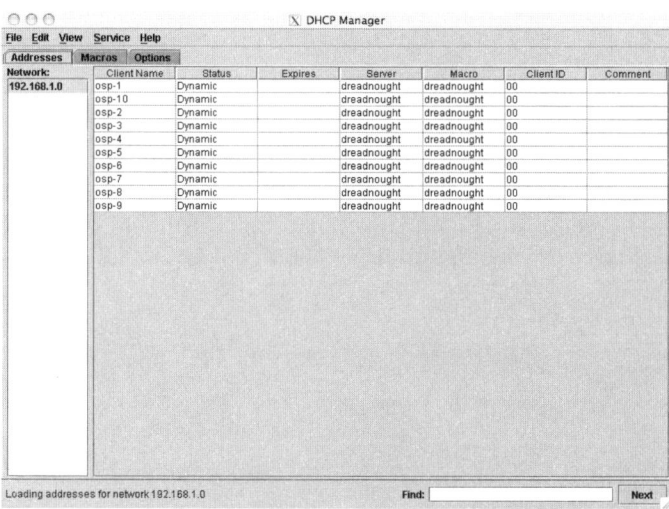

Wenn man dhcpmgr zur Erstkonfiguration aufruft, so fragt das Programm
die gleichen Daten ab wie dhcpconfig in der textbasierten Konfiguration
in Abschnitt 4.1.1.

Die erste Hürde bei der Benutzung des Programms allerdings ist der Pfad.
Dies ist kein Standardpfad und wird auch nicht zum Suchpfad von Root
hinzugefügt. Das Programm befindet sich unter:

```
/usr/sadm/admin/bin/dhcpmgr
```

Im gleichen Verzeichnis befindet sich übrigens auch der `printmgr`, der zur Verwaltung von Druckerqueues verwendet wird.

Startet man den Manager, wenn bereits DHCP konfiguriert ist, so erscheint ein Fenster wie in Abbildung 4.1.

Das Hauptfenster besitzt drei Reiter für die Bereiche Adressen, Makros und Optionen. Unterhalb dieser Reiter können die entsprechenden Themen konfiguriert werden. Wie in Abbildung 4.1 zu sehen, werden die angelegten Adressen des ausgewählten Netzblockes angezeigt. Mit den Wizards, die man unterhalb des Menüs **Edit** findet, kann man neue Netze und neue Adressbereiche anlegen. Die in der Adressansicht konfigurierbaren Teile entsprechen dem Kommando `pntadm`.

Der zweite Reiter definiert Makros. Wählt man ihn aus, so erscheint eine andere Ansicht:

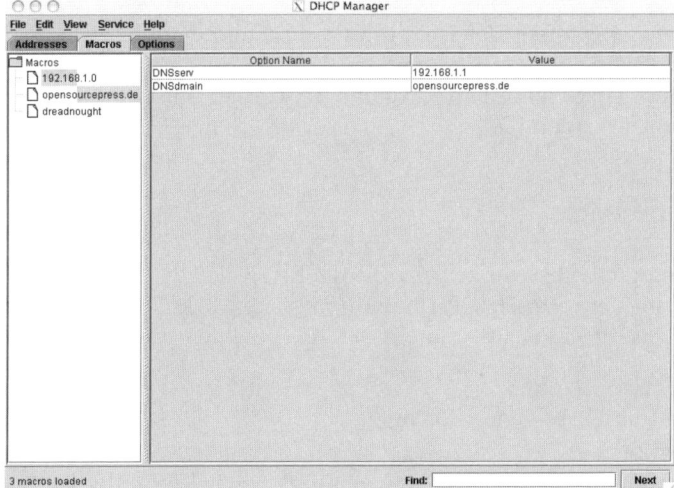

Abbildung 4.2:
dhcpmgr
Makroansicht

Hier kann man Makros wie bei `dhtadm` hinzufügen, löschen der ändern. Der Dialog zum Bearbeiten eines Makros ist in der folgenden Abbildung 4.3 zu sehen.

Einzelne zu editierende Optionen findet man in der Mitte des Fensters. Mit dem **Add**- bzw. dem **Modify**-Button lassen sich die Optionen hinzufügen bzw. überschreiben. Wird im unteren Fensterbereich eine Option ausgewählt, so kann sie mit dem Button **Delete** gelöscht werden. Soll eine Option hinzugefügt werden, kann man entweder den Namen direkt selbst eingeben oder auf den Button **Select** klicken und bekommt eine Liste der dem DHCP-Server bekannten Optionen angeboten. Schließlich befindet sich am unteren Rand des Fensters noch eine Checkbox, mit der aktiviert werden kann, ob der DHCP-Server neu gestartet werden soll, um die Änderungen zu aktivieren. Wählt man diese Checkbox nicht an, so muss man warten, bis der Server in seinem Refresh-Intervall erneut die Konfiguration einliest.

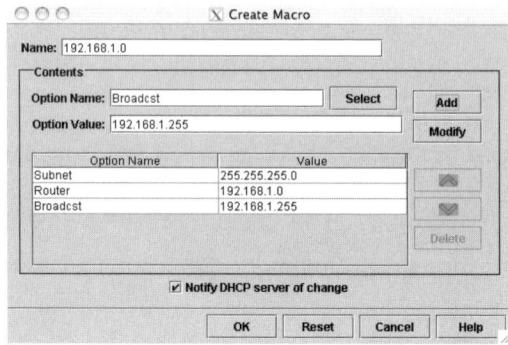

Der letzte Reiter dient der Definition von neuen Optionen, die normalerweise ebenfalls mit dem Kommando dhtadm erfolgen würde. Hier können unbekannte Optionen mit Typ, Namen der Option und Nummer der Option neu angelegt werden.

4.1.7 Beispiele

Im Folgenden wollen wir zeigen, wie die Beispiele aus Kapitel 3 in der Umsetzung mit dem Sun-DHCP-Daemon aussehen. Die Parameter des Netzes (welcher Server hat welche Adresse?) sind dieselben wie in Kapitel 3.

Konfiguration für Windows-Clients

Die meisten der Optionen, die für Windows-Clients notwendig sind, unterstützt der Sun-DHCPD ohne Zusatzdefinitionen. Lediglich die Option im Microsoft Option Space muss neu definiert werden.

Zunächst legen wir das Netzwerk fest:

```
# dhtadm -A -m 192.168.1.0 -d ":Router=192.168.1.254:Broadcst=\
192.168.1.255:Subnet=255.255.255.0:"
```

Die weiteren Parameter dieses Makros fügen wir nun in einzelnen Kommandos hinzu,[3] zunächst die DNS-Parameter:

```
# dhtadm -M -m 192.168.1.0 -e "DNSserv=192.168.1.1 192.168.1.2"
# dhtadm -M -m 192.168.1.0 -e "DNSdomain=opensourcepress.de"
```

[3] Alles in einem Aufruf zu erzeugen wäre zwar möglich, aber unübersichtlich.

Bis jetzt sind die Parameter für alle Clients im Netz gleich, egal ob auf ihnen
Windows oder andere Betriebssysteme laufen. Für die Windows-Clients definieren wir ein zweites Makro, das die allgemeinen Netzparameter enthält
sowie die Windows-Parameter. Für die alten Parameter wird die Include-
Direktive verwendet:

```
# dhtadm -A -m winclients -d ":Include=192.168.1.0:"
```

Die Wins-Server werden nun zu diesem neuen Makro hinzugefügt:

```
# dhtadm -M -m winclients -e "NetBNms=192.168.1.5 192.168.1.6"
```

Nun müssen wir die neuen Optionen definieren und wählen als Namen
msftclassless:

```
# dhtadm -A -s msftclassless -d "Site,249,NUMBER,1,0"
```

Anders als beim ISC-DHCP sind die Komponenten der Route hier mit Leerzeichen und nicht mit Kommata zu trennen. Folgendes Kommando fügt
Routen hinzu:

```
# dhtadm -M -m winclients -e \
"msftclassless=16 10 1 192 168 1 252 25 172 16 1 128 192 168 1 251"
```

Nun sind noch die Optionen im Vendor Space MSFT 5.0 zu definieren.
Mehrere Vendor Spaces, für die die gleiche Option gelten soll, müssen hin-
tereinander, mit Leerzeichen getrennt, angegeben werden. Enthält der Ven-
dor-Space-Name selbst Leerzeichen, muss er mit doppelten Anführungszeichen umfasst werden:

```
# dhtadm -A -s MSFTrelease -d \
'Vendor="MSFT 5.0" "MSFT 98" MSFT,2,OCTET,1,0'
```

Der so definierte Wert wird auf 1 gesetzt:

```
# dhtadm -M -m winclients -e "MSFTrelease=1"
```

Die Unterscheidung von bekannten und unbekannten Clients, die beim
ISC-Beispiel mit zwei Pools abgebildet wurde, kann hier nicht realisiert werden. Es gibt zwar eine feste Zuordnung von MAC-Adresse zu IP-Adresse,
aber es lässt sich nicht verhindern, dass zusätzliche Clients Adressen zugewiesen bekommen.

Nach den Makro- und Optionsdefinitionen fehlen jetzt noch die Adressbereiche. Hier erfolgt die Zuordnung der Windows-Clients über die MAC-
Adressen mittels winclients-Makro.

Die Einträge legen wir mit pntadm an. Die statischen Einträge aus dem
Beispiel in Kapitel 3 werden wie folgt erzeugt:

```
# pntadm -A  192.168.1.50 -i 01001122334450 -h windows1 \
-m winclients 192.168.1.0
# pntadm -A  192.168.1.51 -i 01001122334451 -h windows2 \
-m winclients 192.168.1.0
  ...
# pntadm -A  192.168.1.70 -i 01001122334469 -h windows20 \
-m winclients 192.168.1.0
```

Der zweite Pool wird ohne die Angabe von MAC-Adressen und Hostnamen definiert:

```
# pntadm -A 192.168.1.70 -m 192.168.1.0 192.168.1.0
# pntadm -A 192.168.1.71 -m 192.168.1.0 192.168.1.0
...
# pntadm -A 192.168.1.100 -m 192.168.1.0 192.168.1.0
```

Die Leasetime wird schließlich mit dem folgenden Kommando gesetzt:

```
# dhtadm -M -m 192.168.1.0 -e "LeaseTim=86400"
```

Der Domainname für dynamische DNS-Updates sowie die Konfiguration hierfür entfallen, da dies mit Solaris nicht in einer sicheren Art und Weise umzusetzen ist.

Linux- und BSD-Clients

Für unixartige Clients gibt es wenig zu tun. Lediglich die Option, die für die Liste der zu durchsuchenden Domains bestimmt ist, müssen wir definieren. Die anderen benutzten Optionen unterstützt der Solaris-DHCP-Daemon bereits.

Zunächst die Definition des Netzwerkes und der DNS-Parameter:

```
# dhtadm -A -m 192.168.1.0 -d \
":Router=192.168.1.254:Broadcst=192.168.1.255:Subnet=255.255.255.0:"
# dhtadm -M -m 192.168.1.0 -e "DNSserv=192.168.1.1 192.168.1.2"
# dhtadm -M -m 192.168.1.0 -e "DNSdmain=opensourcepress.de"
```

Nun die Definition der neuen Option:

```
# dhtadm -A -s domainsearch -d "Extend,119,OCTET,1,0"
```

Im Unterschied zum ISC-DHCP-Daemon muss man bei der Anwendung der Optionen die Oktette durch Leerzeichen statt durch Doppelpunkte trennen:

```
# dhtadm -M -m 192.168.1.0 -e "domainsearch=1b 0F 6f 70 65 6e 73 6f \
75 72 63 65 70 72 65 73 73 02 64 65 00 04 64 68 63 70 c0 00"
```

Die folgenden Kommandos setzen die Optionen für IP-Parameter, Zeitzone, NIS und NTP:

```
# dhtadm -M -m 192.168.1.0 -e "IpTTL=64"
# dhtadm -M -m 192.168.1.0 -e "MaskDscF=0"
# dhtadm -M -m 192.168.1.0 -e "RDiscvyF=0"
# dhtadm -M -m 192.168.1.0 -e "UTCoffst=3600"
# dhtadm -M -m 192.168.1.0 -e "NISservs=192.168.1.1"
# dhtadm -M -m 192.168.1.0 -e "NISdmain=OPENSOURCEPRESS"
# dhtadm -M -m 192.168.1.0 -e "NTPservs=192.168.1.1"
```

Die Leasetime wird schließlich mit dem folgenden Kommando gesetzt:

```
# dhtadm -M -m 192.168.1.0 -e "LeaseTim=86400"
```

Nun wird noch der Pool der Adressen definiert:

```
# pntadm -A 192.168.1.70 -m 192.168.1.0 192.168.1.0
# pntadm -A 192.168.1.71 -m 192.168.1.0 192.168.1.0
...
# pntadm -A 192.168.1.100 -m 192.168.1.0 192.168.1.0
```

Der Solaris-DHCP-Daemon unterstützt keine dynamische Erzeugung von Hostnamen, wie sie im Abschnitt 3.2 am Ende der ISC-DHCP-Konfiguration dargestellt wurde. Sie kann deshalb hier nicht umgesetzt werden.

Apple-Clients

Für Apple-Clients sind drei Optionen neu zu definieren – LDAP-Server, NetInfo-Server und NetInfo-Tag. Die Option für den LDAP-Server hat die Nummer 95, die laut Manual-Seite von dhcptab mit dem Parameter Extend definiert werden kann. In der Manualseite steht:

```
Extend
     This symbol defines a  standard  option,  codes
     from  77-127. The use of this symbol type is for
     adding new  standard  options  added  since  the
     release of the dhcp server.
```

Allerding führt auch bei aktuell gepatchtem Solaris die Eingabe des Kommandos:

```
# dhtadm -A -s LDAPSvr -d "Extend,95,ASCII,1,0"
```

zu der Ausgabe:

```
dhtadm: Extend option codes must be between 108 and 127.
```

Damit lässt sich die Option für den LDAP-Server unter Solaris nicht abbilden. Möglicherweise werden zukünftige Versionen der Software dies erlauben.

Zum Start der Konfiguration legen wir Netzwerk und DHCP-Parameter fest:

```
# dhtadm -A -m 192.168.1.0 -d \
":Router=192.168.1.254:Broadcst=192.168.1.255:Subnet=255.255.255.0:"
# dhtadm -M -m 192.168.1.0 -e "DNSserv=192.168.1.1 192.168.1.2"
# dhtadm -M -m 192.168.1.0 -e "DNSdmain=opensourcepress.de"
```

Nun werden die beiden Optionen für NetInfo definiert:

```
# dhtadm -A -s NetInfoSvr -d "Extend,112,IP,1,0"
# dhtadm -A -s NetInfoTag -d "Extend,113,ASCII,1,0"
```

Die beiden neu definierten Optionen werden mit den nächsten beiden Kommandos mit Leben gefüllt:

```
# dhtadm -M -m 192.168.1.0 -e "NetInfoSvr=192.168.1.7"
# dhtadm -M -m 192.168.1.0 -e "NetInfTag=OpenSourcePress"
```

Schließlich wird als letzte Option noch die Leasetime auf einen Tag gesetzt:

```
# dhtadm -M -m 192.168.1.0 -e "LeaseTim=86400"
```

Nun fehlt noch die Definition der zu vergebenden Adressen:

```
# pntadm -A 192.168.1.70 -m 192.168.1.0 192.168.1.0
# pntadm -A 192.168.1.71 -m 192.168.1.0 192.168.1.0
...
# pntadm -A 192.168.1.100 -m 192.168.1.0 192.168.1.0
```

Sun Jumpstart

Sun macht beim Netzwerkboot und auch bei der Jumpstart-Installation recht ausführlich Gebrauch von vendorspezifischen Optionen. Der Sun-DHCP-Daemon erlaubt es aber nicht, bei der Definition von Vendor-Space-Optionen mit Wildcards oder Teilstrings zu arbeiten. Dies erschwert die Konfiguration, da ein bootender Sun-Client als Vendor Class Identifier nicht SUNW sondern SUNW.Architektur mitschickt, so dass jede im Netz vorhandene Architektur extra berücksichtigt werden muss. Sun unterscheidet bei den Workstations und Servern die Architektur nach CPU-Typ und Modell. Bei Solaris für x86-Systeme wird jedoch keine weitere Unterscheidung gemacht.

Man kann mehrere Varianten auf einer Zeile mit Leerzeichen getrennt angeben. Den String für die betreffende Architektur erfährt man bei einem installierten System mit dem Kommando `uname -i`. Die Ausgabe dieses Befehls besteht aus `SUNW,` gefolgt von der Architektur. Eine Sun Ultra-30 Workstation gibt hier `Ultra-30` aus, eine T2000 (Niagara) `Sun-Fire-T200`. Für Solaris auf x86 basierenden Systemen ist die Ausgabe `i86pc`.

Wenn diese drei Architekturen betrachtet werden sollen, so werden die Makros für die Vendor-Optionen mit den folgenden Kommandos erzeugt:

```
# dhtadm -A -s RootOpt -d \
"Vendor=SUNW.Ultra-30 SUNW.Sun-Fire-T200 SUNW.i86pc,1,ASCII,1,0"
# dhtadm -A -s RootSvrIP -d \
"Vendor=SUNW.Ultra-30 SUNW.Sun-Fire-T200 SUNW.i86pc,2,IP,1,1"
# dhtadm -A -s RootSvrHostName -d \
"Vendor=SUNW.Ultra-30 SUNW.Sun-Fire-T200 SUNW.i86pc,3,ASCII,1,0"
# dhtadm -A -s RootPath -d \
"Vendor=SUNW.Ultra-30 SUNW.Sun-Fire-T200 SUNW.i86pc,4,ASCII,1,0"
# dhtadm -A -s RootSwapIP -d \
"Vendor=SUNW.Ultra-30 SUNW.Sun-Fire-T200 SUNW.i86pc,5,IP,1,0"
# dhtadm -A -s RootSwapFile -d \
"Vendor=SUNW.Ultra-30 SUNW.Sun-Fire-T200 SUNW.i86pc,6,ASCII,1,0"
# dhtadm -A -s RootBootFile -d \
"Vendor=SUNW.Ultra-30 SUNW.Sun-Fire-T200 SUNW.i86pc,7,ASCII,1,0"
# dhtadm -A -s PosixTZ -d \
"Vendor=SUNW.Ultra-30 SUNW.Sun-Fire-T200 SUNW.i86pc,8,ASCII,1,0"
# dhtadm -A -s BootReadSize -d \
"Vendor=SUNW.Ultra-30 SUNW.Sun-Fire-T200 SUNW.i86pc,9,NUMBER,2,1"
# dhtadm -A -s InstSvrIP -d \
"Vendor=SUNW.Ultra-30 SUNW.Sun-Fire-T200 SUNW.i86pc,10,IP,1,1"
# dhtadm -A -s InstSvrHostName -d \
"Vendor=SUNW.Ultra-30 SUNW.Sun-Fire-T200 SUNW.i86pc,11,ASCII,1,0"
# dhtadm -A -s InstPath -d \
"Vendor=SUNW.Ultra-30 SUNW.Sun-Fire-T200 SUNW.i86pc,12,ASCII,1,0"
# dhtadm -A -s SysIdCfgSvr -d \
"Vendor=SUNW.Ultra-30 SUNW.Sun-Fire-T200 SUNW.i86pc,13,ASCII,1,0"
# dhtadm -A -s JumpStartSvr -d \
"Vendor=SUNW.Ultra-30 SUNW.Sun-Fire-T200 SUNW.i86pc,14,ASCII,1,0"
# dhtadm -A -s TrmName -d \
"Vendor=SUNW.Ultra-30 SUNW.Sun-Fire-T200 SUNW.i86pc,15,ASCII,1,0"
```

Für die Jumpstart-Clients müssen wir ein eigenes Makro definieren, in dem die allgemeinen Vendor-Optionen gesetzt werden. In diesem Makro definieren wir auch den TFTP-Server. Die zu bootende Datei unterscheidet sich allerdings, so dass hierfür drei einzelne Makros definiert werden, die das allgemeine Makro einbinden.

```
# dhtadm -A -m JumpStartGeneral -d \
':SysIdCfgSvr="192.168.1.8:/export/jumpstart/sysidcfg":'
# dhtadm -M -m JumpStartGeneral -e "InstSvrIP=192.168.1.8"
# dhtadm -M -m JumpStartGeneral -e "InstPath=/export/jumpstart/install"
# dhtadm -M -m JumpStartGeneral -e "RootSvrIP=192.168.1.8"
# dhtadm -M -m JumpStartGeneral -e "RootPath=/export/jumpstart/boot"
# dhtadm -M -m JumpStartGeneral -e "PosixTZ=MET"
# dhtadm -M -m JumpStartGeneral -e "TrmName=xterm"
# dhtadm -M -m JumpStartGeneral -e "BootSrvA=192.168.1.8";
```

Für die drei Architekturen benötigen wir jetzt drei Makros, die den Namen der Architektur tragen, da diese dann auf den Client angewendet werden. Die VendorID für x86-PCs ist allerdings nicht nur SUNW.i86pc. Denn sofort nach dem Einschalten des PCs startet der PXE-Bootclient der Netzwerkkarte, und dieser gibt als VendorID den String PXEClient:Arch:00000:UNDI: 002001 an. Deshalb muss ein viertes Makro mit diesem Namen und den gleichen Werten wie SUNW.i86pc definiert werden. Es werden beide Makros benötigt, da, sobald Solaris gestartet wird, SUNW.i86pc als VendorID in den DHCP-Anfragen verwendet wird. Alle vier Makros binden das Makro JumpStartGeneral ein.

```
# dhtadm -A -m SUNW.Ultra-30 -d \
":Include=JumpStartGeneral:BootFile=inetboot.64:"
# dhtadm -A -m SUNW.Sun-Fire-T200 -d \
":Include=JumpStartGeneral:BootFile=inetboot.64:"
# dhtadm -A -m SUNW.i86pc -d \
":Include=JumpStartGeneral:BootFile=inetboot.x8632:"
# dhtadm -A -m PXEClient:Arch:00000:UNDI:002001 -d \
":Include=JumpStartGeneral:BootFile=inetboot.x8632:"
```

Das Leaselimit von nur fünf gleichzeitigen Installationsclients lässt sich nicht implementieren, da der Sun-DHCP-Server diese Einschränkung nicht bietet. Es fehlen jetzt noch die allgemeinen Netzwerk-, DNS- und Leasetimeparameter. Diese werden in einem Makro definiert, das den Namen des Netzwerkes hat, damit diese Parameter auch anderen Clients im Netzwerk zugeteilt werden. Dieses Makro wird dann wiederum via Include in das Makro JumpStartGeneral eingebunden.

```
# dhtadm -A -m 192.168.1.0 -d \
":Router=192.168.1.254:Broadcst=192.168.1.255:Subnet=255.255.255.0:"
# dhtadm -M -m 192.168.1.0 -e "DNSserv=192.168.1.1 192.168.1.2"
# dhtadm -M -m 192.168.1.0 -e "DNSdmain=opensourcepress.de"
# dhtadm -M -m 192.168.1.0 -e "LeaseTim=86400"
# dhtadm -M -m JumpStartGeneral -e "Include=192.168.1.0"
```

Schließlich fehlt noch der Adresspool, der wie im letzten Beispiel einzeln definiert werden muss:

```
# pntadm -A 192.168.1.70 -m 192.168.1.0 192.168.1.0
# pntadm -A 192.168.1.71 -m 192.168.1.0 192.168.1.0
...
# pntadm -A 192.168.1.100 -m 192.168.1.0 192.168.1.0
```

PXE-Clients

Die Konfiguration für Clients, die PXELinux verwenden sollen, ist relativ kurz. Ein Makro namens PXEClient:Arch:00000:UNDI:002001 enthält die Parameter für den TFTP-Server und den Namen der zu bootenden Datei. Für das gesamte Netzwerk wird ein eigenes Makro mit dem Namen des Netzes definiert, welches dann vom PXE-Makro eingebunden wird.

```
# dhtadm -A -m 192.168.1.0 -d \
":Router=192.168.1.254:Broadcst=192.168.1.255:Subnet=255.255.255.0:"
# dhtadm -M -m 192.168.1.0 -e "DNSserv=192.168.1.1 192.168.1.2"
# dhtadm -M -m 192.168.1.0 -e "DNSdmain=opensourcepress.de"
# dhtadm -M -m 192.168.1.0 -e "LeaseTim=86400"
# dhtadm -A -m PXEClient:Arch:00000:UNDI:002001 -d \
":BootSvrA=192.168.1.5:BootFile=pxelinux.0:"
# dhtadm -M -m PXEClient:Arch:00000:UNDI:002001 -e "Include=192.168.1.0"
```

Die Adressbereiche für die Bootclients und die anderen Clients trennt man durch die Zuordnung des Makros auf der Kommandozeile:

```
# pntadm -A 192.168.1.101 -m PXEClient:Arch:00000:UNDI:002001 192.168.1.0
# pntadm -A 192.168.1.102 -m PXEClient:Arch:00000:UNDI:002001 192.168.1.0
...
# pntadm -A 192.168.1.105 -m PXEClient:Arch:00000:UNDI:002001 192.168.1.0
```

Und der Adressbereich für die anderen Clients:

```
  # pntadm -A 192.168.1.70 -m 192.168.1.0 192.168.1.0
# pntadm -A 192.168.1.71 -m 192.168.1.0 192.168.1.0
...
# pntadm -A 192.168.1.100 -m 192.168.1.0 192.168.1.0
```

Die Konfiguration mit Bootmenu lässt sich nicht umsetzen, da es nicht möglich ist, auf die Vendor-Optionen zu reagieren, die der Client mitschickt. Das wäre aber notwendig, um auf die Auswahl des Benutzers im Bootmenu die richtige Antwort zu schicken.

4.2 udhcp

Eine Alternative zum frei verfügbaren ISC-DHCP-Daemon ist der udhcpd. Der Daemon ist Teil der udhcp-Distribution,[4] zu der auch ein DHCP-Client gehört. Die Software ist bei weitem nicht so flexibel und konfigurierbar, zeichnet sich jedoch durch ihre geringe Größe aus. Damit eignet sich der Daemon besonders für Betriebssysteme, die mit knappen Hardware-Ressourcen auskommen müssen, wie zum Beispiel linuxbasierende Router.

Der Einsatz des Daemon auf solchen Geräten, die ohne Harddisk auskommen, spiegelt sich auch in den Konfigurationsparametern wider. Es ist möglich, den Daemon so zu konfigurieren, dass er die Leasedatei entweder gar nicht schreibt oder in größeren Abständen, um Strom zu sparen.

Die Konfigurationsdatei erwartet der Server in `/etc/udhcpd.conf`. Die Datei für die Leases wird unter dem Pfad `/var/lib/misc/udhcpd.leases` gesucht.

Der Server unterstützt nur einen Adressbereich. Der Anfang des Bereichs wird mit dem Schlüsselwort `start`, gefolgt von der Startadresse, in die Konfigurationsdatei eingetragen. Entsprechend wird das Ende des Bereichs mit dem Schlüsselwort `end` eingeleitet. Es ist nicht möglich, statische Zuordnungen MAC-Adresse/IP-Adresse zu konfigurieren.

Um die Schnittstelle festzulegen, auf der der DHCP-Daemon Anfragen beantwortet, wird das Schlüsselwort `interface`, gefolgt von der Bezeichnung der Schnittstelle (z. B. eth0), verwendet.

Wenn weniger Adressen verwaltet werden sollen als im Bereich zur Verfügung stehen, so kann man die Anzahl mit der Anweisung `max_leases` einschränken. Dabei zählen auch Adressen mit, bei denen ein Konflikt bestand (weil sie schon von einem Gerät im Netzwerk belegt waren), bei denen ein Angebot gesendet wurde, das der Client noch nicht bestätigt hat, oder Adressen, die der Client schon hat.

Der Parameter dient also eher dazu, die Größe der Leasedatei zu beschränken als tatsächlich die Menge der verteilbaren Adressen festzulegen.

Nur die vom Server direkt unterstützten Optionen können an die Clients verteilt werden. Optionen beginnen (mit Ausnahme des Bootfiles) mit dem Schlüsselwort `option`, das auch als `opt` abgekürzt werden kann. Die wichtigsten Optionen sind:

- Defaultroute mit Schlüsselwort `router`

- DNS-Server mit Schlüsselwort `dns`

- DNS-Domain mit Schlüsselwort `domain`

---

[4] Die Software ist unter `http://udhcp.busybox.net` verfügbar.

- Subnetzmaske mit Schlüsselwort `subnet`

- Bootfile nur mit dem Schlüsselwort `boot_file`

- WINS-Server mit Schlüsselwort `wins`

- TFTP-Server mit Schlüsselwort `tftp`. Soll der klassische „Next Server" laut BOOTP-Protokoll verwendet werden, so geschieht dies mit der Anweisung `siaddr`, gefolgt von der IP-Adresse des Servers.

- Broadcastadresse mit Schlüsselwort `brodcast`

- NTP-Server mit Schlüsselwort `ntpserv`

- NIS-Server mit Schlüsselwort `nissrv`

- NIS-Domain mit Schlüsselwort `nisdomain`

Den Optionen, die mehrere Werte als Argument akzeptieren (z. B. mehrere DNS-Server) weist man diese durch Leerzeichen getrennt zu.

Neben den Optionen können noch die Leasezeit und folgende Zeitwerte eingestellt werden: wie lange Adressen reserviert bleiben, wenn ein Adresskonflikt aufgetreten ist oder ein Client eine Adresse verweigert hat, wie lang die minimale Leasezeit ist und wie lange eine Adresse für einen Client reserviert wird, bis dieser sie bestätigen muss, und in welchem Abstand die Leasedatei auf das Speichermedium geschrieben wird.

Die Schlüsselwörter hierfür sind (in der gleichen Reihenfolge):

- `conflict_time` (Standardwert 3600 Sekunden)

- `decline_time` (Standardwert 3600 Sekunden)

- `min_lease` (Standardwert 60 Sekunden)

- `offer_time` (Standardwert 60 Sekunden)

- `auto_time` (Standardwert 7200 Sekunden)

Alle Werte werden in Sekunden eingegeben. Für den Parameter `auto_time` bedeutet der Wert 0, dass die Datei nie geschrieben wird. Das heißt, dass der Server bei einem Restart alle zugewiesenen Adressen vergisst.

Schließlich lässt sich noch der Servername umkonfigurieren. Dies geschieht mit der Anweisung `sname` gefolgt vom Hostnamen.

Für die folgende Beispielkonfiguration ist der DNS-Server unter der Adresse 192.168.1.1 zu erreichen, der Defaultrouter hat die Adresse 192.168.1.254, die WINS-Server sind unter den Adressen 192.168.1.5 und 192.168.1.6 zu erreichen und der TFTP-Server befindet sich auf der Maschine mit der

Adresse 192.168.1.8. NTP und NIS-Server sind ebenfalls auf 192.168.1.1. Der Adressbereich beginnt bei 192.168.1.10 und endet bei 192.168.1.20. Die Subnetzmaske ist 255.255.255.0 und die Broadcastadresse 192.168.1.255. DNS-Domain ist `opensourcepress.de`, NIS-Domain `opensourcepress`. Damit ergibt sich die folgende recht übersichtliche Konfiguration.

```
start 192.168.1.10
end 192.168.1.20

siaddr 192.168.1.8
opt router 192.168.1.254
opt subnet 255.255.255.0
opt broadcast 192.168.1.255
opt dns 192.168.1.1
opt domain opensourcepress.de
opt wins 192.168.1.5 192.168.1.6
opt ntpserv 192.168.1.1
opt nissrv 192.168.1.1
opt nisdomain opensourcepress
```

4.2.1 Beispiele

Im Folgenden werden die Konfigurationen aus Kapitel 3, die sich mit dem udhcpd umsetzen lassen, vorgestellt. Da keine neuen Optionen möglich sind, geht es lediglich um Windows- und Linux/BSD-Clients sowie Linux-PXE-Bootclients. Bei den Windows-Clients müssen die vendorspezifischen Optionen allerdings wegfallen, da der Server keine entsprechenden Definitionen erlaubt.

Windows-Clients

Außer dem Wegfall der Vendor-Optionen unterliegt die uhcpd-Konfiguration für Windows-Clients weiteren Einschränkungen. Es ist nicht möglich, getrennte Pools anzulegen, so dass alle Clients in einen Pool gepackt werden müssen. Es ist auch nicht möglich, dynamische DNS-Updates zu konfigurieren oder Hardware an IP-Adressen zu binden bzw. die Verteilung von Adressen auf bekannte Hardwareadressen einzuschränken.

```
start 192.168.1.50
end 192.168.1.90

opt router 192.168.1.254
opt subnet 255.255.255.0
opt broadcast 192.168.1.255
opt dns 192.168.1.1 192.168.1.2
opt domain opensourcepress.de
```

```
opt wins 192.168.1.5 192.168.1.6
opt lease 7200
```

Linux/BSD-Clients

Im Gegensatz zum ISC-DHCP-Daemon erlaubt es der uhcpd nicht, eine
Option für die Liste der abzusuchenden Domains zu definieren. Ebenso
sind die Optionen für Router- und Mask-Discovery sowie die Option für
die Zeitzone nicht bekannt und können im udhcpd damit nicht verwendet
werden:

```
start 192.168.1.70
end 192.168.1.100

opt router 192.168.1.254
opt subnet 255.255.255.0
opt broadcast 192.168.1.255
opt dns 192.168.1.1 192.168.1.2
opt domain opensourcepress.de
opt lease 7200
opt ipttl 64
opt nissrv 192.168.1.1
opt nisdomain opensourcepress
opt ntpsrv 192.168.1.1
```

PXE-Clients

Der uhcpd behandelt PXE-Clients aufgrund ihrer VendorID nicht anders
als andere Clients, damit bekommen alle Clients auch die Netzwerkboot-
Optionen geschickt. Dies hat im Normalbetrieb keine Auswirkungen. Sollen
aber gleichzeitig andere Clients betrieben werden, die ebenfalls per DHCP
eine Bootdatei zugewiesen bekommen, so führt dies zu Konflikten. In diesem Fall sollte man besser auf den ISC-DHCP-Daemon ausweichen, bei
dem die Konfiguration aufgetrennt werden kann.

```
start 192.168.1.70
end 192.168.1.105

siaddr 192.168.1.5
bootfile pxelinux.0
opt router 192.168.1.254
opt subnet 255.255.255.0
opt broadcast 192.168.1.255
opt dns 192.168.1.1 192.168.1.2
opt domain opensourcepress.de
opt lease 7200
```

4.3 Cisco IOS

Router der Firma Cisco können auch als DHCP-Server, DHCP-Relay oder DHCP-Client zum Einsatz kommen. Die Konfigurationsmöglichkeiten sind allerdings sehr eingeschränkt. Die beschriebenen Kommandos basieren auf Release 12 des Router-Betriebssystems IOS.

4.3.1 Client-Konfiguration

Router haben üblicherweise feste IP-Adressen, damit im Netz klar ist, über welchen Weg Pakete in andere Teile des Netzes gelangen. Dafür werden auf allen anderen Netzwerkkomponenten die zu erreichenden Netzbereiche eingetragen, samt der IP-Adresse eines Routers, über die sie zu erreichen sind. Wenn die Adresse des Routers dynamisch wäre, müsste sie ständig auf allen anderen Geräten nachgepflegt werden.

Es gibt jedoch Konfigurationen, in denen es sinnvoll sein kann, eine einzelne Schnittstelle per DHCP statt statisch zu konfigurieren. Zum Beispiel verteilen Kabelmodems Adressen per DHCP.

Über das Kabelnetz wird nur eine aus dem Internet zugängliche „offizielle" IP-Adresse verteilt. Im LAN stehen aber unter Umständen mehrere Rechner in einem privaten Netzblock. Wenn ein Cisco-Router hinter dem Modem und vor dem internen Netzwerk steht und mit *Network Address Translation* (NAT) die Adressen auf der inneren Schnittstelle verbirgt, so kann die Adresse hinter der äußeren (der Seite des Kabelmodems) auch per DHCP zugewiesen werden.

Um eine Schnittstelle (im Beispiel `ethernet1`) auf DHCP-Konfiguration umzustellen, dienen folgende Kommandos (für diese Kommandos sind Administrator-Privilegien notwendig, also erst `enable` und das richtige Passwort eingeben):

```
router# conf term
router(config)# interface ethernet 1
router(config-if)# ip address dhcp
```

Mit dem Kommando `ip address` *Adresse* wird normalerweise eine statische Adresse konfiguriert. Setzt man statt der Adresse das Schlüsselwort `dhcp`, wird die Adresse dynamisch konfiguriert. Optional kann man auch eine Client-ID und einen Hostname im DHCP-Request mitschicken. Dies geschieht mit folgender Version des Kommandos:

```
router(config-if)# ip address dhcp client-id interface hostname host
```

4.3.2 Relay-Konfiguration

Die Relay-Funktionalität ist bereits in der Standardkonfiguration aktiviert. Mit folgendem Kommando lässt sie sich abschalten:

```
router(config)# no service dhcp
```

und mit

```
router(config)# service dhcp
```

wieder aktivieren. Dieses Kommando sorgt dafür, dass der Router Pakete auf dem DHCP-Port 67 akzeptiert und weiter verarbeitet. Wenn kein DHCP-Server auf dem Router konfiguriert ist, so arbeitet er als Relay. Dafür muss er die Adresse des DHCP-Servers kennen. In IOS wird dazu auf der Schnittstelle, auf der der Broadcast empfangen wird, eine Weiterleitung definiert, die alle Broadcasts weiterleitet.

Um dies zu konfigurieren, tragen wir die IP-Adresse ein, an die die Anfragen weitergeleitet werden sollen, in unserem Fall soll das der DHCP-Server auf der Adresse 192.168.1.1 sein.

```
router(config)# ip helper-address 192.168.1.1
```

Die weitergeleiteten Antworten kann man vom Router noch auf ihre Gültigkeit überprüfen lassen. Wenn hier Fehler auftreten, empfiehlt es sich allerdings, dafür zu sorgen, dass gültige Pakete gesendet werden, statt diese vom Cisco-Router reparieren zu lassen.

Wenn Pakete durch den Relaymechanismus laufen, die bereits von einem anderen Router weitergeleitet wurden, so kann bei Cisco IOS eingestellt werden, was mit diesen Paketen geschehen soll. Die Gateway-Adresse (das giaddr-Feld) kann entweder unverändert beibehalten, gelöscht oder durch die eigene Adresse (des Routers) ersetzt werden. Dies wird auf globaler Konfigurationsebene und nicht auf Ebene einer einzelnen Schnittstelle eingestellt. Das bedeutet auch, dass dies für alle weitergeleiteten Pakete gilt.

```
router(config)# ip dhcp relay information policy Aktion
```

Aktion muss man durch eines der Schlüsselwörter drop, keep oder replace ersetzen.

4.3.3 Konfiguration als Server

Der Konfigurationsvorgang des DHCP-Servers ist nach Adressbereichen aufgegliedert. Zunächst wird ein Adressbereich mit Namen definiert. Danach wechselt der Konfigurationsprompt und man definiert die Optionen wie Router oder DNS-Server. Aufgrund der Schnittstelle (und der zugehörigen IP-Adresse), über die eine Anfrage hereinkommt, bzw. der Relayadresse kann dann eine Zuordnung erfolgen, aus welchem Pool die Antwort mit den richtigen Optionen gewählt wird. Der DHCP-Server in Ciscos IOS unterstützt die folgenden Optionen:

- Defaultrouter

- Bootfilename

- Next Server

- DNS-Server

- DNS-Domain

- Netbios Nameserver

- Netbios Node Type

Für Defaultrouter, DNS-Server und Netbios Nameserver kann man je maximal acht Adressen angeben. Eigene Optionen lassen sich nachdefinieren.

Neben den Optionen kann man die Leasedauer in Tagen, Stunden und Minuten definieren oder sie auf unendlich stellen. Stunden und Minuten sind optional und können weggelassen werden.

Nachdem mit `conf term` in den Konfigurationsmodus des Routers gewechselt wurde, wird ein Adresspool folgendermaßen definiert:

```
router(config)# ip dhcp pool Name
```

Name kann eine Zahl oder ein String sein. Der Prompt wechselt nun zu `router(dhcp-config)`, um anzuzeigen, dass man sich in der Pool-Konfiguration befindet. Zunächst sollte man nun den Adressbereich definieren. Im Gegensatz zu DHCP-Servern anderer Hersteller gibt man hier ein ganzes Netzwerk in der Schreibweise *Netz/Maskenlänge*, also z. B. 192.168.1.0/24 an.

Sollen nicht alle Adressen aus dem Netz vergeben werden, so müssen Bereiche mit Ausnahmen definiert werden. Dies wird nicht auf Poolebene, sondern auf allgemeiner Konfigurationsebene getan.

Wenn nur der Bereich 192.168.1.10-192.168.1.20 vergeben werden soll, muss man zunächst den kleinsten zusammenhängenden umgebenden Netzblock ermitteln. Dies ist in diesem Fall das Netz 192.168.1.0-192.168.1.31 oder in der von Cisco hier geforderten Schreibweise 192.168.1.0/27. Damit müssen die Bereiche 192.168.1.1-192.168.1.9 und 192.168.1.21-192.168.1.31 als Ausnahmen definiert werden. Dies ergibt im Zusammenhang die folgenden Kommandos:

```
router(config)# ip dhcp excluded-address 192.168.1.1 192.168.1.9
router(config)# ip dhcp excluded-address 192.168.1.21 192.168.1.31
router(config)# ip dhcp pool 0
router(dhcp-config)# network 192.168.1.0/27
```

Dem Kommando excluded-address werden zwei Adressen, die die untere und obere Adresse des ausgenommenen Bereiches beschreiben, mitgegeben. In der dritten Zeile wird der Pool definiert und diesem dann das Netzwerk zugewiesen.

Nun weisen wir diesem Pool die Adresse 192.168.1.30 als Defaultrouter, die 192.168.1.1 als DNS- und WINS-Server, die 192.168.1.2 als zweiten WINS-Server, opensourcepress.de als Domain und die Adresse 192.168.1.3 als TFTP-Server zu. Als Leasezeit wird ein Tag festgesetzt.

Hierzu setzen wir in der Pooldefinition die folgenden Kommandos ab:

```
router(dhcp-config)# domain-name opensourcepress.de
router(dhcp-config)# dns-server 192.168.1.1
router(dhcp-config)# netbios-name-server 192.168.1.1 192.168.1.2
router(dhcp-config)# default-router 192.168.1.30
router(dhcp-config)# next-server 192.168.1.3
router(dhcp-config)# lease 1
```

Mittels exit wechselt man eine Konfigurationsebene nach oben. Will man nur diesen einen Pool konfigurieren, so kann man die Konfiguration an dieser Stelle auch mit (Ctrl)-(Z) beenden.

Wenn einzelne Hosts anhand ihrer MAC-Adresse feste IP-Adressen zugewiesen bekommen sollen, so konfiguriert man dies ebenfalls in einer Pooldefinition. Dieser Pool benötigt dann nicht zwingend ein Netzwerk, da die Zurordnung zwischen Anfrage und Adresse ja aufgrund der Hardwareadresse erfolgt. Die MAC-Adresse wird dabei in der bei Routerherstellern verbreiteteren Variante AABB.CCDD.EEFF geschrieben.

Dem Client können dann noch ein Hostname und eine Bootdatei zugewiesen werden. Im Beispiel wird dem Rechner mit der MAC-Adresse 11:22:33:44:AA:BB die IP-Adresse 192.168.1.77 fest zugewiesen. Als Bootfile erhält der Rechner die Datei vmlinuz.2.6.17 und als Hostnamen linuxclient.

Die entsprechenden Kommandos werden in einem zweiten DHCP-Pool abgesetzt:

```
router(config)# ip dhcp pool statisch
router(dhcp-config)# host 192.168.1.77 mask 255.255.255.0
router(dhcp-config)# hardware-address 1122.3344.AABB
router(dhcp-config)# client-name linuxclient
router(dhcp-config)# default-router 192.168.1.126
router(dhcp-config)# bootfile vmlinuz.2.6.17
```

Wie im Beispiel zu sehen, können auch die bisher vorgestellten Optionen verwendet werden. Wenn es einen dynamischen Adressbereich gibt, der die Adresse 192.168.1.77 enthält, so „erbt" der Client auch die für diesen Bereich gültigen Optionen.

DHCP-Server verwalten

Neben den reinen Kommandos zur Konfiguration kennt IOS auch Kommandos zur Verwaltung und zur Kontrolle des DHCP-Servers. Kommandos zum Anzeigen von Parametern oder der Konfiguration beginnen immer mit dem Schlüsselwort show. Auf dem Prompt kann man dies auch mit den ersten beiden Buchstaben sh abkürzen.

Der Anweisung folgt eine Beschreibung, was angezeigt werden soll. Üblicherweise ist diese Beschreibung dem Kommando zur Konfiguration der zu betrachtenden Parameter sehr ähnlich.

Die folgenden Parameter für den DHCP-Server können angezeigt werden:

Die interne Datenbank der zugewiesenen IP-Adressen zeigt das Kommando show ip dhcp binding. Optional kann noch eine IP-Adresse angefügt werden und man erhält (sofern vergeben) nur die Zuweisung dieser Adresse. Neben der MAC-Adresse erscheint auch das Ablaufdatum der Lease.

Treten Konflikte bei der Adresszuweisung auf, werden auch diese gespeichert. Mit der Anweisung show ip dhcp conflict lassen sich Konfliktmeldungen ausgeben. Optional kann man eine bestimmte Adresse (deren Fehlverhalten im Netzwerk der Administrator gerade nachspürt) als Argument mitgeben.

Veränderungen in der DHCP-Datenbank gibt show ip dhcp database aus, dem optional eine URL folgt, unter der die Datenbank zu finden ist (im folgenden Abschnitt wird geklärt, was es mit Datenbank und URL auf sich hat).

Um Statistiken über den DHCP-Server auszugeben, dient die Anweisung shop ip dhcp statistics.

Bei einer verteilten DHCP-Datenbank kann man mit sh ip dhcp import ermitteln, welche Parameter importiert werden. Diese Parameter werden auch nicht in der der lokalen Konfiguration des Routers gespeichert.

Wenn ein Cisco-Router IP-Adressen über eine Schnittstelle verteilt, die keine eigene IP-Adresse hat, so werden implizit Hostrouten auf die Adressen gesetzt, die auf die Schnittstelle verweisen. Um sich die so angelegten Routen anzeigen zu lassen, dient das Kommando show ip route dhcp. Optional kann auch hier eine vergebene Adresse angegeben und damit die Liste eingeschränkt werden.

Die lokale DHCP-Datenbank lässt sich auch manipulieren. Die Anweisung clear ip dhcp binding * löscht alle Adressen. Selbstverständlich kann man statt des Sterns eine IP-Adresse angeben und damit nur deren Eintrag in der Datenbank tilgen.

Gleiches gilt für die Datenbank der Adresskonflikte: `clear ip dhcp conflict *` löscht die gesamte Datenbank, `clear ip dhcp conflict` *adresse* nur den Eintrag für diese Adresse.

Statistiken lassen sich mit `clear ip dhcp statistics` wieder auf null setzen und gelernte Hostrouten mit `clear ip route dhcp` *Adresse* löschen. Die Angabe einer Adresse ist optional.

Wie die meisten anderen IOS-Funktionen auch kann man auch den DHCP-Server in einen Debug-Modus zur Analyse schalten. Dies geschieht mit dem Kommando `debug ip dhcp`. Diesem muss nun noch ein Schlüsselwort folgen, das angibt, welche Daten zur Fehlersuche gesammelt werden sollen. Möglich sind:

`events`
> protokolliert einzelne Ereignisse wie ein DHCP-Request oder eine Antwort.

`packets`
> gibt die empfangenen und gesendeten Pakete im Detail aus.

`linkage`
> gibt den Datenbankzustand und seine Änderungen aus.

Dynamische DHCP-Verwaltung

Ein Cisco-Router kann auch gleichzeitig als Client und Server arbeiten. Parameter, die dem Client zugeteilt wurden, werden dann in die Server-Konfiguration übernommen und an die DHCP-Clients des Routers verteilt.

Dies ist sinnvoll, wenn in einem Netz beispielsweise alle Clients dieselben DNS-Server zugewiesen bekommen sollen, aber mehrere Cisco-Router für verschiedene Netzbereiche als DHCP-Server fungieren. Es ist nicht nötig, auf jedem einzelnen Gerät die Parameter zu konfigurieren. Die Router lernen diese von einem Master und fügen die Parameter in ihre lokale Konfiguration ein.

Ein anderer Anwendungsfall sind Kabelmodems, hinter denen eventuell kleinere Cisco-Router stehen. Diese beziehen auf ihrem zum Kabelmodem gerichteten Interface Adresse und Optionen über DHCP und fügen die Optionen in ihre lokale Konfiguration ein. Sie können internen Clients dann diese Parameter zuweisen. Wenn der Internetprovider etwa den DNS-Server wechselt, muss niemand die Konfiguration am Cisco-Router ändern, da der Provider ja auch per DHCP den neuen Wert verteilt. Dabei ist es allerdings nicht möglich zu filtern, welche Werte importiert werden. Alle unterstützten Optionen, die der Router als Client lernt, werden importiert.

Um einen Router so zu konfigurieren, dass er gelernte Optionen weiterverteilt, muss ein Pool mit Namen und Adressbereich definiert werden. Statt in diesem Pool dann allerdings Parameter zu definieren, aktiviert man mit dem Kommando import all den Lernmodus. Danach muss man nur noch die Schnittstelle auf den DHCP-Client-Modus konfigurieren, auf der die Parameter gelernt werden sollen.

Im folgenden Beispiel ist ethernet0 die Schnittstelle die als DHCP-Client die Optionen lernen soll. Der Pool 0 wird zur Weiterleitung mit dem Netz 192.168.3.0/24 definiert:

```
router(config)# ip dhcp pool 0
router(config-dhcp)# network 192.168.3.0 /24
router(config-dhcp)# import all
router(config-dhcp)# exit
router(config)# interface ethernet 0
router(config-if)# ip address dhcp
```

4.3.4 Beispiele

Die Menge der direkt unterstützten Optionen ist bei Cisco nicht besonders hoch. Jedoch lassen sich eigene Optionen nachdefinieren. Vendor-Space-Optionen sind dabei nicht möglich, entsprechend entfallen diese Teile aus den Beispielen in Kapitel 3. Es ist auch nicht möglich, dynamische DNS-Updates zu konfigurieren, daher entfallen die entsprechenden Kommandos ebenfalls.

Windows-Clients

Da Cisco-Router keine Vendor Spaces beherrschen, verstehen sie auch keine MSFT-Optionen. Die Zuordnung aufgrund der gesendeten VendorID ist ebenfalls nicht möglich. Es wäre allenfalls möglich, die Windows-Parameter in den statischen Definitionen jeweils einzeln zuzuordnen, aber das würde die Konfiguration unnötig aufwendig machen, und es schadet keinem Client, wenn er die NetBios-Parameter ebenfalls empfängt. Die Grundkonfiguration erfolgt in einem Pool. Bevor wir diesen definieren, müssen wir zunächst alle Adressen ausschließen, die in diesem Netz nicht zur Vergabe mit DHCP bereitstehen:

```
router(config)# ip dhcp excluded-address 192.168.1.1 192.168.1.49
router(config)# ip dhcp excluded-address 192.168.1.61 192.168.1.69
router(config)# ip dhcp excluded-address 192.168.1.101 192.168.1.254
```

Nun kann der Pool definiert werden:

```
router(config)# ip dhcp pool Allclients
router(config-dhcp)# network 192.168.1.0 /24
router(config-dhcp)# domain-name opensourcepress.de
router(config-dhcp)# dns-server 192.168.1.1 192.168.1.1
router(config-dhcp)# netbios-name-server 192.168.1.5 192.168.1.6
router(config-dhcp)# default-router 192.168.1.254
router(config-dhcp)# lease 0 2 0
router(config-dhcp)# exit
```

Die Option für die klassenlosen Routen kann man als Option setzen, jedoch muss man den Wert als Hexadezimalstring angeben. Hierfür wechselt
man zunächst wieder in die Konfiguration des Pools und definiert dort die
Option zusammen mit dem Wert:

```
router(config)# ip dhcp pool Allclients
router(config-dhcp)# option 249 hex 100a.01c0.a801.fc19.ac10.0180.c0a8.0
1fb
router(config-dhcp)# exit
```

Die Windows Clients werden nun in einzelnen Pools definiert, in denen die
MAC-Adresse zugeordnet wird.

```
router(config)# ip dhcp pool windows1
router(config-dhcp)# host 192.168.1.50
router(config-dhcp)# hardware-address 0011.2233.4450
router(config-dhcp)# client-name windows1
router(config-dhcp)# exit
router(config)# ip dhcp pool windows2
router(config-dhcp)# host 192.168.1.51
router(config-dhcp)# hardware-address 0011.2233.4451
router(config-dhcp)# client-name windows2
router(config-dhcp)# exit
...
router(config)# ip dhcp pool windows20
router(config-dhcp)# host 192.168.1.69
router(config-dhcp)# hardware-address 0011.2233.4469
router(config-dhcp)# client-name windows20
router(config-dhcp)# exit
```

Da die Adressen im Pool mit dem Netzwerk 192.168.1.0/24 enthalten sind,
werden die Optionen auch an die Clients in diesem Netz verteilt.

Linux- und BSD-Clients

Prinzipiell kann man alle Optionen für Linux- und BSD-Clients mit dem
DHCP-Server von IOS abbilden. Da aber der Cisco IOS-DHCP-Daemon nur
sehr wenige Optionen unterstützt, müssen auch im RFC standardisierte
Optionen nachdefiniert werden.

Zunächst definiert man auf oberer Kommandoebene wieder die Teile des Netzes 192.168.1.0, die nicht zur Adressvergabe bereitstehen:

```
router(config)# ip dhcp excluded-address 192.168.1.1 192.168.1.69
router(config)# ip dhcp excluded-address 192.168.1.101 192.168.1.254
```

Nun bildet man aus den übrigen Adressen einen Pool und definiert die Optionen, die der IOS-DHCP-Daemon unterstützt:

```
router(config)# ip dhcp pool clients
router(config-dhcp)# network 192.168.1.0 /24
router(config-dhcp)# domain-name opensourcepress.de
router(config-dhcp)# dns-server 192.168.1.1 192.168.1.2
router(config-dhcp)# default-router 192.168.1.254
router(config-dhcp)# lease 0 2 0
router(config-dhcp)# exit
```

Anschließend werden die Optionen, die neu definiert werden müssen, in dieser Reihenfolge eingetragen:

- Zeitzone
- IP-TTL
- Mask-Discovery
- Router-Discovery
- NIS-Domain
- NIS-Server
- NTP-Server
- Domain-Suchliste

Die dynamische Generierung von Hostnamen ist nicht möglich. Optionen, die Zahlwerte enthalten, werden als Hex-String angegeben.

```
router(config)# ip dhcp pool clients
router(config-dhcp)# option 2 hex 1c20
router(config-dhcp)# option 23 hex 40
router(config-dhcp)# option 29 hex 00
router(config-dhcp)# option 31 hex 00
router(config-dhcp)# option 40 ascii OPENSOURCEPRESS
router(config-dhcp)# option 41 ip 192.168.1.1
router(config-dhcp)# option 42 ip 192.168.1.1
router(config-dhcp)# option 119 hex 1b0F.6f70.656e.736f.7572.6365.7072.6
573.7302.6465.0004.6468.6370.c000
```

Apple-Clients

Die Konfiguration für Apple-Clients läuft sehr ähnlich ab. Zunächst sind wieder die Ausnahmen festzulegen, damit nur die richtigen Adressen vergeben werden, und die unterstützten Optionen zu definieren.

```
router(config)# ip dhcp excluded-address 192.168.1.1 192.168.1.69
router(config)# ip dhcp excluded-address 192.168.1.101 192.168.1.254
router(config)# ip dhcp pool appleclients
router(config-dhcp)# network 192.168.1.0 /24
router(config-dhcp)# domain-name opensourcepress.de
router(config-dhcp)# dns-server 192.168.1.1 192.168.1.2
router(config-dhcp)# default-router 192.168.1.254
router(config-dhcp)# lease 0 2 0
router(config-dhcp)# exit
```

Dann müssen noch drei Apple-spezifische Optionen, und zwar LDAP-Server, NetInfo-Server und NetInfo-Tag in dieser Reihenfolge festgelegt werden:

```
router(config)# ip dhcp pool appleclients
router(config-dhcp)# option 95 ascii ldaps://192.168.1.1/dc=opensourcepr
ess,dc=de
router(config-dhcp)# option 112 ip 192.168.1.7
router(config-dhcp)# option 113 ascii OpenSourcePress
router(config-dhcp)# exit
```

Netzwerkboot

Da es mit IOS nicht möglich ist, die Vendor-Space-Optionen nachzubilden, soll es hier nur um die Konfiguration für PXE-Boot mit PXELinux gehen. Auch hier definiert man zunächst die Ausnahmen und dann den Pool für alle Clients:

```
router(config)# ip dhcp excluded-address 192.168.1.1 192.168.1.69
router(config)# ip dhcp excluded-address 192.168.1.101 192.168.1.254

router(config)# ip dhcp pool pxeclients
router(config-dhcp)# network 192.168.1.0 /24
router(config-dhcp)# default-router 192.168.1.254
router(config-dhcp)# lease 0 2 0
router(config-dhcp)# exit
```

Dann wird der TFTP-Server und die zu bootende Datei festgelegt:

```
router(config)# ip dhcp pool pxeclients
router(config-dhcp)# next-server 192.168.1.5
router(config-dhcp)# bootfile pxelinux.0
router(config-dhcp)# exit
```

4.4 Juniper ScreenOS

Bei Firewalls der Firma Juniper (vormals hieß der Hersteller NetScreen) ist die Konfiguration des DHCP-Servers bzw. der DHCP-Relay-Funktionalität stets an eine Netzwerkschnittstelle gebunden. Entsprechend befinden sich die Parameter für die Kommandozeile unterhalb von `set interface interfacename` dhcp. Wer die Weboberfläche zur Konfiguration benutzt, findet die Konfiguration unter **Network | DHCP** (Abbildung 4.4). Dort ist dann die Schnittstelle auszuwählen.

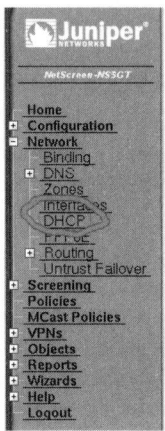

Abbildung 4.4:
DHCP-Konfiguration
mit Juniper

Die Juniper Firewall kann pro Interface als DHCP-Client, DHCP-Relay oder DHCP-Server konfiguriert werden.

4.4.1 Client-Konfiguration

Normalerweise sollten Firewalls mit statischen IP-Adressen versehen sein. Wenn eine Firewall hinter einer Leitung mit dynamischen Adressen wie etwa einer ADSL-Leitung oder einem Kabelmodem steht, so muss die Firewall in der Lage sein, die Adresse für ihre externe Schnittstelle zu erfahren. In Deutschland werden ADSL-Leitungen in der Regel über PPP over Ethernet (PPPoE) konfiguriert, aber bei Kabelmodems teilt das Kabelmodem dem Rechner (oder eben der Firewall) die Adresse über DHCP mit. Gerade bei kleinen Außenstellen oder Heimarbeitsplätzen bietet sich eine solche Konfiguration an. Folgende Einstellungen lassen sich beim Client-Betrieb konfigurieren:

Autokonfiguration
    legt fest, ob dieses Interface beim Start des Gerätes automatisch die IP-Adresse per DHCP beziehen soll.

Leasezeit
> maximale Leasezeit, die das Gerät als Client gerne hätte.

Server
> IP-Adresse des DHCP-Servers – wird diese nicht gesetzt, so wird ein Broadcast gesendet.

VendorID
> zu sendende VendorID.

Update des DHCP-Servers
> stellt ein, ob die per DHCP gelernten Parameter zur Konfiguration des im Gerät laufenden DHCP-Servers verwendet werden sollen. Damit können Einstellungen wie DNS-Server etc. an die Clients auf einem anderen Interface (z. B. im internen LAN) weitergeleitet werden.

Schließlich lässt sich die gesamte DHCP-Client-Funktion auf der Schnittstelle an- und abschalten.

Abhängig von der verwendeten Version der Firmware (bei Juniper-Firewalls heißt diese ScreenOS) werden bei dem Update des DHCP-Servermoduls unterschiedliche gelernte Parameter weitergeleitet. In Version 5.2 sind dies die Adresse für DNS-, WINS-, NetInfo-, POP3-, SMTP- und News-Server. In einer Konfiguration, bei der die Firewall zwischen Kabelmodem/Internet und dem lokalen LAN steht, empfiehlt es sich, die Update-Funktion des Servers zu aktivieren, da man dann in der Konfiguration des internen DHCP-Servers nicht nachpflegen muss, wenn der Provider etwas ändert.

Wird die Firewall auf der Kommandozeile konfiguriert, so wird die DHCP-Client-Funktion mit den folgenden Kommandos aktiviert. Dabei ist der Name des Interface im Beispiel ethernet2. Dieser kann je nach Modell der verwendeten Firewall auch deutlich anders aussehen.

```
ns5gt-> set interface ethernet2 dhcp client enable
ns5gt-> set interface ethernet2 dhcp client settings autoconfig
ns5gt-> set interface ethernet2 dhcp client settings update-dhcpserver
ns5gt-> set interface ethernet2 dhcp client settings lease 1440
```

Die erste Zeile aktiviert den DHCP-Client auf der Schnittstelle. Die zweite Zeile lässt das Gerät bei jedem Start eine Adresse suchen. Zeile drei aktiviert das Überschreiben der Werte im DHCP-Server-Modul durch die gelernten Werte. Die letzte Zeile setzt die gewünschte Leasezeit auf 1440 Minuten, was einem Tag entspricht. In einer Konfiguration mit einem Kabelmodem sollte dieser Wert der Zwangstrennzeit des Providers (so vorhanden) entsprechen.

Die Kommandos für VendorID und DHCP-Server werden in der Regel nicht benötigt, seien aber der Vollstständigkeit halber aufgelistet:

```
ns5gt-> set interface ethernet2 dhcp client settings vendorid vendor
ns5gt-> set interface ethernet2 dhcp client settings server 1.2.3.4
```

Wird das Ganze über die Weboberfläche konfiguriert, so lassen sich weniger Parameter einstellen. Abbildung 4.5 zeigt die Konfiguration. Es ist hier nur möglich, den DHCP-Client an- oder auszuschalten und die Konfiguration zum Upload zur Verfügung zu stellen.

Abbildung 4.5:
DHCP-
Clientkonfiguration
im Juniper ScreenOS

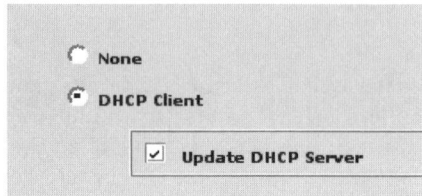

4.4.2 DHCP-Relay-Agent

Die Juniper Firewalls können im „Route Mode" als filternder Router und im „Bridge Mode" als filternde Ethernet Bridge arbeiten. Im Routermodus können sie, sofern dies im Netz benötigt wird, auch als DHCP-Relay fungieren. Dies kann auch dann Anwendung finden, wenn die Firewalls in einer Virtual-Private-Network-Konfiguration (VPN) zum Einsatz kommen, bei der Außenstellen angebunden und vom zentralen DHCP-Server konfiguriert werden.

Wie bei der DHCP-Client-Funktionalität hängt auch der Relay-Agent an der Schnittstelle, er kann also pro Schnittstelle (dies können auch virtuelle oder VLAN-Schnittstellen sein) konfiguriert werden. Wie bei jedem DHCP-Relay ist es notwendig, den Zielserver zu konfigurieren, an den die Pakete mit Anfragen weitergeleitet werden. Bei Juniper-Firewalls können hier mehrere (bis zu drei) angegeben werden, um den Ablauf des PXE-Boot (siehe Abschnitt 3.4.2) zu ermöglichen oder Redundanz zu implementieren.

Die Kommandos zum Konfigurieren des DHCP-Relay-Agent sind nicht besonders komplex. Sie beginnen mit `set interface interfacename dhcp`, gefolgt vom Schlüsselwort `relay`. Um ein Relay auf der Schnittstelle `ethernet2` mit einer Weiterleitung an den DHCP-Server 192.168.1.1 zu konfigurieren, sind die folgenden Befehle notwendig:

```
ns5gt-> set interface ethernet2 dhcp relay service
ns5gt-> set interface ethernet2 dhcp relay server-name 192.168.1.1
```

Steht die Firewall in einer Außenstelle und der DHCP-Server 192.168.1.1 ist nur über eine VPN-Verbindung erreichbar, so muss dies mit dem Kommando

```
ns5gt-> set interface ethernet2 dhcp relay vpn
```

aktiviert werden.

In der webbasierten Oberfläche sieht das folgendermaßen aus:

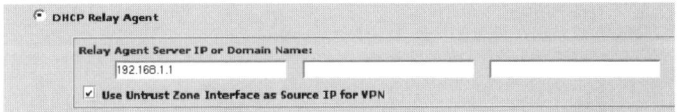

Abbildung 4.6:
DHCP Relay–Agent
bei Juniper

4.4.3 DHCP-Server

Eine Juniper Firewall kann auch als DHCP-Server für ein angeschlossenes Netz dienen und die Adressen und Parameter aufgrund der eigenen Konfiguration verteilen. Wenn keine komplexen Konfigurationsanforderungen bestehen, so ist der integrierte DHCP-Server hinreichend für diese Aufgabe.

Auch die Konfiguration des DHCP-Servers befindet sich logisch unterhalb der Konfiguration einer Schnittstelle. Somit können mehrere DHCP-Server mit unterschiedlichen Parametern auf einem Gerät laufen. Es ist allerdings nicht möglich, dass eine Instanz mehrere Netze mit Konfigurationen versorgt.

Neben der Möglichkeit, den DHCP-Server ein- oder auszuschalten, bieten Juniper-Geräte zusätzlich eine „Auto"-Option. Dies bedeutet, dass beim Start des Geräts bzw. dem Hochfahren der Schnittstelle eine DHCP-Anfrage auf das zugehörige LAN-Segment gesendet wird, um herauszufinden, ob dort ein DHCP-Server Anfragen beantwortet. Erhält die Firewall keine Antwort, so wird der eigene DHCP-Server aktiviert. Bei einem frisch konfigurierten Gerät (oder einer neu aktivierten Schnittstelle) ist Auto die Standardeinstellung. Ist dies nicht gewünscht, so sollte vor dem Aktivieren der Schnittstelle explizit Disable gewählt werden.

Es können mehrere Adressbereiche mit dynamischer Vergabe definiert werden, aber diese sollten aus dem gleichen Netz stammen wie die Schnittstelle, zu der der Server gehört. Es ist auch möglich, feste Adressvergaben aufgrund der MAC-Aadresse eines Clients einzutragen. Diese werden in der eher bei Routern üblichen Schreibweise 1234.ABCD.5678 eingetragen.

Die folgenden DHCP-Optionen werden direkt unterstützt:

- DNS-Server (maximal 3)

- Defaultrouter

- WINS-Server (maximal 2)

- Netzmaske

- Bootserver (wenn Netzwerkboots stattfinden sollen)

- Domainname

- NetInfo Server (maximal 2)

- NetInfo Tag

- POP-Server

- SMTP-Server

- Newsserver

Eigene Optionen können unter Angabe der Optionsnummer, des Options-typs und des Wertes, der mitgeschickt werden soll, definiert werden. Vendor-Space-Optionen lassen sich auf diese Art nicht verteilen.

Weiterhin kann man auch einen Installationsserver (entsprechend der Option `next-server` beim ISC-DHCP-Daemon) festlegen. Dieser kann entweder frei eingegeben werden, der Adresse der Schnittstelle entsprechen, auf der der DHCP-Server läuft, oder sich aus dem Wert der Option `tftp-server-name` ergeben. In der Juniper-Konfiguration entspricht dies der Option 66. Schließlich kann noch die Leasetime definiert werden.

In der Konfiguration des Servers lässt sich als Gegenstück zur Client-Konfiguration einstellen, ob er die Parameter, die eine Clientinstanz lernt und weiterverteilt, akzeptieren soll. Dabei kann man auswählen, ob das nur eine Schnittstelle oder alle Interfaces betrifft, auf denen DHCP-Clients konfiguriert sind.

Der DHCP-Dienst wird auf der Schnittstelle `ethernet2` mit den folgenden Befehlen aktiviert:

```
ns5gt-> set interface ethernet2 dhcp server enable
ns5gt-> set interface ethernet2 dhcp server service
ns5gt-> set interface ethernet2 dhcp server ip 192.168.1.10 to 192.168.1
.20
```

Mit diesen drei Befehlen wird der Dienst aktiviert und der Adressbereich auf die Adressen von 192.168.1.10 bis 192.168.1.20 gesetzt.

Die nächste Befehlsgruppe setzt den DNS-Server auf 192.168.1.1, den Defaultrouter auf 192.168.1.254, die DNS-Domain auf `opensourcepress.de` und die Leasetime auf 24 Stunden.

```
ns5gt-> set interface ethernet2 dhcp server option lease 1440
ns5gt-> set interface ethernet2 dhcp server option dns1 192.168.1.1
ns5gt-> set interface ethernet2 dhcp server option gateway 192.168.1.254
ns5gt-> set interface ethernet2 dhcp server option domainname opensource
press.de
```

Wenn man in Abschnitt 3.1 auch Windows-Clients, deren WINS-Server unter den Adressen 192.168.1.5 und 192.168.1.6 stehen, einbinden will, so geschieht dies über die folgenden Kommandos:

```
ns5gt-> set interface ethernet2 dhcp server option wins1 192.168.1.5
ns5gt-> set interface ethernet2 dhcp server option wins2 192.168.1.6
```

Die Schreibweise `wins1` und `wins2` gilt für alle Optionen, für die mehrere Server angegeben werden. Die Schreibweise für den zweiten und dritten DNS-Server ist `dns2` bzw. `dns3`, und entsprechend heißen die beiden NetInfo-Server `nis1` und `nis2`.

Um den Windows-Clients wie im Beispiel in Abschnitt 3.1 auch eine URL für die Proxy-Autokonfiguration zu übermitteln, muss die DHCP-Option 252 deklariert und mit einem Wert befüllt werden. Dies geschieht mit einem Kommando, dessen Syntax folgendermaßen aussieht:

```
ns5gt-> set interface ethernet2 dhcp server option custom 252 string "ht
tp://proxy.opensourcepress.de/config.pac"
```

Die in Abschnitt 3.2 vorgestellten IP-Parameter sind nicht direkt unterstützt. Wer sie benötigt, kann sie als Custom Option definieren, wie im vorigen Beispiel mit der Option 252 für die Proxy Auto Configuration URL geschehen. Dabei ist jedoch darauf zu achten, dass bei selbst definierten Optionen nur String, IP-Adresse und Zahl als Datentypen auf einer Juniper Firewall möglich sind. In Anhang A findet sich eine Liste der Optionen, die in RFCs definiert sind.

Mail-, POP- und Newsserver lassen sich mit den folgenden Parametern konfigurieren.[5]

```
ns5gt-> set interface ethernet2 dhcp server option news 192.168.1.1
ns5gt-> set interface ethernet2 dhcp server option pop3 192.168.1.1
ns5gt-> set interface ethernet2 dhcp server option smtp 192.168.1.1
```

Die in Abschnitt 3.3 besprochenen Optionen für Apple-Clients können zum Teil abgebildet werden (Proxy Autodiscovery, NetInfo und LDAP-Server). Die anderen Optionen müssen wieder nachgebildet werden. Wenn im Netz ein LDAP-Server auf der Adresse 192.168.1.1 läuft – mit den gleichen Parametern wie in Abschnitt 3.3 –, so sind folgende Kommandos notwendig:

```
ns5gt-> set interface ethernet2 dhcp server option nis1 192.168.1.7
ns5gt-> set interface ethernet2 dhcp server option nistag "OpenSourcePre
ss"
ns5gt-> set interface ethernet2 dhcp server option custom 95 string "lda
ps://192.168.1.1/dc=opensourcepress,dc=de"
```

---

[5] Allerdings gibt es kaum Clients, die dies von Hause aus unterstützen. Die DHCP-Client-Software für Linux/BSD kann durch entsprechende Scripte erweitert werden.

Wird die Weboberfläche benutzt, so teilt sich die Konfiguration in einige Seiten auf. Auf der ersten Seite werden DNS-Server, Adresse des Defaultrouters, die Netzmaske, die Leasezeit, der WINS-Server sowie die Adresse des Installationsservers eingetragen. Weiterhin wird dort der Modus des DHCP-Servers (AN, AUS, AUTO) konfiguriert und eingestellt, ob Parameter von DHCP-Client-Instanzen (und, wenn ja, von welchen) in die verteilte Konfiguration aufgenommen werden.

Abbildung 4.7 stellt die Konfiguration dar.

Abbildung 4.7:
DHCP-
Serverkonfiguration:
1. Seite bei Juniper

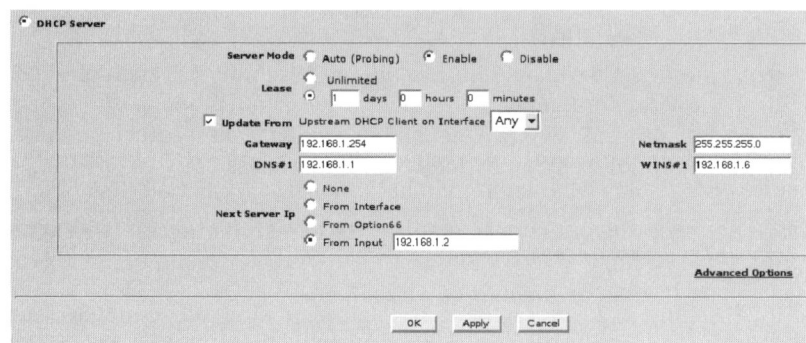

Über den Link **Advanced Options** gelangt man zur zweiten Seite für Standardoptionen und kann Domainname, einen zweiten und dritten DNS-Server, einen zweiten WINS-Server, die Netinfo-Server und den Netinfo-Tag eintragen. Abbildung 4.8 zeigt diese Seite.

Abbildung 4.8:
DHCP-
Serverkonfiguration:
2. Seite bei Juniper

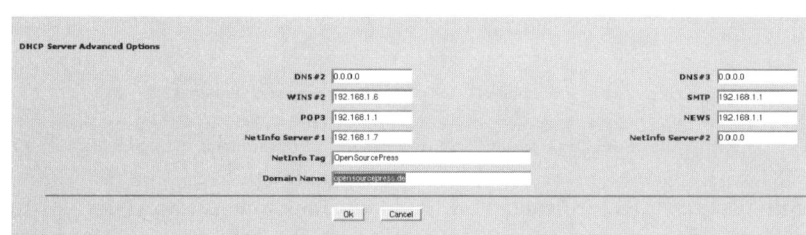

Über den Link **Addresses** auf der ersten Seite erreicht man eine Auswahlseite, auf der man Adresspools konfigurieren kann. Der Button **new** auf der nun erscheinenden Seite führt zur Konfigurationsseite für einen Adresspool. Auf der in Abbildung 4.9 abgebildeten Seite kann entweder ein dynamischer Pool mit Anfangs- und Endadresse definiert oder aber ein statischer Eintrag für eine MAC-Adresse erzeugt werden.

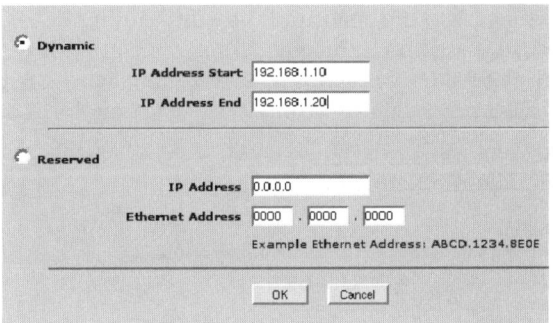

Abbildung 4.9:
DHCP-Adresspool-
Konfiguration bei
Juniper

Der Link **Status Report** auf der ersten Seite gibt eine Liste der aktuell vergebenen Leases aus. Hier kann man Leases auch wieder freigeben.[6]

Der letzte Link auf der ersten Seite der DHCP-Konfiguration ist **Custom Options**. Dieser führt zu einer Seite, auf der Optionen neu definiert, bestehende gelöscht oder geändert werden können.

Der Dialog zur Definition einer eigenen Option sieht folgendermaßen aus:

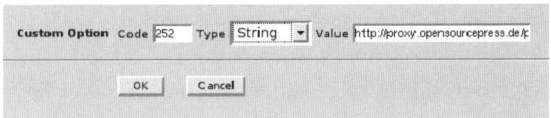

Abbildung 4.10:
DHCP-Optionen-
Definition bei
Juniper

4.4.4 Beispiele

Vendor-Space-Optionen und dynamische DNS-Updates sind mit Juniper Firewalls nicht realisierbar. Ebenso kann keines der Netzwerkboot-Szenarien nachgestellt werden, da die Geräte weder TFTP-Server noch Bootfiles unterstützen. Im Gegensatz zu den Custom Options lassen sich diese nicht nachdefinieren, da die beiden aus der Zeit von BOOTP stammenden Datensätze direkt im DHCP-Paket und nicht in der Optionsliste stehen.

Daher entfallen diese Teile der Konfiguration in den vorgestellten Beispielen. In allen Beispielen läuft der DHCP-Server auf `ethernet2`.

---

[6] Mit dem Kommando `get interface` *interfacename* `dhcp server ip` kann man diese Liste auch auf der Kommandozeile erzeugen. Dabei wird der gesamte Adresspool ausgegeben. Will man nur die vergebenen oder freien Adressen sehen, so ergänzt man das Kommando noch um die Argumente `allocate` oder `idle`.

Windows-Clients

Die vendorspezifischen Optionen und die Auftrennung der Pools nach gesendeten VendorIDs sind nicht möglich. Auch die Option für Classless Routen kann nicht abgebildet werden, da es nicht möglich ist, einen Wert mit mehreren Elementen oder einen String in Hexadezimalform anzugeben.

Zunächst wird der DHCP-Server aktiviert, die Leasetime gesetzt und die Netzwerkparameter werden definiert:

```
ns5gt-> set interface ethernet2 dhcp server enable
ns5gt-> set interface ethernet2 dhcp server service
ns5gt-> set interface ethernet2 dhcp server ip 192.168.1.70 192.168.1.100
ns5gt-> set interface ethernet2 dhcp server option lease 120
ns5gt-> set interface ethernet2 dhcp server option gateway 192.168.1.254
```

Nun werden die Parameter für DNS und Netbios-Service gesetzt:

```
ns5gt-> set interface ethernet2 dhcp server option dns1 192.168.1.1
ns5gt-> set interface ethernet2 dhcp server option dns2 192.168.1.2
ns5gt-> set interface ethernet2 dhcp server option domainname opensourcep
ress.de
ns5gt-> set interface ethernet2 dhcp server option wins1 192.168.1.5
ns5gt-> set interface ethernet2 dhcp server option wins2 192.168.1.6
```

Schließlich muss noch die feste Zuordnung von MAC- zu IP-Adressen definiert werden:

```
ns5gt-> set interface ethernet2 dhcp server ip 192.168.1.50 mac 00112233
4450
ns5gt-> set interface ethernet2 dhcp server ip 192.168.1.51 mac 00112233
4451
...
ns5gt-> set interface ethernet2 dhcp server ip 192.168.1.69 mac 00112233
4469
```

Linux und BSD-Clients

Die Option für die Liste der zu durchsuchenden Domains kann aus den gleichen Gründen wie die Option für klassenlose Routen im letzten Abschnitt nicht abgebildet werden, nämlich weil sich keine hexadezimalen Strings oder Optionen mit mehrfachen Einträgen anlegen lassen. Die anderen Standardoptionen, die ein Juniper-Gerät nicht unterstützt, kann man hingegen als „Custom" nachdefinieren. Zunächst wird der DHCP-Server aktiviert und die Netzwerk-, DNS- und NIS-Parameter werden definiert:

```
ns5gt-> set interface ethernet2 dhcp server enable
ns5gt-> set interface ethernet2 dhcp server service
ns5gt-> set interface ethernet2 dhcp server ip 192.168.1.70 192.168.1.100
ns5gt-> set interface ethernet2 dhcp server option lease 120
ns5gt-> set interface ethernet2 dhcp server option gateway 192.168.1.254
ns5gt-> set interface ethernet2 dhcp server option dns1 192.168.1.1
ns5gt-> set interface ethernet2 dhcp server option dns2 192.168.1.2
ns5gt-> set interface ethernet2 dhcp server option domainname opensourcep
ress.de
ns5gt-> set interface ethernet2 dhcp server option nis1 192.168.1.1
ns5gt-> set interface ethernet2 dhcp server option nistag OPENSOURCEPRESS
```

Nun werden die Optionen eingetragen, die neu definiert werden müssen.
Die Reihenfolge ist:

- Zeitzone

- IP-TTL

- Mask-Discovery

- Router-Discovery

- NTP-Server

```
ns5gt-> set interface ethernet2 dhcp server option custom 2 integer 3600
ns5gt-> set interface ethernet2 dhcp server option custom 23 integer 40
ns5gt-> set interface ethernet2 dhcp server option custom 29 integer 0
ns5gt-> set interface ethernet2 dhcp server option custom 31 integer 0
ns5gt-> set interface ethernet2 dhcp server option custom 42 ip 192.168.
1.1
```

Apple-Clients

Die Optionen für Netinfo und LDAP-Server müssen nachdefiniert werden.
Den Rest der Konfiguration kann mann direkt umsetzen.

Zunächst wird der DHCP-Server aktiviert und die Netzwerk- sowie DNS-
Parameter definiert:

```
ns5gt-> set interface ethernet2 dhcp server enable
ns5gt-> set interface ethernet2 dhcp server service
ns5gt-> set interface ethernet2 dhcp server ip 192.168.1.70 192.168.1.100
ns5gt-> set interface ethernet2 dhcp server option lease 120
ns5gt-> set interface ethernet2 dhcp server option gateway 192.168.1.254
ns5gt-> set interface ethernet2 dhcp server option dns1 192.168.1.1
ns5gt-> set interface ethernet2 dhcp server option dns2 192.168.1.2
ns5gt-> set interface ethernet2 dhcp server option domainname opensourcep
ress.de
```

Anschließend legt man die Optionen für LDAP-Server, Netinfo-Server und Netinfo-Tag fest:

```
ns5gt-> set interface ethernet2 dhcp server option custom 95 string ldap
s://192.168.1.1/dc=opensourcepress,dc=de
ns5gt-> set interface ethernet2 dhcp server option 112 ip 192.168.1.7
ns5gt-> set interface ethernet2 dhcp server option 113 string OpenSource
Press
```

5

Debugging und Sicherheit

Dieses letzte Kapitel im DHCP-Teil beleuchtet zwei Themen: Zum einen wirft es einen Blick auf die Fehlersuche bei DHCP-Anfragen, zum anderen auf sicherheitsrelevante Fragen bei der Adressvergabe.

Fehler in der DHCP-Konfiguration äußern sich häufig in sehr unspezifischen Beschwerden der Nutzer. Der Administrator sieht sich dann mit Aussagen wie „Mein Outlook geht nicht." oder „Das Netz geht nicht." konfrontiert, obwohl eigentlich nur einem Client keine oder eine fehlerhafte Netzwerkkonfiguration zugewiesen wurde.

Beim Thema Sicherheit sind Normalnutzer, aber auch einige Administratoren oft zu stark auf Firewalls und die Sicherheit gegenüber externen Netzen fokussiert. Die Praxis zeigt aber, dass viele erfolgreiche Angriffe nicht von außen kommen. Bei den Sicherheitsaspekten von DHCP geht es darum vielmehr um die „innere Sicherheit" des LAN.

5.1 Fehlersuche

Die Aufgabe eines DHCP-Servers ist relativ einfach umrissen: Er soll einem anfragenden Client die richtige Netzwerkkonfiguration zuweisen. Der Fehlerfall tritt ein, wenn der Client keine oder eine fehlerhafte Konfiguration erhält.

Nun ist es am Administrator, die Ursache zu finden. Erhält der Client gar keine Konfiguration, so ist im ersten Schritt herauszufinden, ob die Frage des Clients beim Server nicht ankommt, der Server diese Anfrage nicht akzeptiert und eine negative Antwort sendet oder ob die Antwort des Servers den Client nicht erreicht.

Im einfachsten Fall befinden sich Client und Server im selben LAN-Segment, so dass eine Analyse vor und hinter Routern (oder gar Firewalls) entfällt. Um festzustellen, ob die Anfrage beim Server ankommt, ist der erste Anlaufpunkt die Logdatei. Die IP-Adressen sind bei Clients, die noch auf ihre Adressen warten, natürlich nicht gesetzt. Darum muss man die MAC-Adresse des Clients kennen (falls nicht gerade nur ein einziger Client im Netz hängt). Unter Linux und Unix-Systemen (auch Mac OS X) ermittelt man sie auf der Shell mit folgendem Kommando:

```
# ifconfig Schnittstelle
```

Die Ausgabe unterscheidet sich je nach Unix-Variante. Linux erzeugt eine Ausgabe wie die folgende:

```
eth0      Link encap:Ethernet  HWaddr 00:11:22:33:44:55
          inet addr:192.168.1.1  Bcast:192.168.1.255  Mask:255.255.255.0
          UP BROADCAST RUNNING MULTICAST  MTU:1500  Metric:1
          RX packets:0 errors:0 dropped:0 overruns:0 frame:0
          TX packets:0 errors:0 dropped:0 overruns:0 carrier:0
          collisions:0 txqueuelen:1000
          RX bytes:0 (0 Mb)  TX bytes:0 (0 Mb)
          Base address:0x9400 Memory:d4800000-d4820000
```

Unter dem Punkt `HWaddr` ist die MAC-Adresse vermerkt. Bei Solaris-Systemen erscheint eine Ausgabe wie die folgende, die Hardwareadresse steht hinter `ether`:

```
dmfe0: flags=1000843<UP,BROADCAST,RUNNING,MULTICAST,IPv4> mtu 1500 index 2
          inet 192.168.1.1 netmask ffffff00 broadcast 192.168.1.255
          ether 0:1:22:33:44:55
```

Bei Windows-Clients findet man die Adresskonfiguration mit dem Kommando `ipconfig /all` aus einer Dosbox. Die Hardwareadresse erscheint hier mit Strichen statt mit Doppelpunkten getrennt dargestellt.

```
O:> ipconfig /all

Windows-IP-Konfiguration

        Hostname. . . . . . . . . . . . : windows1
        Primäres DNS-Suffix . . . . . . . :
        Knotentyp . . . . . . . . . . . : Hybrid
        IP-Routing aktiviert. . . . . . . : Nein
        WINS-Proxy aktiviert. . . . . . . : Nein
        DNS-Suffixsuchliste . . . . . . . : opensourcepress.de

Ethernetadapter LAN-Verbindung:

        Verbindungsspezifisches DNS-Suffix: opensourcepress.de
        Beschreibung. . . . . . . . . . : Marvell Yukon Gigabit
Ethernet 10/100/1000Base-T Adapter, Copper RJ-45
        Physikalische Adresse . . . . . . : 00-11-22-33-44-55
        DHCP aktiviert. . . . . . . . . : Ja
        Autokonfiguration aktiviert . . . : Ja
        IP-Adresse. . . . . . . . . . . : 192.168.1.9
        Subnetzmaske. . . . . . . . . . : 255.255.255.0
        Standardgateway . . . . . . . . : 192.168.1.254
        DHCP-Server . . . . . . . . . . : 192.168.1.1
        DNS-Server. . . . . . . . . . . : 192.168.1.1
        Primärer WINS-Server. . . . . . . : 192.168.1.1
        Sekundärer WINS-Server. . . . . . : 192.168.1.5
        Lease erhalten. . . . . . . . . : Sonntag, 26. November
2006 14:19:57
        Lease läuft ab. . . . . . . . . : Montag, 27. November
2006 00:19:57
```

Ausgerüstet mit der Hardwareadresse kann man nun in der Logdatei des DHCP-Servers nach deren Auftauchen suchen. Dort sollten sich dann Hinweise finden, was der DHCP-Server mit der Anfrage gemacht hat.

Folgende Fehlerfälle sind nun möglich:

- Es finden sich keine Einträge in der Logdatei, also ist die Anfrage nicht beim DHCP-Server (der Software, nicht zwingend dem Rechner) angekommen.

- Es finden sich Einträge in der Logdatei, die so aussehen, als ob die Anfrage bearbeitet und eine Adresse zugewiesen wurde. In diesem Fall sollte nachvollzogen werden, ob der Ablauf Discover, Offer, Request und Ack durchlaufen wurde, oder ob der Client die Adresse verweigert hat, was durch eine Decline-Nachricht angezeigt wird.

- Man findet Einträge, dass der DHCP-Server die Vergabe einer Adresse verweigert hat (beim ISC-DHCP-Daemon durch no free leases angezeigt).

Im ersten Fall ist die Frage zu klären, ob die Anfrage physisch auf der Schnittstelle des DHCP-Servers ankommt. Hierzu verwendet man am besten das Programm `tcpdump` oder `wireshark`.[1]

Auf Solaris-Systemen findet sich das Programm `snoop`, welches eine ähnliche Funktionalität wie `tcpdump` bereitstellt. All diese Programme dienen dazu, alle Datenpakete, die auf einer Schnittstelle ankommen, einzusammeln und dem Benutzer darzustellen. Dazu versuchen diese sog. Snifferprogramme in der Regel, die Netzwerkarte in den Promiscuous Mode zu schalten, so dass sie alle Pakete (auch die, die nicht für sie bestimmt sind) abfängt. Bei DHCP-Paketen ist dies eigentlich nicht notwendig, da sie entweder gezielt an den DHCP-Server oder als Broadcast an alle Rechner im LAN gesendet werden. Man kann in den Tools den Promiscuous Mode per Kommandozeilenoption abschalten.

Da alle genannten Programme tiefer in das Betriebssystem eingreifen, um an die Daten zu kommen, müssen sie als Benutzer `root` aufgerufen werden, wenn sie Daten direkt von der Netzwerkkarte beziehen wollen.

`tcpdump` und `snoop` sind Kommandozeilenprogramme, die ihre Ausgabe auf der Textkonsole erzeugen. Beide haben aber auch die Möglichkeit, den Mitschnitt der Pakete in einer Datei zu speichern. `wireshark` ist ein grafisches Programm. Es kann ebenfalls Pakete direkt von der Netzwerkkarte sammeln, wenn es mit Superuser-Rechten gestartet wird. Mann kann es aber auch nutzen, um Mitschnitte von `tcpdump` oder `snoop` einzulesen und darzustellen. Wireshark hat den Vorteil, dass es eine große Menge von Applikationsprotokollen wie DHCP, SMTP etc. versteht, die Informationen in den Paketen grafisch aufbereitet und den Datenfeldern dieser Protokolle zuordnet. Die Textkonsolenwerkzeuge können dies nur teilweise.

Allen drei Programmen ist gemeinsam, dass man Filter definieren kann, die einschränken, welche Pakete eingesammelt werden. Die Filter erlauben eine Einschränkung auf IP-Adressen (oder Netze), Protokoll (UDP, TCP, ICMP) und Portnummern bzw. ICMP-Messagetypen. Außerdem ist es möglich, auf MAC-Adressen zu filtern. Man kann auch mit Booleschen Ausdrücken arbeiten und Klammern, um Filterbedingungen zu setzen. Praktischerweise verwenden alle drei Programme dieselbe Syntax zur Formulierung der Filter. Diese heißt *Berkeley Packet Filter* (BPF).[2]

Bei `snoop` und `tcpdump` wird der Filter auf der Kommandozeile mitgegeben, bei `wireshark` beim Start des Mitschnitts. Sollen nur Pakete vom Host 192.168.1.6 mitgeschnitten werden, so geschieht dies mit dem folgenden Aufruf von `tcpdump`:

---

[1] `wireshark` war lange unter dem Namen `ethereal` bekannt, aufgrund von Querelen um die Namensrechte hat sich der Autor entschieden, die Open-Source-Version in `wireshark` umzutaufen. Auf älteren Installationen findet man häufig noch `ethereal`.

[2] Mehr Informationen auf BSD-basierten Systemen mit `man bpf` oder beispielsweise unter `http://www.daemon-systems.org/man/bpf.4.html`.

```
# tcpdump host 192.168.1.6
```

Bei snoop auf einem Solaris-Rechner sieht das Kommando fast genauso aus:

```
# snoop host 192.168.1.6
```

Bei wireshark geschieht die Eingabe im Capture-Dialog:

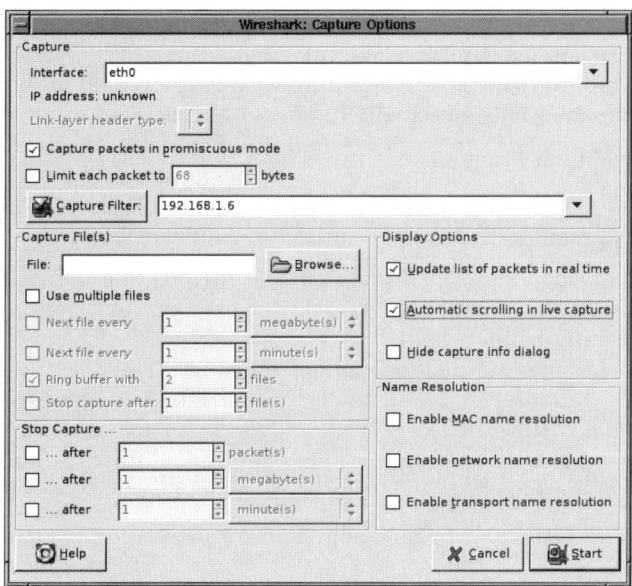

Abbildung 5.1:
Capture Dialog in
Wireshark

tcpdump und snoop verstehen neben dem Filter noch eine ganze Reihe von Optionen. Zur Fehlersuche bei DHCP sind allerdings nur einige interessant. Mit der Option -s *Länge* lässt sich festlegen, wie viele Bytes des Pakets eingesammelt werden. Der Standardwert von tcpdump ist 68 Byte. Wenn also das ganze Paket mitgeschrieben werden soll, so sollte 1500 (oder ein Wert, der der MTU der Schnittstelle entspricht) gewählt werden. snoop kennt diese Option ebenfalls, setzt aber die Länge des gesamten Pakets als Standardwert. Auch wireshark sammelt, falls nicht anders festgelegt, das gesamte Paket ein, wie in Abbildung 5.1 oberhalb des Filters zu erkennen. Die nächste interessante Option steuert, auf welcher Schnittstelle die Pakete gesammelt werden. Bei tcpdump heißt diese Option -i *Schnittstelle*, bei snoop wird dies mit -d *Schnittstelle* gesteuert. Wird die Option weggelassen, so wird die „erste" Schnittstelle verwendet. Was unter der „ersten" zu verstehen ist, hängt vom Betriebssystem ab. Bei Linux ist dies z. B. eth0. Beim Start wird allerdings ausgegeben, auf welcher Schnittstelle die Pakete gesammelt werden:

```
# tcpdump
tcpdump: verbose output suppressed, use -v or -vv for full protocol
decode listening on eth0, link-type EN10MB (Ethernet), capture size
96 bytes
```

Auf Linux-Systemen nach Kernelversion 2.2 ist es auch möglich, als Schnittstelle any anzugeben, um alle dem Filter entsprechenden Pakete auf allen Schnittstellen zu erfassen. Wireshark besitzt eine Auswahlbox, um die gewünschte Schnittstelle zu selektieren.

Die letzten beiden Optionen, die für die Fehlersuche vorgestellt werden sollen, dienen dazu, die gesammelten Pakete in eine Datei zu schreiben bzw. aus einer Datei zu lesen. Bei tcpdump dient die Angabe von -w Datei dazu, die Pakete in eine Datei zu schreiben, und -r Datei wird dazu verwendet, die Pakete aus einer Datei zu lesen und auf dem Bildschirm auszugeben. wireshark kann ebenfalls mit -r Datei aufgerufen werden, um gleich beim Aufruf eine Datei einzulesen. Bei snoop werden statt -r und -w -i Datei zum Lesen und -o Datei zum Schreiben verwendet.

Es hat meist keinen Sinn, alle Pakete mitzuschneiden, die eine Schnittstelle einsammeln kann. Es sind viel zu viele für eine vernünftige Auswertung. Um nach Fehlfunktionen bei DHCP zu suchen, bieten sich zwei mögliche Filter an – ein Filter auf die Portnummern des DHCP-Servers und -Clients oder ein Filter auf die MAC-Adresse des Clients. Ein Filter auf den Port fängt allerdings alle DHCP-Pakete ab, eventuell also auch solche von Clients, bei denen alles funktioniert. Deshalb ist ein Filter mit der MAC-Adresse genauer. Nur wenn diese nicht bekannt ist, muss man einen Filter auf Portebene einsetzen. Dieser sieht folgendermaßen aus:

```
# tcpdump port 67 or port 68
```

Einen Filter auf die MAC-Adresse 00:11:22:33:44:55 setzt man wie folgt:

```
# tcpdump ether host 00:11:22:33:44:55
```

Bei diesem Filter werden alle Pakete erfasst, die diese MAC-Adresse als Quelle oder Ziel haben. Bei der Verwendung von snoop entfällt das Schlüsselwort host.

Die Ausgabe auf der Konsole sieht bei tcpdump wie folgt aus:[3]

```
# tcpdump -n port 67 or port 68
tcpdump: verbose output suppressed, use -v or -vv for full protocol
decode
listening on eth0, link-type EN10MB (Ethernet), capture size 96 bytes
21:33:31.780916 IP 0.0.0.0.68 > 255.255.255.255.67: BOOTP/DHCP, Request
```

---

[3] Die Option -n unterdrückt die Hostnamensauflösung.

```
from 00:11:22:33:44:55, length: 548
21:33:31.781493 IP 192.168.1.1.67 > 255.255.255.255.68: BOOTP/DHCP,
Reply, length: 460
```

Bei snoop sieht die Ausgabe etwas anders aus. Die Portnummern werden nicht mit ausgegeben, dafür die DHCP-Nachrichten genauer aufgelöst:

```
# snoop -d ce0 port 67 or port 68
Using device /dev/ce (promiscuous mode)
OLD-BROADCAST -> BROADCAST    DHCP/BOOTP DHCPDISCOVER
   192.168.1.1 -> 192.168.1.9      DHCP/BOOTP DHCPOFFER
OLD-BROADCAST -> BROADCAST    DHCP/BOOTP DHCPREQUEST
   192.168.1.1 -> 192.168.1.9      DHCP/BOOTP DHCPACK
```

Bei beiden Ausgaben ist die MAC-Adresse allerdings nicht ersichtlich. Bei tcpdump kann man sie mit der Kommandozeilenoption -e anzeigen lassen, bei snoop mit der Option -v, die dann allerdings noch sehr viel mehr Informationen ausgibt:

```
# snoop -v -d ce0 port 67 or port 68
Using device /dev/ce (promiscuous mode)
ETHER:  ----- Ether Header -----
ETHER:
ETHER:  Packet 1 arrived at 22:30:28.01
ETHER:  Packet size = 342 bytes
ETHER:  Destination = ff:ff:ff:ff:ff:ff, (broadcast)
ETHER:  Source      = 0:11:22:33:44:55,
ETHER:  Ethertype = 0800 (IP)
ETHER:
IP:   ----- IP Header -----
IP:
IP:   Version = 4
IP:   Header length = 20 bytes
IP:   Type of service = 0x10
IP:         xxx. .... = 0 (precedence)
IP:         ...1 .... = low delay
IP:         .... 0... = normal throughput
IP:         .... .0.. = normal reliability
IP:   Total length = 328 bytes
IP:   Identification = 0
IP:   Flags = 0x0
IP:         .0.. .... = may fragment
IP:         ..0. .... = last fragment
IP:   Fragment offset = 0 bytes
IP:   Time to live = 16 seconds/hops
IP:   Protocol = 17 (UDP)
IP:   Header checksum = a996
IP:   Source address = 0.0.0.0, OLD-BROADCAST
IP:   Destination address = 255.255.255.255, BROADCAST
IP:   No options
```

```
IP:
UDP:   ----- UDP Header -----
UDP:
UDP:   Source port = 68
UDP:   Destination port = 67 (BOOTPS)
UDP:   Length = 308
UDP:   Checksum = 43FF
UDP:
DHCP:  ----- Dynamic Host Configuration Protocol -----
DHCP:
DHCP:  Hardware address type (htype) = 1 (Ethernet (10Mb))
DHCP:  Hardware address length (hlen) = 6 octets
DHCP:  Relay agent hops = 0
DHCP:  Transaction ID = 0x7982753
DHCP:  Time since boot = 0 seconds
DHCP:  Flags = 0x0000
DHCP:  Client address (ciaddr) = 0.0.0.0
DHCP:  Your client address (yiaddr) = 0.0.0.0
DHCP:  Next server address (siaddr) = 0.0.0.0
DHCP:  Relay agent address (giaddr) = 0.0.0.0
DHCP:  Client hardware address (chaddr) = 00:11:22:33:44:55
DHCP:
DHCP:  ----- (Options) field options -----
DHCP:
DHCP:  Message type = DHCPREQUEST
DHCP:  Requested IP Address = 192.168.1.9
DHCP:  Requested Options:
DHCP:     1 (Subnet Mask)
DHCP:    28 (Broadcast Address)
DHCP:     2 (UTC Time Offset)
DHCP:     3 (Router)
DHCP:    15 (DNS Domain Name)
DHCP:     6 (DNS Servers)
DHCP:    12 (Client Hostname)
```

Das Paket wird vollständig aufgelöst. Dabei beginnt die Analyse auf Ethernet-Ebene, was mit ETHER gekennzeichnet wird. Hier findet man auch die MAC-Adresse. Im Teil DHCP am Ende der Ausgabe wird die ganze DHCP-Anfrage inklusive der angefragten Optionen aufgegliedert.

Bei der Fehleranalyse stellt sich jetzt die Frage, ob die Pakete überhaupt beim Server ankommen. Ist die Ausgabe von snoop oder tcpdump leer, so erreichen die Pakete den Server nicht, und die Störung liegt im physischen Netz oder in der Konfiguration des Clients.[4]

Findet man Anfragen des Clients, aber keine Antworten, so kommen die Anfragen zwar beim DHCP-Server an, aber die Software reagiert nicht, weil sie sich entweder nicht zuständig fühlt (dann wären aber Logeinträge vorhanden) oder aber abgestürzt ist. Eine weitere Fehlerursache können Fire-

---

[4] In den meisten Fällen genügt es, das Netzwerkkabel des Clients einzustecken . . .

wallregeln sein. Da beide Programme die Pakete von der Netzwerkschnittstelle einsammeln, bevor sie durch den TCP/IP-Stack des Betriebssystems und damit die Firewallregeln wandern, sind sie zwar in der Ausgabe, aber der DHCP-Daemon bekommt sie nicht zugestellt. Wenn die Firewall die Pakete ohne einen Logeintrag fallen lässt, so erschwert dies die Fehlersuche zusätzlich. Um in diesem Fall weiterzukommen, ist es unvermeidlich, die Firewallregeln zu analysieren.

Findet man durch `tcpdump` oder `snoop` ausgehende Pakete mit der Antwort auf die Anfrage des Clients, aber der Client erhält keine Konfiguration, so liegt das Problem auf dem Weg der Antwort durch das Netzwerk. Man erkennt diesen Zustand auch daran, dass von den vier Paketen nur die ersten beiden, Discover und Offer, in Paketen und auch im Logfile auftauchen, Request und Ack aber ausbleiben.

Beginnend beim Server, ist die erste Frage: Wird die Antwort an den richtigen Empfänger gesendet? Sind Client und Server im gleichen LAN-Segment, so sollte die Antwort an die MAC-Adresse des Clients gehen. Dies kann unter Umständen nicht der Fall sein, wenn es auf dem Server einen Routingeintrag gibt, der die Antwort stattdessen an einen Router sendet. Stehen Client und Server in zwei verschiedenen LAN-Segmenten, so sollte überprüft werden, ob die Antwort an den richtigen Router gesendet wird. Bei einer Konfiguration mit Router sucht man im nächsten Schritt aus Sicht des Servers hinter dem Router, ob der Relay-Agent auf dem Router die Antwort richtig weitergeleitet hat. Wenn mehrere Router im Spiel sind, muss man dies für jeden Router wiederholen. Mögliche Fehlerquellen auf dem Router sind ein nicht laufender oder ein fehlkonfigurierter Relay-Agent oder Filter- bzw. Firewallregeln, die die Antworten fallen lassen.

Die letzte Fehlerquelle kann beim Client selbst liegen. In der Praxis sind hier häufig „Personal Firewalls" der blockierende Faktor. Eine gute Möglichkeit, dies zu prüfen, ist eine Linux-Live-CD wie die Knoppix-Distribution oder eine Gentoo-Live-CD. Der Client kann von diesem Medium gestartet werden, ohne etwas an der vorhandenen Installation zu überschreiben. Das Betriebssystem auf der CD startet einen DHCP-Client auf einer Referenzinstallation, bei der der Administrator davon ausgehen kann, dass keine blockierenden Firewallregeln vorhanden sind. Weiterhin hat eine solche CD den Vorteil, dass sich auf ihr meist auch eine Version von `tcpdump` befindet, so dass auch auf Seite des Clients Pakete gesammelt werden können. Damit kann festgestellt werden, ob die Antworten beim Client ankommen oder nicht.

5.1.1 Unbekannte DHCP-Server

Ein Fall, der eigentlich nie vorkommen sollte, aber in der Praxis leider allzu häufig auftritt, sind unbekannte DHCP-Server im Netz, die ebenfalls Konfigurationen verteilen. Dies kann dazu führen, dass die Clients eine falsche Konfiguration erhalten und nicht im Netzwerk funktionieren. Ein Angreifer im LAN macht dies sogar absichtlich, damit er bestimmen kann, an welchen Server die Clients etwa ihre DNS-Anfragen stellen. In Abschnitt 5.2 gehen wir auf dieses Angriffsszenario genauer ein.

Unbekannte DHCP-Server zu finden ist nicht einfach, da nicht jeder Client seine Konfiguration vom falschen Server bezieht, sondern es eher zufällig ist, welcher DHCP-Server den Client versorgt. Neben falsch konfigurierten (und damit nicht funktionierenden) Clients erkennt man das Vorhandensein eines unerwünschten DHCP-Servers daran, dass der offizielle DHCP-Server häufiger NAK-Nachrichten sendet. Dies kann er allerdings nur tun, wenn er als `authoritative` konfiguriert ist. Aber nicht jede Serversoftware erlaubt diese Konfiguration.

Ein weiteres Symptom sind Decline-Nachrichten von Clients. Da der zweite DHCP-Server in der Regel nicht weiß, welche Adressen vom „richtigen" Server vergeben wurden, teilt er Adressen nach eigener Zählung zu. Der Client, der die Adresse erhält, sendet aber erst Requests ins Netz, um festzustellen, ob sie noch frei ist. Erhält er dabei eine Antwort, so sendet er DHCPDECLINE zurück, was nicht vorkommen sollte, wenn alles mit rechten Dingen zugeht. Ein letztes Symptom ist das Auftauchen unbekannter IP-Adressen im Netzwerk, die nicht zur Konfiguration passen.

Wie findet man jetzt den Übeltäter? Zunächst gilt es, einen Client zu finden, der eine falsche Konfiguration besitzt. Bei Windows-Clients wird in der Ausgabe von `ipconfig /all` auch die IP-Adresse des DHCP-Servers angegeben, der die Adresse zugewiesen hat. Der `dhcpcd` unter Linux speichert die gelernte Konfiguration unter Angabe der Adresse des Servers (MAC- und IP-Adresse) in `/var/lib/dhcpc/dhcpcd-Schnittstelle.info`. Andere Clients vermerken ebenfalls, von wem sie ihre Konfiguration erhalten haben. Alternativ lässt sich die MAC-Adresse auch mit `ping` und `arp` herausfinden. Über die Tabellen der Switches kann man dann ermitteln, an welchem Port der Server hängt.

Hat man keinen Client zur Hand, der vom falschen Server konfiguriert wurde, so muss der Administrator zu einer radikaleren Methode greifen. Man schaltet (am besten nicht während der Arbeitszeit) den offiziellen DHCP-Daemon ab und lässt einen Client, der die notwendigen Werkzeuge installiert hat, per DHCP nach einer Konfiguration fragen. Wenn dann noch ein DHCP-Server läuft, so wird dieser antworten, und man kann ihn, bewaffnet mit seiner MAC-Adresse, deaktivieren.

5.1.2 Was der Client wissen will

Wenn die IP-Konfiguration stimmt, so ist es immer noch möglich, dass ein Client nicht so arbeitet, wie er soll. Dies kann daran liegen, dass der DHCP-

Server nicht alle Optionen liefern konnte, die der Client abgefragt hat. Gerade wenn man neue Geräte oder Betriebssysteme einsetzt, die ihre Konfiguration auch per DHCP beziehen, ist nicht oder selten dokumentiert, welche DHCP-Optionen angefragt werden bzw. notwendig sind. Auch hier können die vorgestellten Werkzeuge helfen, da sie die DHCP-Pakete verstehen und die angefragten bzw. zugeteilten Optionen auflisten. Am besten ist dafür `wireshark` geeignet. Aber auch `snoop` und `tcpdump` besitzen jeweils eine Option -v, mit der dies aufgelistet werden kann.

Als Beispiel eines Geräts, dessen Wunschparameter nicht bekannt sind, soll ein Nokia E61 dienen. Dies ist ein PDA/Telefon mit eingebauter WLAN-Komponente. Um herauszufinden, welche Parameter gesetzt werden müssen, wird `wireshark` verwendet.

Zunächst integriert man einen Rechner, auf dem `wireshark` installiert ist[5] in das WLAN. Da die DHCP-Anfragen an die Broadcastadresse gesendet werden, empfängt dieser auch die Anfragen des mobilen Geräts. Dabei empfiehlt es sich, mit dem PDA in der Nähe zu sein, wenn man den Test durchführt. Nun wird `wireshark` gestartet und mit (Ctrl)-(k) oder unter dem Pulldown-Menu **Capture** der Eintrag **Start** gewählt, um in den Capture-Dialog zu kommen. Hier wählt man die WLAN-Schnittstelle aus und klickt dann auf **Start**. Abbildung 5.2 zeigt den Dialog:

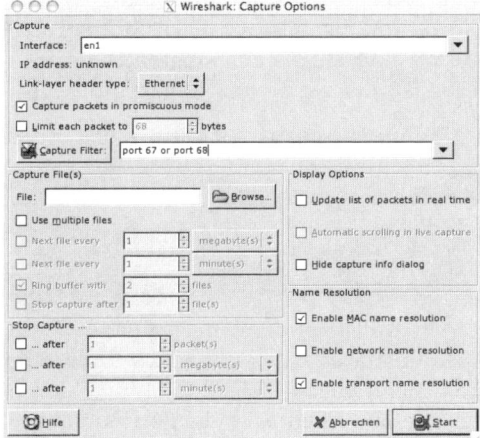

Abbildung 5.2:
Capture-Dialog bei
Wireshark

Wenn im WLAN viel Verkehr herrscht, so kann, wie im Screenshot zu sehen, ein Filter gesetzt werden, der die Sammlung der Pakete auf die beiden Ports 67 und 68 einschränkt. In den gesammelten Daten sucht man nun nach Nachrichten des Typs DHCPDISCOVER oder DHCPREQUEST vom Zielclient, den man an der MAC-Adresse erkennen sollte.

---

[5] Dies kann auch ein Windows-Rechner sein, da es die Software auch für Microsoft-Systeme gibt.

In der folgenden Abbildung ist das noch „zusammengeklappte" Paket in `wireshark` dargestellt.

Abbildung 5.3:
DHCP-Paket in
Wireshark

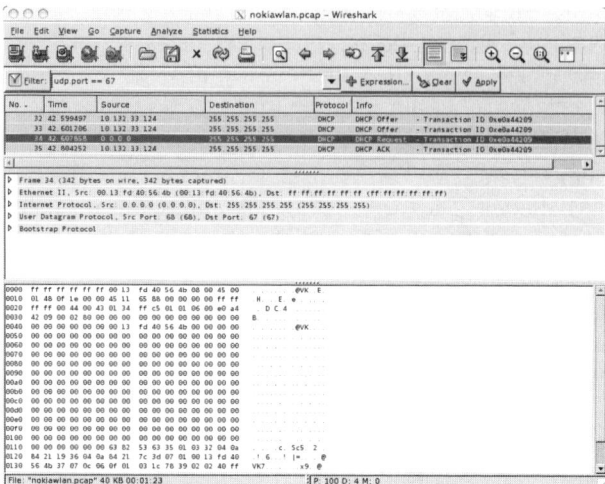

Bei einem einzelnen Paket lassen sich die Details einer Schicht (Ethernet, IP, UDP/TCP, Applikationsprotokoll) durch „Aufklappen" darstellen. Der interessante Teil steckt im abgebildeten Paket **Bootstrap**. Wird dieses aufgeklappt, so findet sich die Liste der angefragten Optionen unter dem Punkt **Parameter Request List**, der wiederum aufgeklappt werden kann, wie die nächste Abbildung zeigt:

Abbildung 5.4:
Optionsliste in
Wireshark

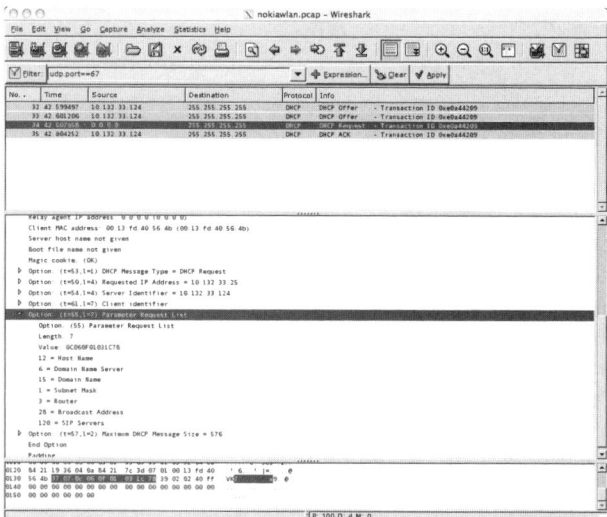

Die Liste der Optionen, die das Gerät anfragt, hat also folgende Einträge:

- Hostname

- Domain Name Server

- Domain Name

- Subnet Maske

- Router

- Broadcast Adresse

- SIP Servers (Option 120)

Bei allen Optionen wird auch deren jeweilige Nummer angegeben. Nicht angegeben wird der erwartete Datentyp. Im Beispiel hat Wireshark die Optionen alle identifiziert, die Bezeichnung `SIP Servers` suggeriert eine Liste von IP-Adressen für SIP-Server.[6] Damit das Gerät also mit der Telefonanlage über das WLAN kommunizieren kann, muss am DHCP-Server die Option mit der Nummer 120 nachdefiniert und eine Liste von SIP-Servern angegeben werden.

5.2 Sicherheitsaspekte

Das DHCP-Protokoll selbst sieht keinerlei Authentisierung der Clients vor. Es besteht zwar die Zuordnung von MAC-Adressen oder Client-IDs zu IP-Adressen, und der ISC-DHCP-Daemon erlaubt es auch, unbekannten Clients eine Adresszuweisung zu verweigern, dies stellt jedoch keine effektive Zugriffskontrolle für das Netzwerk dar.

Neben der Frage, wer überhaupt Zugriff auf das Netzwerk hat, sind dynamische DNS-Updates, unbekannte DHCP-Server im Netz und Denial-of-Service-Angriffe (DoS) auf den DHCP-Server Themen, die ein sicherheitsbewusster Administrator betrachten sollte.

5.2.1 Zugangskontrolle

Auch wenn ein Netz noch so gut gegen Angriffe von außen gesichert ist, so kann eine mangelnde Kontrolle über den geschützten Bereich, das eigene LAN, alle aufgebauten Maßnahmen wirkungslos machen. DHCP bietet dafür keine expliziten Sicherheitsmechanismen an, aber eine sinnvolle Konfiguration kann einem unbekannten Eindringling das Leben schwerer

---

[6] Das *Session Initiation Protocol* dient dem Rufaufbau bei Voice-over-IP-Telefonie.

machen und Hinweise liefern, wenn versucht wird, von unbekannter Seite auf das Netzwerk zuzugreifen.

Der erste Schritt sollte darin bestehen, nur bekannten Clients eine IP-Adresse zuzuweisen. Das heißt allerdings, dass alle MAC-Adressen in die DHCP-Konfiguration eingetragen werden müssen. Wer den ISC-DHCP-Daemon verwendet, sollte diesen zusätzlich mit dem Schlüsselwort `authoritative` anweisen, unbekannten Clients explizit ein NAK zu erteilen. Bevor man sich hier aber in Sicherheit wiegt, ist zu beachten, dass es unter Linux ohne weiteres möglich ist, die MAC-Adresse der Karte per Software zu ändern, was jeder ernsthafte Angreifer vermutlich auch tun wird.

Der physische Zugang im Netz ist in der Regel über Dosen in der Wand realisiert, die zu einem Netzwerkswitch führen. Dementsprechend sollte man auch nur die Ports am Switch freischalten, die auch verwendet werden. Dies hindert einen Angreifer zwar nicht daran, einen angeschlossenen Rechner ab- und seinen eigenen Rechner anzustecken, aber dies fällt unter Umständen eher auf als eine Person, die allein und unbeobachtet in einem Zimmer mit einer freigeschalteten Dose sitzt.

Wird ein Gerät an einen netzwerkmanagementfähigen Switch angeschlossen bzw. angeschaltet, so kann der Switch so konfiguriert werden, dass er über das *Simple Network Management Protocol* (SNMP) eine Meldung an eine Managementstation schickt. Dieses Protokoll erlaubt auch Abfragen, welche MAC-Adresse an welchen Switchport verbunden ist, sobald diese Pakete sendet. Über die automatisierte Auswertung dieser Meldungen lässt sich eine Alarmanlage implementieren, die den Administrator warnt, wenn unbekannte Adressen im Netz auftauchen. Eine andere Möglichkeit, dies zu realisieren, ist das Programm `arpwatch`. Es läuft als Dienst auf einem Unix-Rechner im Netzwerk, der möglichst Pakete von allen (oder den meisten) Rechnern im Netzwerk zu sehen bekommt.

Die Software führt automatisch Buch über alle MAC-Adressen, die sie sieht und speichert, auch die Zuordnung von MAC- und IP-Adresse. Bei jeder Änderung oder dem Auftauchen einer bisher unbekannten Adresse kann sie eine Warnung ausgeben oder eine E-Mail an den Administrator senden. Wenn man diese Informationen mit einer zentralen Datenbank aller bekannten MAC-Adressen abgleicht, kann man zumindest unvorsichtige Angreifer leichter entdecken.

802.1X

Die LAN-Protokolle Ethernet, Token Ring und auch Wireless LAN sind sämtlich von der IEEE standardisiert. Die IEEE-Standards werden ähnlich wie die RFCs durchnummeriert, allerdings verwendet die IEEE ein Benennungsschema mit einem Punkt. Standards, die mit 802 beginnen, beschäftigen sich mit LAN-Technologien. Ethernet hat z. B. die Nummer 802.3. 802.1X wurde als Standard zur Zugangskontrolle für WLANs entwickelt, da es bei kabelloser Technologie wesentlich einfacher ist, in ein Netz einzudringen, als etwa bei Ethernet, wo der Angreifer immerhin noch in das Gebäude muss, um seinen Rechner anzustecken. 802.1X liegt dabei das *Extensible Authentication Protocol* (EAP) zugrunde, das für die bessere Authentisierung von Einwahlverbindungen über PPP entwickelt wurde. Die Authentisierungsanfragen aus den EAP-Paketen werden in Form von Radius-Paketen an einen Radius-Server weitergeleitet, der dann aufgrund seiner Datenbank entscheiden kann, ob dem Teilnehmer die Einwahl (bei PPP) oder der (W)LAN-Zugang erlaubt wird. Bei 802.1X werden die Authentisierungspakete von EAP einfach statt in PPP-Paketen in Ethernetpaketen gesendet.

802.1X bzw. EAP können den Client mittels Public-Key-Kryptographie über ein Zertifikat authentisieren. Dabei kann das Protokoll sowohl in WLANs als auch bei Ethernet verwendet werden, so dass sich ein Teilnehmer auch am Kabel in das Netz einbuchen muss, bevor seine Pakete weitergeleitet werden bzw. er Pakete empfangen kann. Ein Unterschied ist dabei, dass zwar die meisten neueren WLAN-Access-Points dieses Protokoll unterstützen, allerdings nur teurere Ethernet-Switches.

Damit das ganze funktioniert, müssen auch die Betriebssysteme der Clients 802.1X unterstützen. Gerade bei Geräten wie z. B. Druckern mit Netzwerkkarte ist dies eher selten der Fall.

Der Vorgang der EAP-Authentisierung hat nichts mit DHCP zu tun, da er abgeschlossen sein muss, bevor der Client seine DHCP-Pakete in das Netz senden kann. In einem so authentisierten Netz ist die Wahrscheinlichkeit, dass ein Unbekannter nach einer Adresse fragt, jedoch signifikant gesenkt.

Um das Ganze in einem LAN vollständig umzusetzen, sind neben der Netzwerkhardware, die dies unterstützt, ein Radius-Server und eine Public-Key-Infrastruktur (PKI) notwendig, um Zertifikate für alle Clients erstellen und verwalten zu können.

5.2.2 Dynamische DNS-Updates

In Abschnitt 2.4.6 wurde erklärt, wie man eine möglichst sichere Kopplung zwischen dem ISC-DHCP-Daemon und dem Nameserver Bind herstellt. Andere DHCP-Server bieten die Möglichkeit für Updates gar nicht, oder, wie der Sun-DHCP-Daemon, nur dann, wenn der Nameserver so konfiguriert ist, dass er Updates von bekannten Adressen zulässt. Diese Methode ist aber riskant, da DNS-Updates mit UDP-Paketen gesendet werden. Bei diesen ist es leicht, sie mit einer gefälschten Absendeadresse zu versehen, so dass der Nameserver ein Update auch dann akzeptiert, wenn es nicht von einem Rechner kommt, der auf der Positivliste steht.

Gelingt es einem Angreifer, Einfluss auf die Daten des DNS-Servers zu nehmen, so kann er damit alle Clients innerhalb – und eventuell auch außerhalb – des Netzes dazu bringen, z.B. E-Mails an einen von ihm vorgegebenen Server zu senden. Im Kapitel 12 werden Risiken durch DNS-Manipulationen noch genauer erläutert.

Neben der vorgestellten Absicherung der DNS-Updates durch DNSSEC-Mechanismen kann es auch hilfreich sein, eine Unterdomain für DHCP-Clients einzurichten, in der sie ihre Einträge vornehmen. Da die Einträge vorwärts (Name zu Adresse) wie rückwärts (Adresse zu Name) gemacht werden, wird auch eine Zone für den Adressbereich der DHCP-Clients benötigt. Es sollte bei der Planung also darauf geachtet werden, dass sich dies abbilden lässt, wenn dynamische Updates notwendig sind.

Ein Fehler, der bei Updates mit höherer Wahrscheinlichkeit von einem Unfall als von einem Angriff verursacht wurde, aber in beiden Fällen die gleichen fatalen Folgen hat, sind ungültige Hostnamen der Clients. Wenn es die DHCP-Konfiguration erlaubt, dass Clients ihren eigenen Hostnamen eintragen, so kann dies bei illegalen Zeichen im Hostnamen zu einem Eintrag in der Zone führen, der den Nameserver dazu veranlasst, die Zone nach einem Neustart nicht mehr zu aktivieren. Dies hat dann einen Ausfall des Nameservice für die komplette Zone zur Folge, so dass gegebenenfalls auch andere Dienste wie E-Mail nicht mehr funktionieren.

Gültige Zeichen sind neben Buchstaben auch Bindestriche und Zahlen, wenn sie nicht am Beginn des Namens stehen. Gerne werden aber Clientnamen mit Unterstrichen gebildet, was genau die beschriebene Konsequenz hat. Um Abhilfe zu schaffen, kann man in der DHCP-Konfiguration entweder die Hostnamen vorgeben, so dass die Clients keinen Einfluss mehr darauf haben, oder einen Filter in die DHCP-Konfiguration einbauen, der Hostnamen mit ungültigen Zeichen nicht weiterleitet. Eine solch komplexe Konfiguration ist allerdings von den vorgestellten Servern allenfalls mit dem ISC-DHCP-Server möglich. Will man nur den Schaden begrenzen, den ein falsch konfigurierter Client anrichten kann, so reicht es, die DHCP-Clients in eigene Zonen zu packen, da dann nur diese Zone ausfällt und davon keine weiteren Dienste betroffen sind.

5.2.3 Denial of Service

Kann ein Angreifer einen Dienst nicht unter seine Kontrolle bringen, so greift er manchmal zu rabiaten Methoden und versucht den Dienst zu stören oder zum Ausfall zu bringen. Bei Webshops finden sich schon Fälle von Erpressung, bei der angedroht wird, den Server zu überlasten, wenn nicht ein Lösegeld gezahlt wird.

Neben Fehlern in der Software, die meist durch entsprechende Patches behoben werden können, gibt es eine konzeptionelle Schwäche bei DHCP-Servern, die ein Angreifer leicht ausnutzen kann. Die Bereiche oder Pools von Adressen, die bereitgestellt werden, sind endlich. Sind alle Adressen vergeben, so geht der nächste anfragende Client leer aus. Ist der Server so konfiguriert, dass er auch an unbekannte Clients Adressen ausgibt, kann ein Angreifer einfach solange mit wechselnden gefälschten MAC-Adressen IP-Adressen anfordern, bis der Pool erschöpft ist. Daher sollte jeder Administrator ein Augenmerk auf die Meldung No Free Leases haben. Nach Möglichkeit sollte der Server einen Alarm auslösen, wenn dies eintritt, da dann definitiv eine Störung im Netz vorliegt, gleich ob diese von einem Angreifer verursacht wurde oder zu viele legale Clients der Grund sind.

Einen Angreifer, der diese Methode verwendet, kann man über die MAC-Adresstabellen auf den (hoffentlich) managebaren Switches im Netzwerk finden.

Eine weitere Angriffsmöglichkeit besteht darin, den DHCP-Server durch eine Unmenge von DHCPREQUEST- und DHCPRELEASE-Nachrichten zu überladen. Hier hilft eine Überwachung des Servers auf hohe Last oder einfach auf die Menge von DHCP-Logeinträgen, die erzeugt werden. Dabei sollte man zunächst einen Normalwert für verschiedene Tageszeiten ermitteln,[7] mit dem dann der laufende Betrieb verglichen werden kann.

5.2.4 Unbekannte DHCP-Server

Unbekannte DHCP-Server im Netz können nicht nur störend sein, sie können auch einen Angriff darstellen. Das Hauptziel des Angreifers ist dabei neben Störungen eine sogenannte „Man in the Middle"-Attacke. Dabei versucht ein Angreifer unauffällig zu sein und sich zwischen zwei Kommunikationspartner zu mischen, so dass deren Kommunikation über ihn läuft und er alle ausgetauschten Nachrichten mitlesen, aber auch manipulieren kann. Da beide Partner denken, dass sie mit dem jeweils anderen kommunizieren und dessen Nachrichten für bare Münze nehmen, kann der Mann in der Mitte die beiden durch Manipulationen dazu bringen, Dinge zu tun, die er möchte.

Clients beziehen Teile ihrer Netzwerkkonfiguration über DHCP. Dazu gehört auch die Information, welche Server sie für andere Dienste im Netz wie DNS oder NTP nutzen. In einem Man-in-the-Middle-Szenario vergibt ein angreifender DHCP-Server Adressen, die zur Konfiguration im LAN passen, auch die meisten anderen Parameter stimmen mit den offiziell verteilten überein. Nur bei bestimmten Parametern ersetzt der Server die Werte der Optionen durch eigene, um den Client dazu zu bringen, seine Vorstellungen umzusetzen. Ein extremes Beispiel ist es, den Defaultrouter umzusetzen, so dass der Angreifer alle IP-Pakete gesendet bekommt, die er zwar über den richtigen Router weiterleitet, aber eben mitlesen und gegebenenfalls manipulieren kann.

---

[7] Wenn morgens das ganze Büro zur Arbeit kommt und die Clients hochfährt, wird es natürlich eine Spitze in der Menge der Logmeldungen geben.

Da sich der Angreifer unauffällig verhält und die Clients in der Regel funktionieren, ist es relativ schwierig, einen solchen Angreifer zu finden. Die erfolgversprechendste Methode ist es, den offiziellen DHCP-Server abzuschalten und zu testen, ob man trotzdem noch eine IP-Adresse zugewiesen bekommt. Auch Adresskonflikte im LAN (zwei Rechner mit derselben IP-Adresse) können ein Indiz für einen solchen Angriffs sein.

Teil II

DNS

6

DNS-Grundlagen

Wohl die meisten denken bei der Abkürzung DNS zunächst an Desoxyribo-nukleinsäure, die Trägerin unseres Erbguts, Systemadministratoren hinge-gen sofort an das *Domain Name System*, den Dienst für die Zuordnung von Hostnamen zu IP-Adressen (und umgekehrt), ohne den weder das Internet noch lokale Netzwerke funktionsfähig wären.

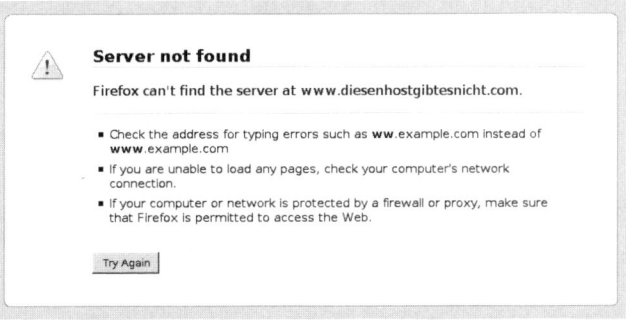

Abbildung 6.1:
Fehlermeldung im
Firefox

Fehlermeldungen wie die in Abbildung 6.1 oder 6.2 erscheinen, wenn es nicht funktioniert. Sie sind vermutlich der direkteste Kontakt, den „normale" Benutzer mit DNS haben, auch wenn ihnen diese Meldungen in den seltensten Fällen etwas sagen oder ihnen gar weiterhelfen.

Abbildung 6.2:
Fehlermeldung des
Web-Proxy Squid

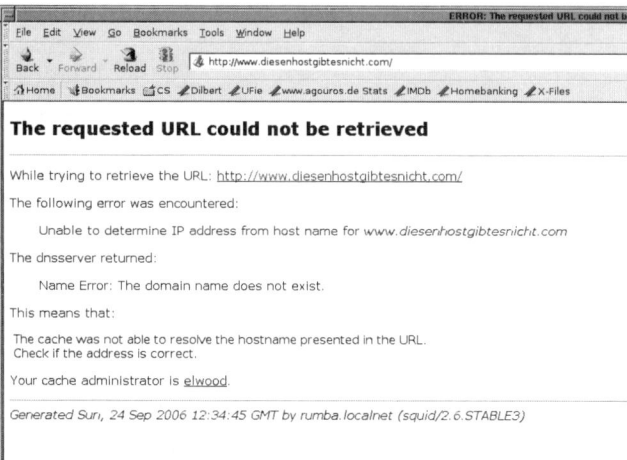

Die Reaktion besteht meist in einem Anruf beim Administrator: „Das Internet geht nicht!" Fällt der Nameserver für das LAN aus, funktionieren mit hoher Wahrscheinlichkeit ganze Teile der internen Infrastruktur nicht mehr. Weder der Fileserver noch der Intranetwebserver, dessen IP-Adresse natürlich kein Benutzer kennt, werden gefunden. Fällt der Nameserver für die eigene Domain gegenüber dem Internet aus, so kommen auch keine E-Mails mehr an. Der Anruf beim Admin erfolgt dann nicht ganz so schnell, aber er wird kommen.

6.1 Geschichte

Bereits vor Einführung des heute verwendeten IPv4-Protokolls bestand im ARPAnet das Problem, dass Benutzer etwas Intuitiveres als Zahlenketten wollten, um Rechner anzusprechen. So wurden Hostnamen eingeführt. Zur Abbildung der Adresse auf den Namen diente die Datei HOSTS.TXT. Ursprünglich wurde die Datei von jedem Beteiligten mehr oder weniger selbst verwaltet, was zu vielen Kopien und Fehlern führte. 1973 und 1974 wurde in RFCs ein System für eine zentrale Verwaltung definiert: Die Datei HOSTS.TXT wurde zentral verwaltet und konnte per FTP heruntergeladen werden.

Bis Anfang der 1980-er Jahre war das Verfahren praktikabel, aber dann wurde das Netz schlicht zu groß. Die Datei wuchs, und die Menge der Änderungen wurde unüberschaubar. Immer mehr Hosts luden sich die Datei nächtlich herunter, so dass man an die – nach heutigen Maßstäben sehr niedrigen – Bandbreitengrenzen stieß.

Eine der Applikationen, die bereits zu diesem Zeitpunkt benutzt wurde, war E-Mail. Im Gegensatz zu heute musste der Benutzer damals genau wissen, welchen Weg die Nachricht vom eigenen Rechner zum Rechner des Empfängers nimmt – einschließlich der Namen sämtlicher Hosts auf dem Weg dorthin. Die Hosts wurden mit dem Zeichen ! getrennt, der letzte Name in der Kette war der Benutzername des Empfängers. Lagen zwischen dem Host des Senders und dem des Empfängers also noch drei weitere, so sah die Mailadresse etwa folgendermaßen aus:

```
host1!host2!host3!empfaengerhost!empfaengeruser
```

Als Protokoll zur Übermittlung in dieser Schreibweise diente nicht SMTP, sondern das *Unix to Unix Copy Protocol* (UUCP), mit dem allgemein Dateien über Modemverbindungen kopiert werden können. E-Mails sind dabei ein Spezialfall von Dateien, die nach dem Transfer in eine Mailbox laufen.

Dies ist nicht nur recht umständlich für den Benutzer, sondern auch fehleranfällig, denn fällt einer der Hosts in der Kette aus, wird die Mail nicht zugestellt.

RFC 805 aus dem Jahr 1982 macht erstmals den Vorschlag für ein hierarchisches System. Der RFC schlägt auch schon Nameserver und ein System zur Adressauflösung vor, das recht genau die Methode des rekursiven Abfragens beschreibt, wie sie dann endgültig umgesetzt wurde. RFC 811 definiert einen ersten Nameservice-Dienst, der auf TCP-Port 101 läuft. Dieser Dienst erlaubt bereits die Auflösung von Name zu Adresse und umgekehrt. Zusätzlich zur Adresse werden auch noch die Dienste zurückgeliefert, die dieser Host anbietet. Statt der Ausrufungszeichen in Mailadressen wurde auch die Verwendung des @-Zeichens erlaubt.

RFC 830 beschreibt dann ein verteiltes, hierarchisches Nameserver-System und ein Protokoll zur Abfrage. Ein Jahr später (1983) erschienen dann RFC 882 und RFC 883 von Paul Mockapetris, der DNS mit Protokoll und Recordtypen in der heute bekannten Form vorstellt. RFC 882 beschreibt das ganze konzeptionell und RFC 883 definiert die Recordtypen und das Protokoll.

Einige der dort vorgestellten Recordtypen werden allerdings heute nicht mehr verwendet. Drei Jahre später erschien RFC 973, ebenfalls von Paul Mockapetris, unter dem Titel „Domain System Changes and Observations". Dieser RFC ergänzt bzw. ändert einige Dinge aus den beiden vorangegangenen RFCs aufgrund der Erfahrungen, die in der Zwischenzeit gesammelt wurden.

Das RFC-Paar 882/883 und die Erweiterungen aus RFC 973 wurden 1987 durch die RFCs 1034 und 1035 abgelöst. Zu diesen beiden Standards gibt es noch einige Erweiterungen und Ergänzungen, auf die noch eingegangen wird, aber diese beiden, jetzt 20 Jahre alten RFCs sind nach wie vor die Basis der Namensauflösung im Internet.

Bereits in den allerersten RFCs bestand die Aufgabe des Dienstes nicht nur in der Zuordnung von Hostnamen zu Adressen, sondern auch im Auffinden von Diensten. E-Mail war einer der treibenden Dienste des ganzen DNS-Projekts und wurde somit auch als erster implementiert. Im Laufe der Evolution von DNS wurden die suchbaren Inhalte erheblich erweitert, so dass es jetzt auch möglich ist, flexibel Informationen über angebotene Dienste zu veröffentlichen. Beispiele, die diese Funktionalität nutzen, sind Microsofts ADS, aber auch Voice-over-IP-Telefonie, die auf dem IETF-Standard SIP basiert.

6.2 DNS-Hierarchie

Es stellte sich rasch heraus, dass eine flache Hierarchie von Hostnamen auf Dauer nicht haltbar war. Die wesentlichen Gründe:

- Es musste eine Datei von einer Organisation verwaltet werden.

- Die Datei wurde zu groß, so dass das regelmäßige Herunterladen durch eine wachsende Anzahl von Hosts zu viel für die verfügbare Bandbreite war.

- Wer entscheidet, wie ein Rechner benannt werden soll, wenn der zweite seinen Rechner als „Superrechner" eingetragen bekommen möchte?

Um nach dem Motto „teile und herrsche" das Problem der Namensauflösung für das Internet zu lösen, wurde ein hierarchisches Konzept erdacht, das die Verantwortung für die Namensverwaltung auf die Organisationen verteilt, denen die Hosts gehören. Um dies auch im Namen kenntlich zu machen, werden die Namen gegliedert: ein Teil für die Organisation und einer für den eigentlichen Hostnamen. Die einzelnen Glieder heißen *Labels*, und zur Trennung dient ein Punkt. Das Konzept ist auf mehr als eine Hierarchiestufe ausgelegt. Ein Hostname wie `www.opensourcepress.de` ist in der Hierarchie von rechts nach links zu lesen. Wenn man sich alle Hostnamen des Internet als Baum vorstellt, dessen Wurzel oben ist (wie bei Bäumen in der Informatik üblich), so ergibt sich die in Abbildung 6.3 angedeutete Struktur.

Die Wurzel des Domainbaums ist die Domain „.". Diese wird auch als *Root* bezeichnet. Etwas wissenschaftlicher lässt sich das so formulieren: Der vollständige Hostname ist die Liste der Labels vom Blatt des Baumes zur Wurzel.

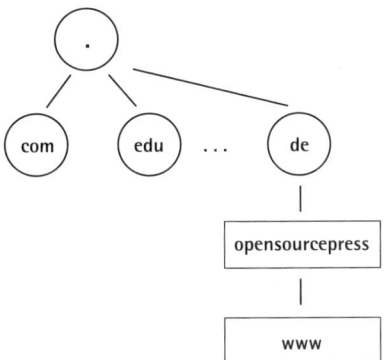

Abbildung 6.3:
Baumhierarchie von
Domainnamen

Die Domains auf der ersten Ebene sind die so genannten *Top-Level Domains*. Zu Beginn gab es hier nur `.arpa` (das Internet ging aus dem Arpanet hervor). Diese Domain wird heute nur noch für Reverse Domains verwendet, die festlegen, welcher Name zu welche IP-Adresse gehört. Für jedes Land gibt es eine eigene Top-Level Domain. Wie diese heißt, ergibt sich aus der ISO-Norm 3166, die jedem Land einen Code aus zwei Buchstaben zuordnet, z. B. `de` für Deutschland oder `fr` für Frankreich. Es gibt einige Ergänzungen und Ausnahmen zu dieser Liste. In Deutschland ist beispielsweise `eu` interessant, das für ganz Europa gilt.

Es gibt allerdings Top-Level Domains, die nicht diesem Schema folgen:

`com`

„commercial" für Firmen.

`net`

„network", ursprünglich für Organisationen, die mit der Verwaltung des Internet zu tun haben; inzwischen für alle freigegeben.

`edu`

„education" für Lehranstalten wie Universitäten, Colleges etc.

`org`

„organisation" für nichtkommerzielle Organisationen geplant, inzwischen für alle freigegeben.

`mil`

„military" für das US-Militär.

`gov`

„government" für US-amerikanische Regierungsbehörden, einschließlich der Behörden von Bundesstaaten.

int

„international" für internationale Regierungsorganisationen wie UN, EU oder Nato.

Diese Liste wurde um einige Domains für spezielle Bereiche erweitert:

aero

für Fluggesellschaften

biz

für Unternehmen

cat

für die Pflege der katalanischen Sprache und Kultur

coop

für Kooperativen

info

für Informationsanbieter[1]

jobs

für alle Webseiten rund um Personalangelegenheiten

mobi

für mobile Produkte

museum

für Museen

name

für private Homepages

pro

für „Professions", also bestimmte Berufsgruppen wie Anwälte, Steuerberater, Ärzte und Ingenieure in den USA, Kanada, Deutschland und Großbritannien.

travel

für die Reiseindustrie

Weiterhin existiert eine Top-Level Domain mit dem Namen gprs, welche nicht im Internet verwendet oder publiziert wird. Sie ist für das Datenroaming von Mobilfunkprovidern notwendig. Wenn ein Mobiltelefon den

[1] Diese Beschreibung stammt aus dem Wikipedia-Artikel. Die IANA-Webseite, die die offiziellen Top-Level Domains auflistet, enthält keine Angaben, wofür diese Domain gedacht ist.

GPRS- oder UMTS-Dienst benutzt, so braucht es zur Einwahl einen sogenannten *Access Point Name* (APN). Damit die Netzelemente des Providers
den richtigen Ausgang für diesen APN finden, wird eine DNS-Anfrage gestartet, die nach einer IP-Adresse für den Namen des APN, gefolgt von zwei
Labels für den Operatorcode des Landes und den Ländercode in der Top-
Level Domain `gprs` suchen. Im Roamingfall (also ein deutscher Kunde in
einem ausländischen Netz möchte einen deutschen Dienst benutzen) geschieht diese Abfrage auch über Netzgrenzen hinweg.

Wie es in der Hierarchiestufe hinter der Top-Level Domain weitergeht, hängt
von den Bestimmungen für die jeweilige Domain ab. Üblicherweise folgt
der Name der Organisation. Einige Domains (z. B. uk) haben aber noch
eine zweibuchstabige Zwischendomain eingeführt, die den Charakter der
Organisation (kommerziell, staatlich, gemeinnützig) widerspiegelt. Wie es
ab hier weitergeht (im Baum nach unten, im Namen nach links), obliegt
dem Besitzer dieser Domain.[2]

Hostname und vollständige Domain bilden den *Fully Qualified Domain
Name* (FQDN); Groß- und Kleinschreibung werden nicht unterschieden.
`WwW.OpEnSoUrCePreSS.DE` und `www.opensourcepress.de` sind demnach
gleichbedeutend und müssen beide funktionieren.[3] Bei der Auflösung einer
IP-Adresse zu einem Hostnamen wird der Hostname in genau der Groß-
und Kleinschreibung zurückgegeben, in der er gespeichert wurde. Veränderungen in Form von Normalisierungen finden also nicht statt.

Die Länge eines FQDN ist laut RFC 1035 auf 255 Byte limitiert. Die einzelnen Komponenten eines Domainnamens dürfen 63 Byte Länge nicht überschreiten. Dies ist damit begründet, dass in der binären Darstellung eines
Domainnamens ein Byte die Länge der nächsten Komponente beschreibt,
der dann die Komponente folgt. Die ersten zwei Bit der Längenangabe sind
allerdings reserviert, so dass nur Werte bis 64 möglich sind.

Erlaubte Zeichen in Domainnamen sind:

- A-Z in Groß- und Kleinschreibung

- Zahlen

- Bindestrich

Punkte dienen der Trennung der Domainkomponenten. Zahlen dürfen in
einer Komponente verwendet werden, diese soll aber nicht mit einer Zahl

---

[2] Genauer müsste man sagen: „dem Verantwortlichen für diesen Teil des Domain-
Namensraumes".

[3] RFC 1034 weist allerdings auf das Folgende hin: Wenn eine Applikation einen Hostnamen als Antwort auf eine DNS-Anfrage bekommt, so soll sie die Groß- und Kleinschreibung in der Antwort weiterverwenden. Dies wird gefordert, um sicherzustellen,
dass die Auflösung auch noch funktioniert, wenn eine Beachtung von Groß- und Kleinschreibung in der Zukunft gefordert wird.

beginnen.[4] Für „Sonderzeichen" (wie etwa deutsche Umlaute) wurde eine Umschreibung gefunden, die diese Richtlinien nicht verletzt. Insbesondere wird gerne der Unterstrich _ in windowsbeherrschten Domains verwendet, obwohl dieser nicht zulässig ist.

6.3 Zonen

RFC 1035 führt den Begriff der *Zone* ein. In Abschnitt 2.1 schreibt Mockapetris: „The first kind of data held in sets called zones; each zone is the complete database for a particular ‚pruned' subtree of the domain space."

Die Zone ist also die Datenbank, die den „Teilbaum des Domainraumes" – die Subdomain – beschreibt. Diese Datenbank liegt auf einem Nameserver. Die Zone ist dabei der Teil, für den der Nameserver zuständig ist. Dies muss nicht zwangsläufig der ganze darunterliegende Teilbaum sein. Tiefer in der Hierarchie liegende Teile können durchaus an andere Server weiterdelegiert werden. Gibt es in der Domain keine Unterdomains, die weitergeleitet werden, so sind Zone und Domain im Baum deckungsgleich, umfassen also dieselben Knoten. Allerdings ist die Domain als abstraktes Konzept zu verstehen, die Zone als die praktische technische Umsetzung.

Wie jede Datenbank enthält sie Einträge, die *Resource Records* (RR) genannt werden. Da das Domain Name System verteilt und nicht zentral sein soll, gibt es innerhalb einer Zone auch RRs, die die Verantwortung für einen Teilbaum an einen anderen Server delegieren.

Zu jeder Zone gehört ein *Start of Authority*-RR (SOA-RR). Dieser beschreibt die Zuständigkeit für die Zone durch den Namen des Nameservers und die Mailadresse des zuständigen Administrators der Zone. Weiterhin enthält er Zeitangaben für die minimale und maximale Gültigkeit von Daten aus dieser Zone sowie eine Seriennummer, die bei jeder Änderung erhöht wird, so dass durch eine Abfrage zu erkennen ist, ob sich die Zone geändert hat.

Somit beginnt alles mit der Zonenbeschreibung für die Root-Zone. Diese enthält dann Verweise auf die zuständigen Server für die Top-Level Domains, diese auf die darunterliegenden Domains und so weiter. Auf diese Weise wird die hierarchische verteilte Datenbank des DNS in Zonen abgebildet.

Das Dateiformat, in dem Zonen gespeichert werden, ist ebenfalls in RFC 1035 festgelegt. Auch Windows NT in älteren Versionen hat sich trotz GUI für die Verwaltung an dieses Format gehalten. Neuere Windows-Versionen mit ADS verwenden eine binäre Datenbank. Der in Kapitel 10 vorgestellte Nameserver TinyDNS bringt ein ganz eigenes Format mit.

---

[4] Die Regel, nach der eine Domain nicht mit einer Zahl beginnen darf, wurde in RFC 1123 gelockert. Wie in Kapitel 14 noch erläutert wird, sollte man aber mit Zahlen in Domainnamen vorsichtig umgehen.

6.3.1 Weiterleitung

Da das DNS hierarchisch aufgebaut ist, muss es einen Weg geben, die Verantwortung für weiter unten im Baum befindliche Teile an andere Nameserver weiterzuleiten. Dies geschieht mittels *Nameserver Records*, die nicht für die ganze Domain, sondern für eine Subdomain gelten.

Soll in der Zone opensourcepress.de auf eine eigene Subzone für dhcp.opensourcepress.de verwiesen werden, in die beispielsweise der DHCP-Server schreiben darf, so wird der Eintrag dhcp erzeugt, der nicht auf eine Adresse, sondern auf einen Nameserver verweist.

Dabei kann es zu einem Henne-und-Ei-Problem kommen, falls der Nameserver, auf den hier verwiesen wird, innerhalb dieser Zone liegt, also zum Beispiel nameserver.dhcp.opensourcepress.de. Ein anfragender Resolver bekommt als Antwort: „Frag' doch nameserver.dhcp.opensourcepress.de!" Um ihn zu fragen, benötigt er aber dessen IP-Adresse, und um diese herauszubekommen, müsste er eben jenen Nameserver fragen, dessen Adresse er ja nicht kennt. Deshalb legt man in der übergeordneten Zone (hier opensourcrepress.de) einen Record für die IP-Adresse von nameserver.dhcp.opensorucepress.com an. Diese RRs heißen *Glue Records*.

6.4 Das Protokoll

DNS-Clients und -Server kommunizieren über Fragen und Antworten miteinander. Der Client stellt die Frage: „Ich suche Record Type X für Schlüsselwert Y." Der Server antwortet dann entweder mit den gewünschten Daten, einem „das kenne ich nicht", „das gibt es nicht", „ich weiß nicht, wo ich das finde" oder „frage bitte bei Server Z".

Der Einfachheit halber werden alle Nachrichten (Fragen und Antworten) in Paketen des gleichen Formats geschickt. Abbildung 6.4 zeigt den Aufbau eines solchen Pakets.

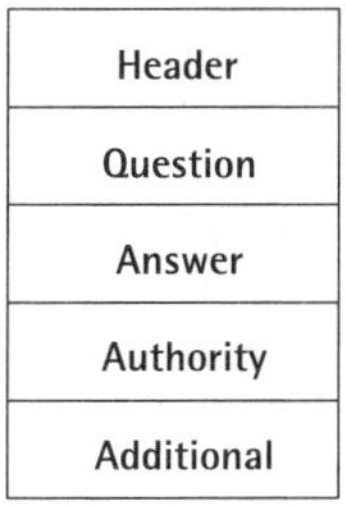

| Header |
| Question |
| Answer |
| Authority |
| Additional |

Abbildung 6.4:
Aufbau der
DNS-Pakete

In der Header-Sektion bilden die ersten 16 Bit eine Transaktionskennung. Diese wird bei der Frage zufällig generiert und in der Antwort an die gleiche Stelle kodiert, damit ein Fragender (in der Terminologie der DNS-RFCs ein *Resolver*) empfangene Antworten zuordnen kann. Da UDP als Transportprotokoll verwendet wird, treffen bei mehreren Fragen Antworten eventuell in einer anderen Reihenfolge ein.

Das nächste Bit gibt an, ob es sich um eine Frage oder eine Antwort handelt. Ist es gesetzt, so handelt es sich um eine Antwort.

Dem folgen vier Bit für einen Funktionscode. Dies erlaubt Werte zwischen 0 und 15, allerdings sind nur 0, 1 und 2 belegt. 0 signalisiert eine Standardabfrage, 1 eine inverse Abfrage und 2 eine Abfrage des Serverstatus. Inverse Abfragen sind die umgekehrte Suche, also zum Beispiel die Maildomain zum Mail-Exchanger Record. Dabei beschreibt RFC 1034 ausdrücklich, dass diese Suche nicht zum Erfolg führen muss, da die Zuordnung in dieser Richtung nicht immer eindeutig ist. Es wird dort auch verboten, diese Methode zu verwenden, um IP-Adresse Hostnamen zuzuordnen, statt die dafür vorgesehene Domain mit PTR-RRs zu verwenden.

Nun folgen vier einzelne Bit im Header:

AA

Ist der Nameserver, der die Frage beantwortet hat, für diese Zone zuständig („authoritative")?

TC

Wurde die Nachricht abgeschnitten, oder hat sie in dieses Paket gepasst? Es wird dann abgeschnitten, wenn die Nachricht länger als ein maximal großes Paket im Übertragungsmedium ist.

RD

Soll die Abfrage rekursiv ausgeführt werden? Die Bedeutung von rekursiv wird weiter unten erklärt.

RA

Kann dieser Nameserver rekursive Abfragen durchführen? Dieses Bit ist bei Fragen nicht sinnvoll und sollte dort auf Null gestellt werden. Es sollte ebenfalls nicht vom Nameserver ausgewertet werden.

Die nächsten drei Bit hatten laut RFC 1035 den Namen „Z" und waren als Platzhalter für eine zukünftige Benutzung reserviert. Mit RFC 2535 wurde dies geändert, und nun ist nur noch das erste der Bit mit dem Platzhalter „Z" belegt. Diesem folgt das *Authenticated Bit*, das angibt, ob die Daten kryptographisch verifiziert wurden (RFC 3655 ändert dessen Bedeutung allerdings nochmals und schränkt dessen Bedeutung ein). Dieses Bit hat nur bei Antworten eine Bedeutung. Näheres dazu im Kapitel 12 zu DNSSEC. Das letzte der drei Bit gibt an, ob auch unauthentisierte Daten als Antwort akzeptabel sind, und hat nur bei Fragen eine Bedeutung.

Die letzten vier Bit, die nötig sind, um wieder eine 16-Bit-Wortgrenze zu erreichen, dienen dem Fehlercode. Auch hier wären 16 verschiedene Werte möglich, allerdings sind nur die Werte 0-5 belegt und der Rest für die Zukunft reserviert.

Die Bedeutung der Fehlercodes ist:

0

  kein Fehler

1

  Formatfehler, der Server bekam eine Frage, die er nicht verstand.

2

  Serverfehler, der Server konnte die Frage nicht bearbeiten, weil er eigene Probleme hat.

3

  Name existiert nicht. Das hat nur Bedeutung bei Antworten von einem zuständigen Nameserver, der dies auch mit Sicherheit behaupten kann.

4

  Nicht implementiert. Der Nameserver kann diese Art der Frage nicht beantworten. Dies deutet auf eine syntaktisch richtige Frage nach einem z. B. nicht implementierten Recordtyp hin.

5

  Verweigert. Der Nameserver weigert sich aufgrund von Zugriffseinstellungen, diese Frage zu beantworten.

Zum Abschluss des Headers folgen vier Zähler, die angeben, wie viele Fragen, Antworten, Nameserver und zusätzliche Angaben sich in der Nachricht befinden.

Wie es im Paket weitergeht, hängt von den Werten dieser Zähler ab. Gibt es eine Frage, so folgt ein Frageabschnitt. Dieser beginnt mit einem Domainnamen, der wie auf Seite 83 beschrieben kodiert ist, also immer mit einem Byte Länge, gefolgt von der Anzahl Bytes des Labels, dann wieder der Länge und so weiter, bis die Länge null das Ende des Namens signalisiert, weil die Root des Domainbaums erreicht ist. Dem Namen folgen der Typ der Anfrage als 16-Bit-Zahl und die Klasse als 16-Bit-Zahl. Dieser Typ heißt QTYPE, und im nächsten Kapitel werden zu den verschiedenen Recordtypen auch die QTYPEs angegeben. QTYPE steht für *Query Type*. Die Klasse ist im praktischen Leben eigentlich immer IN für Internet, was durch eine Eins repräsentiert wird. Der Typ der Anfrage kann A für IP-Adressen, NS für Nameserver sowie einer aus einer ganzen Reihe von weiteren Typen sein, auf die im nächsten Abschnitt eingegangen wird.

Alle Antworten, gleich ob im Bereich Antwort, Nameserver oder Zusätzliches, haben das gleiche Format, und zwar das eines Resource Record.

Abbildung 6.5 stellt das Format für Resource Records dar.

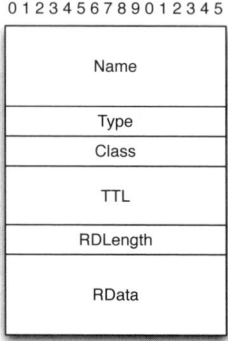

Name

> Domainname, der genau wie im Frageteil gemäß Abschnitt 4.1.4 des RFC kodiert ist. Da der Name in dieser Kodierung mit einem Nullbyte endet, muss er nicht auf einer 16-Bit-Grenze enden.

Type

> 16-Bit-Zahl, die die Art der Daten im RData-Teil angibt (IP-Adresse, Mail-Exchanger etc.).

Class

> die Klasse, im Regelfall ist dies 1 für IN (Internet).

TTL

> Time to Live für diese Antwort; damit ist die Zeit in Sekunden gemeint, die dieser Eintrag gecached werden darf, bis er verworfen wird. Wenn dort eine Null steht, darf die Antwort nur im Rahmen der aktuellen Transaktion verwendet und nicht zwischengespeichert werden.

RDLength

> beschreibt in einer nicht vorzeichenbehafteten, 16 Bit langen Zahl die Länge der diesem Feld folgenden Daten.

RData

> Antwortdaten, die zu Name, Typ und Klasse gehören. Das Format dieser Daten hängt von Klasse und Typ ab. In einem Record für die IP-Adresse zu einem Hostnamen befinden sich hier die 32 Bit der IP-Adresse. Bei einem Mail-Exchanger Record folgt zuerst die Zahl, die die Präferenz des Records angibt, gefolgt von dem Hostnamen des Mailservers.

6.4.1 Übertragung

Nameserver arbeiten auf Port 53, und zwar sowohl unter Benutzung von TCP als auch UDP. TCP muss für Zonen-Transfers verwendet werden, UDP für alle anderen Anfragen. Eine Nachricht, die per UDP übertragen wird (gleich ob Frage oder Antwort), darf ohne IP- und UDP-Header nur 512 Byte groß sein. Ist sie länger (weil etwa viele Nameservereinträge mitgeschickt werden), wird sie abgeschnitten und das TC-Bit im Header wird auf 1 gesetzt. Sollte die Antwort nicht hinreichend sein, kann der Client es nochmal mit einer TCP-Abfrage versuchen. Wird TCP verwendet, so wird an den Anfang der Nachricht ein zwei Byte langes Feld gesetzt, das die Gesamtlänge der Nachricht angibt.

6.4.2 Die Suche

Bei der Frage an einen Nameserver gibt es ein Bit, das angibt, ob die Suche rekursiv sein soll. Ist dieses Bit gesetzt und der Nameserver unterstützt dies, kümmert sich der befragte Server darum, eine Antwort von den Nameservern weiter oben im Baum zu erhalten. Aus Sicht des Fragenden ist dies die einfachere Variante, da er sich nicht um die Auswahl des zuständigen Nameservers kümmern muss, sondern diese Aufgabe weiterdelegiert. Schließlich wird es einen Nameserver geben, der die Anfrage mit der nicht-rekursiven Methode abarbeitet.

Bei nicht-rekursiven Anfragen gestaltet sich das Ganze komplizierter. Der Client fragt zunächst den ihm vorgelagerten Nameserver. Dieser liefert aber nicht selbst die Antwort, sondern liefert lediglich einen Verweis auf einen Nameserver, der weiterhelfen kann.

Wenn ein Client in der Domain `opensourcepress.de` ohne Rekursion nach der IP-Adresse für `www.example.com`[5] sucht, bekommt er vom Nameserver statt einer Antwort die Adresse eines Nameservers, der oberhalb im Baum am nächsten liegt. Da es sich aber um eine andere Top-Level Domain handelt, muss dieser einer der Root-Nameserver sein. Dem stellt der Client dann wieder die Frage nach `www.example.com`. Statt einer Antwort erhält er einen neuen Verweis auf eine Liste von Nameservern, diesmal allerdings für die Domain `.com`. In der nächsten Runde fragt der Client einen dieser Nameserver und bekommt Verweise auf die Nameserver der Domain `.example.com` als Antwort. Diese sind dann schließlich zuständig und können die Frage nach `www.example.com` beantworten.

Hätte man nach `example.de` gesucht, so wäre der Weg im Baum nach oben bereits bei einem der Nameserver für `.de` wieder nach unten gegangen und nicht bei den Root-Nameservern gelandet.

[5] Die Domain `example.com` ist in einem eigenen RFC für Beispiele in der Dokumentation vorgesehen.

Um Übertragungsbandbreite und Zeit zu sparen, ist bereits im RFC vorgesehen, dass Nameserver einen Zwischenspeicher (Cache) besitzen, in dem sie Antworten auf Fragen ablegen, die nicht für eigene Zonen gestellt wurden. Wie lange eine Antwort dort liegen bleibt, hängt vom TTL-Feld in der Antwort ab. Somit kann der Zonenverantwortliche steuern, wie oft der eigene Nameserver gefragt wird. Wenn im oben beschrieben Algorithmus einer der Nameserver auf dem Weg die Antwort in seinem Cache hat, so wird der Anfragende daraus bedient.

Der Cache speichert nicht nur die Antworten auf die eigentliche Frage, sondern auch alle anderen übertragenen Informationen. Wenn also kurz nach Adressanfrage für `www.example.com` eine Anfrage nach dem Mail-Exchanger für `example.com` auftrifft, nimmt der Nameserver, der die nicht-rekursive (oder iterative) Auflösung vornimmt, die Adresse des zuständigen Nameservers für `example.com` aus seinem Cache und kann diesen direkt befragen, statt sich erneut umzuhören, wer ihm diese Antwort geben kann.

6.4.3   Wildcards

Eine Sonderrolle im Suchalgorithmus sind *Wildcard Records*. Statt eines expliziten Namens, der als Schlüssel in der Suche verwendet wird, ist es auch möglich mit * einen Universalschlüssel für bestimmte Recordtypen anzugeben. Befindet sich in der Zone `opensourcepress.de` etwa ein Mail-Exchanger Record mit einem * als Schlüssel, werden beliebige Anfragen nach Mail-Exchangern wie `bla.opensourcepress.de`, `foo.opensourcepress.de` oder auch `foo.bla.opensourcepress.de` aufgelöst – und zwar auf den mit * hinterlegten Wert. Dabei greifen Wildcards nur, wenn es den Teilbaum nicht gibt. Existiert also in der Zone `opensourcepress.de` die Subzone `foobar.opensourcepress.de`, `bla.foobar.opensourcepress.de` aber nicht, so würde die Auflösung des Mail-Exchangers für `bla.foobar.opensourcepress.de` trotz des Wildcard-Eintrages leer ausgehen. Auch Fragen nach dem Mail-Exchanger für `foobar.opensourcepress.de` werden mit leerem Ergebnis beantwortet.

6.5   Redundanz und Zonentransfers

Bereits die frühen RFCs beschreiben, dass es für jede Subdomain, die ihren eigenen Nameserver betreiben will, mindestens zwei Nameserver geben soll, die diese Informationen gegenüber dem Internet bereitstellen.

Damit besteht die Anforderung, dass die Informationen auf allen Nameservern, die für diese Subdomain als zuständig gelten, konsistent sein müssen, ohne dass die Administratoren zu viel Aufwand in die Verwaltung stecken. Hierzu werden in RFC 1034 *Primary* (oder *Master*) und *Secondary* (oder

Slave) Server eingeführt. Administriert wird die Zone immer nur über den Primary Nameserver. Alle Secondaries kopieren sich die Zone über eine spezielle Anfrage. Als zuständige Nameserver dieser Subdomain werden alle Nameserver aufgelistet (Primaries und Secondaries). Daher ist es für alle Clients transparent, welchen Server sie fragen, da Primaries und Secondaries in der Liste gleichberechtigt sind. Die lokale Konfiguration des Nameservers entscheidet, wer für eine Zone Primary und wer Secondary ist. Auf den Secondaries wird auch eingetragen, wer der Master ist, von dem die Zone abgeholt werden soll.

Damit die Secondaries erkennen, ob sich etwas geändert hat, gibt es im SOA-Record der Domain ein Feld mit der *Serial Number*. Diese soll jedesmal nach oben gezählt werden, wenn sich in der Zone etwas andert. Die Secondaries fragen in regelmäßigen Abständen diesen Record vom Master ab. Wenn sich die Serial Number erhöht hat, wird die Zone herunterkopiert. Andernfalls betrachtet der Secondary die Zone weiterhin als gültig. Wie häufig die Secondaries den Primary befragen und wie lange sie die Daten für gültig halten, wird über weitere Parameter im SOA-Record der Zone gesteuert. Diese heißen REFRESH, RETRY und EXPIRE und haben folgende Bedeutung:

REFRESH

> gibt an, nach wie vielen Sekunden erneut beim Nameserver angefragt werden soll, ob sich die Serial geändert hat.

RETRY

> Schlägt der Versuch fehl, den SOA beim Primary abzufragen, wird die Anzahl Sekunden, die im Retry-Feld angegeben ist, gewartet, bevor dies erneut versucht wird.

EXPIRE

> gibt an, nach wie vielen Sekunden ohne erfolgreiche Abfrage beim Primary der Secondary davon ausgehen soll, dass die Zone ungültig ist. Wird dieser Zeitpunkt überschritten, so verwirft der Secondary die Zone und gibt keine Auskunft über den Inhalt der Zone mehr.

Wenn ein Secondary aufgrund einer erhöhten Serial Number auf dem Master der Zone feststellt, dass der Master eine neuere Version der Zone hat, stößt er einen Transfer der Zone mittels einer Frage vom Typ AXFR an. Dies geschieht mit TCP als Transportprotokoll, da von größeren Datenmengen als 512 Byte auszugehen ist und Übertragungsfehler zur Folge hätten, dass der Secondary dem Rest des Netzes falsche Antworten gibt. Die DNS-Nachricht als Antwort auf eine AXFR-Anfrage enthält alle Resource Records in dieser Zone im Antwortteil, wobei der SOA-Record als erste und als letzte Antwort geschickt wird, um kenntlich zu machen, wo die Daten jeweils anfangen und aufhören.

6.6   Protokollerweiterung

DNS geht bei der Übertragung über UDP von kleinen Datenmengen und
eine sehr beschränkten Bandbreite aus. Komplexere Recordtypen (besonders DNSSEC) führen aber dazu, dass die Beschränkung von 512 Byte DNS-
Nutzdaten pro Paket überschritten wird und daher TCP zur Übertragung
verwendet werden muss. Deshalb wurde mit RFC 2671 eine Protokollerweiterung eingeführt, die Antworten von mehr als 512 Byte möglich macht.
Laut RFC müssen dabei auch Clients, bei denen diese nicht implementiert
ist, mit der Antwort des Servers zurecht kommen, die Erweiterung also als
unbekannten Recordtyp ignorieren.

Neben den Größenbeschränkungen sind auch die zwei Bit für die Label-
typen zu wenig. Daher wird definiert, dass die Bitkombination 01 für ein
erweitertes Label steht und die nächsten 6 Bit dieses erweiterte Label beschreiben. RFC 2671 definiert jedoch nur die Bitmaske 111111 für zukünftige Erweiterungen und gibt sonst keine Masken vor.

Für die Informationen über die DNS-Paketgröße wird ein Pseudo-Record
mit Namen OPT eingeführt, der in der Additional Section der Antwort übertragen wird. Dieser Record soll von cachenden Resolvern nicht zwischenge-
speichert werden. Er enthält die Größe des UDP-Pakets, die Version der Erweiterung (im RFC als 0 bestimmt) und wie jeder RR einen RData-Abschnitt
für Nutzdaten. Diese können beim OPT-RR von variabler Länge sein. Daher
steht vor dem RData-Teil eine Beschreibung, die die Gesamtlänge enthält.
Im RData-Abschnitt befinden sich dann immer ein Typ (wie der Recordtyp),
die Länge der Daten und die Nutzdaten. Diese Felder werden momentan
nicht genutzt, sondern sind für zukünftige Erweiterungen vorgesehen.

Die Bedeutung der Felder im OPT-RR weicht von der Standardbelegung
(siehe Abschnitt 6.4) ab. Der Name ist immer leer, der Typ des Records ist
mit 41 belegt. Das Feld für die Klasse wird mit der Länge des Pakets gefüllt,
und das TTL-Feld enthält den erweiterten RCode und Flags. Dieser letzte
Punkt besteht aus dem Returncode in den oberen acht Bit des insgesamt 12
Bit langen erweiterten RCode. Die unteren vier Bit befinden sich im RCode-
Feld des DNS-Pakets. Sind die oberen acht Bit gleich 0, so gilt der nicht
erweiterte Code des DNS-Pakets, EDNS-spezifische Fehlermeldungen werden hier eingetragen. Die nächsten acht Bit beinhalten die EDNS-Version,
momentan immer 0. Schließlich folgen (wie in der Standardversion) die Z-
Bits mit insgesamt 16 zur Verfügung stehenden Bit. Momentan wird hier
nur das DO bei Verwendung von DNSSEC verwendet.

EDNS erkennt man z. B. bei Verwendung von dig (Abschnitt 11.2.3) am
folgenden Abschnitt der Ausgabe:

```
;; OPT PSEUDOSECTION:
; EDNS: version: 0, flags: do; udp: 4096
;; QUESTION SECTION:
```

7

Resource Records und Zonendateien

Der Inhalt aller Zonen besteht aus Resource Records. Diese Einträge definieren, welche Subdomain im Internet bekanntgegeben werden soll. Einige der in den Basis-RFCs vorgegebenen Recordtypen sind bis heute in Verwendung, andere haben sich überlebt. Durch eine ganze Reihe von RFCs wurden im Laufe der Zeit auch neue Recordtypen eingeführt, bei denen es dann immer auch von der Aktualität der verwendeten Nameserver-Software abhängt, ob sie unterstützt werden.

7.1 Start of Authority

„Authority" bedeutet im DNS-Kontext soviel wie „Zuständigkeit". Eine Zone beschreibt den Inhalt einer Subdomain. Der Nameserver, der diese Zone als Primary verwaltet, ist also zuständig. Im Start of Authority (SOA) Resource Record stehen Verwaltungsinformationen über die Zone, aus denen

Timingwerte für die Gültigkeit der Einträge und zuständige Server und Ansprechpartner hervorgehen. Der SOA-Record hat den QTYPE 6. Abbildung 7.1 zeigt den bitweisen Aufbau eines SOA-Record.

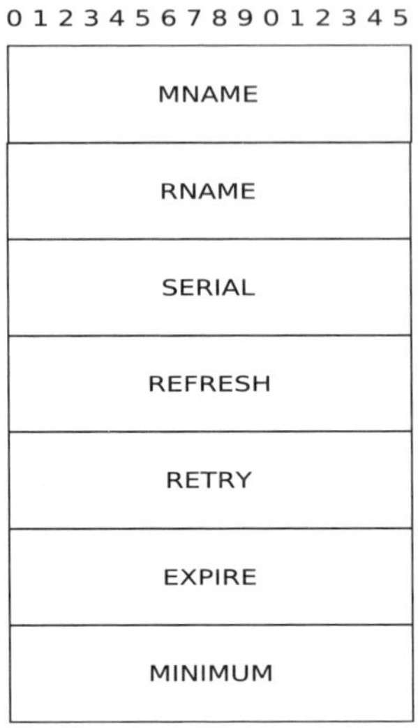

Abbildung 7.1:
Aufbau eines
SOA-Record (nach
RFC 1035)

Die Parameter haben die folgende Bedeutung:

MNAME

Hostname des Nameservers, der als Primary Nameserver gelten soll. Ein Primary Nameserver muss hier eingetragen sein, auch wenn das Verhalten später durch NS-Records modifiziert wird. Der Hostname muss als FQDN angegeben werden und mit einem Punkt abschließen.

RNAME

Domainname, der die Mailadresse des zuständigen Administrators beschreibt. Bei Mailadresse und Domainname scheint es sich zunächst nicht um denselben Datentyp zu handeln, tatsächlich aber wird die Mailadresse admin@example.com als admin.example.com in einem RNAME notiert. Alles vor dem ersten Punkt ist dabei als Benutzeranteil zu sehen. Wenn im Benutzeranteil selbst ein Punkt vorkommt (etwa bei Vorname.Nachname@domain), so ist dieser mit dem Backslash \ zu maskieren.

SERIAL

Eine nicht vorzeichenbehaftete 32-Bit-Zahl, die die Versionsnummer dieser Zone angibt. Der Inhalt sollte bei Änderungen in der Zone erhöht werden. Aufgrund dieses Wertes entscheiden Secondary Nameserver, ob sie die gesamte Zone erneut herunterladen.

REFRESH

Eine nicht vorzeichenbehaftete 32-Bit-Zahl, die angibt, nach wie vielen Sekunden die Secondaries beim Primary prüfen sollen, ob sich die Serial geändert hat, um dann gegebenenfalls die Zone neu zu übertragen.

RETRY

Gibt an, nach wie vielen Sekunden der Secondary erneut versuchen soll, den SOA-Record vom Primary abzufragen, wenn der letzte Versuch fehlgeschlagen ist. Der Wert ist eine nicht vorzeichenbehaftete 32-Bit-Zahl.

EXPIRE

Obergrenze in Sekunden, nach der eine Zone für ungültig erklärt wird. Wenn der Secondary in seinen Versuchen, die Serial beim Primary zu überprüfen also diesen Zeitraum überschreitet, greift dieser Wert. Der Wert ist eine nicht vorzeichenbehaftete 32-Bit-Zahl.

MINIMUM

Dies ist der einzige Wert, der bei jeder Antwort eine Rolle spielt, die der Nameserver für diese Zone gibt. Zu jedem RR, den ein Nameserver ausliefert, wird ein TTL-Feld mitgeliefert, das angibt, wie lange die Antwort gecacht werden soll. Um diesen Wert zu bestimmen, wird das Maximum aus dem bei MINIMUM hinterlegten Wert und dem Wert, der eventuell beim RR selbst hinterlegt ist, gebildet. In einer Zone kann noch ein Standardwert für die TTL definiert werden, damit dieser Wert nicht bei RR einzeln hinterlegt werden muss.

In einer Zonedatei sollte der SOA-Record am Anfang stehen. Die Werte für SERIAL, REFRESH, RETRY, EXPIRE und MINIMUM werden in Klammern, durch Leerzeichen getrennt, geschrieben.

Für die SERIAL steht ein Wertebereich von 0 bis 4 294 967 295 zur Verfügung. Prinzipiell kann man jetzt einfach bei 1 anfangen und dann mit jeder Änderung um eins hochzählen. Eine verbreitete Konvention, bei der man das letzte Änderungsdatum auslesen kann, ist das Format YYYYMMDDII.

YYYY steht für das Jahr, MM für den Monat, DD den Tag und II ist ein fortlaufender Index. Damit sind zwar nur 100 Änderungen pro Tag möglich, was aber im Normalbetrieb ausreicht.

Für REFRESH, RETRY und EXPIRE und die Default TTL gibt es für Zonen unterhalb von .de Vorgaben vom hierfür zuständigen DENIC[1]:

---

[1] Siehe http://www.denic.de/de/domains/technik/nameserver-_und_nsentry-eintraege/NS-Eintraege.html. Zu diesen Vorgaben gehört auch, dass es für jede Zone unterhalb von .de mindestens zwei und höchstens fünf Nameserver geben muss. Mindestens zwei dieser Nameserver müssen in verschiedenen Netzen stehen, wobei als „verschieden" zwei Netze mit einer Netzmaske kleiner als 24 zu interpretieren sind.

REFRESH

> 10000–86400 Sekunden, also von ca. 2,75 Stunden bis zu einem Tag.

RETRY

> 1800–28800 Sekunden, also von einer halben Stunde bis zu acht Stunden.

EXPIRE

> 604800–3600000 Sekunden, also von einer Woche bis zu 41 Tagen und 16 Stunden.

TTL

> 180–345600 Sekunden, entspricht 3 Minuten bis zu 4 Tagen.

Mit TTL ist jener Wert gemeint, der sich aufgrund der Angabe in MINIMUM und dem TTL-Feld ergibt und der in den tatsächlichen Antworten steht. In lokalen Netzen kann es aber durchaus andere Anforderungen geben, bei denen kürzere oder längere Werte sinnvoll sind.

Ein Beispiel für einen SOA-Record in einem Zone-File ist:

```
@ IN SOA ns1.example.com admin.example.com (
     2006100100
     86400
     3600
     864000
     86400 )
```

Das @-Zeichen ist in Zonefiles der Platzhalter für die aktuell beschriebene Zone. Der Primary Nameserver heißt ns1.example.com, und der zuständige Administrator ist unter admin@example.com erreichbar.

Die Zone wurde zuletzt am 1.10.2006 geändert, und dies ist die erste Version für diesen Tag. Die Secondaries sollen nach einem Tag prüfen, ob es eine neue Zone gibt. Bei einem Misserfolg sollen sie es einmal pro Stunde erneut versuchen. Erst nach 10 Tagen sollen die Secondaries die Daten für ungültig erklären. Die Minimum-TTL steht bei einem Tag.

7.2 Nameserver

Neben dem MNAME-Feld im SOA gehören zu jeder Zone auch Nameserver-RRs (QTYPE 2). Aus Redundanzgründen sollten es mindestens zwei sein. In einem kleinen, nicht unternehmenskritischen LAN ohne Verbindung zur Außenwelt reicht natürlich auch einer.

Nameserver-RRs werden mittels NS kenntlich gemacht. Als Wert wird ein FQDN angegeben, für den es einen Addressrecord geben muss. Wichtig:

Ein NS-RR darf niemals auf einen CNAME-Record zeigen! In einer Zone kann man neben den NS-Records für die eigene Zone auch Records für Subzonen finden. Das ist dann der Fall, wenn eine Subzone der eigenen Zone an einen anderen Nameserver delegiert werden soll. Wenn die NS-Records für die Subzone auf einen Host in dieser Subzone zeigen, werden auch Adressrecords für diesen in die obere Zone eingefügt, um dem Henne-und-Ei-Problem, dass man sonst den zuständigen Nameserver nicht auflösen kann, aus dem Weg zu gehen. Diese Records heißen *Glue Records*, weil sie den „Kleber" bilden, der das ganze zusammenhält und funktionieren lässt.

Die Hostnamen werden mit einem abschließenden Punkt geschrieben.

Beispiele für NS-Records sind:

```
@ IN NS ns1.example.com.
  IN NS ns2.example.com.

dhcp IN NS nsdhcp.example.com.
```

In der ersten Zeile wird wieder der Klammeraffe benutzt, um auf die aktuelle Zone zu verweisen. In der zweiten Zeile kann dieser entfallen, wenn die Zeile mit einem Leerzeichen beginnt. Dann bezieht sich der Wert rechts vom IN NS auf den letzten Schlüssel, der links davon stand. Die letzte Zeile schließlich weist den Host nsdhcp.example.com als Nameserver für die Unterzone dhcp.example.com zu.

7.3 Adressen

Sinn und Zweck des DNS war ursprünglich die Auflösung von Hostnamen zu IP-Adressen. Dazu dient dient der Address (A) RR (QTYPE-Code 1). Der Schlüssel ist ein Domainname, der Wert eine IPv4-Adresse.[2] In den DNS-Nachrichten steht die Adresse als 32-Bit-Zahl. In einer Zone wird sie in der üblichen Schreibweise von 4 Bytes, die durch Punkte getrennt sind, angegeben.

Ein Beispiel für einen A-Record ist:

```
testhost IN A 192.168.1.5
```

Dabei ist anzumerken, dass im Beispiel der Host nicht als FQDN vermerkt ist. Das bedeutet, dass an den Host der aktuelle Wert von $ORIGIN (also das Domänenpräfix, das von dieser Zone beschrieben wird) angehängt wird.

---

[2] Streng genommen gilt dies nur für die Query-Klasse IN (Internet), allerdings sind die anderen vorgesehenen Klassen CS (CSNET) und CH (CHAOSNet) heute nicht mehr gebräuchlich.

Wenn es sich bei der Zone um opensourcepress.de handelt, kann der Nameserver Fragen nach testhost.opensourcepress.de mit der Adresse 192.168.1.5 beantworten, aber nicht Fragen nach testhost ohne Domainanteil. Wenn in der Zone testhost.opensourcepress.de ohne abschließenden Punkt stünde, wäre der aufgelöste Name testhost.opensourcepress.de.opensourcepress.de. Dies zeigt aber auch, dass man für Domainnamen, die ein Label mehr enthalten, keine Subdomain anlegen muss.

$ORIGIN kann beim Anlegen von Records verwendet, aber genauso innerhalb einer Zonendatei geändert werden. Das ist dann sinnvoll, wenn eine Reihe von Einträgen in einer Unterdomain stehen sollen:

```
host1 IN A 192.168.1.1
$ORIGIN subdomain.opensourcepress.de
host2 IN A 192.168.1.2
host3 IN A 192.168.1.3
$ORIGIN opensourcepress.de
host4 IN A 192.168.1.4
```

host1 und host4 sind in der Domain opensourcepress.de, host2 und host3 in der Domain subdomain.opensourcepress.de.

7.3.1 IPv6

RFC 1886 führt den AAAA Resource Record ein, der dazu dient, Hostnamen zu Adressen der IP-Version 6 aufzulösen. Die Bezeichnung AAAA drückt aus, dass eine IPv6-Adresse mit 128 Bit viermal so breit ist wie eine IPv4-Adresse. Das Verhalten dieser Records ist das gleiche wie das von A-Records.

Ein Beispiel für einen AAAA-Record ist:

```
testhost IN AAAA fec0::1
```

7.4 Umgekehrte Auflösung

Wenn ein Client mit einem Server in Verbindung tritt, kennt der Server nur die IP-Adresse des Clients. Um auch den Namen zum Host zu erkennen, könnten Inverse Queries verwendet werden. Da diese aber aufgrund von Mehrdeutigkeiten keinen Erfolg garantieren, wurden Pointer (PTR) RRs (QTYPE 12) eingeführt.

Die Records stehen allerdings nicht in den Zonen, in denen sich die A-RRs befinden. Stattdessen gibt es unterhalb der Top-Level Domain .arpa eine Domain mit Namen in-addr. Für einen vollständigen PTR-RR wird bei der IP-Adresse, zu der der Hostname gefunden werden soll, die Byte-Reihenfolge umgedreht, aus 192.168.1.2 wird also 2.1.168.192. Für die Suche wird dann noch `in-addr.arpa` angehängt, das heißt, der Nameserver bekommt als Suchschlüssel `2.1.168.192.in-addr.arpa`.

Der Zonenbaum unterhalb von `in-addr.arpa` ist dabei nach Bytes gegliedert, wie in Abbildung 7.2 dargestellt.

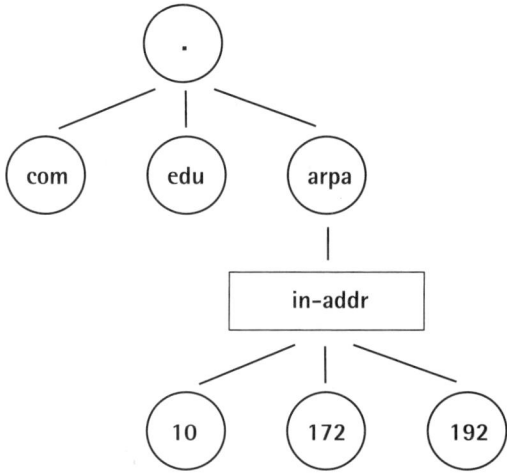

Abbildung 7.2:
Aufbau der Domain
`in-addr.arpa`

Für die nächsten Bytes geht es dann entsprechend nach unten weiter. Besitzt eine Organisation ein Netz mit einer Netzmaske von 8, 16 oder 24 Bit, so kann die ganze Reverse Subzone an die Nameserver delegiert werden. Bei kleineren Netzen gibt es eine andere Methode, die in Abschnitt 14.2 erläutert wird.

Ein PTR-Record in der Zone `1.168.192.in-addr.arpa` sieht folgendermaßen aus:

```
5 IN PTR testhost.opensourcepress.de.
```

Dabei ist zu beachten, dass die Zone für die Reverse Domain nichts mit der Zone für `opensourcepress.de` zu tun hat. Daher müssen die Hostnamen immer als FQDN angegeben werden. Ebenso ist darauf zu achten, dass die Namen mit einem Punkt abgeschlossen werden.

Ein PTR-Record in der Zone 16.172.in-addr.arpa ist etwas länger. Für die Adresse 172.16.1.2 ist er wie folgt zu schreiben:

```
2.1 IN PTR testhost2.opensourcepress.de.
```

7.4.1 IPv6

Eine IPv6-Adresse besteht aus 128 Bit. In der üblichen Schreibweise wird die Adresse in acht Gruppen zu 16 Bit unterteilt, und diese 16-Bit-Zahlen werden als vierstellige Hexadezimalzahl dargestellt. Führende Nullen können weggelassen werden. Als Trennzeichen dient der Doppelpunkt. Wenn ein Block nur aus Nullen besteht, kann dieser ganz weggelassen werden, jedoch nur die erste auftretende Folge von Nullen von links, da andernfalls die Adresse nicht eindeutig ist. Man kann also die Adresse fec0:0000:1111: 0000:0000:5678:AAAA:BBBB nicht mit fec0::1111::5678:AAAA:BBBB abkürzen. Wenn mehrere aufeinanderfolgende Blöcke ganz aus Nullen bestehen, so können diese alle weggelassen werden.

Dieses Adressformat wurde ursprünglich in RFC 1884 definiert, der von RFC 2373, RFC 3513 und zuletzt RFC 4291 abgelöst wurde.

Beispiele für IPv6-Adressen:

```
fec0:1234:5678:ABCD:FE00:1234:5678:90AB
fec0:1234::ABCD:EF
```

Im letzten Beispiel sind die mittleren vier Gruppen nur Nullen, daher können sie ganz gestrichen werden. In der letzten Gruppe wurden die zwei führenden Nullen weggelassen.

Die Adresse im folgenden Beispiel ist nicht zulässig, da sie nicht eindeutig mit Nullen gefüllt werden kann:

```
fec0::1234::ABCD::5678
```

Bei PTR-Records gibt es für IPv6 unterhalb der Top-Level Domain .arpa die Domain ip6.[3] Genauso wie bei IPv4 wird für einen PTR-Record die Adresse umgedreht, wobei nach den einzelnen Stellen der Hexadezimalzahl getrennt wird, die jeweils vier Bit der Adresse repräsentieren.

Wie bei IPv4 besteht die Zone aus dem Netzanteil, die Einträge in der Zone enthalten den Rest der Adresse. Wegen der Unterteilung in 4-Bit-Blöcke ist hier sogar eine feinere Granularität als bei IPv4 möglich. Die weggelassenen Nullen müssen allerdings ergänzt werden, sowohl im Namen der Zone als auch im PTR-Record. Als Trennzeichen wird bei Zonennamen und PTR-Records wieder der Punkt verwendet.

Wenn der Netzanteil fec0 ist, befinden sich die PTR-Einträge in der Zone 0.e.c.f.ip6.arpa. Das erste Beispiel fec0:1234:5678:ABCD:FE00: 1234:5678:90AB hat dann folgenden PTR-Record:

```
B.A.0.9.8.7.6.5.4.3.2.1.D.C.B.A.8.7.6.5.4.3.2.1 IN PTR testhost.ipv6.ope
nsourcepress.de.
```

[3] Es gab auch die Domain ip6.int, aber ip6.arpa hat sich durchgesetzt.

Beim zweiten Beispiel müssen die Nullen aufgefüllt werden:

```
F.E.0.0.D.C.B.A.0.0.0.0.0.0.0.0.0.0.0.0.4.3.2.1 IN PTR testhost2.ipv6.op
ensourcepress.de.
```

Wenn man diese Einträge mit der Hand pflegt, empfiehlt es sich, darauf zu achten, dass die Einträge in einer Zone alle die gleiche Länge besitzen.

7.5   E-Mail

Einer der treibenden Faktoren für die Einführung des DNS war die Vereinfachung des E-Mail-Verkehrs. In den Frühzeiten musste man den genauen Pfad vom eigenen Rechner zum Rechner des Adressaten kennen. Die heute selbstverständliche Schreibweise Empfänger@Organisation war eines der Ziele der ersten Entwürfe der DNS-RFCs. Um eine solche Zustellung zu ermöglichen, gibt es einen (oder bessere mehrere) verantwortliche Server, die die Mail für diese Domain auf dem Internet annehmen. Dies sind die Mail-Exchanger. Damit ergibt sich auch der Name des RR-Typen MX. Der QTYPE-Code für MX-RRs ist 15.

Als Argument erhält dieser RR zwei Werte, eine Präferenz und einen auflösbaren Hostnamen. Über die Präferenz steuert man bei mehreren Mail-Exchangern, welcher zuerst gewählt werden soll, wobei ein kleinerer Wert eine höhere Wichtigkeit repräsentiert. Wichtig: Der auflösbare Hostname *muss* auf einen A-Record verweisen.

RFC 2821 ist der aktuelle RFC für das *Simple Mail Transfer Protocol* (SMTP). Darin wird erläutert, wie ein Mailserver, der eine Mail versenden will, im DNS nach dem richtigen Empfänger sucht und wie die Ergebnisse interpretiert werden.

Um einen zuständigen Mailserver zu finden, prüft der Sender zunächst, ob für die Zieldomain MX-Records existieren. Ist dies der Fall, so sortiert er die Liste der MX-Records nach den Präferenzwerten (der kleinste zuerst) und probiert die gefundenen Server der Reihe nach durch. Dabei lässt es der RFC offen, ob alle Server versucht werden sollen oder ob es einstellbar sein soll, wie viele aus der Liste probiert werden. Wenn in der Liste zwei oder mehr Server mit derselben Präferenz stehen, muss der Sender per Zufall entscheiden, welchen Server er benutzt. Das ermöglicht eine Lastverteilung unter den angegebenen Mailservern.

Findet der Sender keine MX-RRs, sucht er nach A-Records, und wenn wenn er dabei erfolgreich war, versucht er, die E-Mail direkt an diese Adresse zuzustellen.

Wenn die Auflösung des Hostnamens mehrere IP-Adressen ergibt, ist es in der Verantwortung des Auflösenden, diese Adressen in einer sinnvollen Reihenfolge zurückzugeben (z. B. topologisch näherliegende Adressen zuerst).

Der Mailsender muss die Adressen in der ihm präsentierten Reihenfolge verwenden.

Ein Sonderfall tritt ein, wenn der Hostname, der bei der Suche herauskommt, einer der eigenen Namen ist. Wenn der Mailserver für die Zustellung in eine lokale Mailbox konfiguriert ist, so wird dies ausgeführt. Wenn es eine statische Mailrouting-Konfiguration gibt, wird auch diese ausgeführt. Andernfalls wird die Liste der MX-Records, auf der der eigene Hostname steht, sortiert und alle Einträge, die den gleichen oder einen numerisch höheren Präferenzwert haben, werden gestrichen. Bleiben noch Server auf der Liste übrig, so werden diese wie oben verwendet. Bleibt keiner übrig, wird eine Fehlermeldung an den Absender der Mail geschickt.

MX-RRs befinden sich üblicherweise am Anfang der Domain und beziehen sich auf $ORIGIN. Ein Beispiel für zwei MX-Records ist:[4]

```
$ORIGIN IN MX 10 mailhost1.example.com
        IN MX 25 mailhost2.example.com
```

Es sei angemerkt, dass bei dieser Definition für die Zone example.com E-Mails an @example.com ankommen, aber Mails an @test1.example.com nicht an die beiden gesetzten Mailserver zugestellt wird, sondern direkt an test1.example.com, sofern es für diesen einen A-RR oder einen CNAME-RR gibt.

Wenn es gewollt ist, dass alle Mails an XXX.example.com an die Mailserver zugestellt werden, kann dies über einen Wildcard-Eintrag in der Zone example.com wie folgt realisiert werden:

```
* IN MX 10 mailhost1.example.com
  IN MX 25 mailhost2.example.com
```

Hierbei ist darauf zu achten, dass dies nicht gilt, wenn es eine eigenständige delegierte Subdomain gibt. Im Beispiel

```
*    IN MX 10 mailhost1.example.com
     IN MX 25 mailhost2.example.com
dhcp IN NS dhcpserver.example.com
```

gilt der Wildcard-MX-Record für keinen Host unterhalb von dhcp.example.com.

---

[4] $ORIGIN steht hier nur, damit das Beispiel für sich alleine gültig ist. Stehen die Einträge am Anfang der Zone, so kann es weggelassen werden, da sich die Einträge, wenn sie mit einem Leerzeichen beginnen, auf den letzten Eintrag beziehen, der am Anfang der Zone ja genau $ORIGIN entspricht.

7.6 Aliase

Wenn ein Verweis von einem Domainnamen auf einen anderen erfolgen soll, so wird dies über einen CNAME-RR realisiert. CNAME steht für *Canonical Name*. Damit ist der eigentlich Name des angesprochenen Hosts gemeint. Der Suchschlüssel und der zurückgelieferte Wert sind jeweils ein Domainname. Trifft ein Client bei der Auflösung auf einen CNAME-RR statt auf den gesuchten RR, wird mit dem mitgelieferten Domainnamen versucht, einen Eintrag für den ursprünglichen Querytype zu finden. Dabei ist es möglich, dass in der nächsten Runde wieder ein CNAME statt des gesuchten RR herauskommt. Der RFC rät aus Performancegründen davon ab, solche Verweisketten zu bilden, da ja bei den meisten DNS-Suchvorgängen eine Applikation dahintersteht, die auf die Antwort wartet. Wenn durch zwei Verweise ein Kreis gebildet wird, also a.opensourcepress.de ein CNAME-RR auf b.opensourcepress.de ist und umgekehrt, so soll dies nicht zu einer Endlosschleife führen, sondern eine Fehlermeldung erzeugen. Ebenso soll es eine Fehlermeldung geben, wenn ein CNAME-RR auf einen Domainnamen verweist, der nicht aufgelöst werden kann.

Ein Beispiel für einen CNAME ist:

```
ahost IN CNAME bhost.opensourcepress.de.
bhost IN A 192.168.1.2
```

Da das Argument für einen FQDN ist, können CNAME-RRs auch in ganz andere Domains verweisen ($ORIGIN ist example.com):

```
chost IN CNAME chost.opensourcepress.de
```

Mittels CNAME-RRs ist es möglich, einzelne Domainnamen auf einen anderen Namen zeigen zu lassen. Wenn aber eine ganze Domain auf eine andere zeigen soll, so lässt sich dies nicht über CNAME-RRs realisieren. Um dies zu ermöglichen, wurden in RFC 2672 DNAME-Records (QTYPE-Code 39) eingeführt. Eine der Hauptmotivationen des RFCs ist das „Umnummerieren" von Reverse-Domains. Wenn das Netz 192.168.1.0/24 auf 172.16.0.0/16 umgezogen wird, so kann man, statt die Zone neu zu schreiben, in die Zone 16.172.in-addr.arpa einen DNAME-RR setzen, der auf die Zone 1.168.192.in-addr.arpa verweist. Dieser wird richtig aufgelöst. Wenn aus der Zone mustermueller.de die Zone mustermeier.de wird (weil die Firma Mustermueller von Mustermeier gekauft wurde) und jetzt die Hoheit der Hostverwaltung bei Mustermeier liegt, so kann in die alte Zone ein DNAME-RR gesetzt werden, der auf Mustermeier verweist, damit die Mustermueller-Kunden noch E-Mail an die gewohnte Adresse senden können und auch www.mustermueller.de unter Mustermeier-Regie gefunden wird.

Eine Zone, die einen DNAME-RR enthält, darf keine CNAME-RRs und keine anderen DNAME-RRs enthalten, da dies beim Algorithmus zur Bestimmung, ob ein Server die Frage beantworten kann, zu einem nicht eindeutigen Ergebnis führen würde.

Wird eine Frage an einen Nameserver gestellt, deren Antwort einen DNAME-RR enthält, so wird im Regelfall[5] in der Antwortsektion des Paketes der DNAME-RR, die Antwort (so vorhanden) aus der Zielzone und ein vom Nameserver eingefügter CNAME-RR mit TTL 0 stehen, der dazu dient, den Client auf den richtigen Zielnamen zu verweisen, ohne dass er den DNAME-RR verstehen muss.

Im ersten Beispiel wird in der Zone für `mustermueller.de` ein Verweis auf `mustermeier.de` gesetzt. Damit werden alle Suchen nach Hosts für `mustermueller.de` auf die Domain `mustermeier.de` abgebildet.

```
$ORIGIN mustermueller.de.
   IN DNAME mustermeier.de.
```

Im zweiten Beispiel wird die Reverse Zone für das Netz 192.168.2.0/24 auf 192.168.1.0/24 abgebildet, so dass kein neues Zonefile nach einem Umzug von 192.168.1.0 auf 192.168.2.0 geschrieben werden muss.

```
$ORIGIN 2.168.192.in-addr.arpa.
  IN DNAME 1.168.192.in-addr.arpa.
```

7.7 Host-Informationen

In den Anfangszeiten des Internet war das Netz eine „freundliche" Zone. Es ging darum, die damals teuren Großrechner-Ressourcen gemeinsam zu nutzen. Um kenntlich zu machen, welche Sorte von Rechner sich hinter einem Hostnamen verbirgt und welche Dienste man auf diesem nutzen kann, wurden zwei RRs eingeführt, die diese Daten ebenfalls über das DNS bereitstellten. In der heutigen Zeit sprechen Sicherheitsbedenken dagegen, diese Informationen öffentlich bereitzustellen, da sie es Angreifern leichter machen, gezielte Angriffe gegen bestimmte Betriebssysteme oder Dienste zu starten. In einem LAN kann es aber sinnvoll sein (etwa zur internen Verwaltung), die Informationen bereitzustellen.

Die zwei hierfür definierten RRs sind der Hostinfo-Record (`HINFO`) und der „Well known Services" (`WKS`).

Ein HINFO-RR (QTYPE-Code 13) enthält laut RFC Prozessortyp und Betriebssystem als zwei Strings. Der Prozessortyp wird in der Praxis nicht als

---

[5] Die Ausnahme sind „Enhanced"-DNS-Abfragen nach RFC 2671. Clients, die solche Abfragen stellen, geben auch zu erkennen, dass sie den DNAME-RR implementiert haben und damit umgehen können.

reine CPU-Bezeichnung, sondern als Beschreibung des Rechners verstanden und kann aus Großbuchstaben, Zahlen, Binde- und Schrägstrich bestehen, darf aber nicht länger als 40 Zeichen sein. Er muss mit einem Buchstaben beginnen und mit einem Buchstaben oder einer Zahl aufhören. In den ursprünglichen RFCs wird auf eine Liste gültiger Namen in RFC 810 verwiesen. Aufgrund der technischen Entwicklung wurde aufgegeben, gültige Namen vorzugeben. Innerhalb einer Organisation sollte man ein einheitliches Schema verwenden, also zum Beispiel nicht einmal „i686 PC" und einmal „Pentium4 2GHz PC" schreiben.

Für den Betriebssystemteil gelten die gleichen Regeln bezüglich verwendbarer Zeichen und Länge. Auch hier wird in den ursprünglichen RFCs eine Liste vorgegeben, die von der Entwicklung lange überholt wurde. Ein heute praktischer Ansatz wäre es, den Namen des Betriebssystems und die Version azugeben, damit im Sinne einer Inventarisierung ein Überblick möglich ist: also etwa Gentoo-Linux-2-6-17 oder Windows2003-Build1234.

Um Durcheinander im Zonefile zu vermeiden, empfiehlt es sich, die HINFO-RRs den jeweiligen A-RRs zuzuordnen. Hier ein Beispiel für HINFO-RRs:

```
linserver IN A 192.168.1.6
          IN HINFO "PC-Pentium4-2GB" "Gentoo-Linux-2-6-17-r7"
winserver IN A 192.168.1.5
          IN HINFO "PC-Pentium4-1GB" "Windows2000-Build1234"
mac       IN A 192.168.1.7
          IN HINFO "MAC-PPC5-2GB" "MACOSX-10-4-8"
```

Für die Well Known Service RRs (QTYPE-Code 11) wird angegeben, welches Transportprotokoll (TCP oder UDP) und welche Portnummer verwendet wird. Im Datenpaket steht die Portnummer als Zahl, wohingegen für den Dienst eine Bitmaske aus maximal 256 Bit steht, die die Ports unter 256 repräsentiert. Für einen Server, der Port 25 (E-Mail) und Port 80 (HTTP) anbietet, stünde in dieser Bitmaske bei den Bits 26 und 81 (die Zählung beginnt bei 0) eine 1 und der Rest wäre Null. Insgesamt ist in diesem Fall die Maske nur 88 Bit breit, da sie in 8-Bit-Blöcken nur soviele Bits enthält wie notwendig. Dieser Record wurde mit RFC 1123 allerdings abgeschafft und in den Zustand „deprecated" versetzt.

7.8 Kommentare

Um Bemerkungen, die nicht funktional zugeordnet sind, wie einen der anderen bisher vorgestellten RR-Typen einzufügen, dienen Text-RRs (TXT, QTYPE-Code 16). Diese erhalten als Wert einen beliebigen ASCII-Text (7-Bit, also keine deutschen Sonderzeichen), der einen Kommentar zum zugeordneten Domainnamen bildet. Die Länge des Textes ist durch die maximale Länge eines RRs von 256 Zeichen (inklusive Längenfeld) begrenzt. Es können auch mehrere TXT-RRs für denselben Domainnamen eingetragen werden. Dies sollte allerdings nicht für längeren Text verwendet werden, der nicht in einen RR passt, da die Reihenfolge der Antworten undefiniert ist. Der Text wird in doppelte Anführungszeichen gesetzt.

Ein Beispiel für einen TXT-RR ist:

```
host1 IN TXT "dies ist der Kommentar für Host 1"
```

Die Verwendung der TXT-Records obliegt dem Administrator. TXT-Records werden z. B. in dem in Abschnitt 14.4.2 vorgestellten *Sender Policy Framework* zur Spambekämpfung verwendet. TXT-Records können aber auch für beliebige Einträge wie z. B. Seriennummern der Hosts verwendet werden.

7.9 Ortsangaben

Da das Internet ein globales Medium ist, ist es auch interessant, wo ein Rechner sich befindet. Um dies zu klassifizieren, wurden mit RFC 1876 Location-RRs (LOC, QType-Code 29) eingeführt. Diese erlauben es, in dreidimensionalen Koordinaten den Ort, an dem sich die Hardware zu einem Eintrag im DNS befindet, anzugeben. Ein so definierter Standort ist kein einzelner Punkt, sondern hat eine gleichmäßige räumliche Ausdehnung in allen Dimensionen und ist somit als Rauminhalt einer Kugel festgelegt.

Abbildung 7.3:
Aufbau der LOC-RR
(nach RFC 1876)

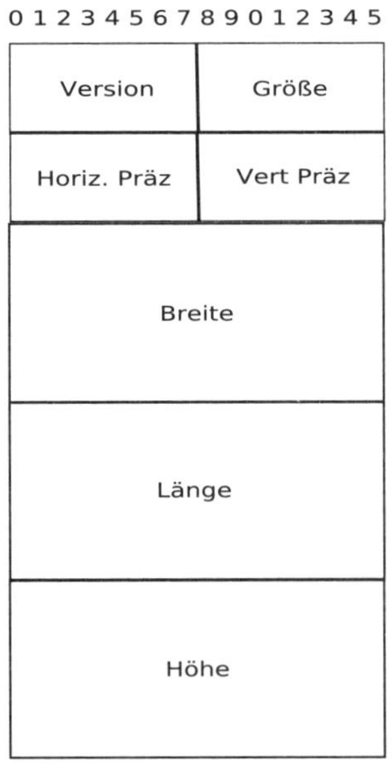

Die einzelnen Felder haben folgende Bedeutung:

Version

beschreibt die Version und muss immer 0 sein.

Größe

Durchmesser der Kugel in Zentimetern, die um die später folgenden 3D-Koordinaten gelegt wird. Dabei werden die 8 Bit des Wertes in zwei 4-Bit-Werte zerlegt. Die zweite 4-Bit-Zahl ist der Exponent zur Basis 10, mit der die erste 4-Bit-Zahl multipliziert wird, um den Durchmesser zu erhalten. Damit sind Werte von 1 cm bis zu 90 000 km möglich. Wenn zum Beispiel der obere Wert 4 und der zweite Wert 3 ist, so ergibt sich ein Durchmesser von 4×1000 cm = 40 m. Werden die Zahlen als zweistellige hexadezimale Zahl geschrieben, so ist die zweite Stelle die Menge der Nullen und die erste Stelle der zugehörige Multiplikator.

Horizontale Präzision

gibt die Genauigkeit als Durchmesser eines horizontalen Kreises um die Kugel an. Die Repräsentation entspricht der bei der Größe.

Vertikale Präzision

gibt die Genauigkeit als Durchmesser eines vertikalen Kreises um die Kugel an.

Breite

repräsentiert die geographische Breite des Mittelpunktes der Kugel in Tausendstel Bogensekunden. Der Wert ist eine 32-Bit-Zahl. 2^{31} ist der Äquator. Werte darüber liegen auf der Nordhalbkugel, Werte darunter auf der Südhalbkugel.

Länge

repräsentiert die geographische Länge des Kugelmittelpunktes in Tausendstel Bogensekunden als 32-Bit-Zahl. 2^{31} ist der Greenwich-Meridian. Werte darüber liegen östlich, Werte darunter westlich.

Höhe

stellt die Höhe in Zentimetern relativ zum Meeresspiegel dar.

Diese Datenrepräsentation ist relativ kompliziert, aber eindeutig. Da aber in der realen Welt geographische Koordinaten anders geschrieben werden, existiert auch für die RRs in einem Zonefile eine Schreibweise, die sich am „Rest der Welt" orientiert. Geographische Länge und Breite werden dann in Grad, Minuten und Sekunden angegeben, wie in der Navigation üblich. Die Höhe wird in Metern mit einer Genauigkeit von 1 cm angegeben (dabei sind negative Höhen möglich, wenn die Position unterirdisch ist). Die Größe der

Kugel und die Präzision werden ebenfalls in Metern mit einer Genauigkeit von 1 cm angegeben.

Die Minuten und Sekunden können weggelassen werden, in diesem Fall wird Null angenommen. Die Größe und die horizontalen und vertikalen Genauigkeiten können ebenfalls entfallen. Die dann eingesetzten Werte sind 1 m für die Größe, 10 km für die horizontale Präzision und 10 m für die vertikale.

Hinter die Angaben der geographischen Breite kommt der Buchstabe N oder S, der angibt, ob es sich um eine Position auf der Nord- oder Südhalbkugel handelt. Für die Längengrade wird analog mit E oder W angegeben, ob sich die Position östlich oder westlich des Nullmeridians befindet.

Den in Metern angegebenen Werten für Höhe, Größe und Präzision folgt der Buchstabe m, um dies zu verdeutlichen. Andere Einheiten wie cm, mm oder km sind nicht möglich.

Die richtige Reihenfolge in der Angabe der Werte ist wichtig. Der RFC gibt das folgende Format vor:

```
IN LOC ( breite_in_grad [minuten [sekunden]] N|S
         länge_in_grad [minuten [sekunden]] E|W
         höhe_in_meter"m"
         [größe_in_metern"m"]
         [horizontale_präzision_in_metern"m"]
         [vertikale_präzision_in_metern"m"]
```

Die Anführungszeichen um die m dienen nur zur Abgrenzung im Beispiel und gehören nicht in ein Zonefile, wie noch deutlich wird.

Die Wertebereiche für die einzelnen Werte sind:

breite_in_grad
: 0–90, da es, ausgehend vom Äquator, nur 90 Grad in Richtung Norden oder Süden geht.

länge_in_grad
: 0–180, da es vom Nullmeridian einmal halb um die Erdkugel geht.

minuten und sekunden
: 0–59 wie in der Navigation üblich.

höhe_in_m
: -100000–42849672.95

größe_in_metern
: 0–90000000m, was sich aus der Schreibweise ergibt.

horizontale_präzision_in_metern
: 0–90000000m, was sich aus der Schreibweise ergibt.

```
vertikale_präzision_in_metern
```
   0–90000000m, was sich aus der Schreibweise ergibt.

Ein Beispiel für einen realen LOC-RR ist:[6]

```
space.net.   IN     LOC    48 11 6.000 N 11 36 11.000 E 530.00m 1m
  10000m 10m
```


7.10 Der Verantwortliche

Einer der Parameter im SOA-Record ist die Mailadresse eines Ansprechpartners. Dieser zeichnet allerdings für die gesamte Domain verantwortlich. Wenn die Verantwortlichkeiten auf der Ebene einzelner Einträge in
dieser Zone delegiert sein sollen (die Adresse des Verantwortlichen für den
Webserver soll eine andere sein als die für den Verantwortlichen des Mail-
servers), so ist dies über den Eintrag im SOA-Record nicht zu realisieren.
Hierfür wurde der RR-Typ Responsible Person (RP) eingeführt – der QTYPE-
Code ist 17. Der RR wird in RFC 1183 zusammen mit einigen anderen heute
kaum noch gebräuchlichen RRs (ISDN, X25 und AFS-Datenbank) definiert.

Als Argument erhält der RP-RR zwei Domainnamen, der erste enthält in
DNS-Schreibweise (. statt @) die Mailadresse des Ansprechpartners, der
zweite verweist auf einen Domainnamen, für den TXT-RRs existieren, die
eine weitere Beschreibung (zum Beispiel Namen und Telefonnummer) enthalten. Wenn für einen der beiden Domainnamen der Name der Rootdomain (.) eingesetzt wird, so bedeutet dies, dass zur Mailbox oder den TXT-
RRs keine Angaben gemacht werden.

Der RP-RR kann nicht nur für Hostnamen, sondern für beliebige Domainnamen stehen.

Im ersten RP-RR im folgenden Beispiel ist die Mailadresse des Verantwort-
lichen webmaster@opensourcepress.de, und die TXT-RRs sind bei dem
Host realwww hinterlegt. www ist dabei nur ein CNAME-Record. Im zweiten
RP-RR ist nur die Mailadresse hinterlegt.

```
www IN CNAME realwww.opensourcepress.de.
   IN RP webmaster.opensourcepress.de realwww.opensourcepress.de.

realwww.opensourcepress.de IN TXT "Hans Mustermann Tel. 123456"

andererhost IN A 192.168.1.1
        IN RP mustermann.opensourcepress.de .
```

---

[6] Dank an die Firma Spacenet in München, dass wir ihren Eintrag hier verwenden dürfen.

7.11 SSH Fingerprints

Die *Secure Shell* (SSH) ist ein sicheres und weit verbreitetes Werkzeug, um Kommandozeilenzugriff auf entfernte Rechner über das Netzwerk zu erlangen.

Der SSH-Client speichert zur Authentisierung des Servers dessen Public Key in einer lokalen Datei. Gibt der Server bei einem erneuten Verbindungsaufbau einen anderen Schlüssel aus, so warnt der Client den Benutzer oder verweigert den Verbindungsaufbau, da die Identität des Servers nicht sichergestellt ist.

Doch beim Aufbau der ersten Verbindung zu einem SSH-Server kann der Client dessen Public Key nicht kennen. Dem Benutzer wird ein Fingerprint (ein Hash über den Public Key) ausgegeben, den er selbst verifizieren kann, indem er zum Beispiel den Administrator des Servers fragt, ob der Fingerprint stimmt.

```
$ ssh server
The authenticity of host server (192.168.1.7)' can't be established.
RSA key fingerprint is ed:b6:8b:16:64:1a:38:68:c5:d4:c8:37:8e:d1:90:ea.
Are you sure you want to continue connecting (yes/no)?
```

Beantwortet man die Frage mit ja, so speichert der Client den Schlüssel lokal ab (bei OpenSSH im Homeverzeichnis des Benutzers in der Datei `.ssh/known_hosts`).

Eine andere Möglichkeit, die erste Kontaktaufnahme mit SSH abzusichern, besteht darin, den Fingerprint eines Servers in einem DNS-RR auf dem zuständigen Nameserver zu hinterlegen. Der Name des Records ist SSHFP, und er wird in RFC 4255 definiert.

Der RR enthält eine Kennung für den Algorithmus, mit dem das Schlüsselpaar erstellt wurde, das zweite Feld gibt an, mit welchem Algorithmus der Hash für den Fingerprint erstellt wurde. Diese beiden Felder werden jeweils als 8-Bit Zahl repräsentiert. Beim Verschlüsselungsalgorithmus sind nur 1 und 2 belegt. 1 steht für RSA-Schlüssel und 2 für DSA-Schlüssel. Beim Hash-Algorithmus ist derzeit nur SHA-1 möglich, dafür steht die Ziffer 1. Das letzte Feld des RR ist der Fingerprint als Hexadezimalstring. Ein Beispiel für einen SSHFP sieht also folgendermaßen aus:

```
server IN SSHFP 1 1 a46b8d6f8f87ecd7fd4803653b6f418daacc32eb
```

Der gesamte RR kann aus der Public-Key-Datei des Hosts erzeugt werden, für den er gelten soll. Hierzu verwendet man das Kommando `ssh-keygen`. Der vollständige Aufruf ist:

```
# ssh-keygen -r server -f /etc/ssh/ssh_host_rsa_key.pub
server IN SSHFP 1 1 a46b8d6f8f87ecd7fd4803653b6f418daacc32eb
```

```
# ssh-keygen -r server -f /etc/ssh/ssh_host_dsa_key.pub
server IN SSHFP 2 1 41a1a735db62fbb18d282450539f78e15b2d47d0
```

Beim SSH-Client muss die Anfrage auf DNS-Records für SSH-Fingerprints aktiviert werden. Bei OpenSSH verwendet man dafür die Client-Option `VerifyHostKeyDNS`, die normalerweise deaktiviert ist. Als Argument kann die Option `yes` zugewiesen werden, was dazu führt, dass der Client einem Server traut, wenn der DNS-RR stimmt. Wird stattdessen `ask` verwendet, so gibt der Client eine Meldung aus, die den Benutzer darüber aufklärt, dass ein passender RR gefunden wurde, aber fragt, ob er diesen akzeptieren möchte:

```
$ ssh -o "VerifyHostKeyDNS=ask" server.opensourcepress.de
The authenticity of host 'server.opensourcepress.de (192.168.1.1)' can't
be established.
RSA key fingerprint is ed:b6:8b:16:64:1a:38:68:c5:d4:c8:37:8e:d1:90:ea.
Matching host key fingerprint found in DNS.
Are you sure you want to continue connecting (yes/no)?
```

Wenn diese Einträge verwendet werden, um einen Host gegenüber den Clients zu authentisieren, so ist die Verwendung von Zonensignaturen, die in Abschnitt 12.4 vorgestellt werden, dringend zu empfehlen, da sich sonst ein Angreifer über eine Sicherheitslücke im DNS einschleichen und auch die DNS-Einträge manipulieren kann, um Clients einen falschen Server vorzugaukeln. Bei der Verwendung von DNSSEC kann dies verhindert werden.

7.12 Zonendateien

Zonendateien beschreiben den Inhalt einer Zone. RFC 1035 gibt auch das Format vor, wie die Dateien aussehen müssen, die von Nameservern verarbeitet werden.

Eine Zonendatei ist eine Liste von RRs, wie sie in diesem Kapitel vorgestellt wurden. Dabei entspricht ein RR grundsätzlich einer Zeile, doch es gibt zwei Ausnahmen:

Wenn der RData-Teil des Record Text enthält, der in doppelten Anführungszeichen steht, so können in diesem eingeschlossenen Block Zeilenumbrüche vorhanden sein.

Bei besonders langen RRs, wie SOA oder RRs, die Public Keys enthalten (siehe Kapitel 12), kann man den RData-Teil mit runden Klammern umschließen. Innerhalb der Klammern wird die Bedeutung des Zeilenumbruchs, dass ein neuer RR beginnt, ignoriert. Die folgenden beiden Schreibweisen sind also gleichbedeutend:

```
opensourcepress.de IN MX 25 mail.opensourcepress.de
```

```
opensourcepress.de IN MX ( 25
                     mail.opensourcepress.de)
```

Das Semikolon leitet einen Kommentar ein. Es kann auch am Ende einer Zeile verwendet werden, um einen Eintrag zu erklären. Dies ist auch innerhalb von Blöcken mit runden Klammern möglich:

```
opensourcepress.de IN MX ( 25 ; die Priorität
                     mail.opensourcepress.de ) ; der Server
```

Einträge in einer Zonendatei haben immer das folgende abstrakte Format:

```
domainname <TTL> <Klasse> Typ RData
```

Die TTL und die Klasse sind optional. Die Klasse soll der Klasse der gesamten Zone entsprechen. Wird keine TTL angegeben, so wird die Standard-TTL der gesamten Zone in die Antworten gepackt. Beim Domainnamen ist es wichtig, ob er mit einem Punkt endet oder nicht. Steht kein Punkt am Ende des Namens, so gilt der Name als relativ, und der Name der aktuellen Zone wird angehängt. Dies bedeutet, dass einem Nameserver, der für `opensourcepress.de` zuständig ist, bei dem Eintrag

```
mail IN A 192.168.1.1
```

die Frage nach der Adresse von `mail.opensourcepress.de` gestellt werden muss, damit er ihn mit der Adresse beantworten kann. Die Regel mit dem abschließenden Punkt gilt auch an anderen Stellen, bei denen in einer Zonendatei Domainnamen vorkommen. Ein PTR-RR sollte unbedingt einen abschließenden Punkt haben. In der Zone `1.168.192.in-addr.arpa` führt der Eintrag

```
1 IN PTR mail.opensourcepress.de
```

bei der Abfrage nach dem Namen zur Adresse 192.168.1.1 zum Ergebnis `mail.opensourcepress.de.1.168.192.in-addr.arpa`, da der Name der Zone angehängt wird.

Wird der Domainname weggelassen und stehen dort stattdessen Leerzeichen oder Tabulatoren, so wird der folgende RR dem vorangegangenen Domainnamen zugeordnet. Das folgende Beispiel weist dem Domainnamen `mail.opensourcepress.de` eine IP-Adresse, einen TXT-RR und einen AAAA-Record für die IPv6-Adresse zu:

```
mail IN A 192.168.1.1
     IN TXT "Der Mailserver"
     IN AAAA fec0::1
```

Es gibt einen speziellen Domainnamen, der durch den aktuellen Domainnamen der Zone ersetzt wird. Dies ist @. Es wird durch den Namen der Domain ersetzt. In der Zonendatei von `opensourcepress.de` sind die folgenden Einträge gleichbedeutend:

```
opensourcepress.de IN NS ns1.opensourcepress.de.

@ IN NS ns1.opensourcepress.de.
```

Innerhalb einer Zonendatei kann der Name der Domain wechseln. Dafür verwendet man die Anweisung `$ORIGIN`. Will man beispielsweise in der Zonendatei von `opensourcepress.de` eine Reihe von Servern eintragen, die nicht direkt unter `opensourcepress.de` liegen, sondern unter `servers.opensourcepress.de`, kann man dies folgendermaßen bewerkstelligen:

```
mail IN A 192.168.1.1
; jetzt wird gewechselt
$ORIGIN servers.opensourcepress.de
server1 IN A 192.168.1.2
server2 IN A 192.168.1.3
; zurück wechseln
$ORIGIN opensourcepress.de
ftp IN CNAME mail
```

Das genügt für die Namensauflösung, und man spart sich damit das Anlegen einer kompletten Subdomain mit SOA-Record, NS-Record und allem, was dazugehört. Die Anweisung `$INCLUDE` dient dazu, den Inhalt einer anderen Datei an einer bestimmten Stelle einzubinden. Sollte innerhalb der so eingebundenen Datei eine `$ORIGIN`-Anweisung vorkommen, so gilt der Wechsel des Domainnamens nur für die Records innerhalb der eingebundenen Datei. Die Records, die in der Zonendatei der `$INCLUDE`-Anweisung folgen, liegen wieder unter dem ursprünglichen Domainnamen.

Der Backslash (\) kann verwendet werden, um Zeichen mit einer besonderen Bedeutung wie @ oder Anführungszeichen wörtlich darzustellen. Wenn in einem TXT-Record ein Text in Anführungszeichen erscheinen soll, so wird dies wie folgt kodiert:

```
server IN TXT "das ist ein \"toller\" server"
```

7.12.1 Beispiel

Eine Zone sollte einen SOA-Record am Anfang enthalten. Außerdem gehören auch NS-Records dazu.

```
opensourcepress.de IN SOA (
                    ns1.opensourcepress.de.
                    hostmaster.opensourcepress.de.
                    2007010100 ; serial
                    10800      ; refresh
                    1800       ; retry
                    3600000    ; expire
                    1800       ; minimum ttl
                    )

                    IN NS ns1.opensourcepress.de.
                    IN NS ns2

                    IN MX 10 mail

mail        IN A 192.168.1.1
hauptserver IN A 192.168.1.1
www         IN A 172.16.1.1
ftp         IN CNAME www
```

Der MX-Record und der zweite NS-Record haben jeweils einen unqualifizierten Domainnamen als Argument. Diese werden vom Nameserver um `opensourcepress.de` ergänzt. Statt des Namens der Domain in der ersten Zeile hätte auch @ stehen können. Verwaltet man mehrere Zonen auf einem Nameserver, so bietet es sich an, für den SOA-Teil eine Datei vorzuhalten, die man in jede Zonendatei per `$INCLUDE` einfügt. Verwendet man in dieser das @-Zeichen, so muss dies nicht jedesmal angepasst werden.

MNAME und RNAME müssen nicht auf Server in derselben Domain zeigen, aber der MNAME sollte (in irgendeiner Zone) einen gültigen A-RR besitzen.

Obwohl `mail` und `hauptserver` auf dieselbe Adresse zeigen, wird kein CNAME-RR verwendet, da MX-RRs nicht auf CNAMEs zeigen dürfen.

8

Dienste

Bereits die ersten RFCs haben Einträge definiert, die über die von einem Host angebotenen Dienste Auskunft geben. Zu dieser Zeit stand noch der einzelne Host im Vordergrund, da es nur wenige Großrechner gab, die von vielen Anwendern genutzt wurden. Man konnte damals davon ausgehen, dass die Benutzer wussten, welche Hosts es gab.

In modernen Netzwerkinfrastrukturen hat sich die Fragestellung verschoben. Für den Benutzer steht die Funktionalität im Vordergrund; welcher Rechner im Netzwerk sie erfüllt, ist sekundär. Diesem Prinzip folgen auch die Client-Applikationen: Ohne dass der Nutzer davon etwas merkt, stellt die Anwendung die Frage an das Netzwerk: „Ich möchte Dienst X benutzen, wer stellt ihn mir zur Verfügung?"

Es gibt verschiedene Ansätze, dieses Problem zu lösen. Einer der ältesten sind die *Remote Procedure Calls* (RPC), bei denen ein Client auf der Suche nach einem Dienst einen Broadcast in das Netz sendet, um Anbieter für bestimmte RPC-Dienste zu finden. Am Beispiel des Bootparameter-Dienstes ist dies in Abschnitt 1.1 beschrieben. Die Methode funktioniert jedoch nur innerhalb eines LAN-Segments. Server, die Dienste hinter einem Router anbieten, sind nicht erreichbar, auch eine Zuordnung zu Organisationseinheiten ist nicht möglich.

Ein weiterer Ansatz ist das *Service Location Protocol* (SLP) nach RFC 2608[1], für das auch DHCP-Optionen eingeführt wurden, die Abschnitt 3.3 erläutert. Beim Service Location Protocol gibt es einen oder mehrere Server, die die Clients kennen müssen, sowie den *Scope*, also einen Gültigkeitsbereich, wie im eigenen Netz Anfragen nach Diensten gestellt werden können.

Doch bereits seit Beginn des Domain Name Systems gibt es einen Dienst, bei dem die Frage nach Dienstanbietern für einen Bereich im Netz über DNS aufgelöst wird: E-Mail.

Mit Hilfe der in Abschnitt 7.5 vorgestellten MX-Resource-Records ist es möglich, in der verteilten Struktur des Internet und des DNS einen Rechner zu finden, dem man die Mail für eine Empfängeradresse zustellen kann.

8.1   Service Records

Um die Methode der MX-RRs, mit der ja nur Server für E-Mail gefunden werden können, zu verallgemeinern, führt RFC 2782[2] einen neuen RR ein, der dazu dient, Anbieter eines Dienstes für einen Domainnamen zu finden.

Der Name des RR ist SRV („Service"). Bereits die Übersicht des RFC besagt, dass ohne einen solchen RR ein Client, der einen Server für einen Dienst benötigt, diesen entweder kennen oder einen Broadcast senden muss. Weiter steht dort:

„The SRV RR allows administrators to use several servers for a single domain, to move services from host to host with little fuss, and to designate some hosts as primary servers for a service and others as backups."

Der im RFC vorgestellte RR ermöglicht es, mehrere Server (mit unterschiedlicher Gewichtung, wie noch gezeigt wird) bereitzustellen. Die zentrale Bereitstellung der Informationen erleichtert es, Änderungen durchzuführen, da nicht jeder Client einzeln umkonfiguriert werden muss, um seinen Server zu finden. Einzig die Konfiguration des DNS-Servers selbst ist bei Clients zu ändern, das sie dort statisch festgelegt ist.

Die SRV-RRs innerhalb einer Zone haben ein festes Format. Um eine Verbindung aufzubauen, müssen die Portnummer und das verwendete Transportprotokoll bekannt sein. Der Domainname für den Dienst SSH (TCP, Port 22) innerhalb der Domain opensourcepress.de ist:

```
_ssh._tcp.opensourcepress.de
```

---

[1] Der Nachfolger von RFC 2165.
[2] Der ursprüngliche RFC ist 2052.

Der Unterstrich, der in Domainnamen laut RFC 1035 nicht erlaubt ist, wird bewusst am Anfang der Namensteile verwendet, um zu verhindern, dass ein Dienst den gleichen Namen besitzt wie ein Host.

Die erste Komponente steht für die Portnummer. Dabei darf der Port nicht als Zahl angegeben werden, sondern muss mit dem Namen, der von der Internet Assigned Numbers Authority (IANA) für das Protokoll vergeben wurde, eingetragen werden.[3] Auf Unix-Systemen findet man eine Liste der Namen und Portnummern in der Datei /etc/services. Diese kann man auch um eigene Definitionen erweitern.

Damit die Zuordnung zwischen Name und Portnummer auf allen beteiligten Rechnern eindeutig ist, sollten nur Namen für die entsprechenden Ports verwendet werden, die von der IANA standardisiert wurden. Wenn es mehrere Namen für einen Dienst gibt (z. B. beim Post Office Protocol, welches man (entgegen der IANA-Liste) in /etc/service-Dateien als pop, pop3 oder auch pop-3 findet), so müssen für jeden dieser möglichen Namen RRs gesetzt werden.

Die zweite Komponente ist der Name des Transportprotokolls. Im Regelfall sind dies _udp oder _tcp. Der RFC schränkt sich aber nicht auf diese beiden Protokolle ein. Genau wie bei den Portnummern und Namen gilt hier die Auflösung des Protokolls zu dessen Nummer über /etc/protocols. Auch hier sollten nur von der IANA standardisierte Werte verwendet werden.

Als Argument werden vier Werte zugewiesen:

- Priorität

- Gewicht

- Port

- Zielhost

Die Priorität ist genauso zu lesen wie beim MX-RR. Clients müssen versuchen, den Server zu verwenden, der die numerisch kleinste Priorität hat. Im Gegensatz zu MX-RRs wird allerdings bei mehreren Hosts mit gleicher Priorität nicht zufällig einer ausgewählt, sondern die Entscheidung wird aufgrund des Wertes bei Gewicht getroffen. Als Priorität können Werte von 0 bis 65 535 verwendet werden.

Damit das Loadbalancing granularer per Zufallszahl möglich ist, wurde bei SRV-RRs ein Gewichtswert eingeführt. Im Gegensatz zur Priorität sorgt hier ein numerisch höheres Gewicht dafür, dass der Server mit höherer Wahrscheinlichkeit gewählt wird. Soll diese Auswahl nicht getroffen werden, wird

---

[3] Die Liste der offiziell zugeteilten Namen und Portnummern findet sich unter http://www.iana.org/assignments/port-numbers.

der Wert 0 verwendet. Wenn es Server für einen Dienst gibt, die alle die gleiche Priorität und unterschiedliche Gewichte haben, so sollen Server mit Gewicht 0 nur in sehr seltenen Fällen gewählt werden. Der RFC schlägt folgenden Algorithmus vor, mit dem ein Client aus den Gewichtswerten den Server auswählt:[4]

1. Bilde eine Liste aus allen RRs, die mit gleicher Priorität für diesen Service gefunden wurden, und setze alle RRs mit Gewicht 0 an den Anfang der Liste.

2. Berechne die Summe aller Gewichte.

3. Ordne jedem RR auf der Liste die laufende Summe zu (siehe das folgende Beispiel).

4. Wähle eine Zufallszahl zwischen 0 und der Gesamtsumme.

5. Der RR, dessen zugeordnete laufende Summe die erste auf der Liste ist, die größer oder gleich der Zufallszahl ist, wird vom Client verwendet.

6. Der so gefundene Eintrag wird aus der Liste entfernt, und der Algorithmus beginnt von vorne, wenn der gefunden Server nicht funktioniert.

Ein Beispiel soll diesen etwas komplizierten Algorithmus verdeutlichen. Es seien die folgenden Server mit den folgenden Gewichten gegeben:

Tabelle 8.1:
Server und Gewichte

Server	Gewicht
Server-A	0
Server-B	10
Server-C	7
Server-D	7
Server-E	5

Der Server mit Gewicht 0 steht schon am Anfang der Liste und muss nicht umsortiert werden. Die Gesamtsumme der Gewichte ist $0+10+7+7+5 = 29$.

Nun wird die laufende Summe den einzelnen Servern zugeordnet:

---

[4] Dabei lässt der RFC offen, ob ein bestimmtes Protokoll eine andere Interpretation der Gewichtswerte verwenden kann, um den Server zu wählen.

Server	Gewicht	Laufende Summe
Server-A	0	0
Server-B	10	10
Server-C	7	17
Server-D	7	24
Server-E	5	29

Tabelle 8.2:
Server, Gewichte und
laufende Summe

Als Zufallszahl zwischen 0 und 29 wird die 18 ausgewählt. Der erste Server, den der Client verwendet, ist also Server-D mit laufender Summe 24. Dies ist der erste Wert, der größer als 18 ist. Sollte der Client keinen Erfolg dabei haben, eine Verbindung mit Server-D aufzubauen, wird dieser aus der Liste entfernt und der Algorithmus beginnt mit neuer Gesamtsumme und neuen laufenden Summen von vorne.

Die letzten beiden Parameter, die dem SRV-RR zugewiesen werden, sind die Portnummer und der Zielhost.

Die Portnummer ist (diesmal als Zahl) der Port, auf dem der Dienst tatsächlich lauscht. Dies kann der IANA-Definition für diesen Dienst folgen (muss aber nicht), wodurch der Administrator eine höhere Flexibilität hat.

Für den Zielhost, der als FQDN angegeben wird, gelten folgende Regeln:

- Es muss für diesen Host mindestens einen Address-Record geben.

- Der verwendete FQDN darf kein Alias (also ein CNAME-Record) sein.

- Wird als Name . (ein Punkt) verwendet, wird in dieser Domain der angefragte Dienst nicht angeboten.

Im folgenden Beispiel wird der Dienst LDAP in der Domain opensourcepress.de von den Servern master, slave1 und slave2 angeboten. Im Regelfall soll der Server master verwendet werden, daher ist dieser mit Priorität 1 angegeben. Da dieser Host der einzige mit dieser Priorität ist, wird das Gewicht auf 0 gesetzt, um anzuzeigen, dass keine Lastverteilung stattfindet. slave1 und slave2 sollen bei Ausfall von master verwendet werden und haben die gleiche Priorität. Da slave1 aber eine doppelt so schnelle CPU und doppelt so viel Speicher wie slave2 besitzt, bekommt slave1 das doppelte Gewicht, damit dieser statistisch doppelt so viele Anfragen beantwortet. In der Zone opensourcepress.de werden somit die folgenden RRs eingetragen:

```
_ldap._tcp IN SRV  1   0 389 master.opensourcepress.de.
           IN SRV 10 200 389 slave1.opensourcepress.de.
           IN SRV 10 100 389 slave2.opensourcepress.de.
```

Wenn LDAP über TCP der einzige Dienst sein soll, der in der Domain angeboten wird, kann dies über zwei Wildcard-Records in der Zone realisiert werden:

```
*._tcp SRV 0 0 0 .
*._udp SRV 0 0 0 .
```

Eine praktische Umsetzung der SRV-RRs findet sich z. B. in Microsofts Active Directory. AD stellt Dienste, die die Clients kennen sollen, über SRV-Records bereit. In einer ADS-Standardkonfiguration sind das die folgenden Dienste:

- LDAP über TCP

- Kerberos über TCP und UDP

- KPasswd (Kerberos Passwort Dienst) über TCP und UDP

- GC (Global Catalog) nur über TCP

Werden mehrere Server für die Dienste konfiguriert, werden daraus SRV-Records mit Priorität 0 und Gewicht 100 konfiguriert, so dass ein gleichmäßiges Loadbalancing stattfindet.

8.2 DDDS und NAPTR

Das Finden von Diensten, wie es bis hierher vorgestellt wurde, setzt voraus, dass der Client weiß, nach welchem Protokoll er sucht. Der Microsoft-ADS-Client sucht bewusst nach LDAP über TCP. Wie aber soll man vorgehen, wenn ein Client zwar eine Funktionalität wie etwa einen Verzeichnisdienst sucht, aber nicht klar ist, mit welchem Protokoll er darauf zugreifen soll? Die Antwort auf diese Frage kommt aus einem anderen Bereich: dem Auflösen beliebiger URIs (*Uniform Resource Identifier*) zu einem Server und einem Protokoll.

Das allgemein bekannte Format einer URL (*Uniform Resource Locator*) enthält Protokoll, Rechnername (oder Adresse), Portnummer und Dateipfad. Dies macht es in der Praxis schwierig, eine bekannte URL zu ändern. Wenn alle Benutzer auf einmal `http://opensourcepress.de/langerpfad` statt `http://opensourcepress.de` eingeben müssen, um zur gewünschten Webseite zu kommen, führt dies zu Verwirrung und Ärger.

Änderungen können über HTTP-Redirects[5] verteilt werden, oder man kann die A-RRs anpassen, damit `www.opensourcepress.de` auf eine andere IP-

---

[5] Über einen entsprechenden HTTP-Statuscode wird dem Webbrowser mitgeteilt, wo die neue Webseite zu finden ist, und der Browser öffnet diese automatisch.

Adresse und damit auf einen anderen Rechner verweist. Aber es wäre praktischer und benutzerfreundlicher, wenn man in den Browser `webseite:` `opensourcepress` eintippen könnte, und dies so aufgelöst wird, dass man immer auf der richtigen Webseite herauskommt.

Bereits 1994 wurde über *Unified Resource Names* (URNs) in RFC 1737 nachgedacht. Ein Ansatz, dieses Thema mittels DNS zu lösen, wurde in RFC 2168 begonnen und mit RFC 2915 konkretisiert. Der Ansatz wurde dann schließlich in den RFCs 3401–3404 zum *Dynamic Delegation Discovery System* (DDDS) verallgemeinert. DDDS ist im Gegensatz zu RFC 2915 nicht mehr auf DNS als Datenbank eingeschränkt, sondern DNS ist eine mögliche Implementierung des Verfahrens.

Die Implementierung in DNS wird über den sogenannten *Naming Authority Parameter* (NAPTR) RR realisiert. Er ist von den in diesem Buch vorgestellten RRs der flexibelste, aber wohl auch der komplizierteste in der Anwendung. Selbst RFC 2915 bemerkt: „The final result is a RR that has several fields that interact in a non-trivial but implementable way."

Die RFCs schränken die Suchmöglichkeiten keineswegs nur auf webähnliche Dienste ein. Es werden zum Beispiel auch ISBN von Büchern genannt, zu denen man auf diese Weise Datenquellen findet.

Die Idee hinter DDDS ist ein Regelsatz, mit dem man aus einem URN ableitet, wo und wie man auf die gewünschte Ressource zugreifen kann.

Um dies so flexibel wie möglich zu gestalten, wird in den RFCs nur vorgegeben, wie die Reihenfolge der Abarbeitung der Regeln zu geschehen hat und aus welchen Komponenten eine Regel besteht. Eine der Komponenten ist ein regulärer Ausdruck, der sehr flexible Manipulationen an Strings erlaubt, so dass auch neue Dienste, die DDDS nutzen, um einen Server zu finden, ohne Änderung der Basis-RFCs eingebunden werden können.

Die Abarbeitung der Regeln und das Auswerten des Inhalts der Regeln (reguläre Ausdrücke, gesetzte Flags etc.) obliegt dem Client, der das DDDS verwendet. Die Datenbank hat lediglich die Verantwortung, die Daten bereitzustellen und dem Client auf seine Suchanfrage alle passenden Regeln zurückzuliefern.

Da es hier um die Implementierung von DDDS in DNS geht, werden im folgenden NAPTR-RRs und Regeln gleichgesetzt, da es für jede Regel einen NAPTR-RR geben muss.

8.2.1 Der Algorithmus

Ein Regelsatz kann aus einem oder mehreren NAPTR-RRs bestehen. Über ein Flag, das in dem RR enthalten ist, wird definiert, ob dieser RR terminiert, also keine weiteren NAPTR-Records aufgrund des Ergebnisses gesucht oder verarbeitet werden.

Den Algorithmus, nach dem die Regeln abgearbeitet werden, beschreibt RFC 3402. Am Anfang steht ein Suchschlüssel aus der Suchanfrage des Clients. Für NAPTR-RRs ist dies ein Hostname. Die Regel enthält eine Anweisung, wie der Suchschlüssel umzuschreiben ist. Das Umschreiben kann mit einem regulären Ausdruck oder statisch geschehen. Das Ergebnis ist ein neuer Schlüssel. Dieser Schlüssel kann das Endergebnis der Suche sein, was durch entsprechende Flags angezeigt würde. Andernfalls geht die Suche mit diesem Schlüssel weiter. Mit dem neuen Schlüssel wird wieder nach Regeln gesucht. Die Anweisungen zum Umschreiben in den Regeln der zweiten Suche müssen auf den ersten Suchstring angewandt werden, um Rekursionen zu vermeiden.[6] Dies geht so lange weiter, bis eine Regel gefunden wird, die ein endgültiges Ergebnis liefert, mit dem die Applikation etwas anfangen kann.

Das folgende Beispiel soll den Ablauf illustrieren:

Der anfängliche Suchstring ist: `foo-bar.opensourcepress.de`. Die erste gefundene Regel sagt: „Ersetze `foo` am Anfang durch `bla` und suche weiter."

Das ergibt `bla-bar.opensourcepress.de`. Nun wird nach Regeln für diesen String gesucht. Die gefundene Regel sagt: „Ersetze ein DNS-Label, das `bar` enthält, durch `bar-server` – das ist das Ergebnis." Diese Regel wird auf den initialen String `foo-bar.opensourcepress.de` angewendet, und man erhält `bar-server.opensourcepress.de`. Dies ist das Endergebnis der Suche.

Die Suche nach einer Regel kann auch mehrere Regeln als Ergebnis liefern. Der Client kann auswählen, mit welcher der gefundenen Regeln er weitermacht. Dabei wendet er folgende Entscheidungskriterien an:

- Passt der reguläre Ausdruck auf den Suchstring?

- Passen die Protokolle in der Regel zu den Anforderungen der Applikation? Je nach Anwendung kann sich die Applikation auch bei ähnlichen Protokollen dasjenige aussuchen, das zur Situation passt.

- Regeln haben eine Reihenfolge und Präferenz. Bei ansonsten gleichen Inhalten der Regel wird hiernach entschieden, welche Regel zuerst versucht wird. Sollte die erste nicht zu einer erfolgreichen Auflösung führen, kann die nächste versucht werden.

8.2.2 Aufbau des NAPTR-RR

Der NAPTR-RR wird in RFC 3403 definiert. Er besteht aus fünf Feldern. Der QTYPE-Code ist 35.

---

[6] Der RFC beschreibt hier, dass Situationen wie bei `sendmail` vermieden werden sollen, in denen der Durchblick vollkommen verloren geht.

Das erste Feld des Record beschreibt die *Reihenfolge* der Abarbeitung. Man kann es auch als *Regelnummer* interpretieren. Ein kleinerer Wert bedeutet bei gleichem Inhalt eine höhere Präferenz. Die Regeln können also auch in einer anderen Reihenfolge in die Zone eingetragen werden, als sie abgearbeitet werden, aber im Sinne der Lesbarkeit sollte der Administrator dies vermeiden.

Die Abarbeitung der Regeln führt schließlich zu einem RR, mit dem der Client seinen Dienst nutzt. Um hier Lastverteilung zu ermöglichen oder bestimmte Server zu bevorzugen, ist es möglich, mehrere Regeln mit derselben Regelnummer (und denselben Ausdrücken) einzuführen. Um jetzt noch steuern zu können, bei welchem Dienst und Server die anfragenden Clients am Ende herauskommen, folgt der Regelnummer ein Zahlwert für eine Präferenz. Diese kann genauso verstanden werden, wie beim in Abschnitt 7.5 vorgestellten Mail-Exchanger Record. Kleinere Werte für die Präferenz bedeuten höhere Wichtigkeit.

Darauf folgt im Record das *Flag*-Feld (obwohl nur ein Flag gesetzt werden kann). Dieses Flag steuert das Umschreiben der Regular Expression und/oder die Interpretation der anderen Felder des RR. Aus ihm lässt sich auch herauslesen, ob die Regel die letzte ist, die angewendet werden soll, oder ob das Ergebnis der Regel für eine neue Runde im Algorithmus verwendet werden soll. Das Feld ist ein Zeichen breit, Groß- und Kleinschreibung werden nicht berücksichtigt.

Der Inhalt des Flags und dessen Interpretation liegen in der Verantwortung der Applikation, die NAPTR verwendet. Der RFC schränkt ein, dass Zahlen als Flag nur zu Testzwecken für eigene Applikationen verwendet werden sollen, und nicht in einem offiziellen Protokoll.

RFC 3404 beschreibt die Anwendung des DDDS-Algorithmus auf URIs mit einer Implementierung über DNS und NAPTR-RRs. Dieser Anwendungsfall war der ursprüngliche Auslöser, um das Verfahren überhaupt einzuführen. Aufgabe ist es, einen Server (und gegebenenfalls auch ein Zugriffsprotokoll) für eine beliebige URI wie `http://www.opensourcepress.de` oder `sip:hans@opensourcepress.de` zu finden. Der RFC definiert die Flags S, A, U und P. Heute gebräuchliche Protokolle wie SIP, die das DDDS anwenden, beschränken sich im Wesentlichen auf die Auflösung von URIs, daher werden diese Flags genauer vorgestellt:

Das Flag wird in doppelten Anführungszeichen in die Zonendatei geschrieben. Das Feld kann auch einen leeren String enthalten. Die einzelnen Flags haben die folgende Bedeutung:

A

gibt an, dass das Ergebnis ein Address-RR (für IPv4 oder IPv6) sein soll. Nameserver sollen im Additional-Abschnitt den passenden Address Record zurückliefern, und Clients sollen prüfen, ob sie in der Antwort des Nameservers einen A-Record finden, mit dem sie als Antwort arbeiten können, so dass sie nicht noch eine Frage an das DNS senden müssen.[7] A ist ein abschließendes Flag, was bedeutet, dass keine weiteren Regeln abgearbeitet werden müssen, sondern das Ergebnis der NAPTR-Suche für die suchende Applikation verwendbar ist.

P

Mit diesem Flag wird die Verantwortung für das Weiterarbeiten an das im Service-Feld des RR angegebene Protokoll abgegeben. Das bedeutet nicht zwingend, dass keine weiteren DNS-Anfragen mehr stattfinden. Es ist lediglich ein Ausstieg aus den Regeln, die in RFC 2915 definiert werden, so dass die Applikation bzw. das Protokoll nach eigenen Regeln suchen kann.

S

Ähnlich wie beim A-Flag wird mit diesem Flag der Typ des Ergebnisses angegeben. Der Ergebnistyp ist in diesem Fall ein SRV-RR, der im ersten Abschnitt dieses Kapitels vorgestellt wurde. Auch das S-Flag ist ein abschließendes Flag, dem keine weitere Regelauswertung folgt.

U

Mit diesem Flag wird schließlich angegeben, dass das Ergebnis des Umschreibens nicht eine weitere DNS-Abfrage, sondern ein URI ist, mit dem die Applikation arbeiten kann. Auch dieses Flag ist abschließend.

Nach dem Flag folgt der Dienst oder Service. Die Frage, die man mit NAPTR-RRs beantwortet, ist: „Mit wem spreche ich wo (auf welchem Host) und wie (mit welchem Protokoll)?" Wenn das Flag aus dem letzten Feld signalisiert, dass dieser NAPTR der letzte in der Reihe der Regeln ist, so muss das Dienst-Feld gesetzt sein. Werden die im Record noch folgenden Felder mit den Umschreibungsregeln benutzt, so kann dieses Feld auch leer sein.

Der Eintrag im Dienst-Feld besteht aus einem Protokollnamen, dem ein oder mehrere „Auflösungsdienste" (*Resolution Service*) folgen können. Der Protokollname ist z. B. http oder sip. Der Auflösungsdienst beschreibt den Typ der Daten, die in der Frage stehen, und den Typ der Daten des Ergebnisses dieses NAPTR-RRs. Der RFC beschreibt dabei lediglich, aus welchen Zeichen Protokoll und Resolution Services bestehen können, und dass die Resolution Services mit einem Pluszeichen abgetrennt werden.

Welche Protokolle oder Auflösungsdienste eingetragen werden, obliegt allein dem Protokoll, welches das DDDS verwendet, da dieses auch die Felder verarbeiten muss. Die gültigen Auflösungsdienste befinden sich in den Dokumenten der entsprechenden Protokolle.

---

[7] „sollen" ist hier in der für RFCs üblichen Bedeutung gebraucht: „Es ist prima, wenn das gemacht wird, aber es ist nicht zwingend notwendig."

Das Protokoll steht, so vorhanden, als erstes in diesem Feld. Die Auflösungsdienste folgen, wobei jeder mit einem Plus-Zeichen beginnt, so dass sie getrennt werden können. Das Ganze wird von Anführungszeichen eingeschlossen. Das SIP-Protokoll verwendet `sip+D2U` als Dienst-Feld. D2U stammt von *Domain to UDP*.[8]

Der vorletzte Eintrag in der Liste ist der komplizierteste – zumindest wenn man nicht mit regulären Ausdrücken vertraut ist. An dieser Stelle im RR befindet sich ein POSIX-konformer regulärer Ausdruck, wie sie vielen Unix-Benutzern von Werkzeugen wie `sed` oder Editoren wie `emacs` bekannt sind.

Reguläre Ausdrücke

Für alle, die mit regulären Ausdrücken nichts anfangen können, hier eine sehr kurze, höchst unvollständige Einführung. Reguläre Ausdrücke werden verwendet, um in einem Text nach Mustern zu suchen. Ein Muster besteht zum Beispiel aus einer Menge von Buchstaben, die am Anfang einer Zeile stehen. Der Ausdruck dafür heißt `^[adfs]`. Das Dach am Anfang zeigt an, dass nach dem darauf folgenden Muster am Anfang der Zeile gesucht werden soll. Die eckigen Klammern um die Zeichenkette haben die Bedeutung „eines der Zeichen, die in eckigen Klammern stehen". Wenn also am Anfang der Zeile a, d f oder s stehen, dann trifft dieses Muster zu. Will man in einer solchen Menge die Zeichen von a bis z verwenden, so muss nicht jedes einzelne Zeichen hingeschrieben werden, sondern es kann auch als Bereich geschrieben werden: `[a-z]`.

Bei dieser Schreibweise der Ausdrücke muss eines der ausgewählten Zeichen vorhanden sein, damit sie zutreffen. Das Zeichen ∗ gibt die Möglichkeit, danach zu suchen, ob der Ausdruck gar nicht oder beliebig oft vorkommt. Verwendet man also `[a-z]*`, so greift der Ausdruck immer, da ja in jedem String irgendwo kein Buchstabe steht oder eine Kette von einem oder mehreren Buchstaben vorkommt. Mit dem Zeichen + wird verlangt, dass der Ausdruck mindestens einmal vorkommt, es darf aber auch öfter sein. `[a-z]+` trifft also nicht auf den String 12345 zu. Das letzte Steuerzeichen ist das Fragezeichen, dessen Bedeutung „einmal oder keinmal" ist. `[a-z]?` trifft also, wenn ein Buchstabe dort steht oder auch nicht.

Ein Spitzdach am Anfang eines regulären Ausdrucks bedeutet „am Anfang der Zeile", steht es aber in eckigen Klammern, so ist es eine Negierung, bedeutet also: „alle Zeichen außer denen in diesem Ausdruck". Um das Ende der Zeile zu treffen, wird das Dollarzeichen verwendet. `^[adfs]` bedeutet: „eines der Zeichen am Anfang der Zeile", `[^adfs]` bedeutet „alle Zeichen außer a,d,f oder s".

---

[8] Statt UDP können auch TCP und SCTP verwendet werden, dann ist der Eintrag D2T oder D2S.

Das letzte vorgestellte Zeichen mit einer speziellen Bedeutung ist der Punkt. Es dient als Platzhalter für genau ein beliebiges Zeichen. Der reguläre Ausdruck für „beliebig viele Buchstaben, gefolgt von irgendeinem Zeichen, gefolgt von einer Zahl" ist [a-z]+.[0-9]. Wenn man eines der Zeichen mit spezieller Bedeutung treffen will, so stellt man einen \ voran.

Mit runden Klammern lassen sich Teile des Ausdruckes „einfangen", um darauf zugreifen zu können.

Bei sed und perl werden reguläre Ausdrücke üblicherweise von Schrägstrichen eingefasst. Es ist jedoch auch möglich, ein beliebiges anderes Zeichen als Begrenzer zu wählen. Wird dieses im Ausdruck verwendet, so muss man es innerhalb des Ausdrucks mit \ kenntlich machen.

Reguläre Ausdrücke werden nicht nur zum Suchen, sondern auch zum Ersetzen verwendet. Hier kommen jetzt die Teile, die in Klammern stehen, zum Einsatz. Auf den ersten von Klammern umfassten Teil kann mit \1 zugegriffen werden, den zweiten mit \2 und so weiter. Ein Beispiel soll das ganze verdeutlichen:

Das Wort die soll durch das Wort das ersetzt werden. Der Ausdruck dafür ist bei Verwendung von / als Trennzeichen: /die/das/. Dieser Ausdruck ersetzt aber nur das erste Vorkommen von die. Sollen alle Vorkommen des Wortes im Text ersetzt werden, kommt ein Modifier zum Einsatz. Dieser wird an das Ende des Ausdrucks gestellt und heißt g für „global". Ein weiterer häufig verwendeter Modifier ist i für „case insensitive", um Groß- und Kleinschreibung zu ignorieren.

Will man in einem Text foo durch das ihm folgende Wort ersetzen, so verwendet man die runden Klammern. Der Ausdruck hierfür ist:

```
/foo ([a-zA-Z]+)/\1 foo/g
```

Umschreiben von Regeln

Im NAPTR-Record werden die regulären Ausdrücke verwendet, um aus dem angefragten Namen Informationen zu extrahieren, die für den weiteren Protokollverlauf benötigt werden. Wenn man einen NAPTR-RR in eine Zonendatei einträgt, muss man die Backslashes selbst maskieren. Das bedeutet, dass jeder Backslash verdoppelt werden muss, damit die Nameserversoftware den Ausdruck lesen kann. Bei der auflösenden Applikation kommt der Backslash dann einfach an, so dass diese ihn an ihre Bibliothek zur Evaluierung von regulären Ausdrücken ohne weitere Verarbeitung weitergeben kann.

Das letzte Feld im RR ist schließlich der „Ersatz". Ein Inhalt ersetzt einen dem Suchprozess übergebenen Namen. Wenn kein regulärer Ausdruck zum Umschreiben nötig ist, sondern direkt auf einen anderen Namen (zum Bei-

spiel für einen SRV-RR) verwiesen werden soll, lässt man den regulären Ausdruck leer und schreibt stattdessen den gewünschten Namen an die letzte
Stelle des RR. Soll das Ergebnis des Ersetzens im regulären Ausdruck verwendet werden, steht an dieser Stelle ein Punkt. Regulärer Ausdruck und
Ersatz schließen sich gegenseitig aus, es kann also immer nur einer von
beiden verwendet werden. Sind beide vorhanden, so wird ein Fehler erzeugt.

NAPTR-Auswertung am Beispiel von SIP

Wie die RRs ausgewertet werden, hängt allein von der Applikation ab, die
ein Protokoll verwendet, das auf NAPTR aufbaut. Als Beispiel sollen die
RRs für SIP dienen. Bei anderen Protokollen findet man die zugehörigen
Einträge in der Regel im RFC, der es definiert.

```
opensourcepress.de. IN NAPTR 100 10 "s" "SIPS+D2T" "" _sips._tcp.opensou
rcepress.de
opensourcepress.de. IN NAPTR 101 10 "s" "SIP+D2U" "" _sip._udp.opensourc
epress.de
```

Die Einträge geben an, dass auf SRV-RRs verwiesen wird (Flag s). Es soll zuerst der SIPS Server angesprochen werden, was durch den niedrigeren Wert
in der Reihenfolge angegeben ist. Das Protokoll ist SIPS bzw. SIP, und das
Ergebnis ist der Domainname, der für eine SRV-Record-Suche verwendet
werden kann. Ein regulärer Ausdruck wird nicht benötigt.

8.2.3 ENUM

Die Internettelefonie war vor einigen Jahren noch ein belächelter Proto-
typ, hat sich aber dank gestiegener Bandbreiten zu einem immer stärker
genutzten Dienst gemausert. Die verwendeten Protokolle sind H.323, das
aber auf dem Rückzug ist, und das von der IETF definierte SIP.[9] Im Unterschied zu klassischen Telefonaten wählt der Nutzer keine Nummer, sondern
eine Kennung, die einer E-Mail-Adresse ähnelt. Dies ist aus zwei Gründen
problematisch: Anwender sind beim Telefonieren an die Verwendung von
Nummern gewohnt. Außerdem erlauben viele herkömmliche Telefone die
Eingabe von etwas anderem als Nummern nicht, was die Interoperabilität
unmöglich macht.

Unter dem Begriff ENUM sammeln sich einige RFCs, die versuchen, hier
Abhilfe zu schaffen. Die RFCs bauen auf dem in Abschnitt 8.2 vorgestellten
DDDS auf. Der grundlegende RFC ist 3761 (Nachfolger von 2916). Dieser

---

[9] Es gibt auch vollkommen proprietäre Lösungen, die sehr erfolgreich sind, wie etwa
Skype.

definiert, wie Telefonnummern im E.164-Format[10] im DNS abgebildet werden. Eine E.164-Telefonnummer wird in ihrer Zuordnung zum Teilnehmer von links nach rechts spezieller. Dies ist vergleichbar zu den Bits einer IP-Adresse, die im (linken) Netzwerkteil auch von links nach rechts spezieller werden und damit die Stelle im Netzwerk „einkreisen", an der der Rechner zu erreichen ist. Bei Domainnamen ist es umgekehrt. Daher wird für Reverse RRs die IP-Adresse umgedreht und in der Domain `in-addr.arpa` gesucht. Mit Telefonnummern wird dasselbe gemacht, aber die zugehörige Domain heißt `e164.arpa`. RFC 3761 beschreibt die Umwandlung einer Telefonnummer in einen Domainnamen wie folgt:

Gegeben sei die Telefonnummer +49-000-12345678. Der Ländercode ist 49, 000 die Vorwahl und 12345678 die Nummer des Teilnehmers. Im ersten Schritt entfernt man die Sonderzeichen außer dem führenden + und erhält: +4900012345678. Nun wird die Nummer umgedreht, das Pluszeichen entfernt und zwischen die einzelnen Zahlen werden Punkte geschrieben. Damit erhält man: 8.7.6.5.4.3.2.1.0.0.0.9.4. Schließlich wird dieser Domainname noch in die Domain `e164.arpa` gepackt, und man ist fertig. Mit dieser Abbildung ist es mit DNS-Boardmitteln möglich, die verschiedenen Länder auf lokale Registries zu verteilen. So ist der DENIC für `9.4.e164.arpa` zuständig. Eine weitere Untergliederung wäre in Deutschland noch für Sonderrufnummern bzw. die Vorwahlen von Mobilfunkprovidern sinnvoll, ist aber zum Zeitpunkt, als dieses Buch geschrieben wurde, noch nicht umgesetzt.[11]

In einer `e164.arpa`-Zone befinden sich neben SOA- und NS-RRs dann NAPTR-RRs für Telefonnummern, die dann auf die entsprechenden SRV-Records in den Domains der Besitzer der Telefonnummern verweisen. Natürlich ist auch eine Weiterdelegation über NS-Records möglich.

RFC 3671 legt als einzige mögliche Datenbank für ENUM-Regeln DNS fest. Auch wenn die RFCs aus der 340X-Reihe die Möglichkeit anderer Datenbanken offen lassen, ist die Speicherung der Daten für ENUM in anderen Datenbankformaten nicht erlaubt.

Wie in Abschnitt 8.2 beschrieben, hängt der Inhalt der Felder für die Flags und das Protokoll von der Anwendung ab, die NAPTR-RRs benutzt. RFC 3671 definiert, dass das einzig erlaubte Flag U bei terminalen Regeln ist. Im Dienst-Feld (vgl. Seite 226) wurden bei ENUM Protokoll und Auflösungsdienst vertauscht. RFC 3671 legt als Auflösungsdienst allgemein E2U+ fest, was für „ENUM zu URI" steht. Die hinterlegbaren Protokolle sind in eige-

---

[10] Dies ist der von der *International Telecommunications Union* (ITU) vorgegebene Standard, der besagt, dass eine Telefonnummer aus dem Ländercode, einer Vorwahl und der Nummer innerhalb der Vorwahl besteht. Damit ist die Telefonnummer weltweit eindeutig.

[11] Aufgrund der Rufnummernportabilität würde dies auch dazu führen, dass bei einer gewanderten Rufnummer der Provider des alten Netzes per DNS auf das neue Netz verweisen müsste.

nen RFCs definiert. Für jeden Dienst, der ENUM nutzt, sind ein Protokolleintrag für das Dienst-Feld im NAPTR-RR, ein URI-Schema (z. B. `http:`) und gegebenenfalls Subtypen anzugeben. Die ersten Protokolle, die spezifiziert wurden, waren SIP und das ältere H.323. Die bisher verabschiedeten Protokolle sind in der folgenden Liste zusammengefasst.

SIP

RFC 3762, Enum-Service-Feld: E2u+sip, URI-Schema: `sip:` oder `sips:`

Eine SIP-URI, unter der der Besitzer der Telefonnummer mittels SIP zu erreichen ist.

Beispiel: `sip:mustermann@example.com`

H.323

RFC 3764, Enum-Service-Feld: E2U+H323, URI-Schema: `h323:`

Eine H323-URI, unter der der Besitzer der Telefonnummer mittels H.323 zu erreichen ist.

Beispiel: `h323:mustermann@example.com`

Presence

RFC 3953, Enum-Service-Feld: E2U+pres, URI-Schema: `pres:`

Eine URI für das Presence Protokoll (RFC 2778/2779), unter der geprüft werden kann, ob der Besitzer der Telefonummer online ist.

Beispiel: `pres:mustermann@example.com`

Web

RFC 4002, Enum-Service-Feld: E2U+web:http oder E2U-web:https, URI-Schema: `http:` oder `https:`

URL für Webzugriffe, die zur Webseite des Besitzers der Telefonummer führt.

Beispiel: `http://www.opensourcepress.de`

FTP

RFC 4002, Enum-Service-Feld: E2U+ft, URI-Schema: `ftp:`

URL für FTP-Zugriffe auf den FTP-Server des Besitzers der Telefonnummer.

Beispiel: `ftp://ftp.opensourcepress.de`

IFAX

RFC 4143, Enum-Service-Feld: E2U+ifax:mailto, URI-Schema: `mailto:`

URI, unter der man per Mail ein FAX an die Telefonnummer zustellen kann.

Beispiel: `mailto:mustermann@example.com`

E-Mail

RFC 4355, Enum-Service-Feld: E2U+email:mailto, URI-Schema: `mailto:`

URI, die auf eine Mailadresse zur Telefonnummer verweist.
Beispiel: `mailto:mustermann@example.com`

Fax

FFC 4355, Enum-Service-Feld: E2U+fax:tel, URI-Schema: `tel:`
URI, die auf eine Telefonnummer verweist, an die man dem Besitzer
der angefragten Nummer ein FAX schicken kann.[12]
Beispiel: `tel:+4900012345678`

SMS

RFC 4355, Enum-Service-Feld: E2U+sms:tel, URI-Schema: `tel:` oder
`mailto:`
An die angegebene Telefonnummer bzw. Mailadresse kann dem Besitzer der Telefonnummer eine SM geschickt werden.
Beispiel: `tel:+4900012345678` oder `mailto:mustermann@example.`
`com`

EMS

RFC 4355, Enum-Service-Feld: E2U+ems:tel oder E2U-ems:mailto, URI-
Schema: `tel:` oder `mailto:`
Die Telefonnummer oder Mailadresse kann verwendet werden, um
ein EM zuzustellen.
Beispiel: `tel:+4900012345678` oder `mailto:mustermann@example.`
`com`

MMS

RFC 4355, Enum-Service-Feld: E2U+mms:tel oder E2U-mms:mailto,
URI-Schema: `tel:` oder `mailto:`
Die Telefonnummer oder Mailadresse kann verwendet werden, um
eine Multimedia-Message zuzustellen.
Beispiel: `tel:+4900012345678` oder `mailto:mustermann@example.`
`com`

Voice

RFC 4415, Enum-Service-Feld: E2U+voice:tel, URI-Schema: `tel:`
Die Tel-URI verweist auf eine Telefonnummer, unter der der Besitzer
der Telefonnumer erreicht werden kann.
Beispiel: `tel:+490001234578`

PSTN

RFC 4769, Enum-Service-Feld: E2U+pstn:tel oder E2U+pstn:sip, URI-
Schema: `tel:` oder `sip:`
Dieses Protokoll kann zur Implementierung von Rufnummernporta-
bilität verwendet werden. In der URI wird die Telefonnummer oder

---

[12] Damit ist es möglich, Faxe an eine andere Nummer weiterzuleiten.

SIP-URI angegeben, die für das interne Routing der Provider verwendet wird. Die URI kann dabei Routinghinweise gemäß RFC 4694 enthalten.

Beispiel: `tel:+490001234568` oder `sip:mustermann@example.com`

Wie an den ENUM-Servicefeldern von z. B. Web zu erkennen, werden Subtypen des Protokolls durch Doppelpunkte vom Protokoll getrennt. Bei allen Protokollen, die eine `tel:`-URI enthalten, stellt sich zunächst die Frage, warum DNS verwendet werden soll, wenn Quelle und Ziel der Anfrage im Telefonnetz liegen. Die Antworten sind Rufumleitungen bzw. die Möglichkeit, eine Funktion, wie zum Beispiel FAX, an einen anderen Empfänger zu schicken, sowie die Rufnummernportabilität, die in Deutschland nur bei Mobilfunkprovidern eine Rolle spielt. Innerhalb der Circuit-Switched-Telefonie[13] wird der Rufaufbau über das SS7-Protokoll signalisiert. Dieses Protokoll enthält auch Methoden, um herauszufinden, bei welchem Anbieter sich eine gewählte Rufnummer befindet. Wandert ein Teilnehmer vom Anbieter mit der Vorwahl 0001 zum Anbieter mit der Vorwahl 0002 und behält seine Nummer mit der Vorwahl 0001, so muss ein Anruf an seine Nummer trotzdem zum Netz 0002 geleitet werden. Hierfür wird eine nach außen nicht sichtbare Nummer aus dem Netz 0002 vergeben. Wählt jetzt jemand die alte Telefonnummer, wird beim Rufaufbau zunächst die interne 0002-Nummer zurückgegeben, und der Rufaufbau findet zu dieser Telefonnummer statt. Schließlich klingelt das Telefon im neuen Netz. Gleiches lässt sich mit dem PSTN-Protokoll über DNS implementieren, wobei in der `tel:`-URI auch Parameter zum Routing innerhalb des Circuit-Switched-Netzes (oder aber auch des SIP-Netzes) angegeben werden können.

Short, Enhanced und Multimedia Message Service werden im Wesentlichen von Mobilfunkanbietern verwendet. Diese Dienste werden zwar auch über IP-Netze angeboten, diese sind aber in der Regel nicht öffentlich zugänglich. SMS und EMS funktionieren in den meisten Fällen auch über das SS7-Protokoll. MMS ist allerdings ein Dienst, dessen Nutzdaten ausschließlich über IP laufen.[14] Der Austausch von MMs unter verschiedenen Anbietern geschieht über das SMTP-Protokoll, wobei der Inhalt der Mails Multipart-Mime-Nachrichten in einem von einem 3GPP und OMA-Standard definiert ist. Um den Empfänger der Mail zu finden, wird mittels der MMS-ENUM-Records und der Telefonnummer des Empfängers der passende Mailserver des Providers ermittelt. Das Netz, an dem die Provider angeschlossen sind, heißt *Global Roaming Exchange* oder GRX, und über dieses wird auch der Datenverkehr von UMTS- oder GPRS-Kunden im Ausland geleitet.

---

[13] Bei klassischer Telefonie wird für die Dauer eines Gespräches eine Verbindung geschaltet, daher spricht man auch von „Circuit Switched"-Telefonie.

[14] Genau genommen, gibt es hier eine Ausnahme, und das ist die SM, die zum Mobiltelefon geschickt wird, um ihm mitzuteilen, dass es eine MM herunterladen kann. Damit wird beim Benutzer der Eindruck erweckt, dass die MMs auf das Handy geschoben werden.

9

Bind

Der auf Unix-Systemen am meisten verwendete DNS-Daemon ist der *Berkeley Internet Name Daemon* oder kurz Bind. Wie der Name schon vermuten lässt, wurde er an der Universität von Kalifornien in Berkeley entwickelt, ebenso wie BSD-Unix und die Basis der meisten heute in Verwendung befindlichen TCP/IP-Stacks. Die Weiterentwicklung der Software hat inzwischen das *Internet Software Consortium* (ISC) übernommen.

Das Bind-Paket enthält das Programm `named`, das als Nameserver und rekursiver Resolver fungiert, Werkzeuge zum Abfragen von DNS-Einträgen (`nslookup`, `dig` und `host`) und Bibliotheken, die von anderen Programmen zur Abfrage von DNS-Einträgen verwendet werden können.

Es gibt drei verbreitete Hauptversionen von Bind, auf die man in der freien Wildbahn trifft: Bind 4, Bind 8 und Bind 9. Bind 4 ist „der Klassiker", es wird bei Neuinstallationen kaum noch verwendet und ist auch in aktuellen Betriebssystemdistributionen nicht mehr enthalten. Es wird vom ISC aber für bestehende Installationen noch gepflegt. Der wesentliche Unterschied zu den beiden neueren Versionen ist neben den zur Verfügung stehenden Funktionalitäten die Konfigurationsdatei. Bind 8 und Bind 9 verwenden die Datei /etc/named.conf, Bind 4 sucht seine Konfiguration in /etc/named.boot. Auch das Format der Datei unterscheidet sich grundlegend von dem in den neueren Versionen. Zum Erscheinen von Bind 8 war ein Perlscript beigelegt, mit dem aus der named.boot eine named.conf erzeugt werden konnte. Die Webseite des ISC klassifiziert Bind 4 offiziell als „deprecated". Man sollte es also nur verwenden, wenn es in einer bestehenden Installation gar nicht anders geht, und selbst dann überlegen, diese auf einen aktuellen Stand zu bringen. Vor der Verwendung von Bind 4 als DNS-Cache bzw. Forwarder wird auf der ISC-Webseite explizit gewarnt, da auch die neueste Version für Cache Poisoning (vergleiche Seite 295) anfällig ist.

Bind 8 erschien 1997 und benutzte bereits das neue Konfigurationsformat, enthielt aber noch viel alten Code. Das ISC rät auf seiner Webseite auch von der Verwendung des Bind 8 ab, der ebenfalls für das Cache Poisoning anfällig ist.

Im Jahr 2000 kam dann Bind 9 heraus. Das ISC zeichnet auch für diese Version verantwortlich, wird aber dabei von den namhaften Herstellern von kommerziellen Unix-Betriebssystemen wie SUN, HP und IBM unterstützt.[1] Für diese Version wurden viele Funktionen erweitert und auch große Teile der Software neu geschrieben.

Die derzeit vom ISC empfohlene Version ist Bind 9.3. Grundlage der Beschreibungen hier ist Version Bind 9.3.3. Die letzte Stelle der Version ist das Patchlevel, das häufiger nach oben gezählt wird. Bind 9.4 existiert bereits als Betaversion, sollte aber noch nicht produktiv eingesetzt werden.

Die Programme zur Abfrage von DNS-Daten werden in Kapitel 11 vorgestellt. Der Rest des Kapitels beschäftigt sich mit der Konfiguration und Steuerung des eigentlichen Nameservers.

Die Nameserverkomponente von Bind erfüllt zwei Aufgaben. Sie ist zum einen ein rekursiver Resolver, bei dem man eine Anfrage nach einem DNS-Eintrag mit einer beliebigen Domain abgibt und der sich dann, wie in Kapitel 6 beschrieben, durchfragt, bis er entweder die gewünschte Information vom richtigen Nameserver gefunden hat, oder zu dem Schluss kommt, dass es keine Antwort gibt, und sich mit einem entsprechenden Fehlercode zurückmeldet. Die zweite Aufgabe ist das Bereitstellen von Zonen, damit andere Resolver Fragen nach deren Inhalt stellen können.

9.1 Aufrufoptionen

Das Programm, das die Nameserverfunktion erfüllt, heißt named. Den Großteil seiner Konfiguration zieht es aus der Datei /etc/named.conf, es versteht aber auch ein paar Optionen auf der Kommandozeile. Üblicherweise wird named aus einem Init-Script gestartet, so dass die zu verwendenden

---

[1] http://www.isc.org/index.pl?/sw/bind/bind-history.php

Optionen – mit Ausnahme der Debug-Optionen – dort einzutragen sind. Die Optionen sind:

-4 und -6

Die beiden Optionen dienen zur Auswahl der verwendeten IP-Version. Unterstützt ein Host beide Protokollstacks, verwendet named auch beide. Wird eine der beiden Optionen gesetzt, beschränkt er sich auf die entsprechende IP-Version. Es kann nur eine der beiden Optionen gleichzeitig verwendet werden, da sie sich gegenseitig ausschließen.

-c *Konfigurationsdatei*

Normalerweise sucht named seine Konfiguration in der Datei /etc/ named.conf[2]. Soll eine andere Datei verwendet werden, so gibt man sie mit dieser Option an.

-d *Debuglevel*

Soll der named Debugmeldungen ausgeben, aktiviert man sie mit dieser Option. Das Debuglevel ist eine Zahl, und der Daemon wird gesprächiger, je höher sie ist. Man kann das Level auch nachträglich mit dem später noch vorgestellten Programm rndc erhöhen oder senken.

-f und -g

Nachdem der named gestartet wurde, schickt sich der Prozess selbst in den Hintergrund. Ist dieses Verhalten nicht gewünscht, verwendet man die Option -f. Will man gleichzeitig auch noch alle Meldungen, die normalerweise über das in der /etc/named.conf konfigurierte Logging ausgegeben würden, in der Terminalsitzung sehen, in der named gestartet wurde, so verwendet man statt -f die Option -g.

-p *Port*

Diese Option wird verwendet, wenn named auf einem anderen als dem Standardport 53 laufen soll.

-n *Anzahl der CPUs*

Wird named auf einem Rechner mit mehreren CPUs gestartet, erzeugt der Prozess einen Thread pro CPU, um die Arbeit zu verteilen. Kann der Prozess nicht herausfinden, wie viele CPUs vorhanden sind, startet er nur einen Thread. Will man dieses Verhalten überschreiben, so kann man die Anzahl der Subthreads mit dieser Option explizit setzen.

-t *Verzeichnis*

Der named kann mit dieser Option veranlasst werden, aus Sicherheitsgründen mit dem Betriebssystemaufruf chroot[3] das Rootverzeichnis zu wechseln.

---

[2] Bei Gentoo-Linux ist dies /etc/bind/named.conf.
[3] Siehe Abschnitt 12.2.1 für eine Erklärung zum Thema chroot.

-u *Benutzername*

>   Mit dieser Option kann die Benutzerkennung gewechselt werden, unter der der Prozess arbeitet. Beim Start muss dies Root sein, da der named sich auf Port 53 bindet. Danach sind Administratorprivilegien aber nicht mehr notwendig.

-v

>   Will man nur sehen, um welche Version des named es sich handelt, so ruft man ihn mit dieser Option auf. Die Version wird ausgegeben, und der Prozess beendet sich.

Beim chroot mit der Option t ist darauf zu achten, dass unterhalb des angegebenen Verzeichnisses ein rudimentärer Dateibaum existieren muss. Dieser benötigt die Konfigurationsdatei /etc/named.conf, da der Aufruf von chroot erfolgt, bevor die Datei gelesen wurde, sowie die Device-Dateien /dev/null, /dev/zero und /dev/random[4]. Auch sollte man den Syslogdaemon dazu bringen, innerhalb des Device-Verzeichnisses einen Socket zu öffnen, damit Logmeldungen auch auftauchen. Schließlich sollte es noch ein Verzeichnis /var/run geben, in das der named seine PID-Datei schreiben kann.

Es wird empfohlen, diese Option nur zusammen mit der Option -u zum Wechsel der verwendeten Benutzerkennung zu verwenden, da die Posix-Spezifikation von chroot es dem Root-Benutzer erlaubt, aus dem Käfig wieder auszubrechen. Wer die Option -u verwendet, muss zudem sicherstellen, dass die verwendete Kennung Leserechte (und gegebenenfalls auch Schreibrechte für Zonentransfers) auf die verwendeten Dateien hat. Verwendet man Bind unter Linux, kommt noch eine Besonderheit hinzu. Linux hat seit Kernelversion 2.3.99 sogenannte Capabilities. Damit werden all die Sonderrechte abgebildet, die der Rootbenutzer hat, wie das beliebige Überschreiben von Dateien, den Wechsel der UserID oder das Binden auf privilegierte Ports < 1024. named macht von diesen Capabilities Gebrauch. Selbst wenn der Prozess unter der Root-Kennung läuft, ist alles abgeschaltet, was nicht notwendig ist. Es bleiben also genau die Rechte zum Wechsel der Benutzerkennung und zum Binden auf Port 53 übrig. Wenn die Dateien einem Benutzer dnsuser gehören und nur für diesen schreibbar sind, kann der unter Root-Kennung laufende Prozess diese nicht überschreiben. Daher sollte man darauf achten, dass der named immer unter der gleichen Kennung läuft.

named reagiert auch auf Unix-Signale, die mit dem Kommando kill abgesetzt werden. Auf das Hangup-Signal (dieses schickt man mit dem Kommando kill -HUP *PID des Nameservers*) reagiert der Server mit einem Neuladen seiner Konfiguration und aller Zonen. Dieses Verhalten ist vielen Administratoren seit Jahren vertraut. Trotzdem sollte man bei Bind 9 lieber

---

[4] Bzw. der Name der verwendeten Device-Datei für Zufallsdaten.

mit rndc arbeiten, da dies eine feiner abgestimmte Kontrolle darüber erlaubt, was neu geladen wird. Auf die Signale TERM und INT reagiert named mit einem ordentlichen Herunterfahren.

9.2 named.conf

Die gesamte Konfiguration des named befindet sich in der Datei /etc/named.conf. Diese beinhaltet die Zonen, die der Nameserver bereitstellt, Zugriffsbeschränkungen für Abfragen, Updates oder Zonetransfers, Festlegungen, was protokolliert wird, Speicherorte von Dateien, Schlüssel für TSIG (siehe Seite 302) und Angaben zur Weiterleitung von Anfragen.

Soll ein Recher als rekursiver Resolver für das Internet arbeiten und im LAN die Zonen opensourcepress.de, 1.168.192.in-addr.arpa sowie 0.0.127.in-addr.arpa bereitstellen, sieht eine named.conf wie folgt aus:

```
options {
    directory "/var/bind";
    allow-query { 192.168.1.0/24; };
};

controls {
    inet 192.168.1.1 allow  192.168.1.1; 192.168.1.55;  keys { rndckey; };
};

key "rndckey" {
    algorithm hmac-md5;
    secret "+Q0s8Rjh0gMJgjveICqRAQ==";
};

zone "." {
    type hint;
    file "named.ca";
};

zone "0.0.127.in-addr.arpa" {
    type master;
    file "named.local";
};

zone "opensourcepress.de" in {
    type master;
    file "db.opensourcepress.de";
};

zone "1.168.192.in-addr.arpa" in {
    type master;
    file "db.192.168.1.rev";
};
```

Die Syntax der Datei ist relativ einfach. Jede Anweisung beginnt mit einem Schlüsselwort, dem Parameter folgen. Ist dieser ein String, wie das Verzeichnis in der zweiten Zeile, wird er in doppelte Anführungszeichen gestellt. Ist der Parameter ein Element aus einer Liste von erlaubten Parametern, wie bei den Zonentypen, dann entfällt das Anführungszeichen, ebenso bei Zahlen oder Booleschen Parametern. Ist der Parameter eine Liste, so wird diese mit geschweiften Klammern {} umfasst und Einträge der Liste mit Semikola abgetrennt. Eine Liste kann auch aus Anweisungen bestehen, wie im ersten Block unter options deutlich wird. Jede Anweisung wird mit einem Semikolon abgeschlossen. Leerzeichen und neue Zeilen können beliebig eingefügt werden, um die Lesbarkeit zu steigern.

Die Liste unter options enthält nur zwei Anweisungen. Die erste legt das Arbeitsverzeichnis als /var/bind fest. Alle anderen Dateiangaben, vor allem die Zonendateien sind relativ zu diesem Pfad. Wenn named unter einer anderen Benutzerkennung als Root läuft, sollte dieses Verzeichnis für diese Kennung schreibbar sein. Die zweite Anweisung legt fest, wer überhaupt berechtigt ist, diesem Nameserver Fragen zu stellen. In diesem Fall ist dies nur das Netz 192.168.1.0/24. Die Anweisung allow-query könnte auch für die einzelnen Zonen individuell gesetzt werden.

Die Anweisung controls definiert den Kontrollkanal für rndc (siehe Abschnitt 9.3), um dem Daemon Anweisungen zuzustellen. Mit inet *IP-Adresse* legt man dabei fest, auf welcher Adresse die Verbindungen angenommen werden. Dem folgt wieder eine ACL, mit der bestimmt wird, wer zugreifen darf. In diesem Fall sind dies die IP-Adressen 192.168.1.1 und 192.168.1.55, jedoch nur, wenn sie den Schlüssel rndckey kennen und damit ihre Verbindungen über den Kontrollkanal authentisieren.

Die Kontrollverbindung akzeptiert Verbindungen auf Port 953, wenn in der controls-Anweisung nach der IP-Adresse kein anderer Port angegeben wird. Wird der gesamte controls-Block weggelassen, akzeptiert der Nameserver nur Verbindungen auf der Localhost-Adresse auf Port 953, und diese sind nicht über einen Schlüssel authentisiert.

Die Definition des Schlüssels ist der nächste Block. Der Name, der im Rest der Konfiguration ohne Anführungszeichen verwendet wird, wird hier mit diesen angegeben. Im Block der Definition wird der Name des Algorithmus sowie das geheime Passwort aus der mit dnssec-keygen erzeugten Datei angegeben.

Der Rest der /etc/named.conf besteht aus Zonendefinitionen. Die erste Zone ist dabei eine besondere. Wenn named rekursiv Namen auflöst, muss er bei der Wurzel des Domainbaumes anfangen. Dafür benötigt er die Adressen der Rootnameserver, die sich in dieser Zone befinden. Bei der Distribution von Bind wird eine Zonendatei mit den jeweils aktuellen Nameservern für „." mitgeliefert. Diese werden dann nach .com oder .de gefragt. Diese Datei sollte von Zeit zu Zeit gepflegt werden.

Eine Zonendefinition beginnt mit dem Namen der Zone. Optional kann auch die Klasse angegeben werden (dies ist bei den letzten beiden Zonen im Beispiel der Fall). Wird sie weggelassen, ist der Defaultwert die Internetklasse IN. Der Typ der Zone ist entweder `master`, `slave`, `hint` oder `forward`. Die ersten beiden Typen stehen für Primary und Secondary Nameserver. `hint` steht für die Root-Zone und mit `forward` können alle Anfragen für diese Zone einem anderen Nameserver gestellt werden. Die Angabe des Dateinamens legt fest, wo die Daten gesucht (bei Primaries) bzw. auch hingeschrieben (nach einem Zonetransfer bei einem Secondary) werden sollen. Es empfiehlt sich, ein Namensschema zu wählen, an dem man die Zonen wiedererkennt. Dies erleichtert die Wartung, wenn man mehrere Zonen verwaltet. Der Dateiname für die Reversezone wurde hier „richtig herum" gewählt, um die Lesbarkeit zu steigern.

9.2.1 Zugriffskontrolle

In dem oben vorgestellten Beispiel befanden sich zwei Anweisungen, die einschränken, wer Zugriff hat. Für den sicheren Betrieb von Nameservern ist es wichtig, diese sorgfältig so zu konfigurieren, dass nur diejenigen Informationen vom jeweiligen Client abgefragt werden können, die für diesen auch zur Verfügung stehen sollen. Bei Updates, also schreibendem Zugriff, noch wichtiger ist die Kontrolle darüber, wer schreibt.

Address Match List

Es gibt eine Reihe von Anweisungen in der `/etc/named.conf`, die eine Liste von Adressen und/oder Schlüsseln enthalten. In der Syntax der `/etc/named.conf` heißt diese Liste *Address Match List*, dann in *Access Control Listen* (ACLs) verwendet wird.

Über diese Listen lässt sich steuern, wer Anfragen an den Nameserver im allgemeinen oder für bestimmte Zonen stellen darf. Man kann einschränken, wer rekursive Anfragen stellen darf und wessen Updates akzeptiert werden. Die später noch vorgestellten Views werden auch über Address Match Lists zugeordnet. Beim Nameserverkontrollkanal, der im Beispiel mit `control` definiert wird, ist die Liste ein Teil der Anweisung.

Die Liste besteht aus Elementen, die gemäß der allgemeinen Syntax in geschweiften Klammern mit Semikola voneinander getrennt sind. Die Elemente der Liste können folgendes enthalten:

- eine IPv4- oder IPv6-Adresse

- ein IP-Präfix in der Notation Netz/Maskenlänge, z.B. 192.168.1.64/26

- Name eines Schlüssels der mit einer `key`-Anweisung definiert wurde ohne Anführungszeichen

- Name einer Address Match List, die mit einer `acl` Anweisung definiert wurde

- eine Address Match List selbst, die nochmals in geschweiften Klammern eingetragen wird

Die letzten beiden Punkte der Liste sind eigentlich gleichbedeutend, nur dass es bei längeren Listen der Lesbarkeit der /etc/named.conf dient, wenn man die Liste mit einer `acl`-Anweisung wie der folgenden definiert:

```
acl "gutehosts" {
    192.168.1.55;
    192.168.1.66;
};
```

Es gibt einige vordefinierte ACLs, die verwendet werden können:

`any`

Diese ACL greift für beliebige Hosts. Sie kann als das Netz 0.0.0.0/0 verstanden werden.

`none`

Dies ist genau das Gegenteil von `any`, diese ACL ist für keinen Host wahr.

`localhost`

Dies ist nicht 127.0.0.1. Stattdessen enthält diese ACL eine Liste von allen IPv4- und IPv6-Adressen des Rechners, auf dem der Nameserver läuft. So kann von diesem Rechner aus eine beliebige eigene Adresse zu einer Anfrage beim Nameserver angesprochen werden, und der Nameserver wird die Anfrage zulassen.

`localnets`

Mit dieser ACL sind alle Netze erfasst, an die der Rechner angeschlossen ist, auf dem der Nameserver läuft. Sie sollte nur verwendet werden, wenn alle diese Netze vertrauenswürdig sind.

Jedem Listenelement kann auch das Ausrufungszeichen vorangestellt werden, um ein logisches Nicht abzubilden. Die Liste

```
{ ! 192.168.1.44; 192.168.1.0/24; }
```

bedeutet also: Das ganze Netz 192.168.1.0/24 außer dem Host 192.168.1.44.

Benutzung von Address Match Lists

Im Folgenden werden die Anweisungen vorgestellt, die Address Match Listen verwenden. Die Anweisungen stehen entweder im `options`-Block oder sie werden in `zone`- und `view`-Definitionen eingesetzt. Bei Verwendung in der Liste `options` gelten sie für alle Anfragen, in den anderen beiden Kontexten nur zonenabhängig. Wird ein Kommando in `options` und innerhalb einer `zone`-Definition verwendet, so gilt bei Anfragen für die Zone die Anweisung innerhalb der `zone`-Definition. Hinter jede der vorgestellten Anweisungen stellt man in der `/etc/named.conf` in geschweiften Klammern eine Address Match List, wie sie im letzten Abschnitt vorgestellt wurde.

Die Anweisung `allow-query` dient allgemein dazu, Anfragen beliebiger Art zuzulassen. Dies ist unabhängig vom angefragten RR-Typ. `allow-query` kann sowohl im `options`-Block als auch in einer `zone`-Definition stehen. In der Address Match List können zwar auch Schlüsselnamen stehen, die `named` auch beachtet. In der Praxis sollte man sie dort aber aber nur dann hinschreiben, wenn man genau weiß, dass keine normalen Betriebssystemclients zugreifen, da die meisten Resolver-Bibliotheken TSIG für normale Abfragen nicht unterstützen. Wird diese Option im `options`-Block weggelassen, darf jeder Host diesem Server DNS-Fragen stellen.

Ist der Nameserver dahingehend konfiguriert, auch als Resolver rekursive Anfragen von Clients zu bearbeiten, so kann mit `allow-recursion` gesteuert werden, wer dies darf. Je nach Firewallkonfiguration ist es sinnvoll, dies zu steuern, um Angriffen wie der in Abschnitt 12.1.1 vorgestellten *Amplification Attack* entgegenzuwirken. In der Liste sollten nur die Hosts oder Netze stehen, die auch rekursive Anfragen stellen können. Sind Daten allerdings bereits im Cache des Nameservers, greifen die Einschränkungen dieser Anweisung nicht, und auch andere Clients bekommen diese Daten in einer Antwort.

Zonentransfers sind für Angreifer eines Netzes ein gutes Mittel, Ziele für ihre Angriffe zu identifizieren. Um diese getrennt abzusichern, dient die Anweisung `allow-transfer`. Bei dieser sind IP-Adressen zur Authentisierung sicherer als bei den anderen Anweisungen, da Zonentransfers über eine TCP-Verbindung ablaufen und daher die Verwendung von gefälschten IP-Adressen schwieriger ist. Da aber der Secondary auch ein Nameserver ist, der im Fall von Bind TSIG spricht, bietet sich hier die Verwendung von Schlüsseln zur Kontrolle an. Ist der Secondary ein Nameserver, der diese Methode nicht unterstützt wie z. B. TinyDNS, oder steht der Secondary unter der Kontrolle einer anderen Instanz, die TSIG nicht verwenden möchte, sollten hier IP-Adressen verwendet werden. Bei der Wahl des Schlüssels sollte ein dedizierter Schlüssel erzeugt werden, da sonst der Administrator des Secondary unter Umständen den Primary Nameserver steuern kann. Fehlt diese Option, kann jeder Host einen Zonetransfer vornehmen.

Man kann named so konfigurieren, dass er, wenn sich eine Zone ändert, Notify-Pakete an alle in der Zone stehenden Nameserver (und auch explizit in der /etc/named.conf angegebene) versendet. Der Nameserver, der diese Pakete empfängt, wird damit veranlasst zu prüfen, ob sich auch die Serial geändert hat und er einen Zonetransfer anstoßen muss. Mit der Anweisung allow-notify lässt sich steuern, von welchen Primaries ein Secondary die Notify-Nachrichten akzeptiert. Innerhalb einer zone-Umgebung hat diese Anweisung nur bei Secondary- bzw. slave-Zonen Sinn. Ist diese Option nicht gesetzt, so akzeptiert ein Secondary nur Notify-Nachrichten vom konfigurierten Primary der Zone.

Sind dynamische DNS-Updates gewünscht, muss dies erst aktiviert werden. Dazu wird die Anweisung allow-update in der Definition der Zone verwendet, die aktualisiert werden soll. Es ist möglich, dies basierend auf IP-Adressen zu machen, da die Pakete aber über UDP übertragen werden, macht es dies einem Angreifer sehr einfach. Hier sollten also unbedingt Schlüssel verwendet werden. Fehlt diese Anweisung in einer Zonendefinition, ist es nicht möglich, die Zone dynamisch zu aktualisieren. Bind 9 besitzt mit der Anweisung update-policy noch eine feinere Möglichkeit zu steuern, wer was in der Zone verändern darf. Diese wird später vorgestellt.

Granulare Updates

Neben der Anweisung allow-update ist bei Bind 9 mit update-policy eine Möglichkeit dazugekommen, mit der differenzierter gesteuert werden kann, welche Updates möglich sind. Damit lässt sich auch einschränken, welche RRs geschrieben werden können. In einer Zonendefinition für eine Forwardzone, die Updates von einem DHCP-Server akzeptiert, müssen A- und TXT-Records geschrieben werden können. Dies erreicht man mit der folgenden Zonendefinition:

```
zone "dhcp.opensourcepress.de" {
    type master;
    file "db.dhcp.opensourcepress.de";
    update-policy {
        grant dhcp-key subdomain dhcp.opensourcepress.de A TXT;
    }
}
```

Die Liste hinter update-policy besteht aus mehreren Regeln, die jeweils mit grant oder deny zum Erlauben oder Verbieten der nachfolgenden Bedingung beginnen. named arbeitet die Regeln der Reihe nach ab und verwendet die erste Regel, die passt. Wird keine passende Regel gefunden, so wird das Update abgewiesen.

Das zweite Feld der Regel gibt den Namen eines Schlüssels an, der mit einer key-Anweisung definiert sein muss. Das vierte Argument ist ein DNS-

Name, und das dritte Argument gibt an, wie dieser Name zu interpretieren ist. Es gibt vier Möglichkeiten für das dritte Feld der Regel:

name

Hier ist der folgende DNS-Name genau der Name, für den RRs manipuliert werden können.

subdomain

Der Name ist der Name einer Domain, unterhalb derer alle RRs der am Schluss angegebenen Typen geändert werden können.

self

Ist der Name des Schlüssels ebenfalls ein Domainname, so wird das vierte Feld ignoriert. Die Regel greift dann, wenn ein RR für den Namen des Schlüssels und die erlaubte Liste von RR-Typen geändert werden soll.

wildcard

Die letzte Möglichkeit gibt an, dass im vierten Feld eine DNS-Wildcard steht, also ein Eintrag mit * als Platzhaltern. Der Name des RRs, der im Update steht, muss eine Expansion der Wildcard sein (host. opensourcpress.de ist eine Expansion von *.opensourcepress. de), damit die Regel wahr ist.

Die letzten Argumente der Regel sind die RR-Typen, mit Leerzeichen getrennt, die geändert werden dürfen. Werden keine Typen angegeben, sind alle Typen außer SIG, NS, SOA und NXT gültig. Wird ANY verwendet, sind alle Typen außer NXT erlaubt.

9.2.2 Allgemeine Optionen

Der options-Block am Anfang der /etc/named.conf definiert das allgemeine Verhalten des Nameservers. Neben den Anweisungen zur Zugriffskontrolle lassen sich hier verwendete Pfade und IP-Adressen, Antwortverhalten, Leistungsdaten und Grenzen einstellen.

Auswahl von IP-Adressen

Falls der Rechner, auf dem der Nameserver läuft, nur eine IP-Adresse besitzt, braucht man sich in der Regel um diese Parameter nicht zu kümmern. In einer Konfiguration mit mehreren Adressen oder einem IPv4- und einem IPv6-Stack sollte man definieren, auf welchen Adressen Verbindungen angenommen werden und mit welchen Adressen ausgehende Verbindungen aufgebaut werden. In einer DMZ-Umgebung kann damit zusätzlich zu den

Firewallregeln eingeschränkt werden, von wo Zugriffe überhaupt möglich sind.

Die Anweisung `listen-on` akzeptiert eine Address Match List. Man kann mehrere dieser Anweisungen in den `options`-Block setzen, sie ergänzen einander. Vor die Liste kann eine Portnummer stehen, wenn der Server auf anderen als dem Standardport 53 Verbindungen akzeptieren soll. Zum Beispiel akzeptiert bei

```
listen-on port 553 { 192.168.1.1; 192.168.2.0/24; };
```

der Server Verbindungen auf Port 553 auf der Adresse 192.168.1.1 und allen Adressen, die der Host im Netz 192.168.2.0/24 besitzt.

Der `named` scannt in regelmäßigen Intervallen, ob neue Adressen hinzugekommen sind. Das Intervall setzt man mit der Anweisung `interface-interval Minuten`. Standardwert ist 60 Minuten. Wird dieser Wert auf 0 gesetzt, so sucht er nur dann nach Schnittstellen, wenn die Konfiguration geladen wird.

Lässt man `listen-on` weg, akzeptiert der Nameserver auf allen möglichen Adressen Verbindungen.

Mit der Anweisung `listen-on-v6` kann das Verhalten analog zu `listen-on` für die IPv6-Schnittstellen eines Systems eingestellt werden. Es gibt allerdings Besonderheiten je nach IPv6-Programmierschnittstelle, die das darunter liegende Betriebssystem bereitstellt. Wird bei Linux `listen-on-v6 { any; };` angegeben und das Linuxsystem hat sowohl einen IPv4- als auch einen IPv6-Stack, werden auf der Wildcardadresse `:::53` Verbindungen angenommen. Diese beinhaltet bei der Linuximplementierung der Stacks auch IPv4. Soll ein anderer Prozess auf einer bestimmten Adresse auf Port 53 Verbindungen entgegennehmen, muss er *vor* dem Nameserver gestartet werden, da er sich sonst nicht auf den bereits belegten Port `:::53` binden kann. Auch funktioniert bei Bind 9.3.3 unter Linux die Angabe einer Liste von IPv6-Adressen nicht. Der `named` ignoriert die Anweisung und nimmt überhaupt keine Verbindungen über IPv6 an. Hier hat man also nur die Auswahl zwischen `any` und `none`.

Arbeitet der Nameserver als rekursiver Resolver, so muss er anderen Nameservern Fragen stellen. Besitzt er mehrere IP-Adressen, übernimmt normalerweise das Betriebssystem die Auswahl der Quelladresse der ausgehenden Verbindung zum anderen Nameserver. Besitzt z. B. ein Rechner die Adressen 192.168.1.1 für das LAN und 1.2.3.4 zum Internet hin, und die Defaultroute zeigt auf den Router 1.2.3.5, so werden alle Anfragen in Richtung Internet mit der Quelladresse 1.2.3.4 gestellt. Manchmal kann es sinnvoll sein, zu steuern, welche Quelladresse (und welcher Quellport) verwendet werden soll, etwa wenn ein Host mehrere Adressen im gleichen Netz besitzt und eine bestimmte verwendet werden soll, um durch die Firewall nach außen zu gelangen. Zur Steuerung verwendet man die Anweisung `query-source` address *Adresse* port *Quellport*;. Gibt man statt einer Portnummer hier einen * ein, wird ein zufälliger Port > 1024 gewählt, wie dies bei den meisten anderen Verbindungen auch üblich ist.

In älteren Versionen von Bind war auch der Quellport bei Anfragen von Nameserver zu Nameserver immer 53. Einige Firewallhersteller haben dies in ihren Regeln für DNS berücksichtigt. Benötigt also Port 53, um durch die Firewall zu kommen, so kann man dies hier festschreiben. Will man andererseits nur den Port, aber nicht die IP-Adresse festschreiben, kann man statt der Adresse auch einen * angeben. Damit wird dem Betriebssystem wieder die Auswahl der Quelladresse überlassen.

Die Auswahl der Portnummer ist nur für UDP-Anfragen gültig. Bei TCP-Anfragen wird immer ein zufälliger Quellport verwendet. Will man den Quellport nicht festschreiben, sondern bestimmte Quellports vermeiden[5], kann dies mit der Anweisung avoid-v4-udp-ports { *port1*; *port2*; ... } eingeschränkt werden.

Für die Verwendung von IPv6 gibt es die gleichen Optionen, nur dass man -v6 anhängt. Mit dem Kommando query-source-v6 fec0::1 port 53; legt man die Quelladresse für Anfragen über IPv6 und den Quellport fest. Die Semantik des * ist die gleiche wie bei der IPv4 Version des Kommandos. Um verwendete Quellports auszuschließen, dient die Anweisung avoid-v6-udp-ports.

Die Auswahl von Quelladresse und Quellport für Zonentransfers werden getrennt behandelt. Die Kommandos zur Steuerung sind:

```
transfer-source address Adresse port port;
transfer-source-v6 address Adresse port port;
```

Sie legen die Adresse fest, mit der die Zonetransfers über TCP, die Abfragen zur Serial und die Weiterleitung von DNS-Updates zum Primary gesendet werden. Der Port kann genauso wie bei query-source festgelegt werden und die Bedeutung des * ist auch die gleiche.

Die Anweisung kann im options-Block oder in der Definition einer Zone oder eines Views verwendet werden. Definitionen in Zonen und Views überschreiben das Verhalten im options-Block.

Die letzten Anweisungen, die sich mit Quelladressen und Ports beschäftigen, sind:

```
notify-source address Adresse port port;
notify-source-v6 address Adresse port port;
```

---

[5] Es gibt Netzwerkkarten, die eine eigene Managementfunktion auf einem definierbaren Port besitzen. Pakete, die diesen Port ansprechen (bei DNS sind dies die Antwortpakete), werden von der Karte abgefangen und erreichen gar nicht das Betriebssystem.

Sie werden auf einem Primary Nameserver verwendet, um Adresse und Port für Notify-Nachrichten an die Secondaries festzulegen. Die Semantik ist die gleiche wie bei den anderen Optionen dieses Typs.

Die Option kann im `options`-Block oder in der Definition einer Primary Zone verwendet werden.

Pfade, Identifikation und Leistungssteuerung

Die bereits vorgestellte Anweisung `directory` legt das Arbeitsverzeichnis fest, in dem `named` alle Zonendateien sucht. Mit dem Kommando `rndc`, das in Abschnitt 9.3 noch vorgestellt wird, kann der Nameserver angewiesen werden, Statistiken oder den Inhalt seines Caches in eine Datei zu schreiben. Sollen diese Dateien nicht in dem mit `directory` angegebenen Verzeichnis angelegt werden, kann dies umgestellt werden. `named` schreibt eine Datei `named.pid` in der sich die PID des Prozesses befindet. Auch dieser Pfad kann eingestellt werden. Dazu dienen die folgenden Anweisungen:

`dumpfile`
> Stellt den Pfad für die Ausgabe des Nameservers auf das Kommando `rndc dumpdb` ein. Wird diese Anweisung nicht gesetzt, heißt die Datei `named_dump.db` und wird im mit `directory` angelegten Verzeichnis angelegt.

`statistics-file`
> Setzt der Administrator das Kommando `rndc stats` ab, wird im Standardverzeichnis die Datei `named.stats` erzeugt bzw. die Ausgabe an diese angehängt. Soll ein anderer Pfad verwendet werden, kommt diese Option zum Einsatz.

`memstatistics-file`
> Wird der Server so konfiguriert, dass er Statistiken über die Speicherauslastung in eine Datei schreibt, kann der Pfad der Datei mit dieser Option festgelegt werden. Wird die Option nicht angegeben, so wird im Standardverzeichnis die Datei `named.memstats` verwendet.

`pid-file`
> Der Standardpfad für die PID-Datei ist `/var/run/name.pid`. Diese Option stellt diesen Pfad um.

Bei der Verwendung von DNSSEC- bzw. SIG(0)-Requests (siehe Kapitel 12) benötigt der Nameserver ein Verzeichnis, in dem sich öffentliche und private Schlüssel befinden, um die notwendigen kryptographischen Funktionen ausführen zu können. Dieses Verzeichnis gibt man mit der Anweisung `key-directory` an, der ein absoluter Pfad mitgegeben wird. Fehlt diese Anweisung, sucht der Server die Schlüssel im Standardverzeichnis. Auf dieses Verzeichnis haben aber unter Umständen mehr Benutzer Leserechte, als dies für die privaten Schlüssel angebracht ist, daher können die Pfade mit dieser Anweisung getrennt werden.

`named` enthält zwei eingebaute RRs. Über diese RRs lassen sich die Versionsnummer der Software sowie der Hostname des Hosts, auf dem sie läuft, herausfinden. Die Namen sind `version.bind` und `hostname.bind`. Die RRs sind vom Typ TXT und in der Klasse CHAOS. Um sie abzufragen, verwendet man das Kommando `host` wie folgt:

```
# host -t TXT -c CHAOS version.bind
version.bind descriptive text "9.3.3"
# host -t TXT -c CHAOS hostname.bind
hostname.bind descriptive text "ns1"
```

Gerade die Versionsnummer erlaubt es einem Angreifer, gezielt gegen den Nameserver vorzugehen, da sie bloßlegt, welche Verwundbarkeiten existieren. Man kann die zurückgegebenen Strings durch zwei Anweisungen überschreiben:

```
version "zurückzugebender String";
hostname "zurückzugebender String";
```

Es ist auch möglich, als Argument statt des Strings das Schlüsselwort `none` anzugeben. Dann werden diese Anfragen gar nicht mehr beantwortet.

Um den Ressourcenverbrauch von `named` zu kontrollieren, kann mit der Anweisung `memory-statistics yes` eine Protokollierung in eine Datei aktiviert werden. Möchte Administrator wissen, auf welche vom Server angebotenen Zonen wie viel zugegriffen wird, kann er eine Statistik darüber mit dem Anweisung `zone-statistics yes` aktivieren. Um sie anzuschauen, muss die Ausgabe in die Daten `named.stats` durch das Kommando `rndc stats` ausgelöst werden.

Findet man durch die Kontrolle der Speicherauslastung heraus, dass der Nameserver zu viel Speicher verbraucht (dies tritt meist durch einen übervollen Cache beim Einsatz als rekursiver Resolver auf), kann man den Speicherverbrauch einschränken. Dazu dienen die Anweisungen:

```
datasize maximale Speichergröße;
stacksize maximale Stackgröße;
max-cache-size maximale Cachegröße;
```

`datasize` gibt ein hartes Limit an. Wird mehr Speicher benötigt, so schlägt die Anforderung fehl. Dies kann dazu führen, dass der Nameserver abstürzt, daher sollte man diese Option nicht verwenden. Auch `stacksize` kann zu unschönen Effekten führen. Die letzte Option ist diejenige, die man am besten verwendet, um den Cache zu begrenzen. Wird sie nicht gesetzt, wächst der Cache theoretisch unbegrenzt, aber Einträge, deren TTL vorbei ist, werden gelöscht. Beobachtet man hier Probleme, kann mit dieser Einschränkung ein Löschen der ältesten Einträge auch vor Ablauf der TTL erzwungen werden, damit alles in den vorgegebenen Cache passt.

Die Größenangabe kann in Bytes, Kilobytes mit dem Buchstaben K, Megabytes mit dem Buchstaben M und Gigabytes mit dem Buchstaben G erfolgen. Groß- und Kleinschreibung ist dabei nicht relevant. Die folgenden Angaben haben alle dieselbeBedeutung:

```
1073741824
1048576k
1024M
1G
```

Die Option `recursive-clients` *Anzahl* legt fest, wie viele rekursive Anfragen der Nameserver gleichzeitig verarbeitet. Je nach Auslastung des Systems kann so der Speicherverbrauch gesteuert werden. Jede Anfrage benötigt während ihrer Laufzeit rund 20 KByte Speicher. Der Standardwert der Option liegt bei 1000.

Auch die Anzahl gleichzeitiger TCP-Verbindungen für Zonetransfers oder große Anfragen ist begrenzbar. Dazu dient die Anweisung `tcp-clients` *Anzahl*, deren Standardwert 100 ist. Im Normalfall muss dieser Wert nicht verändert werden. Sollte man eine große Installation mit mehr als 100 Zonen führen, für die es auch Secondaries gibt, kann es vorkommen, dass die 100 Verbindungen nicht ausreichen.

Die Menge gleichzeitiger Zonentransfers lässt sich explizit steuern. Auf dem Primary wird mit `transfers-out` *Anzahl* eingestellt, wie viele gleichzeitige Transfers ausgehen, und auf dem Secondary mit `transfers-in` *Anzahl*, wie viele eingehen können. Auch die Anzahl der Transfers pro Nameserver kann gesteuert werden, dazu dient die Anweisung `transfers-per-ns` *Anzahl*. Der Standardwert für ein- und ausgehende Transfers ist 10, der Standardwert für Transfers pro Nameserver ist 2. Die Standardwerte diese Parameter reichen für normale Installationen aus.

Steuerung des Verhaltens

Einige Funktionalitäten wie rekursive Auflösung lassen sich über Anweisungen im `options`-Block steuern. Die wichtigsten Optionen sind:

`recursion`

> Die Option steuert, ob der Nameserver rekursive Auflösung durchführt. In der Standardeinstellung ist dies aktiviert. Bei einem Nameserver, der nur Zonen bereitstellt, aber nicht als Resolver verwendet wird, sollte diese Option abgeschaltet sein. Als Argument akzeptiert die Option `yes` oder `no`.

`notify`

Ob ein Primary Nameserver Notify-Meldungen an die anderen Name-server einer Zone schicken soll, wenn sich der Inhalt der Zone geän-dert hat, wird mit dieser Option gesteuert. Im Normalfall ist dieses Verhalten aktiviert. Die Option kann auch auf Ebene einer Zone ver-wendet werden. Neben `yes` und `no` ist hier noch `explicit` als Argu-ment erlaubt. In diesem Fall werden Notify-Nachrichten nicht an die in der Zone gefundenen Nameserver gesendet, sondern nur an die Liste der Nameserver, die mit der Anweisung `also-notify` angege-ben wurden.

`check-names`

Hostnamen sollten den Einschränkungen aus RFC 1035 folgen, tun es jedoch nicht immer. Die Option steuert, wie sich der Nameserver beim Einlesen von nicht-standardkonformen Zonendateien verhält. Als Argument sind die Schlüsselwörter `ignore`, `warn` und `reject` möglich. Bei `ignore` wird die Zone akzeptiert und die Namen wer-den von Nameserver trotz RFC-Verstoß in Antworten gepackt. Wird `warn` gewählt, wird beim Einlesen der Zone eine Warnung ausgege-ben. Mit `reject` wird die Zone nicht eingelesen und steht auch nicht zur Verfügung. Bei dynamischen Updates greift die Einschränkung erst beim vollständigen neuen Einlesen der Zone oder auf einem Se-condary, der sie transferiert. Diese Anweisung kann auch für einzelne Zonen gezielt gesetzt werden.

Weiterleitung von Anfragen

Ein Nameserver, der auch rekursive Auflösung anbietet, verwendet die Hint-Zone, um sich zu den Rootnameservern durchzufragen. Hat ein Nameser-ver – zum Beispiel wegen einer Firewall – nicht die Möglichkeit, direkt mit den Rootnameservern zu kommunizieren, kann man ihm einen Nameser-ver vorgeben, mit dem er eine Verbindung aufbauen kann und der seiner-seits die Auflösung „draußen" vornimmt. Um dieses Verhalten zu steuern, dient die Anweisung `forwarders`. Sie erhält eine Liste von IP-Adressen, an die Fragen gestellt werden können. Die Konfiguration sieht wie folgt aus:

```
forwarders {
    172.16.1.2;
    172.16.1.3;
};
```

Die angegebenen Nameserver erhalten der Reihe nach die DNS-Anfrage. Bekommt der fragende Nameserver keine Antwort, versucht er es doch über die Rootnameserver selbst. Ist dies aufgrund von Firewallregeln oder aus anderen Gründen nicht möglich, kann mit der Anweisung `forward only;`

abgeschaltet werden, dass der Server selbst eine rekursive Auflösung versucht. Das Gegenteil von `forward only;` ist `forward first;`.

9.2.3 Logeinstellungen

Die Aufgabe des `logging`-Blocks ist es, das Protokollieren des Nameservers zu steuern. Dabei können zwei Aspekte geregelt werden:

- Welcher Art sind die protokollierten Informationen?

- Wohin bzw. wie wird geloggt?

Das „Wohin" heißt in der Syntax der `/etc/named.conf` `channel`. Ein Channel legt fest, ob in eine eigene Logdatei geschrieben wird oder ob der `named` die Meldungen an Syslog weiterreicht. Der zweite Aspekt ist die `category`. In ihr wird ein Filter gesetzt, welche Meldungen in einen (oder mehrere) `channel` geschickt werden. Zur Kanaldefinition gehört auch die Logstufe. Sie wird mit dem Schlüsselwort `severity` angegeben. Die Bedeutung von `severity` entspricht der von `Priority` aus der Konfiguration des Syslog-Daemons.

Wird `debug` in der `/etc/named.conf` verwendet, in der Konfiguration des Syslog-Daemons aber z. B. nur `Notice` akzeptiert, gehen Meldungen vom Typ `Info` und `Debug`, die der Nameserver wegschreibt, beim Syslog-Daemon verloren. Schreibt der Nameserver selbst in eine Datei, wird in der angegebenen Stufe protokolliert. Neben den von Syslog bekannten Stufen kennt `named` noch `dynamic`. Diese Stufe bedeutet, dass die beim Nameserver über `rndc` eingestellte Protokollierungsstufe verwendet wird. `debug` kann durch Angabe einer Zahl in der Ausführlichkeit erhöht werden. Ist man nicht auf der Suche nach einem spezifischen Problem, empfiehlt sich eine Einstellung von `warning` oder besser `info`. Bei letzterer wird das erfolgreiche (oder nicht erfolgreiche) Laden von Zonendateien protokolliert.

Schreibt `named` in eine Datei, sorgt er auch selbst dafür, dass die Datei nicht zu groß wird, alte Daten also wegrotiert werden. Die Definition für eine Datei sieht folgendermaßen aus:

```
logging {
    channel "dateichannel" {
        file "/var/log/named.log" versions 3 size 20M;
        severity info;
    };
      ...
```

Wenn die Datei 20 Megabyte erreicht, wird sie wegrotiert. Es werden dann drei Versionen vorgehalten, die jeweils letzte wird gelöscht. Mit `unlimited` statt der 3 würden beliebig viele Versionen vorgehalten.

Mit den drei Anweisungen `print-time`, `print-severity` und `print-ca-tegory`, die jeweils ein `yes` oder `no` als Argument bekommen, kann gesteu-ert werden, ob Zeit, Stufe und Kategorie in die Lognachricht einfließen. Bei Syslog als Ziel ist dies nicht notwendig. Wird in eine eigene Datei geschrie-ben, sollte man zumindest den Zeitstempel anschalten, damit ersichtlich ist, wann das Ereignis stattgefunden hat.

Es gibt noch zwei Kanäle. Kanal `null` lässt alle an ihn geschickten Daten verschwinden, und `stderr` gibt die Daten auf dem Standard Error File-handle des `named`-Prozesses aus.

Ein Kanal wird immer mit einem Namen versehen, auf die dann in der `category` zugegriffen wird. Bei Syslog-Kanälen gibt man statt einem Da-teinamen die Syslog-Facility an. Dies ist eine Kennung wie z. B. `mail` oder `kernel`, mit der der Syslog-Daemon auseinanderhalten kann, welcher Art der Sender der Nachricht ist. Für den `named` verwendet man üblicherweise die Facility `daemon`. Die Definition eines Syslog-Kanals sieht etwa wie folgt aus:

```
logging {
    channel "syslog-channel" {
        syslog daemon;
        severity warning;
    };
    ...
```

Mit `category` lässt sich nun steuern, welche Logmeldungen über welchen Kanal gesendet werden. Sie werden dabei über eine der folgenden Gruppen klassifiziert:

database
: Meldungen über die interne Datenhaltung des `named`. Dies beinhaltet auch den Cache.

security
: Meldungen über das Zulassen oder Verweigern von Anfragen.

config
: Alle Meldungen, die mit dem Parsen der Konfigurationsdatei zu tun haben.

xfer-in und xfer-out
: Meldungen, die mit ein- oder ausgehenden Zonentransfers zu tun haben.

notify
: Meldungen, die mit dem Notify-Protokoll zu tun haben.

`client`

Alle Meldungen zur Abarbeitung von Client-Anfragen.

`unmatched`

Kann eine Anfrage keinem View zugeordnet werden (sofern Views verwendet werden), erscheinen die Meldungen dazu in dieser Kategorie.

`network`

Netzbezogene Meldungen.

`update` und `update-security`

Die erste Kategorie beinhaltet allgemeine Meldungen zu Updates, die zweite enthält die sicherheitsrelevanten Meldungen dazu.

`queries`

Ist das Protokollieren jeder einzelnen Abfrage aktiviert, enthält diese Kategorie die entsprechenden Logdaten. Wenn sie verwendet wird, dann schaltet sie diese Protokollierung auch ein. Will man das nicht, muss in der `options` Sektion `querylog no` angegeben werden.

`dispatch`

Diese Kategorie enthält Einträge, die zeigen, wie Anfragen innerhalb des Servers verteilt werden.

`dnssec`

In dieser Kategorie sind alle Meldungen, die zu den in Kapitel 12 vorgestellten Mechanismen zu DNSSEC gehören.

`lame-servers`

Stellt ein als rekursiver Nameserver eingesetzter `named` bei der Anfrage an andere Nameserver Fehler fest, wird dies in dieser Kategorie erfasst.

`delegation-only`

Einige Top-Level Domains arbeiten im Delegations-Modus (dazu gehört z. B. `.net`). Dies bedeutet, dass die Zone nur NS-RRs für Unterzonen enthält. Erhalten Anfragen eine NXDOMAIN-Antwort aufgrund der Tatsache, dass die Zone in der gefragt wurde, als „Delegation Only" definiert ist, werden die zugehörigen Logeinträge in dieser Kategorie erfasst.

`default`

Alle Meldungen, für die in einer anderen Kategorie `named.conf` kein Kanal zugeordnet ist.

`general`

Der Restesammler für Meldungen, die nicht in einer anderen der hier angegebenen Kategorien eingruppiert wurden.

Von besonderer Bedeutung ist vor allem die vorletzte Kategorie `default`. Wenn eine der vorher aufgeführten Kategorien in der Konfiguration vorkommt, aber kein Kanal explizit zugeordnet ist, dann gehört eine Meldung dieser Kategorie zur Default-Kategorie. Diese ist also die Kategorie, für die implizit immer ein Kanal definiert ist.

Eine vollständige `logging`-Sektion sieht also wie folgt aus:

```
logging {
    channel "syslog-channel" {
        syslog daemon;
        severity warning;
    };

    category default {
        {
            "syslog-channel";
        }
    };
```

Den hier verwendeten Syslogkanal gibt es auch als vordefinierten Kanal mit dem Namen `default_syslog`.

Es ist möglich, mehrere `category` Einträge zu haben. Diese werden dann alle abgearbeitet. Möchte man alle Zonetransfermeldungen in eine eigene Datei schreiben, verwendet man den folgenden `logging` Block:

```
logging {
    channel "syslog-channel" {
        syslog daemon;
        severity warning;
    };

    channel "transfer-file" {
        file "/var/log/zonetransferlog" versions 10 size 20M;
        severity info;
    };

    category default {
            "syslog-channel";
    }

    category xfer-in {
        "transfer-file";
    }

    category xfer-out {
        "transfer-file";
    }
};
```

Wenn kein `logging`-Block in der `/etc/named.conf` enthalten ist, verwendet der `named` den folgenden Block, als ob er in der Konfiguration enthalten wäre:

```
logging {
    category default {
        {
            "default_syslog";
            "default_debug";
        }
    };
```

`default_debug` ist ein Dateikanal, der auf die Datei `named.run` im Arbeitsverzeichnis des Nameservers verweist und mit der Severity `dynamic` arbeitet.

9.2.4 Zonen

Jeder Nameserver benötigt Zonen. Selbst eine Installation, die nur rekursiv auflöst, verwendet die Hint-Zone, damit sie weiß, welche Adressen die Rootnameserver besitzen. Zonen werden in `named.conf` mit dem Schlüsselwort `zone` eingeleitet. Diesem folgt der Name der Zone und optional noch die Klasse. Wird diese weggelassen, geht man von der Internetklasse (`IN`) aus. Danach folgt eine Liste von Anweisungen in geschweiften Klammern, die die Eigenschaften der Zone beschreiben. Diese beinhalten die in Abschnitt 9.2.1 definierten Zugangskontrollen, aber auch Typ und Dateien, die zur Zone gehören sowie die in 9.2.2 beschriebenen Optionen zur Auswahl von Absendeadressen, wenn diese notwendig sind.

Bind kennt sechs Zonentypen. Die wichtigsten sind `master` und `slave`. Der Typ der Zone wird im Block `zone` mit dem Schlüsselwort `type` angezeigt. Auf dem Primary Nameserver wird die Zonendefinition für `opensourcepress.de` folgendermaßen in die `named.conf` eingetragen:

```
zone "opensourcepress.de {
    type master;
    file "db.opensourcepress.de;
};
```

Mit der Anweisung `file` wird die Datei mit den Zonendaten im Arbeitsverzeichnis des Nameservers angegeben. Auf dem Secondary Nameserver kommt noch eine Anweisung hinzu:

```
zone "opensourcepress.de {
    type master;
    file "db.opensourcepress.de;
    masters { 192.168.1.1; };
};
```

Die Angabe des Dateinamens ist auch hier notwendig, da die Daten gespeichert werden, die vom Primary heruntergeladen werden. Die Anweisung `masters` gibt an, wo die Daten heruntergeladen werden können. Da Zonentransfers nur von autorisierten Secondaries erlaubt sein sollten, ergänzt man auf beiden Seiten die `named.conf` zunächst um eine `key` Anweisung und fügt dann auf dem Primary eine `allow-transfer`-Anweisung hinzu, die diesen Schlüssel verwendet. Auf dem Secondary wird der Schlüssel in die `master`-Anweisung mit aufgenommen.

Für den Primary ergibt sich die folgende Konfiguration:

```
key "transfer-key" {
    algorithm hmac-md5;
    secret "pjGqiQBjQUXELdUyP4lPzA==";
}

zone "opensourcepress.de {
    type master;
    file "db.opensourcepress.de;
    allow-transfer { key transfer-key; };
};
```

Auf dem Secondary wird die folgende Konfiguration verwendet:

```
key "transfer-key" {
    algorithm hmac-md5;
    secret "pjGqiQBjQUXELdUyP4lPzA==";
}

zone "opensourcepress.de {
    type master;
    file "db.opensourcepress.de;
    masters { 192.168.1.1 key transfer-key; };
};
```

Lädt man auf einem Secondary Nameserver viele Zonen von dem oder den gleichen Mastern herunter, kann man einen `masters`-Block einführen, der die Definitionen festlegt, wie sie im `zone`-Block benutzt werden. Ein `masters`-Block für den Secondary in diesem einfachen Beispiel ist:

```
master "opensourcepressmaster" {
    192.168.1.1 key transfer-key;
}
```

In dem Zonenblock verwendet man dann nur noch den Namen der Mastersliste:

```
zone "opensourcepress.de {
    type master;
```

```
        file "db.opensourcepress.de;
        masters { opensourcepressmasters; };
};
```

Die Zonen vom Typ `hint` sind an sich wie Master-Zonen zu verstehen, aber sie werden vom Nameserver gesondert behandelt, da ihr Inhalt den Startpunkt der rekursiven Auflösung bildet.

Zonen des Typs `forward` sind eigentlich keine klassischen Zonen. In einer Forward-Zone hält der Nameserver keine lokale Zonendatei. Stattdessen werden alle Anfragen für die Zone an einen anderen Nameserver weitergeleitet. Damit ist es möglich, die `forwarders`-Anweisung aus dem globalen `options`-Block auf die Granularität einer Domain herunterzubrechen. Dieses Verhalten ist sinnvoll, wenn zwei LANs nach einer Firmenübernahme zusammengeschlossen werden. Sollte `opensourcepress.de` die Firma `opensourceakademie.de` kaufen und die beiden LANs über eine VPN-Verbindung verbinden wollen, dann sollen Mitarbeiter auf beiden Seiten auf die internen Adressen des Gegenübers zugreifen können.

Findet die Auflösung der Adressen über das Internet statt, so können nur die nach außen publizierten Adressen gefunden werden, nicht aber die internen Server. Hat der interne Nameserver von `opensourceakademie.de` die Adresse 172.16.1.1, trägt der Administrator bei `opensourcepress.de` in seine `named.conf` die folgende Zonendefinition ein:

```
zone "opensourceakademie.de" {
    type forward;
    forwarders {
        172.16.1.1;
    };
    forward only;
};
```

Damit leitet der Nameserver bei `opensourcepress.de` alle Anfragen über die VPN-Verbindung an die 172.16.1.1 weiter.

Die letzten beiden Typen sind `stub` und `delegation-only`. `stub`-Zonen sind eingeschränkte Secondary-Zonen. In ihnen werden nur die NS-RRs einer Zone transferiert. Dies bietet einem übergeordneten Nameserver die Möglichkeit, auf Glue-RRs für die NS-Records von untergeordneten Zonen zu verzichten. Stattdessen werden die untergeordneten Zonen als Zonen vom Typ `stub` angelegt. Das ISC rät allerdings von der Verwendung dieses Typs bei Bind 9 ab.

Zonen vom Typ `delegation-only` werden in der Regel nur bei Top-Level Domains verwendet. Bekommt im Rahmen der rekursiven Auflösung ein Nameserver einer `delegation-only`-Zone eine Frage gestellt, enthält die Authority-Sektion der Antwort einen Nameserver, der weiter weiß (wenn ein `.com` Nameserver die Frage nach `example.com` gestellt bekommt, gibt er die NS-RRs dafür zurück). Sollte die Antwort keine RRs im Authority-Teil enthalten, weil keine bekannt sind, wird als Return Code `NXDOMAIN` ausgegeben, damit der Resolver weiß, dass er es nicht weiter versuchen muss, da es die Domain nicht gibt.

9.2.5 Views

Mit Views ist es möglich, die gleiche Zone mehrfach zur Verfügung zu stellen. Die Entscheidung, welche Version zur Beantwortung einer Anfrage herangezogen wird, trifft der Nameserver aufgrund der Quelladresse der Anfrage, der angesprochenen IP-Adresse des Nameservers und gegebenenfalls auch aufgrund von TSIG-Schlüsseln in der Anfrage. Damit lässt sich auch eine Split-DNS-Architektur, wie sie in Abschnitt 12.2 vorgestellt wird, mit nur einem laufenden Nameserverprozess realisieren.

Views werden mit der Anweisung `view` definiert. Neben den Anweisungen, über die entschieden wird, ob dieser View zur Beantwortung einer Frage verwendet wird, enthält eine `view`-Definition auch `zone`-Anweisungen mit denen die Definition der Zone für diese Ansicht festgeschrieben wird. Optionen zur Verhaltenssteuerung, wie das An- und Abschalten rekursiver Anfragen können in einem View ebenfalls vorhanden sein.

Gibt es für `opensourcepress.de` nur einen Nameserver, der Anfragen aus dem Internet und für das LAN beantworten soll, so sind zwei Views notwendig. Die Ansicht für die Clients im LAN wird folgendermaßen definiert:

```
view "innen" {
    match-clients { 192.168.1.0/24; };
    recursion yes;
    zone "opensourcepress.de" {
        file "db.innen.opensourcepress.de";
        type master;
    };

    zone "1.168.192.in-addr.arpa" {
        file "db.192.168.1.rev";
        type master;
    };
}
```

Die Anweisung `match-clients` erhält als Argument eine Address Match List, die in Abschnitt 9.2.1 vorgestellt wurde. Möchte man statt der Quelladresse die Zieladresse des Nameservers als Kriterium verwenden, heißt die Anweisung `match-destination`. Werden beide Anweisungen verwendet, müssen beide erfüllt sein. Das bedeutet, wenn im letzten Beispiel auch noch die Anweisung `match-destination { 192.168.1.1; };` enthalten wäre, griffe der View nicht, wenn ein interner Client die externe Adresse des

Nameservers anspricht. Fehlen match-clients oder match-destination in der Definition eines Views, geht der Nameserver davon aus, dass er als Address Match List {any} für den Fehlenden verwenden soll.

Interne Clients sollen auch rekursiv auflösen können. Daher wird die Rekursion in diesem View aktiviert. Die Zone opensourcepress.de wird mit einer Datei angeboten, die die Daten für das LAN enthält. Die Reversezone für das Netz 192.168.1.0/24 wird nur in diesem View angeboten.

Der View, der Clients aus dem Internet zur Verfügung steht ist:

```
view "aussen" {
    match-clients { ! 192.168.1.0/24; };
    match-destination { 1.2.3.4; };
    recursion no;
    zone "opensourcepress.de" {
        file "db.aussen.opensourcepress.de";
        type master;
    };
}
```

Mit diesem View werden Clients abgedeckt, die nicht aus dem LAN kommen und die äußere Adresse (hier 1.2.3.4) ansprechen. Clients von außen wird rekursives Auflösen verweigert. Für sie steht nur die Zone opensourcepress.de bereit. Diese Zone wird mit einer anderen Zonendatei angeboten, die die Informationen enthält, die im Internet bekannt sein sollen.

9.3 rndc

Das Programm rndc dient zur Steuerung des named. Es ist der Nachfolger des Programmes ndc, was für „Name Daemon Control" steht. Das r signalisiert, dass es im Gegensatz zum Vorläufer möglich ist, den Nameserver auch remote, also über das Netzwerk mit Kommandos zu steuern.

Historisch wurde named über das Absetzen von Signalen mit dem kill-Kommando gesteuert. Neben dem Hangup-Signal konnte die Debug-Stufe mit den Signalen USR1 herauf und USR2 heruntergesetzt werden. Um eine genauere Steuerung möglich zu machen, wurde diese Methode durch ndc und mit Bind 9 rndc abgelöst.

Bevor man mit rndc Kommandos absetzen kann, muss auf dem Nameserver in der named.conf eine controls-Sektion eingerichtet worden sein. Diese sollte einen Schlüssel zur Authentisierung enthalten. rndc muss nun den Schlüssel kennen und liest dazu entweder die Datei /etc/rndc.key[6]

---

[6] Auf Gentoo-Systemen heißt die Datei /etc/bind/rndc.key

ein, oder man übergibt mit der Option -k *key-file* eine Datei, die verwendet werden soll.

Diese Datei enthält die gleiche key-Anweisung, wie sie in der Definition des Schlüssels in der /etc/named.conf enthalten ist, also z. B.:

```
key "rndckey" {
    algorithm hmac-md5;
    secret "+Q0s8Rjh0gMJgjveICqRAQ==";
};
```

Die Datei sollte nur von autorisierten Benutzern lesbar sein, da der Schlüssel ein geheimes Passwort enthält. Neben der Datei rndc.key gibt es noch rndc.conf. Diese Datei steuert, welche Nameserver mit welchem Schlüssel angesprochen werden sollen und welcher Server ohne Angaben von Argumenten administriert werden soll. Auch in dieser Datei können key-Anweisungen enthalten sein. Das folgende Beispiel zeigt eine rndc.conf, die den Nameserver 192.168.1.1 als Standardserver festlegt, aber auch einen Schlüssel für den Server 192.168.1.2 enthält:

```
options {
    default-server  192.168.1.1;
    default-key     rndckey;
};

server 192.168.1.1 {
    key rndckey;
};

  server 192.168.1.2 {
      key rndckey2;
  }

  key "rndckey" {
      algorithm hmac-md5;
      secret "+Q0s8Rjh0gMJgjveICqRAQ==";
  };

  key "rndckey2" {
      algorithm hmac-md5;
      secret "pjGqiQBjQUXELdUyP4lPzA==";
  }
```

Eine rndc.conf kann mit dem Befehl rndc-confgen -a erzeugt werden. Dann muss nur noch die key-Anweisung in den controls-Block der Datei named.conf übertragen werden. Mit der Option -y *Schlüsselname* kann einer der benannten Schlüssel aus der Konfiguration ausgewählt werden.

Die letzten beiden relevanten Kommandozeilenoptionen sind -s *Servername* zur Angabe des Nameservers, an den verbunden werden soll, und -p

Portnummer, um den Port der Kontrollverbindung anzugeben. Fehlt die Angabe des Servers, wird der `default-server` verwendet.

`rndc` gibt man als letztes Argument das Kommando mit, das es ausführen soll. Die folgenden Kommandos werden unterstützt:

`reload`

Ohne weitere Argumente verwendet, lädt der Nameserver auf dieses Kommando hin die `named.conf` sowie alle Zonen neu. Ein `kill -HUP` *PID des Nameservers* hat den gleichen Effekt. Wird ein Zonenname als Argument hinzugefügt, wird nur die angegebene Zone aus ihrer Datei neu geladen. Bei der Verwendung von Views kann auch der Name des Views angegeben werden, damit die richtige Zone reaktiviert wird. Im Split-DNS-Beispiel aus Abschnitt 9.2.5 lädt man mit dem Kommando `rndc reload opensourcepress.de in innen` den inneren View neu. Dabei muss auch die Klasse der Zone angegeben werden.

`reconfig`

Beim `reload` Kommando ist es möglich, einzelne Zonen neu zu laden. Es ist aber nicht möglich, nur die `named.conf` neu zu laden. Dafür dient dieses Kommando. Existierende Zonen werden nicht neu geladen. Befinden sich in der `/etc/named.conf` neue Zonen, werden diese geladen.

`refresh`

Dieses Kommando veranlasst den Server dazu, bei allen Zonen die Serial zu überprüfen und, wenn diese gestiegen ist, die Zone neu zu laden. Bei `master`-Zonen findet die Überprüfung anhand der Datei statt, bei `slave`-Zonen wird der Primary Nameserver befragt. Als Argument kann der Name einer Zone und gegebenenfalls auch der Name eines Views angegeben werden, und dann werden nur diese geprüft.

`retransfer`

Das Kommando ist nur auf Secondary Nameservern sinnvoll. Es veranlasst den Secondary dazu, die Zone ohne Prüfung der Serial neu herunterzuladen. Als Argument können der Name der Zone und, so vorhanden, des Views angegeben werden, die geladen werden sollen.

`freeze`

Beim Einsatz von dynamischen Updates können sie mit diesem Kommando abgeschaltet werden. Auch hier können als Argumente der Name einer Zone und eventuell eines Views mitgegeben werden. Die Journal-Datei der Zone wird in die normale Zonendatei integriert und danach gelöscht. Sind händische Änderungen an einer dynamisch verwalteten Zone notwendig, muss sie mit diesem Kommando erst „fixiert" werden.

thaw

Dieses Kommando ist das Gegenteil zu `freeze`. Mit ihm werden die dynamischen Updates wieder aktiviert. Auch hier können Zone und View zur Einschränkung als Argument übergeben werden.

notify *Zone*

Mit dieser Anweisung wird ein Primary Nameserver dazu veranlasst, Notifynachrichten an die Slaveserver zu schicken. Optional kann der Name eines Views mitgegeben werden. Damit kann man nach einer Änderung auf dem Primary die Slaves unmittelbar dazu bringen, die Zonen neu zu laden, wenn die Serial entsprechend angepasst wurde.

stats

erzeugt eine Ausgabe in der Statistik-Datei `named.stats`[7]. Dies Ausgabe wird an die Datei angehängt.

querylog

Soll jede Anfrage an den Nameserver protokolliert werden, wird dies mit dieser Anweisung aktiviert. Um die Funktion wieder abzuschalten wird das Kommando nocheinmal abgesetzt.

dumpdb

Mit dieser Anweisung kann der Inhalt aller Zonen sowie des Caches in der Datei `named_dump.db` ausgegeben werden. Der Inhalt wird im Format einer Zonendatei ausgegeben, wobei über die Variable `$ORIGIN` zwischen den verschiedenen Zonen gewechselt wird. Mit Optionen `-all`, `-cache` und `-zone` kann gesteuert werden, ob alle Daten, nur der Cache oder nur die Zonen ausgegeben werden sollen. Es kann auch ein View als Argument mitgegeben werden. Wird kein Viewname bei einer von mehreren Views verwendeten Zone angegeben, werden die Inhalte aller Views ausgegeben.

stop

Dient dem sauberen Herunterfahren des Nameservers.

halt

Stoppt den Nameserver sofort. Änderungen aus Zonetransfers werden nicht mehr in die lokalen Dateien geschrieben, sondern beim Neustart aus der Journaldatei eingefügt.

trace

Steuert die Debugstufe. Wird das Kommando ohne Argument aufgerufen, erhöht sich die Stufe um eins. Gibt man eine Zahl mit, wird die Debugstufe auf die angegebene Zahl gesetzt.

---

[7] Wenn diese nicht mit der Anweisung `stats-file` umbenannt wurde.

notrace

> Um das Debugging wieder abzuschalten, setzt man die Debugstufe mit diesem Kommando auf null.

flush

> Löscht den Cache des Nameservers.

flushname *Name*

> Soll gezielt ein Name aus dem Cache entfernt werden, kann dieses Kommando verwendet werden.

status

> Dieses Kommando gibt eine Statusübersicht wie die folgende aus:

```
number of zones: 18
debug level: 3
xfers running: 0
xfers deferred: 0
soa queries in progress: 0
query logging is ON
recursive clients: 0/10000
tcp clients: 0/100
server is up and running
```

> Bei der Anzahl der Zonen werden auch die internen Zonen für .bind und die Hint-Zone mitgezählt.

recursing

> Mit dieser Anweisung wird die Liste aller laufenden rekursiven Abfragen in die Datei named.recursing geschrieben.

9.4 Zonenerweiterungen

Das Format von Zonendateien beschreibt der RFC 1035. Werden die Dateien von Binds named gelesen, gibt es darüber hinaus auch Anweisungen, die speziell interpretiert werden. Der folgende Abschnitt beschreibt beide.

Mit der Anweisung $TTL *Sekunden*, die vor dem SOA-RR in der Zone stehen muss, wird der Standardwert für die TTL aller RRs in der Zone gesetzt. Fehlt diese Angabe, wird die Minimum TTL aus dem SOA dafür verwendet.

Die Anweisung $INCLUDE *Datei* liest eine weitere Datei in die Zone ein. Der Name der Zone, der an unqualifizierte Namen in der Zone angehängt wird, ergibt sich aus dem Namen im Zonenblock der named.conf. Wenn der Name umgestellt werden soll, wird die Anweisung $ORIGIN *Zone* benutzt. Ein Beispiel für die Verwendung ist die Verkürzung von RRs, die alle in einer Teilzone liegen. In der Zone von opensourcepress.de könnte dies wie folgt eingesetzt werden:

```
host1 IN A 192.168.1.1
host2 IN A 192.168.1.2
$ORIGIN servers.opensourcepress.de
www IN A 192.168.1.3
ftp IN A 192.168.1.4
```

Mit der Definition gibt es A-RRs für host1.opensourcepress.de, host2.
opensourcepress.de, www.servers.opensourcepress.de und ftp.
servers.opensourcepress.de.

Soll eine Reihe gleichartiger Einträge in einer Zone stehen, kann der Administrator sie eintragen. Mit der Anweisung $GENERATE lassen sich fortlaufende Einträge erzeugen.

Ein einfaches Beispiel für die Verwendung ist:

```
$GENERATE 1-5 host$ A 192.168.1.$
```

Damit werden in Zone opensourcepress.de die Einträge host1.opensourcepress.de bis host5.opensourcepress.de mit den IP-Adressen 192.168.1.1-192.168.1.5 in der Zone angelegt. Das erste Argument ist der Bereich des Zählers. Das zweite ist die linke Seite des zu generierenden RRs. Das Dollarzeichen ist dabei ein Platzhalter für den Zählerwert. Das dritte Argument ist der RR-Typ. Diesem können optional Klasse und TTL vorangestellt werden. Das letzte Argument ist der RData-Teil des RRs. Auch hier dient das Dollarzeichen als Platzhalter für den Zählerwert.

10

TinyDNS

Für eine lange Zeit waren die Programme Bind und Sendmail die Stützpfeiler des Internet. In beiden Fällen erledigt ein Programm unterschiedliche Funktionen, die zu einem Dienst gehören. Sendmail nimmt Mails an, verschickt sie, leitet Mails weiter und stellt sie in lokale Mailboxen zu. Bind beantwortet als zuständiger Nameserver Anfragen für eigene Zonen, nimmt Zonentransfers für Zonen vor, bei denen als Secondary gearbeitet wird, und ist auch rekursiver Nameserver, um Anfragen für andere Zonen zu beantworten. Aus Sicherheitsgesichtspunkten erleichtert dies Angriffe, weil eine Verwundbarkeit in einer der Funktionen zu einem Ausfall aller Funktionen führen kann. Auch sind Root-Privilegien nur für wenige Teile notwendig, so dass die Rechte, die der Angreifer hat, unnötig hoch sind. Sendmail hat eine lange Geschichte von Verwundbarkeiten, die dies zeigen. Der erste bekannt gewordene Wurm, der das Internet lahm legte, basierte auf einem Fehler in Sendmail.

Nach dem Leitsatz „teile und herrsche" entwickelte der amerikanische Professor Daniel J. Bernstein mit QMail eine Alternative zu Sendmail, bei der die einzelnen Funktionen durch verschiedene Programme abgebildet werden. Für DNS entwickelte er mit TinyDNS eine eigene Implementierung, bei der die Funktionalitäten des DNS-Servers für eigene Zonen, des cachenden Resolvers und des Zonetransfers in eigene Programme aufgeteilt wurden. In der Distribution sind außerdem Clientprogramme zur Abfrage enthalten.

Es ist nicht möglich, den DNS-Cache und den Nameserver auf einem Rechner mit einer IP-Adresse laufen zu lassen, da sich beide auf Port 53 binden.

Die Distribution benötigt zwei weitere Programmpakete des gleichen Autors. Dies sind die „Daemon-Tools" und `ucspi-tcp`. Bei den Daemon-Tools handelt es sich um eine Umgebung, die kontrolliert, ob andere Dienste laufen. Über ein Kommandozeilenprogramm lässt sich steuern und prüfen, ob ein Dienst läuft. QMail und TinyDNS hängen sich in diese Umgebung ein und werden über sie gesteuert. Bei `ucspi-tcp` handelt es sich um eine Umgebung, mit der man TCP-basierende Client-Server-Verbindungen realisieren kann. Sie wird für Zonetransfers benötigt.

10.1 DNS-Server mit TinyDNS

Nach der Installation der eigentlichen Software muss noch die Grundkonfiguration erfolgen. Sollte bei der Installation noch keine dedizierte Benutzerkennungen angelegt worden sein, ist dies der erste Schritt. Als Benutzerkennung soll im folgenden `tinydns` und als Benutzerkennung für Logmeldungen `dnslog` dienen. Bevor die Grundkonfiguration anläuft, muss der Control-Prozess der Daemon-Tools gestartet sein. Der Prozess heißt `svscan` und wird in der Regel über ein Init-Script eingeschaltet. Zu dem Prozess gehört ein Verzeichnis, in dem er nach eingehängten Diensten sucht. Im Beispiel ist dies `/service`. Die Konfiguration erfolgt mit dem Programm `tinydns-conf`. Das Programm benötigt die Benutzer- und Gruppenkennung, ein Verzeichnis, in dem es Daten und Scripts ablegen kann und die IP-Adresse, auf der der Server Verbindungen akzeptieren soll. Der Aufruf sieht wie folgt aus:

```
# tinydns-conf tinydns dnslog /var/tinydns 192.168.1.1
```

Unterhalb des angegebenen Verzeichnisses wird eine Verzeichnisstruktur angelegt. Im Ordner `root` befinden sich die Daten des Nameservers. Damit die Daemon-Tools-Umgebung den neuen Dienst erkennt und starten kann, muss das angelegte Verzeichnis dort eingehängt werden. Dies wird über einen Softlink realisiert. Mit dem folgenden Kommando hängt man den Dienst ein:

```
# ln -s /var/tinydns /service
```

Nach einer kurzen Wartezeit kann der Status mit dem Kommando `svstat` überprüft werden:

```
# svstat /service/tinydns
/service/tinydns: up (pid 16788) 186 seconds
```

Nun kann man anfangen, dem Nameserver beizubringen, für welche Zonen er zuständig ist, und ihn mit Daten für diese Zonen zu befüllen. Hierzu wechselt man in das schon erwähnte Verzeichnis `/var/tinydns/root`. Dort liegt die Datei `data`, in der sich alle Zonendaten befinden, außerdem Scripts zum Hinzufügen häufig verwendeter RRs.

Mit dem Kommando `add-ns` fügt man NS-RRs hinzu. Ist die Adresse die eigene (bzw. die, auf der `tinydns` läuft), so beantwortet die lokale Instanz Antworten für diese Zone. Hier sollen die Zone `opensourcepress.de` und für die Rückwärtsauflösung die Zone `1.168.192.in-addr.arpa` angelegt werden:

```
# cd /var/tinydns/data
# ./add-ns opensourcepress.de 192.168.1.1
# ./add-ns 1.168.192.in-addr.arpa
# make
```

Das Kommando `make` am Ende der Befehlsfolge dient dazu, aus der Textdatei `data` das binäre Datenbankformat zu erzeugen, welches `tinydns` verwendet. Dazu wird über das Makefile das Programm `tinydns-data` aufgerufen. Die beiden Kommandos haben zwei Einträge in der `data`-Datei erzeugt:

```
.opensourcepress.de:192.168.1.1:a:259200
.1.168.192.in-addr.arpa:192.168.1.1:a:259200
```

`tinydns` hält jetzt aber mehr RRs vor. Für jede Zone wurde ein SOA-RR erzeugt. Die Serial ist dabei die Unix-Systemzeit in Sekunden seit 1.1.1970. Dazu wurde für jede Zone ein NS-RR angelegt, der den Namen `a.ns.`*Zonenname* hat. Für diesen wird auch ein A-Record vorgehalten, der auf die IP-Adresse des Nameservers zeigt. Als TTL gelten für alle Einträge drei Tage (oder 259200 Sekunden). Der NS-RR für die Reversezone heißt `a.ns.1.168.192.in-addr.arpa.`, was zwar RFC-konform, aber recht unüblich ist.

Das Kommando `add-host` fügt einen A-Record hinzu. Zum Anlegen des Host `www.opensourcepress.de` mit Adresse 192.168.1.5 dient also folgender Befehl:

```
# ./add-host www.opensourcepress.de 192.168.1.5
# make
```

Das Kommando erzeugt sowohl die A- als auch die PTR-RRs für die Rückwärtsauflösung. In der Datei data wurde aber nur ein Eintrag erzeugt:

```
=www.opensourcepress.de:192.168.1.7:86400
```

Mit dem Kommando add-mx können MX-RRs zur Zone hinzugefügt werden. Dabei ist die Angabe der Priorität mit dem Kommando nicht möglich.

```
# ./add-mx opensourcepress.de 192.168.1.1
# make
```

Dies erzeugt in der data-Datei den folgenden Eintrag:

```
@opensourcepress.de:192.168.1.1:a::86400
```

Wird TinyDNS nun nach einem MX-RR für die Zone gefragt, so bekommt man als Antwort a.mx.opensourcepress.de mit Priorität 0. Möchte man einen anderen Namen, kann man das a in der Datei ersetzen. In das in der oberen Zeile leere Feld hinter dem Hostnamen kann man die gewünschte Priorität eintragen.

10.1.1 tinydns-data

Neben den über die Scripts angelegten Recordtypen versteht TinyDNS direkt die Typen SOA, CNAME, NS, PTR und TXT. Es existieren auch Patches (die bei Gentoo Linux gleich eingebaut werden), mit denen der AAAA-RR für IPv6 unterstützt wird. Außerdem ist es möglich, beliebige Recordtypen unter Angabe der RR-Nummer, der Länge der Daten und der Daten im „Rohformat" einzugeben.

RRs können ein Ablauf- und ein Startdatum haben. Dazu sind die Felder ttl und imestamp vorgesehen. Das TTL-Feld hat normalerweise die gleiche Bedeutung wie bei Bind, es gibt die Zeit in Sekunden an, die ein RR gecacht werden darf. Wird das TTL-Feld weggelassen, so wird ein automatischer Standardwert verwendet, der vom Entwickler vorgegeben wurde. Die Dokumentation schweigt sich dabei über Zahlenangaben aus und spricht stattdessen von „sinnvollen" Werten. Der erste Nameserver-RR wird mit drei Tagen Gültigkeit versehen, ebenso der zugehörige A-RR. MX-RRs und die entsprechenden A-RRs sind einen Tag und der SOA-RR der Zone 2560 Sekunden lang gültig.

Wird bei einer TTL größer als Null der Timestamp verwendet, so gilt dieser als Startdatum, ab dem der RR gültig ist. Das erste Zeichen in der Zeile hat die Aufgabe, die RR-Typen in der Datei data auseinanderzuhalten. Abhängig davon ergibt sich die Belegung der folgenden Felder.

NS-Records

NS-RRs werden im `tinydns-data` Format wie folgt abgebildet:

`.domainname:Nameserver-IP:Nameserver-Name:ttl:timestamp:location`

Die letzten drei Felder können auch weggelassen werden. Der führende Punkt zeigt an, dass es sich um einen NS-RR handelt. Das erste Feld gibt den Namen der Domain an, das zweite die IP-Adresse, auf die der Name des Nameserver verweist, das dritte den Hostnamen des Nameservers. Steht hier als Hostname ein unqualifizierter Name ohne Punkt, so wird daraus der Name `name.ns.domainname` erzeugt. Für diesen wird auch automatisch ein A-RR und ein mit Standardwerten gefüllter SOA-RR erzeugt. Wird ein Hostname für den Nameserver mit Punkten angegeben, wird dieser eingetragen und der A-RR entsprechend vorgehalten. Im Beispiel:

`.opensourcepress.de:192.168.1.1:ns.opensourcepress.de`

beantwortet TinyDNS auch Anfragen nach der IP-Adresse von `ns.opensourcepress.de`, und es wird ein SOA-RR für die Domain `opensourcepress.de` vorgehalten.

Wenn der SOA-RR nicht automatisch erzeugt werden soll, sondern nur NS und A-RR, wählt man statt des führenden Punkts das Zeichen &. Dieses verwendet man auch bei Glue-RRs, die auf Kindzonen verweisen.

A-RRs

Will man einen Host mit A-RR und dem passenden Reverse-RR anlegen, so benutzt man ein Gleichheitszeichen:

`=fqdn:ip:ttl:timestamp:location`

Soll nur ein A-RR ohne PTR erzeugt werden, so wird statt des = ein + verwendet. Hierfür gibt es auch ein Script, das `add-alias` heißt. Dieses Script erzeugt also einen A-RR und nicht, wie man vermuten könnte, einen CNAME-RR.

MX-RRs

Mailexchanger werden mit einem führenden @ dargestellt.

`@domainname:ip:priorität:hostname:ttl:timestamp:location`

Der Domainname ist der Name der Domain, für die der MX gelten soll. Auch diese Zeile erzeugt neben dem MX selbst einen A-RR. Die Priorität gibt die Wichtigkeit des Servers an (kleinere Werte bedeuten eine höhere Priorität). Beim Hostnamen gilt das gleiche Verhalten wie bei NS-RRs, nur dass hier bei einem unqualifizierten Namen *name.mx.domain* erzeugt wird.

TXT-RRs

TXT-RRs werden mit einem einfachen Anführungszeichen (') eingeleitet.

```
'fqdn:String mit dem Text:ttl:timestamp:location
```

Innerhalb des Strings können Sonderzeichen in Oktalschreibweise ihres ASCII-Strings dargestellt werden. Ein Newline wäre z. B. \012. Auch Doppelpunkte müssen so kodiert werden, damit der Parser nicht durcheinander kommt.

CNAME-RRs

Bei CNAME-RRs wird kein Sonderzeichen, sondern der Buchstabe C als Kodierung verwendet:

```
Cfqdn des CNAME:fqdn auf den der CNAME zeigt:ttl:timestamp:location
```

PTR-RRs

Wenn PTR-RRs explizit gepflegt werden sollen, also ohne den Automatismus mit dem Gleichheitszeichen zu verwenden, so kommt das Zeichen ^ zum Einsatz:

```
^fqdn-Reverseeintrag:fqdn auf den der PTR zeigt:ttl:timestamp:location
```

Der FQDN des Reverseeintrags muss in voller Länge, also z. B. 5.1.168.192.in-addr.arpa, angegeben werden.

SOA-RRs

Wenn der SOA-RR explizit angegeben werden soll, weil die von TinyDNS verwendeten Standardwerte z. B. nicht den Anforderungen einer lokalen Registry oder des Internetproviders genügen, wird dies mit dem Zeichen Z am Anfang definiert:

```
ZZonenname:mname:rname:serial:refresh:retry:expire:minimum ttl:ttl:times
tamp:location
```

mname ist der Name des ersten Nameservers, *rname* die Mailadresse des zuständigen Administrators. *serial*, *refresh*, *retry*, *expire* und *minimum ttl* sind die Einstellungen für die Serial und die Timingwerte der Zone.

Andere RRs

Wie in Kapitel 7 ausgeführt wurde, gibt es noch einige andere RR-Typen. Auch diese können mit TinyDNS abgebildet werden. Sie werden mit einem führenden Doppelpunkt kodiert. Das Anlegen der Daten ist jedoch sehr mühsam:

```
:fqdn:Code des RR:Inhaltsdaten als ASCII-String:ttl:timestamp:location
```

Der Code des RR ist dem jeweiligen RFC zu entnehmen, in dem er definiert ist. Für einen HINFO-RR wäre dies z. B. Code 13. Bei den meisten RFCs, die RR-Typen definieren, findet sich eine Sektion „Wireformat", in der beschrieben ist, wie die Inhaltsdaten des RR „auf dem Kabel" repräsentiert werden. Innerhalb des ASCII-Zeichensatzes definierte Zeichen werden dabei in ASCII-Schreibweise verwendet. Nicht druckbare Sonderzeichen können dabei in Oktal-Schreibweise hinterlegt werden. Da dies sehr mühsam ist, gibt es im Internet Werkzeuge[1], denen man den RR in Standardschreibweise mitgibt und die daraus einen Eintrag für TinyDNS erzeugen. Der SRV-Eintrag für einen SIP-Server

```
_sip._tcp.opensourcepress.de 86400 IN SRV 10 100 5060 pbx.opensourcepres
s.de
```

sieht in TinyDNS-Notation dann folgendermaßen aus:

```
 :_sip._tcp.opensourcepress.de:33:\000\012\000\144\023\304\003pbx\017op
ensourcepress\002de\000:86400
```

Timestamps

Das Feld `ttl`, welches in den vorgestellten RRs vorkommt, kann dazu benutzt werden, die Gültigkeitsdauer eines RRs in einem Cache festzuschreiben. Das Feld `timestamp` gibt an, bis wann ein RR gültig ist. Das Format, in dem das Datum angegeben wird, heißt TAI64. Es ermöglicht die

---

[1] Zum Beispiel das Online-Tool unter http://www.anders.com/projects/sysadmin/djbdnsRecordBuilder/.

Angabe eines 64 Bit breiten Zeitstempels. Das häufig verwendete Unix-Timestampformat hat dagegen nur eine Breite von 32 Bit, daher reicht es nur bis ins Jahr 2038, da dann diese 32-Bit-Zahl einen Überlauf hat und wieder bei 0 anfängt.

Das TAI64-Format erlaubt eine Angabe von 2^{62} Sekunden vor und nach dem 1.1.1970. Der Zeitstempel wird hexadezimal niedergeschrieben. Die Zahl 0x4000000000000000 gibt dabei den 1.1.1970 wieder. Alle Zahlen, die kleiner sind, liegen davor, alle die größer sind danach. Die Auflösung ist sekundengenau. Der folgende A-RR ist bis zum 27.12.2006 15:22:32 gültig:

```
=www.opensourcepress.de:192.168.1.5:86400:40000000459281A8
```

Wird das (hier mit 86400 besetzte) TTL-Feld weggelassen, so ist dies der Zeitpunkt, *ab* dem der RR gültig ist.

Location

Der letzte Eintrag steuert, welche Antwort TinyDNS abhängig vom Standort des Fragenden gibt. Wenn eine Instanz von TinyDNS die Zone opensourcepress.de sowohl für das interne LAN als auch gegenüber dem Internet bereitstellt, so wird sie auf Anfragen von IP-Adressen aus dem LAN eine andere Antwort geben als bei Anfragen aus dem Rest der Welt. Dafür definiert man zunächst eine Location:

```
%in:192.168.1
%ex
```

Alle Adressen, die mit 192.168.1 beginnen, gelten als intern. Der Ortsname kann nur ein oder zwei Buchstaben breit sein. Soll www.opensourcepress.de von innen unter der Adresse 192.168.1.5 und von außen unter 172.16.1.1 zu erreichen sein, so wird dies mit den folgenden beiden Einträgen erreicht:

```
+www.opensourcepress.de:192.168.1.5:::in
+www.opensourcepress.de:172.16.1.1:::ex
```

10.1.2 TCP-Anfragen und Zonentransfers

Bei der Konfiguration von Secondary-Nameservern sind beide Enden der Kommunikation zu beachten. Auf dem Primary muss der Zugriff erlaubt sein, auf dem Secondary muss in der Konfiguration stehen, wo er die Zone herholen soll. Für den Zugriff auf dem Primary sorgt das Programm axfrdns. Es hängt sich als Dienst in ucspi-tcp ein. Mit dem Programm axfrdns-conf erledigt man die Grundkonfiguration. Der Aufruf sieht wie folgt aus:

```
# axfrdns-conf tinydns dnslog /var/axfrdns /var/tinydns
# ln -s /var/axfrdns /service
```

Das Kommando erwartet einen Pfad, eine Benutzerkennung, unter der es selbst läuft (hier tinydns) und eine für Logmeldungen (dnslog), einen eigenen Pfad sowie den Pfad, unter dem tinydns installiert ist, da dort auf die Zonendaten zugegriffen wird, sowie optional eine IP-Adresse, auf die es sich binden soll. Das Anlegen des symbolischen Link in der zweiten Zeile sorgt für das Einhängen des Service in ucspi-tcp.

Danach sind allerdings nur Zonentransfers von Localhost erlaubt. Um den Transfer der Zone opensourcepress.de von der Adresse 192.168.1.2 zu erlauben, muss man den folgenden Eintrag in die Datei /var/axfrdns/tcp einfügen:

```
192.168.1.2:allow,AXFR="opensourcepress.de"
```

Mehrere Zonennamen können durch Schrägstrich getrennt eingegeben werden. Die Datei tcp wird mit dem Kommando make in eine Datenbankdatei verwandelt, die dann beim nächsten Zugriff verwendet wird.

Reguläre DNS-Anfragen können auch über TCP gestellt werden. Diese werden ebenfalls von axfr-dns beantwortet. Hierzu ist der folgende Eintrag in der Datei /var/axfrdns/tcp notwendig, der TCP-Anfragen von Clients erlaubt, Zonentransfers aber verhindert:

```
:allow,AXFR=""
```

Zum Transfer einer Zone auf den Client wird das Programm axfr-get verwendet. Es initiiert einen Zonentransfer für eine angegebene Domain und speichert das Ergebnis in eine Datei, die von tinydns-data verstanden wird. Um dieses Programm aufzurufen, ist das Programm tcpclient aus ucspi-tcp notwendig, über das die Zieladresse des Nameservers gesteuert wird. Wenn der Primary-Nameserver auf der IP-Adresse 192.168.1.1 arbeitet, leitet man den Zonentransfer mit dem folgenden Aufruf ein:

```
# cd /var/tinydns/root
# tcpclient 192.168.1.1 53 axfr-get opensourcepress.de data data.tmp
# make
```

Mit dieser Aufrufsequenz wird auf dem Secondary das lokale data-File vollständig überschrieben. Ist der Primary-Nameserver auch mit TinyDNS realisiert, lässt sich über einen anderen sicheren Mechanismus wie z. B. scp einfach die ganze data.cdb vom Primary auf den Secondary kopieren. Dies sollte in regelmäßigen Abständen geschehen. Das expire-Feld aus dem SOA wird von einem TinyDNS-Secondary nicht ausgewertet, er kann den Zonetransfer auch nicht selbst anstoßen. Wenn mehrere verschiedene Zonen von verschiedenen Nameservern auf einem TinyDNS-Secondary betrieben werden sollen, muss der Administrator mit einigen Scripten für eine konsistente Zusammenführung der Daten sorgen.

10.2 dnscache

Wie der Nameserver ist auch der DNS-Cache über ein Konfigurationsprogramm einzurichten. Dieses heißt `dnscache-conf` und verlangt als Argumente eine Benutzerkennung, unter der das Programm läuft, eine Benutzerkennung für Logeinträge, einen Pfad, unter dem die eigenen Dateien abgelegt werden, und optional noch eine Adresse, auf die es sich binden soll. Die Benutzerkennungen müssen vorher angelegt und `svscan` muss bereits gestartet sein. Dann initialisiert man `dnscache` mit einem Kommando wie dem folgenden:

```
# dnscache-conf dnscache dnslog /var/dnscache
# ln -s /var/dnscache /service
```

dnscache kann entweder selbst als rekursiver Resolver arbeiten oder seinerseits so konfiguriert werden, dass er andere Nameserver (z. B. vom Provider oder in einer DMZ) verwendet. Die Liste der Server befindet sich in der Datei `/var/dnscache/root/servers/@`[2]. In dieser Datei steht eine Liste von Nameservern aus dem Internet, die verwendet werden können. Will man eine eigene Liste verwenden, muss man diese ersetzen. Soll dnscache ausschließlich über die eingetragenen Forwarder arbeiten, muss die Datei `/var/dnscache/env/FORWARDONLY` existieren und eine 1 enthalten. Schließlich bleibt noch die Zugriffskontrolle auf den Cache: Nicht jeder soll ihn verwenden können. Zur Steuerung werden im Verzeichnis `/var/dnscache/root/ip` Dateien mit den IP-Adressen oder Netzen angelegt, denen die Verwendung gestattet ist. Leider sind hierbei nur Netze mit den Masken 8, 16 oder 24 möglich. Um dem Netz 192.168.1.0/24 den Zugriff zu ermöglichen, erzeugt man also die Datei `192.168.1`.

---

[2] Der Pfadbeginn `/var/dnscache` wurde hier passend zum Beispiel gewählt und muss gegebenenfalls angepasst werden.

11

Clients

11.1 Konfiguration

Es gibt zwei Sorten von DNS-Clients, Resolver und Stub-Resolver. Ein Resolver ist in der Regel ein Nameserver, der auch rekursive Suchen selbst ausführt. Ein Stub-Resolver stellt als „dummer" Client seine Anfragen an einen Resolver, der die ganze Arbeit macht und dann die Antwort zurückliefert. Dieses Kapitel beschäftigt sich mit der Konfiguration solcher Stub-Resolver, also Clients, die den Dienst des DNS nur in Anspruch nehmen.

11.1.1 Unix

Alle gängigen Unix-Varianten suchen ihre DNS-Konfiguration in der Datei /etc/resolv.conf. Die Datei enthält Einträge, welche Nameserver (in welcher Reihenfolge) befragt werden, was die eigene Domain ist, welche Domains durchsucht werden sollen und in welcher Reihenfolge das geschieht. Es gibt einen Eintrag, in dem sich System-V-basierende Unix-Systeme (Linux[1], Solaris, HP-UX, etc) und BSD-basierende Systeme unterscheiden, auf den aber noch eingegangen wird. Die allgemeinen Einträge sind:

nameserver

Hier wird die Adresse des Nameservers als IP-Adresse eingetragen. Es sind bis zu drei Nameserver möglich.[2] Pro Zeile wird ein Server mit dem Schlüsselwort `nameserver` angegeben. Der Client probiert die Nameserver gemäß der in der Datei angegebenen Reihenfolge durch. Erfolgt keine Antwort vor dem eingestellten Timeout, wird der nächste versucht. Fehlt eine Nameserver-Angabe, wird `localhost` verwendet. Bei der Auswahl der Reihenfolge sollten immer die für den Client am besten erreichbaren Server am Anfang stehen.

domain

Hier wird der eigene Domainname des Clients eingetragen. Das hat den Zweck, dass ein Client bei einer Hostnamensabfrage nicht den FQDN, sondern nur den Hostnamensanteil verwenden kann. Der Eintrag hinter `domain` wird an den Namen angehängt, um zu einem FQDN zu gelangen. Ist dieser Eintrag nicht vorhanden, wird der Domainname aus dem Hostnamen des Clients ermittelt. Wenn der Rechner `host.opensourcepress.de` heißt und kein `domain`-Eintrag vorhanden ist, wird bei einer Anfrage nach `host2` `host2.opensourcepress.de` aufgelöst.

search

Soll der Client bei einer Suche nach Hostnamen ohne FQDN-Anteil mehr als eine Domain durchsuchen, werden diese Domains hier eingetragen. Insgesamt darf es nur sechs durch Leerzeichen getrennte Domains mit einer Gesamtlänge von höchstens 256 Zeichen geben. Die ergänzten Hostnamen dürfen per Default nur einen Punkt enthalten. Mit der Option `ndots` kann dieses Verhalten geändert und die Menge der erlaubten Punkte im Namen festgelegt werden.

sortlist

Bei einer Namens- zu Adressauflösung kann mehr als eine Adresse zurückgegeben werden. Dieser Parameter manipuliert die Reihenfolge, in die die Liste an das aufrufende Programm zurückgegeben wird. Als Argument werden Netzwerkadressen entweder in der Form *Netzadresse/Netmaske* angegeben, oder nur als Netzadresse, falls es sich um ein Netzwerk der Klassen A, B oder C[3] handelt. Es sind maximal zehn Einträge möglich. Wenn ein Client aus dem Netz 192.168.1.16/28 Adressen aus verschiedenen Netzbereichen bekommen soll, so wäre

---

[1] In Bezug auf dieses Verhalten ist Linux hier eindeutig auf der System-V-Seite.
[2] Die gültige Anzahl steht in `/usr/include/resolv.h` unter dem Eintrag MAXNS.
[3] 8-, 16- oder 24-Bit-Netzwerkmaske.

ein möglicher Eintrag: 192.168.1.16/255.255.255.240 192.168.
1.0 192.168.0.0/255.255.0.0.

`options`

Die letzte Anweisung dient dazu, Optionen zu setzen, die die DNS-
Anfragen beeinflussen. Dem Schlüsselwort folgt der Name der Option. Wenn die Option einen Wert zugewiesen bekommt, wird hinter
die Option ein Doppelpunkt geschrieben, dem der Wert folgt.

`search` und `domain` schließen sich gegenseitig aus. Wenn beide Schlüsselwörter in der Datei vorkommen, wird dasjenige angewendet, welches als
letztes in der Datei steht.

Mit den folgenden Optionen kann das Verhalten bei der Namensauflösung
beeinflusst werden:

`attempts:n`

beschreibt die Anzahl der Anfrageversuche, die an einen Nameserver
gesendet werden, bevor die Auslösung aufgegeben wird. Dabei werden alle Nameserver so oft probiert, wie es hier angegeben wird. Der
Standardwert ist 2.

`debug`

setzt das Debug-Flag zur Fehleranalyse. Die Option bekommt kein
Argument.

`inet6`

Soll in einem IPv6-Netz immer zuerst nach einer v6-Adresse gefragt
werden, so ist diese Option zu setzen. Sie erhält kein Argument.

`no-check-names`

schaltet die Überprüfung auf gültige Domainnamen ab.

`ndots:n`

legt die Menge der Punkte (Dots) fest, die in einem Hostnamen vorhanden sein dürfen, bevor die in `search` gelisteten Domains durchprobiert werden. Ist diese Option nicht angegeben, so ist der Standardwert 1. Dies entspricht einem Hostnamen, der nur aus einem
Label besteht.

`rotate`

Ist diese Option gesetzt, wird die Reihenfolge der Nameserver nicht
eingehalten, sondern sie werden abwechselnd durchprobiert, um Last
zu verteilen. Diese Option erhält kein Argument.

`timeout:n`

Bezugnehmend auf den Eintrag in der Option `attempts`, legt diese
Option die maximale Wartezeit (in Sekunden) pro Versuch fest. Der

Standardwert ist 5 Sekunden. Die Anzahl der Nameserver multipliziert mit den Domains, Versuchen und dem Timeoutwert ergibt die maximale Wartezeit auf eine Auflösung.

Die Optionen und die Suchliste können auch durch Umgebungsvariablen für einen Prozess individuell überschrieben werden. Die Variable für die Suchliste heißt LOCALDOMAIN, die Variable für die Optionen RES_OPTIONS. Eine einfache resolv.conf mit den Nameservern 192.168.1.1 und 192.168.1.2 und der Domain opensourcepress.de sieht folgendermaßen aus:

```
nameserver 192.168.1.1
nameserver 192.168.1.2
domain opensourcepress.de
```

Auswahl der Auflösungsmethode

Wie in Abschnitt 6.1 beschrieben, gibt es auch noch andere Methoden, zu einem Hostnamen eine IP-Adresse zu finden. Die Datei /etc/hosts wird nach wie vor verwendet. Man kann auf den Clients einstellen, ob diese Datei, DNS oder andere Dienste zur Auflösung verwendet werden sollen. Auch Kombinationen mit einer festgeschriebenen Reihenfolge sind möglich. Bei BSD-basierenden Systemen wird das Verhalten über einen zusätzlichen Parameter in der Datei /etc/resolv.conf bestimmt. Der Parameter heißt lookup und erhält als Argument file, bind oder beide. Werden beide angegeben, so entscheidet die Reihenfolge in der Datei, welches zuerst verwendet wird.

Die auf System V basierenden Systeme verwenden einen anderen Ansatz: Der Bibliotheksaufruf, um eine IP-Adresse zu einem Hostnamen zu finden, heißt gethostbyname. Analog zu diesem Aufruf gibt es auch Aufrufe, um zum Beispiel einen Eintrag aus /etc/passwd zu finden, der zu einem Benutzernamen gehört. Für alle Aufrufe der Art get$X$by$y$ wird auf Bibliotheken zugegriffen, die mit dem Namen nss für *Name Service Switch* beginnen. So ist es möglich, ohne neues Übersetzen den verwendeten Namensdienst zu ändern. Welcher Dienst (LDAP, NIS, DNS) für welche Auflösung verwendet wird, steuert man über die Datei /etc/nsswitch.conf. Die Datei enthält Einträge in der Form:

```
passwd: files ldap
```

Dies bedeutet, erst in den lokalen Dateien nachsehen, und dann den LDAP-Server fragen. Für die Hostnamensauflösung heißt der Eintrag hosts. Als Optionen der Auflösung stehen files und dns zur Auswahl. Um erst /etc/hosts und dann den über /etc/resolv.conf konfigurierten Nameserver zu verwenden, lautet der Eintrag:

```
hosts: files dns
```

Man sollte dabei beachten, dass dieser Eintrag wirklich nur für die Auflösung zwischen Hostnamen und IP-Adressen dient. Mail-Exchanger z. B. werden immer über DNS gesucht. Es gibt auch Versionen der Netscape/ Mozilla-Browserfamilie, die diese Einträge ignorieren und ausschließlich über die DNS-Konfiguration funktionieren.

Ältere Linux-Distributionen benutzen noch die Datei `/etc/host.conf`. Diese enthält den Eintrag:

```
order hosts, bind
```

Der Eintrag ist wie `lookup` in der `resolv.conf` auf BSD-Systemen zu verstehen, der Unterschied besteht lediglich darin, dass hier ein Komma das Trennzeichen ist.

Windows

Die Konfiguration bei Windows (hier am Beispiel eines Windows-XP-Clients) erfolgt grafisch. Um an die Konfiguration zu kommen, wählt man die Netzwerkkarte aus, über die die DNS-Abfragen ablaufen, und klickt auf **Eigenschaften**. Daraufhin erscheint der folgende Dialog:

Abbildung 11.1:
Windows Netzwerk-
karteneigenschaften

Dort scrollt man, bis man den Eintrag des installierten TCP/IP-Protokolls findet, wählt diesen aus und klickt wiederum auf **Eigenschaften**. Dies führt zum folgenden Dialog:

Abbildung 11.2:
Windows
TCP/IP-Eigenschaften

In der unteren Hälfte des Dialogs kann eingestellt werden, ob der DNS-Server per DHCP ermittelt oder statisch eingetragen werden soll. Letzteres entspricht den `nameserver`-Einträgen in einer `/etc/resolv.conf`. Wird hier auf **Erweitert** geklickt, so erscheint ein Dialog, in dem feiner abgestufte Einstellungen vorgenommen werden können.

Abbildung 11.3:
Erweiterte Windows
TCP/IP-Einstellungen

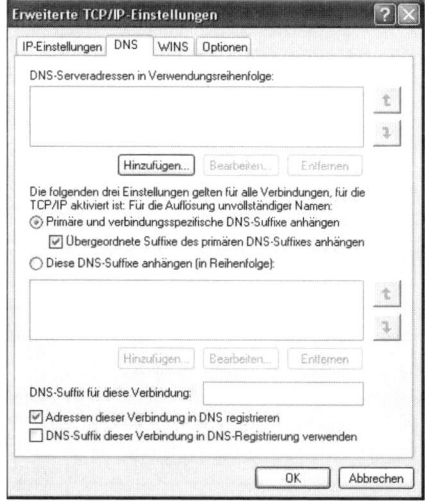

Wählt man den Reiter **DNS**, so gelangt man zur dargestellten Ansicht. Als erstes lässt sich hier eine Liste von Nameservern eintragen, die in der vorgegebenen Reihenfolge verwendet werden. Über den folgenden Radiobutton kann konfiguriert werden, ob Domainnamensanteile angehängt werden sollen. Wird auch die Checkbox aktiviert, so werden mehrer Hierarchiestufen durchprobiert. Wenn der Client z. B. in der Domain `windows.dhcp.opensourcepress.de` steht, so wird bei einem unqualifizierten Domainnamen auch `dhcp.opensourcepress.de` und `opensourcepress.de` ausprobiert. Statt dieser automatischen Konfiguration kann auch explizit die Liste der zu durchsuchenden Domains (wie bei `search` in `/etc/resolv.conf`) angegeben werden. Die beiden Optionen schließen sich gegenseitig aus.

Das letzte Textfeld dient der Eingabe der eigenen Domain, wenn diese nicht vom DHCP-Server übernommen wird. Es entspricht dem `domain`-Eintrag in der `/etc/resolv.conf`.

Die letzten beiden Checkboxen steuern die dynamischen DNS-Updates in der Microsoft-Implementierung. Sind sie aktiviert, versucht der Client sich selbst beim Nameserver einzutragen. Dies ist in einer ADS-Umgebung, in der ein Microsoft-Nameserver läuft, sinnvoll. Bei einem Unix-Nameserver führt dies zu Fehlermeldungen über einen nicht autorisierten schreibenden Zugriff auf den Nameserver.[4] Die erste Checkbox ist in einer Standardkonfiguration aktiviert, so dass der Admin mit den Meldungen der folgenden Art konfrontiert wird:

```
Dec 21 10:32:58 ns named[9000]: client 192.168.1.20#1322: update
'opensourcepress.de/IN' denied
```

11.2 Client-Programme

Der Zugriff auf das DNS erfolgt in der Regel implizit durch Applikationen. Trotzdem ist es manchmal notwendig, vor allem zur Fehleranalyse, einen dedizierten Client zu benutzen und Fragen an das DNS explizit zu stellen. Hierfür stehen einige Werkzeuge bereit, von denen zwei kurz vorgestellt werden sollen.

11.2.1 nslookup

`nslookup` ist der Klassiker unter den Programmen zur DNS-Abfrage und Bestandteil der Bind-Distribution. Obwohl das ISC es mit einer Meldung versehen hat, dass es als „deprecated" gilt, liefert es `nslookup` nach wie vor mit jeder neuen Bind-Distribution aus. Es ist auch auf Windows-Systemen auf dem Kommandozeilenprompt verfügbar.

---

[4] Alternativ kann man den Clients Schreibzugriffe auf den Nameserver erlauben. Es ist aber generell mit weniger Risiko verbunden, die Updates vom DHCP-Server statt vom Client durchführen zu lassen.

Das Kommando kann direkt mit einem aufzulösenden Namen und einem Server, der die Auflösung vornehmen soll, aufgerufen werden. Ohne Argumente startet es in einem interaktivem Modus. `nslookup` benutzt die Einstellungen aus der Datei `/etc/resolv.conf` wenn unqualifizierte Namen angegeben werden, um die Domainnamen zu bestimmen, die angehängt werden sollen. Ein Aufruf von `nslookup` sieht wie folgt aus:

```
# nslookup server.opensourcepress.de
Server:         192.168.1.1
Address:        192.168.1.1#53

Name:   server.opensourcepress.de
Address: 192.168.1.1
```

Die ersten beiden Zeilen geben den verwendeten Nameserver mit Portnummer an, die dritte Zeile den angefragten Namen und die letzte die gefundene Adresse.

Verwendet man `nslookup` im interaktiven Modus, so ist es auch möglich, andere RR-Typen (auch andere RR-Klassen, aber das ist heutzutage nicht mehr relevant) abzufragen. Um den MX-RR für `opensourcepress.de` herauszufinden, geht man folgendermaßen vor:

```
# nslookup
> set type=mx
> opensourcepress.de.
Server:         192.168.1.1
Address:        192.168.1.1#53

opensourcepress.de.   mail exchanger = 10 server.opensourcepress.de.
```

Mit dem Kommando `set` wird der Typ der Frage für die Dauer der gesamten Sitzung umgeschaltet. Möchte man wieder Adressen auflösen, muss man mit `set type=a` wieder darauf zurückschalten.

Wer mehr Informationen über die Frage und die Antwort des Servers erhalten will, kann den Debugging-Modus anschalten.

```
# nslookup
> set debug
> www.opensourcepress.com
Server:         192.168.1.1
Address:        192.168.1.1#53

------------
    QUESTIONS:
        www.opensourcepress.com, type = A, class = IN
    ANSWERS:
    -> www.opensourcepress.com
```

```
      canonical name = opensourcepress.com.
   -> opensourcepress.com
      internet address = 68.178.232.99
   AUTHORITY RECORDS:
   -> opensourcepress.com
      nameserver = PARK3.SECURESERVER.NET.
   -> opensourcepress.com
      nameserver = PARK4.SECURESERVER.NET.
   ADDITIONAL RECORDS:
   ------------
Non-authoritative answer:
www.opensourcepress.com canonical name = opensourcepress.com.
Name:    opensourcepress.com
Address: 68.178.232.99
```

Nach Angabe des befragten Nameservers gibt das Tool die Frage-, Anwort-, Authority- und Additional-Abschnitte des Anwortpaketes aus. Es handelt sich in diesem Fall um einen CNAME-RR. Den unteren Teil, die „Non-authoritative answer", gibt nslookup auch ohne Debugmodus bei all den Antworten eines Nameservers aus, die dieser sich von einem rekursiven Resolver besorgt hat.

11.2.2 host

Als nslookup-Nachfolger für „unkomplizierte" Namensauflösung bringt die Bind-Distribution das Kommando host mit. Es hat keinen interaktiven Modus, sondern wird nur über Kommandozeilenoptionen gesteuert. Genau wie nslookup wertet es bei unqualifizierten Domainnamen /etc/resolv.conf aus. Um einen anderen Typ als A-RRs abzufragen, versteht es die Option -t. Die Abfrage für den MX-RR von opensourcepress.de wird mit dem Befehl host so durchgeführt:

```
# host -t mx opensourcepress.de.
opensourcrepress.de mail is handled by 10 server.opensourcrepress.de.
```

Die Option –d schaltet das Debugging an, die Ausgabe sieht dann genauso aus wie die des im nächsten Abschnitt vorgestellten Kommandos dig.

11.2.3 dig

dig ist das flexibelste Werkzeug für DNS-Abfragen. Der erste wesentliche Unterschied zu den vorangegangenen Tools besteht darin, dass es unqualifizierte Domainnamen nicht ergänzt, sondern wörtlich nimmt. Soll es das nicht tun, sondern wie die beiden bisher vorgestellten Werkzeugen unqualifizierte Namen über die /etc/resolv.conf ergänzen, dann lässt sich dies durch Hinzufügen der Option +search aktivieren. Der auffälligste Unterschied ist aber die Ausgabe des Kommandos. Diese ist wesentlich ausführlicher als bei den anderen vorgestellten Programmen (sofern dort kein Debugging angeschaltet ist):

```
# dig server2.opensourcepress.de
; <<>> DiG 9.3.3 <<>> server2.opensourcepress.de.
;; global options:  printcmd
;; Got answer:
;; ->>HEADER<<- opcode: QUERY, status: NOERROR, id: 12246
;; flags: qr aa rd ra; QUERY: 1, ANSWER: 1, AUTHORITY: 1, ADDITIONAL: 2

;; QUESTION SECTION:
;server2.opensourcepress.de.            IN     A

;; ANSWER SECTION:
server2.opensourcepress.de.     86400   IN     A       192.168.1.254

;; AUTHORITY SECTION:
opensourcepress.de.             86400   IN     NS      server.openso
urcepress.de.

;; ADDITIONAL SECTION:
server.opensourcepress.de.      86400   IN     A       192.168.1.1

;; Query time: 3 msec
;; SERVER: 192.168.1.1#53(192.168.1.1)
;; WHEN: Thu Dec 21 20:46:04 2006
;; MSG SIZE  rcvd: 112
```

Hier sind alle Sektionen der Antwort dargestellt, auch der Header der Antwort. Vor dem Header stehen Kommentarzeilen. Die einzelnen Sektionen können mit den Optionen +noquestion, +noanswer, +noauthority und +noadditional ausgeblendet werden.

Die Ausgabe der Header spiegelt den Inhalt des Paketes wider, wie er in der Abbildung auf Seite 187 dargestellt ist. Das Wichtigste dabei ist der Status, in dem der Fehlercode der Anfrage enthalten ist. Bei einer Anfrage nach einem Server, den es nicht gibt, steht hier der Fehlercode NXDOMAIN. Die Flags in der Ausgabe entsprechen den Flags aus den RFCs. qr (Query/Response) zeigt an, dass das Paket eine Antwort ist. Bei einer Frage hat es den Wert 0 und bei einer Antwort den Wert 1. aa steht für „Authoritative Answer" Hier hat dig also direkt mit dem für die Zone zuständigen Nameserver kommuniziert. rd und ra stehen für „Rekursives Suchen gewünscht" und „Rekursives Suchen steht zur Verfügung". In der Anfrage hat dig den Nameserver also gebeten, die Frage rekursiv aufzulösen, wenn dieser keine Antwort kennt, und der Nameserver war auch bereit, dies zu tun.

Im letzten Abschnitt der Ausgabe steht noch, mit welchem Server auf welchem Port kommuniziert wurde, wie groß die Antwort war und wie lange die Frage gedauert hat (hier drei Millisekunden).

Die Kommentare am Anfang und der letzte Abschnitt mit Server und Zeit können mit den Optionen +nocmd und +nostats abgeschaltet werden. Mit der Option +short erreicht man eine Ausgabe, die der von host entspricht:

```
# dig +short server2.opensourcepress.de
192.168.1.254
```

Will man nicht eine Adresse zu einem Namen, sondern einen Namen zu einer Adresse suchen, so müsste man die Adresse umdrehen, und nach der umgedrehten Adresse mit QTYPE PTR in der in-addr.arpa-Domain suchen. All dies erledigt die Option -x:

```
  # dig -x 192.168.1.254
; <<>> DiG 9.3.3 <<>> -x 192.168.1.254
;; global options:  printcmd
;; Got answer:
;; ->>HEADER<<- opcode: QUERY, status: NOERROR, id: 27773
;; flags: qr aa rd ra; QUERY: 1, ANSWER: 1, AUTHORITY: 1, ADDITIONAL: 2

;; QUESTION SECTION:
;254.1.168.192.in-addr.arpa.            IN      PTR

;; ANSWER SECTION:
254.1.168.192.in-addr.arpa. 86400       IN      PTR     server2.opens
ourcepress.de

;; AUTHORITY SECTION:
1.168.192.in-addr.arpa. 86400           IN      NS      server.opens
ourcepress.de.

;; ADDITIONAL SECTION:
server.opensourcepress.de.      86400   IN      A       192.168.1.1

;; Query time: 30 msec
;; SERVER: 192.168.1.1#53(192.168.1.1)
;; WHEN: Fri Dec 22 11:54:20 2006
;; MSG SIZE  rcvd: 136
```

An der Frage-Sektion kann man erkennen, dass die richtige Frage gestellt wurde.

RRs wie ein DNSKEY oder auch der SOA sind in dieser Form etwas länger. Es ist deshalb möglich, diese Ausgabe lesbarer zu machen und beim SOA sogar noch zusätzliche Kommentare einzuführen. Dazu dient die Option +multiline:

```
# dig +multiline sec.opensourcepress.de soa
; <<>> DiG 9.3.3 <<>> +multiline sec.opensourcepress.de soa
;; global options:  printcmd
;; Got answer:
;; ->>HEADER<<- opcode: QUERY, status: NOERROR, id: 54439
;; flags: qr aa rd ra; QUERY: 1, ANSWER: 1, AUTHORITY: 1, ADDITIONAL: 0

;; QUESTION SECTION:
;sec.opensourcepress.de.        IN SOA

;; ANSWER SECTION:
sec.opensourcepress.de. 86400 IN SOA ns.opensourcepress.de. admin.openso
urcepress.de. (
                                2006120101 ; serial
                                86400      ; refresh (1 day)
                                7200       ; retry (2 hours)
                                3500000    ; expire (5 weeks 5 days 12
hours 13 minutes 20 seconds)
                                86400      ; minimum (1 day)
                                )

;; AUTHORITY SECTION:
sec.opensourcepress.de. 86400 IN NS ns.sec.opensourcepress.de.

;; Query time: 2 msec
;; SERVER: 192.168.1.1#53(192.168.1.1)
;; WHEN: Fri Dec 22 11:59:38 2006
;; MSG SIZE  rcvd: 102
```

Der SOA wird hier in mehreren Zeilen dargestellt, und die Zeitwerte sind
nicht nur in Sekunden, sondern auch in für Menschen lesbareren Zeiteinheiten dargestellt. Wie an diesem Beispielaufruf auch zu ersehen ist, stellt
man Fragen nach einem anderen Recordtyp, indem man den Namen des
RR-Typs an das Ende des Aufrufes setzt. Will man einen anderen Nameserver als den in der /etc/resolv.conf angegebenen befragen, so fügt man
der Kommandozeile @Adresse des Nameservers hinzu.

Um das Verhalten von rekursiven Abfragen genauer zu untersuchen, kann
das rd-Bit in der Abfrage mit +norecurse abgeschaltet werden. Als Ausgabe erhält man dann genau die erste Antwort, die der rekursive Resolver
bekommt und aufgrund derer er weitersuchen würde. Dies ermöglicht es,
sich Schritt für Schritt durchzufragen. Soll dig diese Aufgabe erledigen, erhält es die Option +trace. Dies setzt aber voraus, dass der Rechner, auf
dem dig läuft, ohne Einschränkung mit Nameservern im Internet kommunizieren kann. Der Output sieht für example.com folgendermaßen aus
(leicht gekürzt in der Menge der jeweils zurückgegebenen Nameserver):

```
# dig +trace example.com

; <<>> DiG 9.3.2 <<>> +trace www.example.com
```

```
;; global options:  printcmd
.                        167715  IN      NS      G.ROOT-SERVERS.NET.
.                        167715  IN      NS      H.ROOT-SERVERS.NET.
.                        167715  IN      NS      I.ROOT-SERVERS.NET.
...
;; Received 436 bytes from 192.168.1.254#53(192.168.1.254) in 27 ms

com.                     172800  IN      NS      G.GTLD-SERVERS.NET.
com.                     172800  IN      NS      H.GTLD-SERVERS.NET.
com.                     172800  IN      NS      I.GTLD-SERVERS.NET.
...
;; Received 505 bytes from 192.112.36.4#53(G.ROOT-SERVERS.NET) in 159 ms

example.com.             172800  IN      NS      a.iana-servers.net.
example.com.             172800  IN      NS      b.iana-servers.net.
;; Received 113 bytes from 192.42.93.30#53(G.GTLD-SERVERS.NET) in 120 ms

www.example.com.         172800  IN      A       192.0.34.166
example.com.             21600   IN      NS      a.iana-servers.net.
example.com.             21600   IN      NS      b.iana-servers.net.
;; Received 129 bytes from 192.0.34.43#53(a.iana-servers.net) in 185 ms
```

Erst wurde die Root-Domain befragt, dann .com und schließlich die Nameserver für example.com. Mit dieser Option kann man herausfinden, an welcher Stelle die Namensauflösung stecken bleibt, wenn Fehler auftreten.

12

DNS-Sicherheit

Wie schon in Kapitel 6 bemerkt, ist das DNS einer der grundlegenden Dienste im Internet, der aber von den meisten Benutzern kaum wahrgenommen wird, es sei denn, er funktioniert nicht.

Das DNS war und ist immer wieder das Ziel von Angriffen. Dabei ist das Ziel der Angreifer in den meisten Fällen, Benutzer umzuleiten, indem die Antworten auf Anfragen manipuliert werden. Ebenso benutzen die Angreifer gerne DNS, um zu erkunden, welche lohnenswerte Ziele es gibt (wie Mailserver, Webserver etc.). Diese Angriffe sind keineswegs nur theoretischer Natur, wie Schlagzeilen bei Newstickern immer wieder zeigen.

Deshalb hat sich auch die IETF Gedanken zum Thema gemacht. Es wurden Mechanismen eingeführt, um die Übertragung von DNS-Daten bei Zonentransfers oder Updates zu authentisieren. Diese werden in Abschnitt 12.3.1 beschrieben. Ebenso wurde ein bisher noch nicht weit verbreitetes Verfahren entwickelt, um die Inhalte der RRs durch digitale Signaturen verifizierbar zu machen. Das Schlagwort hierzu lautet DNSSEC; die Technik wird in Abschnitt 12.4 beschrieben. In RFC 3833 wurde eine Risikoanalyse des DNS vorgenommen, die die verbreiteten Angriffe untersucht und Gegenmaßnahmen vorschlägt. Dort werden auch Risiken betrachtet, die durch die Maßnahmen zur Übertragungssicherheit und DNSSEC neu hinzukommen.

Einige der mit dem Betrieb von DNS verbundenen Risiken lassen sich bereits über einen geschickten Aufbau der Infrastruktur vermeiden oder abmildern. Wie dies zu bewerkstelligen ist, beschreibt der Abschnitt 12.2.

12.1 Risiken

Es ist üblich, das Gebiet der IT-Sicherheit in die Teilbereiche Vertraulichkeit, Datenintegrität und Verfügbarkeit zu untergliedern. Entsprechend lassen sich auch die Risiken für das DNS gruppieren. Darauf bezogen sind Verfügbarkeit und Datenintegrität die wichtigsten Ziele.

12.1.1 Verfügbarkeit

Angriffe auf die Verfügbarkeit des DNS fallen unter die gebräuchlichere Bezeichnung *Denial of Service* oder kurz DoS. Diese Art von Angriffen kann im DNS-Kontext aus zwei Blickwinkeln betrachtet werden: Zum einen lässt sich ein Ziel (z. B. eine Firma) so angreifen, dass es seinen DNS-Anschluss zum Internet verliert. Dies bedeutet, dass die Angegriffenen keinerlei DNS-Auflösung nach außen mehr besitzen. Dies hat die folgenden Konsequenzen:

- Webzugriffe funktionieren nicht.

- Ausgehende E-Mails bleiben liegen.

- Eingehende E-Mails werden bei aktivierten Anti-Spam-Maßnahmen als „wurden von Unbekannt zugestellt" abgewiesen, obwohl sie eigentlich legal sind.

- Sofern benutzt, ist Internettelefonie nicht mehr verfügbar, da auch diese ohne DNS-Auflösung nicht funktioniert.

- Andere hostnamensbasierte Zugriffe auf Server, die außerhalb der eigenen Domain liegen, funktionieren nicht mehr.

Gelingt es dem Angreifer zusätzlich, das DNS im Inneren des LAN lahmzulegen, so sind weitere Dienste betroffen:

- Sämtliche Microsoft-ADS-Dienste stehen nicht zur Verfügung.

- Server im LAN werden nicht gefunden.

In diesem zweiten Fall ist also vermutlich der komplette Betrieb im LAN nachhaltig gestört.

Die zweite Möglichkeit, einen DoS-Angriff durchzuführen, besteht darin, eine Domain für den Rest des Internet „unsichtbar" zu machen, weil der Angriff die zuständigen Nameserver deaktiviert. Wenn ein Angreifer etwa die Nameserver für `opensourcepress.de` außer Gefecht setzt, so hat dies die folgenden Auswirkungen:

Niemand findet mehr `www.opensourcepress.de`. Der Onlineshop kann also auch keine Geschäfte mehr machen. Passiert dies einer Firma, die nur über das Internet ihr Geschäft macht, so kommt dies einer Schließung des Ladens gleich.

Es gelangen außerdem keine E-Mails mehr an Empfänger mit der Zieldomain `@opensourcepress.de`, da die sendenden Mailserver keine Adresse mehr finden, an die sie die Mail zustellen können. Dies führt nicht zum unmittelbaren Verlust der Mail, da Mailserver in der Regel davon ausgehen, dass sie vorübergehend keinen Zugriff auf die notwendigen DNS-Daten haben und die Mail zwischenspeichern, um es später noch einmal zu probieren. Aber der Zeitraum, über den gespeichert wird, und die Menge der Versuche sind endlich, so dass bei einem längeren Ausfall irgendwann der Sender der Mail eine Fehlermeldung bekommt.[1]

Mails, die von `opensourcepress.de` abgehen, werden von Mailservern abgewiesen, die Anti-Spam-Maßnahmen in Betrieb haben. Der Grund dafür ist, dass solche Mailserver beim Empfang einer Mail überprüfen, ob die IP-Adresse eine Reverse-Auflösung hat und ob dann wiederum der Name, der dabei herauskommt, einen A-RR hat, der auf die IP-Adresse zeigt, die die Verbindung aufgebaut hat. Kommt bei einer dieser Überprüfungen eine Inkonsistenz heraus, wird die E-Mail sofort mit der Begründung „unknown sender" abgelehnt.

Weitere hostnamensbasierende Dienste wie eingehende Internettelefonie oder FTP-Server sind auch nicht erreichbar.

Das Hinterhältige dabei ist, dass die Symptome erst nach und nach auftreten, da die meisten Nameserver im Internet einen Zwischenspeicher haben, und sich bereits angefragte RRs für einen Zeitraum merken, den das TTL-Feld der Antwort festlegt. Erst wenn diese Dauer abgelaufen ist, fragen sie erneut selbst nach und bekommen dann keine Antwort mehr. Und erst jetzt klingelt das Telefon des Administrators, und er erfährt, dass da etwas nicht stimmt.

Technisch werden DoS-Angriffe entweder durch gezielte Ausnutzung bekannter Fehler in der Nameserver-Software oder einfach durch Überlast realisiert. Ein Beispiel für einen Überlastangriff sind sogenannte *Amplifi-*

---

[1] Wie lange dieser Zeitraum ist, hängt von der Konfiguration der Mailserver der Sender ab, im Allgemeinen kann man von einem Zeitraum zwischen zwei und fünf Tagen ausgehen.

cation Attacks,[2] bei denen die Angreifer die Tatsache ausnutzen, dass eine DNS-Antwort fünf- bis zehnmal größer ist als die Anfrage. Wenn ein Nameserver frei zugänglich ist und nicht nur eine bestimmte Zone im Netz bereitstellt, sondern auch als rekursiver Resolver arbeitet, also beliebige Anfragen zulässt, so stellen Angreifer viele kleine Anfragen mit gefälschten Absendeadressen. Die Anfragen richten sich an einen vom Angreifer präparierten Nameserver, der einen Eintrag mit großen RRs enthält (z. B. einen TXT-RR mit 1000 Zeichen Inhalt). Sobald dieser RR einmal in den Cache des angegriffenen Nameservers geladen wurde, antwortet dieser auf alle Anfragen selbst.

Wie tatsächlich erfolgte Angriffe gezeigt haben, wurden Datenraten von bis zu 10 Gigabit/Sekunde erzeugt, so dass nicht nur der Nameserver selbst, sondern auch die Infrastruktur um ihn herum blockiert werden konnte. Da die Anfragen mit gefälschten Absendeadressen geschickt wurden, kann mit dieser hohen Datenrate auch die Adresse oder das Netz, aus dem die Anfragen angeblich kommen, blockiert werden. Dort wiederum wird der Anschein erweckt, als käme der Angriff von dem Nameserver, der eigentlich das Opfer ist.

12.1.2 Integrität

Die Integrität der Daten, die über DNS übermittelt werden, ist ein weiteres Ziel von Angreifern. Zwei Dinge machen es Angreifern sehr einfach, DNS-Anfragen abzufangen und manipulierte Antworten zurückzusenden: Die Verwendung von UDP als Protokoll und einer nur 16 Bit breiten ID, die Frage und Antwort einander zuordnet.

Das Ziel der Manipulation kann dabei von einem DoS, der nicht den Nameserver stört, sondern den Dienst, der zu den angefragten Daten gehört, bis zu einer kriminellen Umleitung reichen. Im einfachsten Fall beantwortet ein Angreifer die Anfragen für den Webshop unter `www.opensourcepress.de` mit einem A-RR, der auf die IP-Adresse 0.0.0.0 zeigt. Der Benutzer bekommt von seinem Browser oder dem Webproxy eine Fehlermeldung und geht frustriert auf den Webshop des Mitbewerbs.

Lauschangriff per DNS

Ein Angreifer, der sämtlichen Verkehr belauschen will, schickt statt der richtigen Adresse seine eigene Adresse an den Kunden und leitet alle Pakete danach an den Webshop weiter. Der Benutzer merkt keinen Unterschied, aber der Angreifer kann ein volles Protokoll mitschreiben, was ihm beim Einsatz

---

[2] Unter `http://www.isotf.org/news/DNS-Amplification-Attacks.pdf` findet sich eine Abhandlung, die beschreibt, wie dies funktioniert, und die einige Fallstudien echter Angriffe enthält.

von Verschlüsselung aber noch nicht viel nützt. Möchte der Angreifer auch noch das Login/Passwort und am besten die Kreditkartendaten der Benutzer des Webshops, manipuliert er die DNS-Anfragen ebenfalls so, dass die IP-Adresse auf einen Server des Angreifers zeigt. Hier läuft nun ein Webserver, der auch verschlüsselt arbeitet. Auf diesem Webserver ist die Webseite des Original-Webshops nachgebildet. Alle Eingaben des Benutzers werden protokolliert und danach an den richtigen Webserver weitergeleitet, damit der Benutzer nicht merkt, dass alles mitprotokolliert wurde.

Neben Zugriffen auf Webserver lässt sich so auch Mailverkehr mittels gefälschter MX-RRs umleiten. Gleiche Risiken gelten für alle Dienste, die SRV oder NAPTR-RRs verwenden. Gelingt es einem Angreifer, Dienste im LAN auf diese Art und Weise umzubiegen, so kann er auch Benutzerdaten erschleichen, die er dann zum Zugriff auf Fileserver verwenden kann.

Es gibt verschiedene Methoden, wie es dem Angreifer gelingt, falsche Daten zum Client zu bringen. Eine Möglichkeit ist, sich in den Netzwerkstrom zwischen Client und Nameserver zu hängen (dies kann auch heißen, dass ein Nameserver dazwischen gekapert wird) und schneller als der eigentlich Nameserver eine falsche Antwort an den Client zurückzuschicken. Ist der fragende Client dabei ein cachender Nameserver, so befinden sich die falschen Daten danach in seinem Cache, und alle Anfragen, die andere Clients dieses cachenden Namerservers an ihn stellen, werden mit den gleichen falschen Daten beantwortet, so dass sich die Wirksamkeit des Angriffes multipliziert. In diesem Fall fällt es einem Angreifer leichter, falsche Pakete einzuschleusen, falls Quell- und Zielport der Pakete 53 ist. Ein zufälliger Sourceport, der auch in neueren Versionen von Bind verwendet wird, macht es schwieriger (aber nicht unmöglich), gefälschte Pakete einzuschleusen.

Cache Poisoning

Eine einfachere Möglichkeit, die direkt auf die Caches von Nameservern abzielt, die für eine Menge von Clients arbeiten, ist das sogenannte Cache Poisoning. Dabei wird der „Additional"-Bereich von DNS-Antworten missbraucht. Wenn ein Client eine Anfrage an einen Nameserver stellt, ist dieser Bereich der Antwort eigentlich für nützliche zusätzliche Informationen gedacht. Fragt man zum Beispiel nach einem MX-RR, befinden sich in der Additional Section noch die A- oder AAAA-RRs der Mailserver, damit der Client sich eine weitere Runde Anfragen sparen kann.

Clients dürfen sich nicht darauf verlassen, dort immer alle zusätzlichen Informationen zu finden, können aber nachsehen, ob in der Antwort des Servers das steht, was sie ohnehin als nächstes fragen würden. Ein cachender Nameserver speichert alles zwischen, also auch diese Einträge. Ein Angreifer provoziert jetzt eine DNS-Anfrage, die bei einem von ihm kontrollierten Nameserver landet. Dies geschieht z. B., indem einem Benutzer eine

HTML-Mail geschickt wird, die einen externen Link auf ein Element enthält, das auf einem Webserver des Angreifers (und damit im Domainbereich des manipulierten Webservers) liegt. Dies führt zu einer Anfrage nach `www.boeserangreifer.de`, und in der Additional Section der Antwort für den A-RR befinden sich dann die manipulierten RRs, die im Cache des anfragenden Nameservers liegen bleiben.

Modernere Nameserver haben hier Konsistenzüberprüfungen, die nur sinnvolle Einträge in der Antwort weiterreichen und speichern. Es gibt auch Firewallprodukte, die solche Tests vornehmen und die manipulierten Antworten gegebenenfalls erst gar nicht an den cachenden Nameserver durchreichen.

12.1.3   Vertraulichkeit

Unter Vertraulichkeit versteht man, dass nur Berechtigte Zugriff auf Informationen haben. Überträgt man dieses Schutzziel auf DNS, so würde dies im Extrem bedeuten, dass nur der Anfragende und der zuständige Nameserver die Frage und die Antwort sehen dürfen. Die Realität ist jedoch hiervon weit entfernt, denn Anfragen und Antworten sind nicht verschlüsselt. Bei einer rekursiven Anfrage sehen auch alle Nameserver, die an der Antwort beteiligt sind, die Frage. Ein cachender Nameserver speichert die Antworten sogar zwischen, um sie auch anderen Clients zur Verfügung zu stellen. Es ist an der Antwort auch zu erkennen, ob diese erst eingeholt oder aus dem Cache bedient werden.

Für einen Angreifer ist es von großem Interesse, den Inhalt einer Zone zu sehen. Über die dort eingetragenen Hosts lassen sich Angriffsziele leichter identifizieren. Kann der Angreifer die ganze Zone herunterladen (über einen Zonentransfer), so sind die Ziele auf einen Blick bekannt. Ist der Angreifer gezwungen, diese einzeln abzufragen, muss er erst einmal wissen, wonach er fragen soll.

Das DNS-Protokoll sieht Zugriffsregeln vor, die es erlauben, Anfragen mit einer Refused-Fehlermeldung zu beantworten. Die Steuerung des Zugriffes erfolgt allerdings nicht über Einträge in der Zonendatei, sondern ist abhängig von der Konfiguration der Nameserversoftware. Die Granularität des Zugriffs beschränkt sich dabei allerdings höchstens auf die folgenden Möglichkeiten:

- Sind überhaupt Zugriffe auf diesen Nameserver erlaubt?

- Sind Zugriffe auf diese Zone erlaubt?

- Ist ein Zonentransfer dieser Zone erlaubt?

- Sind Updates auf diese Zone erlaubt?

Wer dies darf, entscheidet sich anhand von Absender-IP-Adressen oder Pre-shared Secrets (Passwörtern) oder einer Kombination von beidem. Neben diesen Maßnahmen schlagen einige RFCs die Verwendung von IPSEC, also Verschlüsselung auf IP-Ebene zwischen Clients und Nameservern vor. Diese kann aber zu erheblichen Belastungen führen, da DNS-Abfragen in der Regel aus vielen kurzen Verbindungen bestehen. Das Aushandeln der Verschlüsselungsparameter für eine IPSEC-Verbindung ist der rechenintensivste Teil, so dass z. B. die Rootnameserver dann eher damit beschäftigt wären, Verschlüsselungsparameter auszurechnen statt als Nameserver zu arbeiten.

12.2 Risikosenkende Architektur

Durch den Aufbau einer geeigneten Infrastruktur lassen sich einige der Risiken aus dem letzten Abschnitt abmildern. Der Vertraulichkeit kann man Rechnung tragen, indem man nicht einen Nameserver für alle Anfragen benutzt, sondern die Nameserverfunktionalität für LAN und „den Rest der Welt" trennt.

Im Allgemeinen teilt man das Netzwerk in verschiedene Sicherheitszonen auf. Es gibt im einfachsten Fall ein „Innen", also das eigene LAN mit allen Servern und den normalen Clients, ein „Außen", das Internet oder fremde Netze, die nicht unter eigener Kontrolle stehen, und ein „Dazwischen", häufig auch DMZ oder Demilitarisierte Zone genannt, für Server, die sowohl nach außen als auch nach innen kommunizieren. Die DMZ ist eine Pufferzone, in der durch die Verbindung nach außen das Risiko höher ist, dass Schaden angerichtet werden kann, aber dieser Schaden, wenn er eintritt, nicht voll auf das schützenswertere „Innen" durchschlägt. Abbildung 12.1 zeigt eine schematische Darstellung einer solchen DMZ.

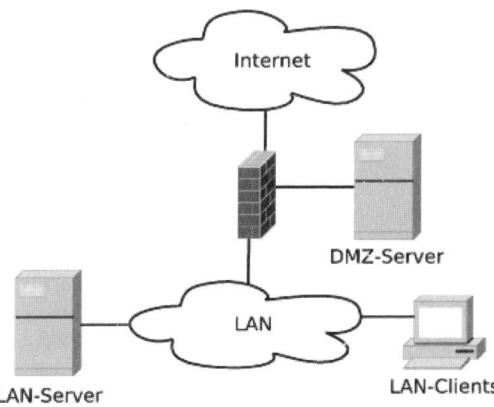

Abbildung 12.1:
DMZ–Architektur

Vertraut man der Firewall in diesem Schema nicht vollständig, dann ist die Architektur Paketfilter-Applikationsfirewall-Paketfilter sicherer. Dabei erledigt der Proxyserver zwischen LAN und Internet auch Aufgaben wie URL-Filterung oder das Scannen nach Viren. Eine solche Struktur ist in Abbildung 12.2 dargestellt.

Abbildung 12.2:
P–A–P
DMZ–Architektur

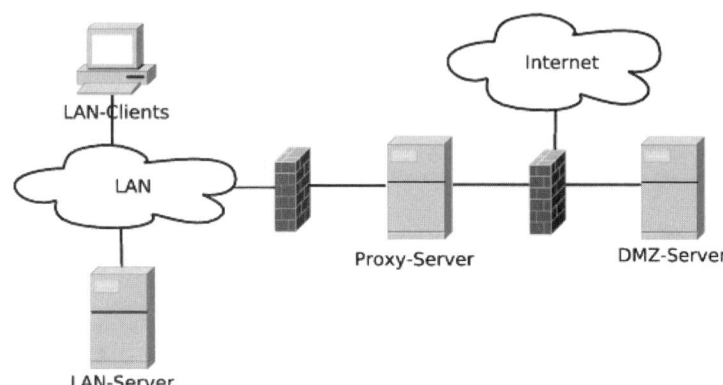

Eine Auftrennung der Nameserver-Inhalte sollte jetzt wie folgt stattfinden:

Auf einem der LAN-Server wird ein Nameserver installiert, der die vollständige Zone mit allen Inhalten enthält, die für Clients im LAN notwendig sind. Auf einem der DMZ-Server läuft ebenfalls ein Nameserver für die eigenen Zonen. Dieser enthält aber nur die Informationen, die für Zugriffe aus dem Internet notwendig sind, also etwa NS- und MX-Records sowie die zugehörigen A-RRs, eventuell noch einen RR für den oder die Webserver. Alle internen Einträge sind so verborgen und bieten sich damit nicht dem Internet dar.

Wird innen und außen derselbe Domainname, etwa opensourcepress.de, verwendet, muss man allerdings dafür Sorge tragen, dass Records, die von außen und innen erreichbar sein sollen, auch auf beiden Nameservern eingetragen sind. Dies ist zwar doppelte Buchführung, aber in der Regel ist die Menge der betroffenen Einträge überschaubar. Sollten nach dieser Auftrennung nicht genug Rechner zur Verfügung stehen, ist es bei Verwendung des Nameservers Bind auch möglich, sogenannte Views (siehe Abschnitt 9.2.5) anzulegen, in der je nachdem, von wo eine Anfrage kommt, die Antworten aus einer anderen Zonendatei geliefert werden. Alternativ ist es auf Systemen mit mehreren Schnittstellen auch möglich, zwei Instanzen der Nameserver-Software laufen zu lassen und je nach Schnittstelle, auf der die Anfrage hereinkommt, mit anderen Zonendateien zu arbeiten. Generell ist diese Lösung weniger sicher, da bei einer Kompromittierung des Systems durch z. B. einen Fehler in der Nameserversoftware dem Angreifer doch alle Daten zur Verfügung stehen.

Ein weiterer Aspekt ist die Frage, ob die Clients im LAN überhaupt DNS-Auflösung ins Internet benötigen. Diese Frage lässt sich nicht allgemein beantworten, sondern hängt immer von den genutzten Diensten ab. Wenn Mail- und Web-Zugriffe nach außen über die DMZ oder einen Proxy-Server wie in der zweiten Abbildung realisiert sind, ist es nicht unbedingt notwendig, im LAN eine rekursive DNS-Auflösung nach außen zu erlauben. Die Clients können ja ohnehin keine direkten Verbindungen aufbauen. Sollten aber Dienste genutzt werden, die diese benötigen, so empfiehlt es sich, die rekursive Auflösung nach außen und das Bereitstellen der eigenen Informationen zu trennen. Da es aber auch ein Risiko darstellt, den internen Nameserver direkt mit dem Rest der Welt kommunizieren zu lassen, ist eine mögliche Lösung, den Nameserver, der die eigenen Daten nach außen bereitstellt, auf dem DMZ-Server laufen zu lassen und die rekursive Auflösung von innen nach außen über einen Caching-Only-Nameserver auf dem Proxyserver-System zu implementieren.

Ein Caching-Only-Nameserver hält selbst keine Zonen bereit und hat nur die Aufgabe, Anfragen und deren Antworten zwischenzuspeichern. Mit dieser Aufteilung der Aufgaben kann ein Angriff von außen auf den Nameserver in der DMZ nicht das interne LAN beeinflussen. Poisoning-Angriffe können zwar den Caching-Nameserver auf dem Proxyserver manipulieren, aber die Entführung von Diensten aus dem LAN ist nicht möglich, da der interne Nameserver für die eigenen Zonen „authoritative" (also zuständig) ist und somit keine Daten von außen für diese Zonen speichert.

12.2.1 Hostsicherheit und DNS

Der Standardport, auf dem ein Nameserver Anfragen entgegennimmt und beantwortet, ist Port 53. Auf Unix-Systemen werden Administratorenrechte benötigt, um einen Dienst auf einem Port der kleiner als 1024 ist, anzubieten. Dies ist ein Überbleibsel eines Sicherheitsmodells, bei dem alle Dienste mit Portnummern kleiner 1024 als vertrauenswürdig angesehen wurden, weil sie ja unter Administratorkennung laufen und allen Administratoren vertraut werden konnte.

In Zeiten, in denen Millionen von Nutzern selbst administrierte Rechner im Internet sind, ist dieses Modell hinfällig. Seine Wirkung hat sich sogar ins Gegenteil verkehrt, da Dienste immer noch Root-Privilegien benötigen, um sich auf einen der unteren Ports zu binden. Ist in einem Dienst aber ein Fehler, der ausgenutzt werden kann, um beliebigen Code eines Angreifers auszuführen, hat der Angreifer gleich uneingeschränkten Zugriff auf das System. Auf die implementierungsspezifischen Möglichkeiten, diesen Schaden einzuschränken, wird in den Kapiteln 9 und 10 eingegangen. Eine allgemeine Möglichkeit zur Risikominimierung sind Changeroot-Käfige. Hiermit bezeichnet man auf Unix-Systemen Umgebungen, bei der ein Prozess in einen kleinen Teil des Dateisystems eingesperrt wird. Hierzu wird der

Betriebssystemaufruf `chroot` verwendet. Dieser verändert für den Prozess, den es aufruft, die Wurzel des Betriebssytems. Der Wechsel eines Directory nach oben (`..`) oder absolut nach `/` führt nie weiter als zu dem angegebenen Pfad. Neben dem Betriebssystemaufruf gibt es auch ein Kommando `chroot`. Neben dem Pfad, der als Rootverzeichnis dienen soll, bekommt es als zweites Kommando einen Pfad unterhalb dieses Verzeichnisses mit einem Kommando, das ausgeführt werden soll. Die Anweisung

```
chroot /dnscage /sbin/named
```

wechselt in das Verzeichnis `/dnscage` und führt den `chroot` Betriebssystemaufruf aus. Danach wird das Kommando `/sbin/named` relativ zum neuen Rootverzeichnis ausgeführt. Wenn der Betriebssystemaufruf richtig implementiert ist,[3] kann der Prozess selbst mit Rootrechten nur noch innerhalb dieses Verzeichnisbaumes Schaden anrichten und nicht mehr am ganzen System. Verwendet man diese Technik, muss man allerdings die gesamte notwendige Umgebung für den Prozess erzeugen. Dazu gehören in der Regel die folgenden Dateien:

- Shared Libraries, die von dem oder den ausgeführten Binaries benötigt werden. Unter Linux und Solaris findet man diese mit dem Kommando `ldd Name des Binary`[4] heraus. Leider gibt es in manchen Fällen Programme, die Bibliotheken erst laden, wenn sie bestimmte Funktionen nutzen. Diese Bibliotheken findet man nicht mit dem `ldd`-Kommando.

- Device-Dateien werden ebenfalls fast immer benötigt. `/dev/null` und `/dev/zero` sowie, wenn kryptografische Funktionen verwendet werden, `/dev/random` oder `/dev/urandom` sind sehr wahrscheinlich. Für eventuell weitere benötigte Dateien empfiehlt sich Ausprobieren, da eine Fehlermeldung ausgegeben wird, wenn der Zugriff nicht möglich ist.

- Die Dateistruktur der Nameserversoftware mit den Verzeichnissen für die Konfigurationen und Zonen sowie gegebenenfalls ein Verzeichnis für das Zwischenspeichern temporärer Dateien wie `/tmp` oder `/var/tmp` werden auch benötigt.

- Nameserver senden üblicherweise Syslog-Meldungen über den Unix-Domain-Socket `/dev/log`. Damit dies auch in einer Chroot-Umgebung funktioniert, muss der Syslog-Server dazu gebracht werden, auch innerhalb dieser Umgebung einen Socket anzulegen. Wie dies funktioniert, hängt vom verwendeten Daemon ab und ist in der Regel dessen Manual-Seiten zu entnehmen.

---

[3] Es gab in der Vergangenheit eine Ausbruchsmöglichkeit.
[4] Bei Apples OS X heißt das entsprechende Kommando `otool -L Name_des_Binary`

12.2.2 Hidden Primary – Verantwortung abschieben

Will man zwar, dass Daten über eigene Domains im Internet sichtbar sind, aber nicht, dass die ganze Welt mit dem eigenen Nameserver kommuniziert, so kann man das DNS-Angebot vollständig an den Provider abgeben, muss dann aber je nach Angebot für jede Änderung einen Supportcall eröffnen und hat unter Umständen nicht die zeitnahe Kontrolle über die eigene Domain.

Eine Möglichkeit, den Nameserver direkt selbst zu verwalten, ohne dass beliebige Rechner im Internet eine Verbindung aufbauen, ist die Methode des Hidden Primary. Dabei arbeitet der Nameserver in der DMZ als Primary, aber die NS-Records und der MNAME-Eintrag im SOA-RR zeigen auf einen Nameserver des Providers. Auch die Glue-Records der übergeordneten Zone zeigen auf die Nameserver des Providers. Diese sind als Secondaries konfiguriert und ziehen die Zone vom eigenen Nameserver auf dem DMZ-Server ab. Der Zonetransfer kann dann durch Firewallregeln und ACLs und gegebenenfalls ein Shared Secret abgesichert werden. Da alle NS-RRs auf die Nameserver des Providers zeigen, werden ausschließlich diese nach Einträgen für die Zone gefragt.

Der Vorteil dieser Konfiguration liegt darin, dass die eigenen Nameserver aus der Schusslinie sind. Auch spart man eigene Bandbreite, was in heutigen Konfiguration im normalen Betrieb zwar keine Rolle spielt, wie aber in Abschnitt 12.1.1 gezeigt wurde, kann dies bei einem Angriff wichtig werden. Außerdem muss man keinen extra gesicherten Nameserver bereitstellen, da die Nameserver des Providers vertrauenswürdiger (nicht absolut vertrauenswürdig!) als das Internet in seiner Gesamtheit sind.

Der Nachteil dieser Konfiguration ist die fehlende direkte Kontrolle über die verwendeten Sicherheitsmaßnahmen des Providers. Das Risiko wird also nur verschoben.

Die Entscheidung, ob man die eigene Konfiguration als Hidden Primary umsetzt, hängt davon ab, ob der Provider dies überhaupt anbietet und ob das Führen eines eigenen Nameservers zu den lokalen Gegebenheiten (Aufwand der Pflege, zur Verfügung stehende Bandbreite etc.) passt.

12.3 Transportsicherheit

RFC 2136 führt dynamische DNS-Updates ein, die in Kapitel 13 beschrieben werden. Komplementär dazu beschäftigt sich RFC 2137 damit, wie man diesen Schreibzugriff auf eine Zonendatei absichern kann. Beim Erscheinen von RFC 2136 existierte bereits der erste RFC, der sich mit der Datenintegrität beschäftigt, die im nächsten Abschnitt beschrieben ist. Zur Überprüfung, ob gültige RRs geschickt wurden, kommt Public-Key-Kryptographie zum Einsatz, die es vermeidbar macht, für je zwei Kommunikationspartner ein geheimes Passwort vereinbaren zu müssen. Auch die ersten Ansätze zur Transaktionssicherheit gingen diesen Weg. Public-Key-Verschlüsselung hat den Nachteil, dass sie beim Start einer Verbindung sehr rechenintensiv ist. Werden viele Updates geschickt, ist der Nameserver mehr mit dem Ausrechnen von Schlüsseln als mit Antworten auf DNS-Anfragen beschäftigt.

12.3.1 TSIG

RFC 2845 führt mit TSIG (Transaktionssignatur) ein Verfahren ein, mit dem sich einzelne DNS-Transaktionen wie ein Update oder auch ein Zonetransfer mit einem Shared Secret, also einem gemeinsamen Passwort authentisieren lassen. Dieses Verfahren eignet sich zwar nicht, um Hunderte von Nameservern sicherer miteinander kommunizieren zu lassen, aber für überschaubare Installationen wie die Kommunikation zwischen einem DHCP- und einem Nameserver ist es hinreichend.

Um eine Transaktion zu authentisieren, wird ein gemeinsames geheimes Passwort benötigt, welches beide Kommunikationspartner kennen. Beide einigen sich auf das Passwort und halten es in „sicherer" Art und Weise fest. Ziel ist nun, eine Nachricht mit Hilfe dieses Passwortes Shared Secret zu authentisieren. Das heißt, der Empfänger muss in der Lage sein zu erkennen, dass sie nur sein Kommunikationspartner gesendet haben kann. Die Nachricht kann aber von jedermann gelesen werden, ist also nicht verschlüsselt. Zur Authentisierung wird der HMAC-Algorithmus (definiert in RFC 2104) verwendet. Dieser Algorithmus nutzt eine Hash-Funktion, deren Eingabe die zu authentisierende Nachricht und das geheime Passwort ist.[5]

Hashfunktionen sind mathematische Funktionen, in die man eine lange Zeichenkette hineinsteckt und die immer eine Zeichenkette gleicher Länge ausgeben. Dabei kann man aus der Ausgabe nicht auf die Eingabe schließen. Es sind sogenannte Einwegfunktionen.[6] Nun überträgt man die Nachricht und den Hash aus Nachricht und Passwort. Der Empfänger kennt ebenfalls das Passwort und kann den Hash selbst auch berechnen. Stimmen die Hashes überein, ist eine gültige Nachricht angekommen. Ein Angreifer, der die Nachricht manipulieren will, kann zwar Nachricht und Hashwert ändern, da aber das geheime Passwort nicht bekannt ist, kann er keine gültigen Hash erzeugen, wenn die Hashfunktion „kryptografisch gut" ist. Der in RFC 2845 festgeschriebene Hash-Algorithmus ist MD5. RFC 4635 führt auch SHA1 als Algorithmus ein, dies ist aber momentan noch von keiner Nameserversoftware unterstützt.

[5] Wie im RFC beschrieben, ist die mathematische Funktion etwas komplizierter, aber zum Verständnis der Funktionsweise ist diese Aussage präzise genug.
[6] Zumindest hoffen das die Mathematiker, die sich solche Funktionen ausdenken. Es gibt bis heute keine Funktion, von der mathematisch bewiesen ist, dass sie so funktioniert. Einige dieser Funktionen wurden schon durch Gegenbeispiele geknackt.

Eine DNS-Transaktion besteht aus einer Anfrage und der Antwort dazu. Die einzigen Daten, die dabei übertragen werden können, sind Resource Records. Die Nachricht, die mit dem Algorithmus abzusichern ist, ist die DNS-Anfrage bzw. die Antwort des Servers. Zur sicheren Übertragung fehlt also nur noch der Hash über die Nachricht und das geheime Passwort. Hierfür wurde ein neuer RR eingeführt: TSIG mit QTYPE-Code 250. Dieser wird allerdings nicht in eine Zonendatei eingetragen, sondern bei Bedarf aus der DNS-Anfrage oder Antwort und dem Passwort erzeugt. Der so erzeugte TSIG-RR wird dann als letzter RR in der Additional Section von Anfrage oder Antwort eingefügt. Dabei kann es zu Problemen mit der Maximalgröße von RRs kommen, wenn UDP verwendet wird. Hier ist aber im RFC definiert, wann Daten abgeschnitten werden.

Ein wichtiger Aspekt ist die Sicherheit des Passwortes. Es wird, wie in Abschnitt 2.4.6 beschrieben, mit dem Programm `dnssec-keygen` erzeugt. Auf Seite des Nameservers wird es nicht in eine Zone, sondern in die Nameserver-Konfiguration eingetragen (bei Verwendung von Bind die Datei `/etc/named.conf`). Da es sich hier um vertrauliche Daten handelt, sollte diese Datei nicht mehr allgemein lesbar sein, sondern nur noch vom Administrator bzw. der Benutzerkennung, unter der der Nameserver läuft. Auch die Konfigurationsdateien des Clients, der das Passwort nutzt, um z. B. Updates zu senden, müssen geschützt sein, da sonst der Schutz aufgeweicht wird und jeder die Zone manipulieren kann.

In RFC 3645 wird das TSIG-Schema noch um GSS-Methoden (*Generic Security Service*) erweitert. Der RFC stammt von Microsoft und beschreibt, wie Kerberos-Authentisierung über GSS benutzt werden kann. Dies ist die Grundlage der Authentisierung in Active-Directory-Umgebungen.

12.3.2 TKEY und SIG(0)

Der erste Ansatz zur Absicherung von DNS-Anfragen und Antworten waren die sogenannten SIG(0)-RRs. Diese bilden eine digitale Signatur mittels Public-Key-Verschlüsselung, um eine Anfrage oder Antwort zu authentisieren. Sinngemäß passiert dabei genau das gleiche wie bei TSIG: Das gesamte DNS-Paket wird mit einer dynamisch berechneten Signatur versehen, um zu beweisen, dass das Paket von einem autorisierten Sender stammt. Statt des HMAC-Algorithmus kommt aber Public-Key-Verschlüsselung zum Einsatz. Dazu wird der Public Key mittels eines KEY-RR auf dem Nameserver hinterlegt. Der zugehörige Private Key steht zwar zur Verfügung, muss aber genauso geheim gehalten werden wie das Passwort bei TSIG. Der Nachteil dieser Methode ist der wesentlich höhere Rechenaufwand, der Vorteil ist eine höhere Sicherheit.

Schlüsselpaare zur Verwendung mit SIG(0) können ebenfalls mit `dnssec-keygen` erzeugt werden. Dabei ist als Algorithmus Diffie-Hellman mit der Option `-a DH` anzugeben. Der gesamte Aufruf sieht etwa folgendermaßen aus:[7]

```
dnssec-keygen -a DH -b 1024 -n USER -g 2 dhkey.opensourcepress.de
```

Im Gegensatz zum Aufruf für einen HMAC-MD5-Schlüssel haben die beiden erzeugten Dateien nun eine unterschiedliche Bedeutung. In der Datei mit der Endung `.key` befindet sich der Public Key im RR-Format, so dass er direkt in eine Zone eingetragen werden kann. Die Datei mit der Endung `.private` enthält den geheimen privaten Schlüssel und sollte sorgfältig aufbewahrt werden.

TKEY wird in RFC 2930 definiert und beschreibt nur ein Verfahren, um einen Schlüssel zur Verwendung von TSIG oder SIG(0) auszuhandeln. Dies soll die Schlüsselverwaltung vereinfachen. Statt Schlüsselpaare einzeln zwischen Kommunikationspartnern festzulegen, werden sie über TKEY ausgehandelt. Auch hierfür gibt es einen eigenen RR mit dem QTYPE 249. Mittels dieses TKEY-RR können verschiedene Algorithmen ihren Schlüsselaustausch durch Fragen und Antworten mit diesem RR durchführen. RFC 3645 verwendet ihn zum Beispiel für die Kerberos-Verhandlung.

12.4 Datenintegrität mit DNSSEC

Der letzte Abschnitt beschäftigte sich mit der Absicherung der Nachrichten, aber nicht mit der Authentizität des Inhalts. Wie in Abschnitt 12.1 beschrieben, ist eines der Ziele von Angreifern, die Daten, die ein Client über das DNS erhält, so zu manipulieren, dass der Client bei anderen Servern herauskommt, als er dies eigentlich beabsichtigte. Die Frage ist also: Sind die Daten, die vom DNS-Server bei mir ankommen, auch wirklich die, die der zuständige DNS-Server gesendet hat?

Bei E-Business-Applikationen wie Homebanking oder Onlineshops wird das SSL-Protokoll eingesetzt, um eine Website zu authentisieren und den Verkehr für andere unlesbar zu machen. Bei DNS ist eine Verschlüsselung nicht unbedingt notwendig, da ja jeder die Antworten bekommen soll, aber eine Authentisierung der Echtheit der Daten macht Angreifern das Leben schwerer. Fehlermeldungen bei Zertifikaten von Webservern, die Benutzer

---

[7] Unter Linux wird `/dev/random` verwendet, welches aus einem arbeitenden Linuxsystem Zufallsdaten zur Generierung des Schlüssels gewinnt. Wenn der Rechner, auf dem das Kommando ausgeführt wird, nicht viel arbeitet, kann es unter Umständen lange dauern, bis ein Ergebnis herauskommt. Ist die Ungeduld groß und das Sicherheitsbedürfnis niedriger, so kann man mit `-r /dev/urandom` das weniger sichere Urandom Device angeben.

warnen, dass etwas nicht mit rechten Dingen zugeht, werden nämlich häufig einfach ignoriert. Wenn das DNS bei entsprechender Konfiguration aber keinen gültigen Namen zurückgibt, dann sieht der Benutzer erst gar keine Webseite.

Die RFCs 4033 bis 4035 definieren daher die Security-Erweiterungen für DNSSEC. In den RFCs werden vier neue RRs eingeführt: DNSKEY, RRSIG, DS und NSEC. DNSKEY enthält einen Public Key mit Gültigkeit und verwendeten Algorithmen. RRSIG enthält die Signatur für eine Menge von Resource Records. DS-RRs sind wie NS-RRs zu verstehen, nur dass sie die Vertrauensbeziehung der Schlüssel auf eine Unterzone erweitern. Ein DS-RR bezieht sich auf einen DNSKEY-RR in einer Unterzone. NSEC-RRs dienen dazu, eine signierte Liste aller RRs in einer Zone bereitzustellen, damit mit Signatur bewiesen werden kann, dass es einen angefragten Eintrag nicht gibt.

12.4.1 Das DNSSEC-Vertrauensmodell

Das Modell, wer wem dabei vertraut, ist ähnlich wie bei X.509-Zertifikaten. Die Baumstruktur der Vertrauensbeziehungen hält sich an die Struktur des DNS. Die Rootzone enthält einen Public Key, den jeder kennt und dem alle vertrauen. Dieser signiert die Schlüssel (die DNSKEY-RRs) der Top-Level Domains, und diese Vertrauensbeziehung setzt sich so durch den Domainbaum nach unten fort. Jedoch ist dieser Struktur noch nicht durchgängig umgesetzt. Um klein anzufangen, können auch einzelne Zonen und ihre Subdomains signiert sein. Will man dies nutzen, muss man sich auf sicherem Wege den Schlüssel besorgen, der am weitesten oben im Baum liegt. Über diesen können dann alle darunterliegenden Schlüssel verifiziert werden.

Bei Public-Key-Infrastrukturen gibt es den Begriff der *Certificate Authority* (CA). Diese ist eine anerkannte Stelle, die Identitäten bescheinigt, sozusagen ein Passamt für das Netz. Bei DNSSEC unterscheidet man zwei Schlüssel: *Key Signing Keys* (KSK) und *Zone Signing Keys* (ZSK). Ein KSK unterschreibt andere Schlüssel, ein ZSK wird für Signaturen von Resource Records verwendet. Die ZSKs sind von den KSKs unterschrieben. Wenn das Vertrauensmodell etabliert ist, erhält ein Resolver auf die Frage nach einem RR nicht nur den RR, sondern auch eine digitale Signatur für diesen RR, mit der er nachrechnen kann, ob er die Daten erhalten hat, die der Verantwortliche der Zone hinterlegt hat. Damit wird Angreifern, die versuchen, durch Manipulation der Inhalte Benutzer umzuleiten, die Glaubwürdigkeit genommen. Die Signatur stimmt dann nicht mehr, und das DNS wertet dies wie einen nicht gefundenen RR. (Die Fehlermeldung ist zwar eine andere, aber der Benutzer vor dem Browser wird auf jeden Fall nicht auf die Webseite des Angreifers geleitet.)

12.4.2 Schlüsselerzeugung

Zum Erzeugen dieser Schlüssel wird das schon bekannte `dnssec-keygen`
verwendet. Der Aufruf sieht für einen KSK folgendermaßen aus:

```
dnssec-keygen -f KSK -n ZONE -a DSA -b 2048 sec.opensourcepress.de
```

Dieses Kommando erzeugt wieder zwei Dateien: Eine mit der Endung `.key`
und eine mit der Endung `.private`. In der `.key`-Datei befindet sich der RR
mit dem DNSKEY-Eintrag:

```
sec.opensourcepress.de. IN DNSKEY 257 3 3 CMy61daKoMCiBO0cdCAJchu3
KYTb5BRuzceTOTtk64E2qy+43DnIi9men6vgcgH4uZBgvTAT25/b+ [...]
```

Die Felder hinter `IN DNSKEY` haben dabei die folgende Bedeutung:

- Das Flags-Feld ist eine Bitmaske mit einer Breite von 16 Bit. Wenn Bit
  Nummer 7 (die Zählung beginnt bei 0) gesetzt ist, handelt es sich um
  einen Schlüssel, der für Zonensignaturen verwendet wird. Ist Bit 0 gesetzt, ist dies ein KSK. Zusammen ergeben diese beiden Bits den vorlie-
  genden Wert 257.

- Das nächste Feld beschreibt das Protokoll. Sein Wert ist immer 3 und nur
  noch aus Kompatibilitätsgründen zu einer älteren Version vorhanden.

- Das dritte Feld gibt den verwendeten Algorithmus an. Die 3 hier steht für
  den Algorithmus DSA-SHA1. 1 hat die Bedeutung RSA-MD5, 2 steht für
  Diffie Hellman, 4 für Elliptische Kurven und 5 für RSA-SHA1. 253 und 254
  sind für „Private Use" reserviert und werden nie zugewiesen. 6-251 sind
  frei für zukünftige Algorithmen. Nur die Algorithmen 3 und 5 dürfen für
  das Signieren von Zonen verwendet werden.

- Der vierte Eintrag im RR ist schließlich der Public Key.

Einen ZSK erzeugt man ebenfalls `dnssec-keygen`, aber mit anderen Optionen:

```
dnssec-keygen -e -n ZONE -a RSASHA1 -b 1024 sec.opensourcepress.de
```

Der erzeugte DNSKEY-RR unterscheidet sich durch die 256 im Flags-Feld
(der Schlüssel dient ja nur der Signatur von RRs) und die 5 im Protokollfeld,
da ein anderer Algorithmus gewählt wurde. Die Option `-e` dient dazu, dass
bei RSA-Schlüsseln ein großer Exponent verwendet wird, der Angriffe auf
das Schlüsselmaterial schwieriger macht.

12.4.3 Aufbau des RSIG-Eintrags

Die beiden DNSKEY-RRs müssen jetzt in die Zone eingefügt werden. Damit aus der Zone eine signierte und damit vertrauenswürdige Zone wird, müssen nun die Schlüssel verwendet werden, um RRSIG-Einträge zu erzeugen. Ein RRSIG-Eintrag sieht folgendermaßen aus:

```
server.sec.opensourcepress.de. 86400 IN RRSIG A 5 4 86400 20061228095119
20061218095119 55976 sec.opensourcepress.de. bnUy42S3OUCqtnQ5XryYk/Ml5L
A0pJZhhGDSAqBgoCIzlSjzJY [...]
```

Das erste Feld gibt an, welche Sorte Record signiert wird. In diesem Fall ist es ein A-RR. Die 5 in der nächsten Spalte gibt den zur Signatur verwendeten Algorithmus an, die Bedeutung der Zahlen ist dabei dieselbe wie bei den DNSKEY-RRs. Das folgende Feld gibt die Anzahl der Labels im signierten Domainnamen an.

`server.sec.opensourcepress.de` besteht aus vier Teilen. Die Zahl kann kleiner als der angefragte Domainname sein, wenn ein * vom DNS expandiert wurde. Der Zähler in diesem Feld dient nun dazu zu erkennen, ob die Signatur für einen Wildcard-RR oder für den angefragten RR erstellt wurde. Ist der Zähler gleich der Anzahl der Labels im Namen (wie im Beispiel), so fand keine Expansion statt. Ist er kleiner, steht in der Zone `*.sec.opensourcepress.de`. Dem Zähler folgt die Original-TTL. Jeder RR hat eine TTL (Time to Live) die sich, wenn sie nicht dediziert angegeben wird, aus der Standard-TTL für die ganze Zone ergibt. Wird die Zone signiert, wird die Original-TTL vor dem Unterschreiben in diesem Feld gesichert. Ein cachender Nameserver, der DNSSEC unterstützt, wird diesen Wert als Gültigkeitsdauer des Eintrags im Cache verwenden.

Jetzt folgen zwei Zeitstempel im RR. Der erste gibt an, bis wann die Signatur dieses Eintrages gültig ist, der zweite, ab wann er gültig ist. Dies ist vergleichbar mit den „Not Before"- und „Not After"-Feldern in X.509-Zertifikaten, die auch genau angeben, von wann bis wann ein Zertifikat als gültig zu werten ist. Bei der Überprüfung der Gültigkeit der Signatur wird also nicht nur mittels der verwendeten Algorithmen nachgerechnet, sondern auch das Datum überprüft, was allerdings voraussetzt, dass die Uhren aller beteiligten Rechner richtig gehen. Das Format für die beiden Zeitstempel in der Zonendatei ist entweder Jahr/Monat/Tag/Stunde/Minute/Sekunde wie im Beispiel oder das Unix-Format in Sekunden seit 1.1.1970. Der RFC schreibt, dass ein Nameserver dies einfach selbst erkennen soll, da Sekunden seit 1970 immer weniger Stellen als die lesbarere Schreibweise mit dem Datum haben.

Dem Zeitstempel folgen zwei Felder, mit denen man den zur Erstellung der Signatur verwendeten Schlüssel herausfindet. Das erste Feld, der „Key Tag", findet sich im Dateinamen des Schlüssels nach seiner Erzeugung durch `dnssec-keygen` wieder. Eine Datei heißt z. B.:

```
Ksec.opensourcepress.de.+005+55976.key
Ksec.opensourcepress.de.+005+55976.private
```

Die 55976 ist der Key Tag dieses Schlüssels. Das zweite Feld ist der Name des Besitzers. Dies ist der Domainname, für den es einen DNSKEY-RR gibt, mit dem man den Public Key erfragen kann (hier `sec.opensourcepress.de.`). Der Rest des Eintrages ist die digitale Signatur in Base64-Kodierung.

Es ist nicht nötig, die RRSIG-Einträge manuell zu erzeugen. Eine Zone lässt sich mit dem Programm `dnssec-signzone` um diese und die NSEC-Einträge erweitern, wie noch gezeigt wird.

12.4.4 Delegation und DS-Records

Die Delegation von Verantwortung für eine Unterzone erreicht man durch spezielle NS-RRs in der übergeordneten Zone, die sogenannten Glue-Records. So trägt man in die Zone `opensourcepress.de` NS-Einträge für etwa `testnetz.opensourcepress.de` ein und verweist damit auf den zuständigen Nameserver in dieser Subdomain. Dies ist analog auch für die Authentisierung möglich. Die übergeordnete Zone verweist auf den Signaturschlüssel der untergeordneten Zone. Dieser Verweis wird durch den eigenen Schlüssel unterschrieben, so dass ein anfragender Client, der der übergeordneten Zone vertraut, durch Überprüfung der Signatur den Schritt in die Subdomain nachvollziehen kann. Den Verweis für DNSSEC in eine Subdomain trägt man mit dem DS-RR ein.

Der DS-RR für die Beispielzone `sec.opensourcepress.de` sieht z.B. wie folgt aus:

```
sec.opensourcepress.de   IN DS 55976 5 1 9D2A396F28D4D382021A4DF1F48D6CFD
CF26E749
```

Die 55976 im ersten Feld ist wieder der schon bekannte Key Tag. Die 5 im nächsten Feld gibt den Algorithmus des Schlüssels an und entspricht dem Feld im zugehörigen DNSKEY-RR. Das nächste Feld beschreibt ebenfalls einen Algorithmus, und zwar den, mit dem der Hash über den Public-Key gebildet wurde, der im letzen Feld des RR steht. Die 1 steht für SHA-1. Dies ist laut RFC 4034 der einzige Algorithmus, der hier verwendet werden darf. Dieser DS-RR muss in die Zone `opensourcepress.de` eingetragen werden. Dies ist nur dann sinnvoll, wenn `opensourcepress.de` auch eine signierte Zone ist. Das Erzeugen des Hashes (und eigentlich des gesamten RR) erledigt auch das Programm `dnssec-signzone`, auf welches noch in Abschnitt 12.4.6 eingegangen wird.

12.4.5 NSEC-Records und nicht existierende Einträge

Der letzte für DNSSEC eingeführte RR heißt NSEC (in den ersten RFCs noch NXT). Mit Hilfe dieses RR und der Signaturen lässt sich nachweisen, dass es einen angefragten RR zu einem Namen bzw. den gesamten Namen in einer Zone *nicht* gibt. Um diesen Beweis zu führen, wird folgendermaßen vorgegangen:

Alle RRs in einer Zone werden nach ihrem Namen sortiert. Die Sortierung erfolgt dabei kanonisch, das heißt man sortiert nach den Labels des Domainnamens von rechts nach links. Sind zwei Labels gleich, so wird das nächste Label zur Linken genommen. Für die Sortierung werden die Hostnamen in ihrer FQDN-Version verwendet. Wenn die Namen: opensourcepress.de, www.opensourcepress.de, b.sec.opensourcepress.de und a.sec.opensourcepress.de sortiert werden sollen, so kommt dabei die folgende Liste heraus:

```
opensourcepress.de
*.opensourcepress.de
a.sec.opensourcepress.de
c.sec.opensourcepress.de
www.opensourcepress.de
```

Groß- und Kleinschreibung wird dabei durch Umwandlung in Kleinbuchstaben ignoriert. Wildcard-Einträge werden lexikalisch einsortiert (also vor dem a), der * wird also nicht expandiert, sondern behandelt, als wäre er ein Hostname wie www. Für jeden Eintrag wird jetzt ein NSEC-RR der folgenden Form erzeugt (z. B. für a.sec.opensourcepress.de):

```
a.sec.opensourcerpress.de NSEC c.sec.opensourcepress.de. A RRSIG NSEC
```

Der Eintrag besagt das Folgende: Der Nachfolger von a.sec.opensourcepress.de in der Liste ist c.sec.opensourcepress.de. Und für a.sec.opensourcepress.de gibt es genau A, RRSIG und NSEC RRs.

Wird jetzt b.sec.opensourcepress.de nachgefragt, so müsste dieser auf a.sec.opensourcepress.de folgen. Da der NSEC-RR aber einen anderen Nachfolger ausgibt, kann es b.sec.opensourcepress.de nicht geben. Genauso kann es auch keinen MX-RR für a.sec.opensourcepress.de geben, da der NSEC-RR dies nicht aufführt. Die NSEC-RRs sind auch mit RRSIG-RRs signiert, so dass der Beweis geführt ist. Der letzte Eintrag in der Liste zeigt auf die gesamte Domain. Man erkennt also, dass im Beispiel kein Eintrag www.opensourcepress.de folgt.

Wird ein Nameserver, der eine mit DNSSEC abgesicherte Zone bereitstellt, nach einem nicht existierenden Eintrag in dieser Zone gefragt, liefert er in der Authority Section, die sonst nur Nameservereinträge enthält, die NSEC-RRs samt ihrer Signaturen, die beweisen, dass es den Eintrag nicht gibt.

Bei einem Namen, den es nicht gibt, werden Vorgänger und Nachfolger zurückgegeben. Gibt es den Namen, aber den Typ nicht (z. B. ein MX für einen Host), so wird nur der NSEC des Namens ausgegeben, aus dem man ja die gültigen RRs für diesen Namen ableiten kann.

Sicherheitsrisiko Zonenrekonstruktion

Diese Lösung birgt allerdings auch ein Sicherheitsrisiko. Über die NSEC-RRs kann der Inhalt einer Zone vollständig rekonstruiert werden. Zonentransfers, die dies ebenfalls ermöglichen, sind in der Regel nicht erlaubt, um einem Angreifer die Zielauswahl zu erschweren. Über die NSEC-RRs ist dies aber wieder möglich, wenn auch mit geringfügig höherem Aufwand. Es gibt bereits fertige Werkzeuge, die eine Zone über NSEC-RRs herunterladen. In RFC 4470 wird ein Verfahren vorgeschlagen, mit dem dieses Iterieren über eine Domain unmöglich gemacht wird. Dafür muss der Nameserver aber die Möglichkeit haben, im laufenden Betrieb eine Signatur zu erzeugen, er muss also Zugriff auf die Private Keys haben. Wenn ein NSEC-RR benötigt wird, der beweist, dass ein Name nicht existiert, so wird dieser mit zufälligen Namen generiert, die es in der Zone nicht gibt, und dann direkt signiert. Ein Client, der NSEC-RRs auswertet, wird immer noch so bedient, dass er eine authentisierte Nicht-Existenz ermitteln kann. Ein sogenannter Zonenläufer bekommt lauter ungültige Namen, mit denen er sogar in eine Endlosschleife läuft. Als dieses Buch geschrieben wurde, war aber keine produktiv einsetzbare Implementierung dieses Algorithmus bekannt.

DNSSEC setzt zwar auf eine Baumstruktur, aber solange diese noch nicht umgesetzt ist, sondern Insellösungen (im RFC kommt sogar explizit der Ausdruck „Security Islands" für diese Konstellation vor) vorherrschen, kann man alternativ die RRs, die per DNSSEC abgesichert werden sollen, in eine Unterzone stecken und nur diese signieren. Hier fehlt dann zwar die hierarchische Struktur, und jeder, der die Signaturen verifizieren will, benötigt den Public Key, mit dem die Zone unterschrieben wurde. So wie RFC 4470 ist auch dies ein Kompromiss, der nicht zu Ungunsten der Sicherheit geht, sondern eher auf Kosten der Verwaltbarkeit.

12.4.6 Zonensignatur in der Praxis

Der Abschnitt beschreibt praktisch, wie die Zone `sec.opensourcepress.de` mit Schlüsseln versehen und signiert wird. Das Ganze wird am Beispiel von Bind gezeigt (hier sind auch einige Einträge in die `/etc/named.conf` notwendig.

Die Zone enthält einen SOA, einen NS und zwei A-RRs:

```
$TTL 86400
@ IN SOA ns.opensourcepress.de. admin.opensourcepress.de. (
```

```
2006120100 ; serial
86400 ; refresh
7200 ; retry
3500000 ; expire
86400 ; minimum TTL
)

    IN NS ns.sec.opensourcepress.de.

www  IN A 192.168.1.1
ftp  IN A 192.168.1.2
```

Im ersten Schritt werden der KSK und der ZSK mit dnssec-keygen erzeugt:

```
# dnssec-keygen -f KSK -n ZONE -a DSA -b 2048
sec.opensourcepress.de
Ksec.opensourcepress.de.+003+59977
# dnssec-keygen -e -n ZONE -a RSASHA1 -b 1024
sec.opensourcepress.de
Ksec.opensourcepress.de.+005+55215
```

Diese Kommandos sollten in dem Verzeichnis ausgeführt werden, in dem auch die Zonendateien liegen, da der Nameserver sie auch dort sucht.

In den beiden .key-Dateien finden sich jetzt die DNSKEY-RRs, die in die Zone gehören. Diese können jetzt einfach an die Zone angehängt werden, etwa mit dem Kommando:

```
cat Ksec.opensourcepress.de*.key >> db.sec.opensourcepress.de
```

Da eine Änderung an der Zone vorgenommen wird, sollte vor dem Signieren die Seriennummer im SOA-RR erhöht werden. Statt 2006120100 steht dort nun 2006120101.

Jetzt wird die Zone mit einer Gültigkeit von zehn Tagen signiert:

```
# dnssec-signzone -e +86400 -o sec.opensourcepress.de \
db.sec.opensourcepress.de
db.sec.opensourcepress.de.signed
```

Die Ausgabe des Kommandos ist der Dateiname der Zonendatei, die die Signaturen enthält. Außerdem wurde die Zonendatei kanonisch sortiert und alle notwendigen NSEC-RRs wurden eingefügt. (die Schlüssel sind verkürzt mit Auslassungszeichen [...] dargestellt):

```
  ; File written on Wed Dec 20 16:12:58 2006
; dnssec_signzone version 9.3.3
sec.opensourcepress.de. 86400   IN SOA ns.opensourcepress.de.
```

```
                                        admin.opensourcepress.de. (
                                        2006120101 ; serial
                                        86400      ; refresh (1 day)
                                        7200       ; retry (2 hours)
                                        3500000    ; expire (5 weeks
                              ; 5 days 12 hours 13 minutes 20 seconds)
                                        86400      ; minimum (1 day)
                                        )
        86400   RRSIG   SOA 5 3 86400 20061221141258 (
                        20061220141258 55215 sec.opensourcepress.de.
                        PRyt [...]
                        wBDClimOqqazgQ== )
        86400   NS      ns.sec.opensourcepress.de.
        86400   RRSIG   NS 5 3 86400 20061221141258 (
                        20061220141258 55215 sec.opensourcepress.de.
                        hbTslh [...]
                        gpEZffh3IkLAkg== )
        86400   NSEC    ftp.sec.opensourcepress.de. NS SOA RRSIG
                        NSEC DNSKEY
        86400   RRSIG   NSEC 5 3 86400 20061221141258 (
                        20061220141258 55215 sec.opensourcepress.de.
                        DjFx [...]
                        hWDCT8K57YpdYw== )
        86400   DNSKEY  256 3 5 (
                        AwEAAc [...]
                        N042BHVGVBiLTBAzB/s=
                        ) ; key id = 55215
        86400   DNSKEY  257 3 3 (
                        CM1uH53 [...]
                        ) ; key id = 59977
        86400   RRSIG   DNSKEY 3 3 86400 20061221141258 (
                        20061220141258 59977 sec.opensourcepress.de.
                        CFmLPbdPqDhc84ja4JoOP4EEQ+2JqUHNjy20
                        yV8psK1TVv3QqSZsatM= )
        86400   RRSIG   DNSKEY 5 3 86400 20061221141258 (
                        20061220141258 55215 sec.opensourcepress.de.
                        kIS/Aa [...]
                        80k5pRxEFMLWow== )
ftp.sec.opensourcepress.de. 86400 IN A  192.168.1.2
        86400   RRSIG   A 5 4 86400 20061221141258 (
                        20061220141258 55215 sec.opensourcepress.de.
                        wUg+qw [...]
                        BLLGb3sY5DvjlQ== )
        86400   NSEC    www.sec.opensourcepress.de. A RRSIG NSEC
        86400   RRSIG   NSEC 5 4 86400 20061221141258 (
                        20061220141258 55215 sec.opensourcepress.de.
                        gtriUjr [...]
                        SqdDrLI4hpLMDA== )
www.sec.opensourcepress.de. 86400 IN A  192.168.1.5
        86400   RRSIG   A 5 4 86400 20061221141258 (
                        20061220141258 55215 sec.opensourcepress.de.
                        SKkRT4 [...]
```

```
                          f0mm0KBHGBRjbw== )
        86400   NSEC      sec.opensourcepress.de. A RRSIG NSEC
        86400   RRSIG     NSEC 5 4 86400 20061221141258 (
                          20061220141258 55215 sec.opensourcepress.de.
                          r1T3U4 [...]
                          oCyGAAy9RZ36Ng== )
```

Neben der signierten Zonendatei findet man im Verzeichnis, in dem dns-
sec-signzone aufgerufen wurde, noch die Dateien dsset-*domainname*
und keyset-*domainname*. In der Datei dsset-*domainname* sind die DS-
RRs für die übergeordnete Zone enthalten. Die Datei keyset-*domainname*
enthält nochmals die DNSKEY-RRs.

In der Datei /etc/named.conf muss der Eintrag für die Zone geändert
werden, um auf die neue Zonendatei zu verweisen:

```
zone "sec.opensourcepress.de" {
      type master;
      file "db.sec.opensourcepress.de.signed";
};
```

Mit dem Kommando rndc reload werden die Zonen neu geladen. In der
Syslogmeldung, die das erfolgreiche Laden der Zone quittiert, taucht nun
das Wort signed auf:

```
Dec 01 16:26:51 ns named[12410]: zone sec.opensourcepress.de/IN:
loaded serial 2006120100 (signed)
```

Jetzt sind noch Änderungen an der Konfiguration des Nameservers selbst
notwendig. Im options-Bereich der named.conf muss DNSSEC mit der
Anweisung dnssec-enable yes aktiviert werden. In der Version 9.4.X von
Bind, die noch im Betastadium ist, kommt noch die Anweisung dnssec-
validation yes hinzu. Auf dem Nameserver selbst und bei allen rekursiven Nameservern, deren Clients die DNSSEC-Einträge auswerten können
sollen, muss der KSK in die Konfiguration übernommen werden. Dafür
dient die Anweisung trusted-keys, die eine Liste von DNSKEY-RRs erhält.
Der Name der Zone, für die der Schlüssel gilt, sowie der Schlüssel selbst
werden dabei in Anführungszeichen gepackt. Der Recordname entfällt. Für
die Zone sec.opensourcepress.de sieht der Eintrag folgendermaßen aus
(Schlüssel verkürzt wiedergegeben):

```
trusted-keys {
        "sec.opensourcepress.de." 257 3 3 "CM1uH53 [...]
        /8RMd";
};
```

Nach einem neuerlichen Restart des Nameservers können jetzt sichere DNS-
Abfragen erfolgen. Die Abfrage mittels dig für www.sec.opensourcepress.
de sah bisher so aus:

```
# dig www.sec.opensourcepress.de

; <<>> DiG 9.3.3 <<>> www.sec.opensourcepress.de
;; global options:  printcmd
;; Got answer:
;; ->>HEADER<<- opcode: QUERY, status: NOERROR, id: 18260
;; flags: qr aa rd ra; QUERY: 1, ANSWER: 1, AUTHORITY: 1, ADDITIONAL: 0

;; QUESTION SECTION:
;www.sec.opensourcepress.de.        IN      A

;; ANSWER SECTION:
www.sec.opensourcepress.de. 86400 IN    A       192.168.1.1

;; AUTHORITY SECTION:
sec.opensourcepress.de. 86400   IN      NS      ns.sec.opensourcepress.de.

;; Query time: 2 msec
;; SERVER: 192.168.1.1#53(192.168.1.1)
;; WHEN: Wed Dec 20 17:02:11 2006
;; MSG SIZE  rcvd: 77
```

Wird jetzt auch in der Abfrage DNSSEC aktiviert, sind die Ausgaben für die Answer Section und die Authority Section ausführlicher:

```
# dig +dnssec www.sec.opensourcepress.de

; <<>> DiG 9.3.3 <<>> +dnssec www.sec.opensourcepress.de
;; global options:  printcmd
;; Got answer:
;; ->>HEADER<<- opcode: QUERY, status: NOERROR, id: 36005
;; flags: qr aa rd ra; QUERY: 1, ANSWER: 2, AUTHORITY: 2, ADDITIONAL: 1

;; OPT PSEUDOSECTION:
; EDNS: version: 0, flags: do; udp: 4096
;; QUESTION SECTION:
;www.sec.opensourcepress.de.        IN      A

;; ANSWER SECTION:
www.sec.opensourcepress.de. 86400 IN    A       192.168.1.1
www.sec.opensourcepress.de. 86400 IN    RRSIG   A 5 4 86400
20061221141258 20061220141258 55215 sec.opensourcepress.de. SKkRT4Iqcndk
I6bsMMXDb/U2MQevCHBw4tG6tpH28w1/DsXV12V5/lv4 nAn7vltI9QHQN1wjf0mm0KBHGBR
jbw==

;; AUTHORITY SECTION:
sec.opensourcepress.de. 86400   IN      NS      ns.sec.opensourcepress.de.
sec.opensourcepress.de. 86400   IN      RRSIG   NS 5 3 86400
20061221141258 20061220141258 55215 sec.opensourcepress.de. hbTslh2a+
ovrtuFcLaTZdDk7PXGSqs/KtTylxImWSCLbVLACxwDrRyjJ aDdLGmKwTlN+ab2XgpEZf
fh3IkLAkg==
```

```
;; Query time: 2 msec
;; SERVER: 192.168.1.1#53(192.168.1.1)
;; WHEN: Wed Dec 20 17:08:38 2006
;; MSG SIZE  rcvd: 324
```

Zum Ende dieses Abschnitts soll noch auf einen Aspekt hingewiesen werden, der beim Implementieren der IT-Prozesse in einer Organisation zu beachten ist. Wenn man Änderungen an der Zone durchführt, muss man diese auch signieren. Dies kann zwar per Hand einzeln erfolgen, aber beim Hinzufügen müssen NSEC-RRs eingetragen und beim Löschen angepasst werden. Es empfiehlt sich also, mit dem Programm dnssec-signtool zu arbeiten und gleich die ganze Zone neu zu erzeugen. Zum Bearbeiten wählt man daher besser eine unsignierte Version der Zone. Auch sollte man sich gut überlegen, für welchen Zeitraum man eine Zone signiert. Zum einen gelten die Daten als ungültig, wenn die Zeit abgelaufen ist, zum anderen ist der Nutzen einer Signatur fragwürdig, wenn sie für einen zu langen Zeitraum ausgestellt ist. Man sollte daher für das Erneuern einen Prozess aufsetzen, damit dies nicht vergessen wird. Dabei sollte man nicht vergessen, für jede Signaturerneuerung auch die Serial der Zone zu erhöhen.

13

Dynamisches DNS

Eine der Annahmen beim Entwurf des DNS war die folgende: „The Domain Name System was originally designed to support queries of a statically configured database. While the data was expected to change, the frequency of those changes was expected to be fairly low, and all updates were made as external edits to a zone's Master File."

Dieses Zitat stammt aus der Einleitung von RFC 2136, der dynamische DNS-Updates definiert. Dieser RFC aus dem Jahr 1997 schafft die Möglichkeit, Zonen über das DNS-Protokoll zu verändern. Dies sollte Administratoren das Leben erleichtern und die Kopplung mit DHCP-Servern (Abschnitt 2.4.6) durch diese Protokollerweiterung erst sinnvoll möglich machen. Neben dem Anschluss an DHCP ist auch die vollständige Verwaltung von Zonen mit diesem Protokoll und Werkzeugen wie `nsupdate` möglich, wie im letzten Abschnitt dieses Kapitels noch gezeigt wird.

13.1 Theorie

RFC 2136 definiert die Protokollerweiterungen bzw. die Protokollinterpretation, die es erlauben, über das DNS-Protokoll Updates an einen Server zu senden. Die Herausforderung dabei ist die Umkehrung der Rollen. Normalerweise fragt ein Client, und der Server antwortet. Bei einem Update schreibt aber der Client auf den Server. Der Client sendet also, und der Server quittiert den Empfang der Nachricht mit einem Statuscode, der aussagt, ob das Schreiben erfolgreich war.

Aus Kompatibilitätsgründen müssen Update-Informationen in standardkonforme DNS-Pakete passen. Im RFC wird an der grundlegenden Struktur der Pakete mit Header und den vier Sektionen für Fragen und Antworten nichts geändert, aber die Bedeutung der Sektionen wird umdefiniert. Im Headerbereich ändert sich nicht viel. Der Code für Updates ist 5. Die Antwort des Servers ist nach wie vor eine Response mit dem Code 0. Die Zähler für die vier Sektionen erfüllen weiterhin ihren Zweck, heißen nur jetzt entsprechend der neuen Bedeutungen der Sektionen anders.

Aus der Fragesektion wird die Zonensektion. Diese beschreibt die Zone, in der die Änderung stattfinden soll. Zu Einträgen in diesem Bereich des Paketes gehören aber auch eine Klasse und ein Typ (nach denen bei einer normalen DNS-Anfrage gesucht wird). Diese werden bei einem Updatepaket immer mit dem Typ SOA und der Klasse der Zone (im Normalfall IN) belegt. Es ist genau eine Zone erlaubt, die geändert werden kann.

Aus der Antwortsektion, in der normalerweise die Antwort des Nameservers steht, wird die Sektion für die Voraussetzungen, die erfüllt sein müssen, damit das eigentliche Update stattfinden kann. Diese Sektion hat die Aufgabe, die Nichtexistenz von RRs in der Zone zu prüfen. Es gibt fünf verschiedene Bedingungen, auf die geprüft werden kann:

1. Es gibt mindestens einen RR in der Zone dieses Namens und dieses Typs (z. B. einen A-RR für den Namen `www.opensourcepress.de`).

2. Es gibt genau die angegebenen RRs in der Zone. Im Gegensatz zur vorigen Bedingung muss hier auch der Wert stimmen. Also z. B.: Es gibt den A-RR für `www.opensourcepress.de` mit der Adresse 192.168.1.1.

3. Es gibt keinen RR mit angegebenem Namen und Typ. Zum Beispiel: Es gibt es keinen A-RR in der Zone für `www.opensourcepress.de`.

4. Es gibt einen RR mit dem angegebenen Namen, gleich welchen Typs, also z. B. `server.opensourcepress.de` als CNAME, A, oder anderer Typ.

5. Es gibt keinen RR mit dem angegebenen Namen gleich welchen Typs. Dies ist einfach das Gegenteil der vorigen Bedingung.

Die Einträge im Antwortteil eines DNS-Pakets bestehen normalerweise aus dem Domainnamen, der Klasse, dem Typ, der Länge der Daten der Antwort und der Antwort selbst. Hier werden stattdessen die fünf möglichen Bedingungen durch das Setzen dieser Felder kodiert. Bei der Klasse und dem Typ des RR werden die Metatypen ANY für beliebige und NONE für das Weglassen verwendet. NONE wird zur Prüfung darauf verwendet, ob es Einträge nicht gibt. Wenn das RData-Feld leer bleibt, ist auch das Feld, das die Länge beschreibt, gleich Null. Die folgende Tabelle zeigt die Belegung der Felder.

Index	Klasse	Typ	RData-Länge	RData	Bedeutung
1	ANY	gesuchter Typ	0	Leer	Es gibt einen RR mit diesem Namen und diesem Typ
2	Klasse im Zone-Abschnitt	Typ des gesuchten RR	RR-Länge	Inhalt des gesuchten RR	Es gibt genau den gesuchten RR
3	NONE	gesuchter Typ	0	Leer	Es gibt keinen RR mit diesem Namen und Typ
4	ANY	ANY	0	Leer	Es gibt einen RR dieses Namens und eines beliebigen Typs
5	NONE	ANY	0	Leer	Es gibt keinen RR dieses Namens und eines beliebigen Typs

Kombinationen, die nicht in diese Liste passen, erzeugen einen Fehler mit dem Code FORMAT Error.

Die Sektion, in der normalerweise die Daten für die Zuständigkeit stehen, enthält das eigentliche Update. Es gibt vier mögliche Arten von Änderungen:

1. Hinzufügen eines RRs zur Zone. Der RR wird unter Angabe von Typ und Inhalt (bei einem A-RR z. B. die IP-Adresse) hinzugefügt. Die Klasse ist die gleiche wie im Zonenabschnitt. Beim Typ des hinzuzufügenden Records gibt es Einschränkungen. Meta-Typen wie die RR-Typen für Zonetransfers oder Schlüsselverhandlungen sind nicht erlaubt und führen zu einem Format Error. Existiert der angegebene Record bereits, wird die Änderung vom Primary Nameserver ignoriert.

2. Löschen von RRs, die dem angegebenen Typ und Namen entsprechen. Existieren für www.opensourcepress.de z. B. mehrere A-RRs,

werden alle gelöscht. Existiert kein passender RR, wird diese Änderung ignoriert.

3. Löschen aller RRs des angegeben Namens. Dies ist einer Verallgemeinerung des letzten Falles. Der RR-Typ wird auf ANY gesetzt und alle gefundenen Einträge zu etwa www.opensourcepress.de werden gelöscht.

4. Löschen eines bestimmten RRs eines Typs und Namens. Ergänzend zum zweiten Fall werden auch die Daten des zu löschenden RRs angegeben. Diese Methode verwendet man, um z. B. den A-RR von www.opensourcepress.de mit der IP-Adresse 192.168.1.5 zu löschen.

SOA-, CNAME- und WKS-RRs erhalten beim Hinzufügen eine Sonderbehandlung. SOA und WKS werden durch die neuen Daten ersetzt. Beim SOA muss die neue Serial höher als die alte sein. Somit kann bei einem dynamischen Update den Slaveservern angezeigt werden, dass sich etwas geändert hat. Es ist aber in der Verantwortung desjenigen, der etwas ändern möchte (z. B. einen A-RR hinzufügen), auch einen Update für den SOA-RR zu senden. CNAME erhält ebenfalls eine Sonderbehandlung: Existiert bereits ein RR eines Typs, der nicht CNAME ist, verweigert der Nameserver das Update, da dies der Forderung aus RFC 1035 widerspricht, dass, wenn ein Name ein CNAME ist, es für diesen Namen auch nur CNAME-RRs geben darf.[1] Existiert ein CNAME-RR mit dem Namen, der hinzugefügt werden soll, wird dieser durch den neuen ersetzt, da es auch nur einen CNAME-RR eines Namens geben darf.

Beim Löschen gelten die Einschränkungen, dass der SOA-RR und der letzte NS-RR der Zone nicht gelöscht werden dürfen. Ist der RR-Typ beim Löschen ANY und der zu löschende Name der Name der Domain selbst, so entspricht dies einem vollständigen Löschen aller Records in der Zone (der Unix-Administrator kann sich das als rm -rf Zone/* vorstellen). SOA und NS-RRs bleiben dabei aber bestehen. Wird als Klasse NONE gesetzt, wird genau der RR mit den angegebenen Daten gelöscht. Diese Feldbelegung wird benutzt, um diese Löschoperation von den Löschoperationen für alle RRs des Typs und Namens zu unterscheiden.

Außer den beschriebenen Sonderbehandlungen einzelner RRs gibt es keine Konsistenz- oder Kompatibilitätsüberprüfungen, die vom RFC vorgeschrieben sind. Wie bereits in 5.2.2 beschrieben wurde, kann das Hinzufügen von laut RFC illegalen Namen (ein Unterstrich reicht) dazu führen, dass der Nameserver bei Neustart die Zone nicht mehr lädt. Auch Tests im semantischen Bereich (etwa: zeigt der MX auf einen RR, der einen A-RR hat) finden nicht statt. Das saubere Arbeiten wird dem Administrator also nicht abgenommen.

---

[1] Mit Ausnahme von RRSIGs aus Kapitel 12, die diese Forderung aufgeweicht haben.

RFC 2136 führt auch neue Fehlermeldungen bzw. Fehlercodes ein, die die Prüfungen auf die Vorbedingungen widerspiegeln. Diese sind:

YXDOMAIN
> Ein Name existiert, den es nicht geben soll.

YXRRSET
> Ein RR (Name+Typ) existiert, den es nicht geben soll.

NXRRSET
> Ein RR (Name+Typ) existiert nicht, den es geben soll.

Der Fehlercode NXDOMAIN, der für das Nichtvorhandensein eines Domainnamens gilt und schon in RFC 1035 definiert wird, kann ebenfalls als Vorbedingung verwendet werden.

13.2 DynDNS in der Praxis

Die Kopplung des ISC-DHCP-Servers mit Bind wurde bereits vorgestellt. In der Bind-Distribution ist auch das Programm nsupdate enthalten, mit dem auf der Kommandozeile Änderungen an Zonen vorgenommen weden können. Die Sprache Perl kann mit dem Paket Net::DNS um ausführliche Funktionen für das DNS-Protokoll erweitert werden. Dies beinhaltet auch dynamische DNS-Updates. In diesem Abschnitt werden diese beiden Möglichkeiten vorgestellt, Zonen zu manipulieren. TinyDNS unterstützt keine dynamischen Updates gemäß RFC 2136, daher beschränken sich die Betrachtungen in diesem Kapitel auf Bind als Nameserver.

13.2.1 nsupdate

Das Kommando nsupdate liest Anweisungen zur Änderung der Zone entweder von der Standardeingabe oder aus einer Datei. Ist der Zugriff auf die Zone über TSIG gesichert, so muss dem Programm der Schlüssel mitgegeben werden. Dieser wird entweder aus den von dnssec-keygen erzeugten Dateien gelesen oder auf der Kommandozeile angegeben. Die Angabe der Dateien erfolgt mit der Option -k Dateiname. Dabei wird der Dateiname ohne die Endung .key oder .private angegeben. Beide Dateien müssen vom Aufrufenden lesbar und im angegebenen Verzeichnis vorhanden sein. Den Schlüssel gibt man auf der Kommandozeile mit der Option -y name:schlüssel an. Der Name ist derselbe, der auch in der named.conf verwendet wird, und der Schlüssel ist der entsprechende Schlüsselstring.

Aus Sicherheitsgründen sollte man diese Option nicht auf Systemen verwenden, auf denen mehrere User aktiv sind, da jeder angemeldete Benut-

zer den Schlüssel mit dem Kommando ps herausfinden kann. Ist die Zu-
griffssicherung auf den Server nur aufgrund der absendenden IP-Adresse
gestattet, so muss keine der Optionen verwendet werden. Der folgende
Aufruf startet nsupdate unter Verwendung des Schlüssels in den Dateien
Krndc-key.+157+02573.key und Krndc-key.+157+02573.private:

```
# nsupdate -k Krndc-key.+157+02573
>
```

Der verwendete Server wird aus dem MNAME-Feld des SOA-Records der
richtigen Zone herausgesucht. Mit der Anweisung server *IP-Adresse*
kann dies explizit eingestellt werden. Die zu ändernde Zone wird in der
Regel aus dem mitgegebenen Domainnamen abgeleitet. Will man sie stattdessen explizit angeben, erledigt man das mit dem Kommando zone *Zonenname*. Wird nsupdate auf einem Host mit mehreren IP-Adressen verwendet, ist normalerweise das Betriebssystem für die Auswahl der richtigen Absendeadresse zuständig. Soll dies überschrieben werden (um z. B.
Zugriffsbeschränkungen aufgrund von Absendeadressen zu erfüllen), setzt
man die Absendeadresse mit local *IP-Adresse*.

Zum Ändern des Inhalts von Zonen dient das Kommando update. Diesem folgt entweder das Schlüsselwort add oder remove. Man kann mehrere
Updates einstellen, bevor diese mit dem Kommando send an den Server
geschickt werden.

Als Beispiel sollen der A-RR 192.168.1.5 für www.opensourcepress.de und
ein MX-RR für opensourcepress.de, der auf mail.opensourcepress.de
zeigt, hinzugefügt werden:

```
# nsupdate -k Krndc-key.+157+02573
> update add www.opensourcepress.de 86400 IN A 192.168.1.5
> update add opensourcepress.de 86400 IN MX 25 mail.opensourcepress.de.
> send
>
```

Wenn dies das erste dynamische Update ist, das an dieser Zone vorgenommen wird, erzeugt Bind eine Journal-Datei, um die Änderungen festzuhal-
ten. Dies zeigt die folgende Meldung an:

```
Dec 24 16:01:05 journal file named.tode.jnl does not exist, creating it
```

named.tode ist der Name der Zonendatei der geänderten Zone. Das Jour-
nal wird im gleichen Verzeichnis wie die Zonen angelegt. Ab jetzt darf die
Zone nicht mehr mit der Hand editiert werden. Sollte dies dennoch notwendig sein, so muss man den Nameserver dazu veranlassen, die dynamischen Änderungen in die Zonendatei zurückzuschreiben. Dies geschieht

mit dem Kommando `rndc freeze` *Zonenname*. Wenn die manuellen Änderungen beendet sind, reaktiviert man die dynamischen Updates mit dem Kommando `rndc thaw` *Zonenname* wieder. Dabei wird auch die Zone neu geladen.

Beim Hinzufügen von RRs ist darauf zu achten, die TTL anzugeben. In einer Zonendatei kann sie weggelassen werden. Der Name des einzutragenden RR ist immer in FQDN-Schreibweise zu schreiben; eine automatische Vervollständigung findet nicht statt.

Auch wenn Einträge gelöscht werden sollen, muss man keine TTL angeben. Angaben von Klasse, Typ und Inhalt des Eintrags sind nur dann nötig, wenn genau der betreffende Eintrag gelöscht werden soll. Werden diese beim Löschen weggelassen, ist dies als Wildcard zu verstehen. Gibt man also nur den Namen an, werden alle passenden Einträge dazu gelöscht.

Das Kommando

```
update delete www.opensourcepress.de IN ANY
```

löscht alle Einträge gleich welchen Inhaltes und welchen Typs.

```
update delete www.opensourcepress.de IN A
```

löscht alle A-RRs, aber andere Records bleiben bestehen. Will man schließlich nur den A-RR für die IP-Adresse 192.168.1.5 löschen, muss man das Kommando entsprechend ergänzen:

```
update delete www.opensourcepress.de IN A 192.168.1.5
```

Um Vorbedingungen vor dem Anlegen eines RRs zu prüfen, stellt man die Vorbedingung vor das Update-Kommando. Hierfür dient das Kommando `prereq`. Dem Schlüsselwort folgt die zu prüfende Bedingung. Deren Bezeichnung entspricht dem Namen der Fehlermeldungen, die bei Nichterfüllung der Bedingung zurückgesendet werden.

Will man einen CNAME-RR anlegen, sollte es vorher keinen anderen RR mit gleichem Namen und eines anderen Typs als CNAME geben. Die Prüfungsbedingung dafür ist:

```
# nsupdate
> prereq nxdomain aliasname.opensourcepress.de
> update add aliasname.opensourcepress.de 86400 IN CNAME andererserver.o
pensourcepress.de
> send
```

Legt man einen MX-RR an, ist es sinnvoll zu prüfen, ob es einen A-RR für den Mailserver gibt, auf den verwiesen wird:

```
# nsupdate
> prereq yxrrset mail.opensourcepress.de IN A
> update add opensourcepress.de 86400 IN MX 25 mailserver.opensourcepres
s.de
> send
```

Ist die Vorbedingung nicht erfüllt, erscheint im Dialog von nsupdate keine Fehlermeldung. Diese findet man in der Logdatei des Nameservers. Gibt es im letzten Beispiel keinen passenden A-RR erscheint die folgende Fehlermeldung:

```
Dec 25 12:41:01.307 client 127.0.0.1#49164: updating zone
opensourcepress.de/IN': update failed: 'rrset exists (value independent)'
prerequisite not satisfied (NXRRSET)
```

13.2.2   Perl und Net::DNS

Die Programmiersprache Perl eignet sich von der schnellen Entwicklung eines Scripts bis zu komplexen objektorientierten Applikationen. Das Grundgerüst der Sprache ist durch zahlreiche Zusatzmodule erweiterbar.

Will man eine /etc/hosts-Datei importieren, bietet Perl die Möglichkeit, einen Anhang für eine Zonendatei mit den A-RRs direkt zu erzeugen:

```
while(<>)
{
  chomp(); # Newline abschneiden
  my @parts = split(); # Zerlegen der Teile ohne Konsistenzpruefung
  print "$parts[1] IN A $parts[2]\n";
}
```

Dieses einfache Beispiel geht davon aus, dass die zu importierende Hosts-Datei nur unqualifizierte Hostnamen und nur Einträge für IPv4-Adressen enthält.

nsupdate erlaubt auch das Einlesen seiner Kommandos aus einer Datei. Ist die Zone bereits in dynamischer Verwaltung, lässt sich der Perlcode auch dazu erweitern, eine Kommandodatei für nsupdate zu erzeugen:

```
$domain="opensourcepress.de";
while(<>)
{
  chomp(); # Newline abschneiden
  my @parts = split(); # Zerlegen der Teile ohne Konsistenzpruefung
  print "update add $parts[1].$domain 86400 IN A $parts[2]\n";
  print "send\n";
}
```

Es ist nicht die effizienteste Methode, jedes Update einzeln zu senden. Das Sammeln von `update`-Kommandos, die die Obergrenze eines Update-Paketes nicht überschreiben, bevor ein `send` geschickt wird, ist mit Bordmitteln von Perl ebenfalls relativ leicht umzusetzen, effektiver ist jedoch die folgende Variante:

Mittels des Perl-Moduls `Net::DNS`, das bei CPAN erhältlich ist, können die DNS-Updates auch direkt aus einem Perl-Script heraus erfolgen.

Nach dem Herunterladen und Installieren des Modules mit der Kommandosequenz `perl Makefile.PL && make && make install` kann das Modul in eigenen Scripten verwendet werden. Das Beispielscript zum Import der Datei `/etc/hosts` sieht unter Verwendung von `Net::DNS` folgendermaßen aus:

```
01: use Net::DNS;
02:
03: my $dns = Net::DNS::Resolver->new();
04: my $domain = "opensourcepress.de";
05: $dns->Nameservers("192.168.1.1");
06: while(<>)
07: {
08:    chomp();
09:    my @parts = split();
10:    my $update = Net::DNS::Update->new("opensourcepress.de");
11:    my $arr = Net::DNS::RR->new('Name' => $parts[1],
12:                                'TTL' => 86400,
13:                                'Address' => $parts[2],
14:                                'Class' => "IN",
15:                                'Type' => "A");
16:    $update->push("update", $arr);
17:    my $reply = $dns->send($update);
18:    if($reply->header->rcode eq "NOERROR")
19:    {
20:       print "$parts[1] IN A $parts[0] erfolgreich hinzugefuegt\n";
21:    }
22:    else
23:    {
24:       print "Fehler mit Ursache:".$reply->header->rcode."\n";
25:    }
26: }
```

Zeile 1 lädt das Modul und Zeile 3 erzeugt ein DNS-Objekt, mit dem dann gearbeitet wird. In Zeile 5 wird der anzusprechende Nameserver auf 192.168.1.1 gesetzt. Zeile 10 definiert ein neues DNS-Update-Objekt (welches dem Update-Paket entspricht, das an den Server geschickt wird). Die nächste Zeile erzeugt aus den eingelesenen Daten einen neuen RR, der in der Update-Sektion des DNS-Paketes stehen wird. In Zeile 16 wird dieser RR als „Update" eingefügt. Die folgende Zeile schickt das Update-Paket an den DNS-Server. Die nächste `if` Abfrage wertet den Returncode der Antwort aus. War der Update erfolgreich, so wird dies ausgegeben, war er nicht erfolgreich, wird der Grund dafür gemeldet.

Möchte man Einträge löschen, erzeugt man mit Hilfe der Funktion `rr_del` einen hierfür verwendbaren RR. Diesen fügt man dann ebenfalls mit `push` zum Update hinzu und sendet ihn an den Nameserver. Als Beispiel sollen alle A-RRs für `www.opensourcepress.de` gelöscht werden:

```
my $rr = rr_del("www.opensourcepress.de A");
$update->push("update", $rr);
my $reply = $dns->send($update);
```

Auch Vorbedingungen lassen sich mit diesem Perl-Modul in das Update-Paket packen. Statt `"update"` wird `"pre"` beim Aufruf von `$update->push` verwendet. Für die RRs, der in der Vorbedingungssektion des Paketes stehen sollen, gibt es eigene Konstruktionsfunktionen. Um zu prüfen, dass kein A-RR für `www.opensourcepress.de` existiert, fügt man wie folgt Daten zum Update-Paket hinzu:

```
my $prerr = nxrrset("www.opensourcepress.de. A");
$update->push("pre", $prerr);
```

Die Funktionen für die Bedingungssektion sind folgende:

`yxdomain`

> Mit dieser Funktion wird auf die Existenz eines Namens mit beliebigem RR-Typ geprüft, z. B.: `yxdomain("www.opensourcepress.de")`.

`nxdomain`

> prüft auf das Nichtvorhandensein eines Namens mit beliebigem RR-Typ in der Domain. `nxdomain("www.opensourcepress.de")` ist wahr, wenn es keinen RR mit diesem Namen gibt.

`yxrrset`

> Soll die Vorbedingung gelten, dass es einen bestimmten RR mit Namen und Typ gibt, wird diese Funktion zur Erzeugung des RR für das Update-Paket gewählt. Ein Beispiel für den Aufruf ist: `yxrrset("www.opensourcepress.de A")`.

`nxrrset`

> Diese Funktion erzeugt einen RR, der prüft, ob es einen bestimmten RR mit Namen und Typ nicht gibt. Ein Beispiel für den Aufruf ist: `nxrrset("www.opensourcepress.de CNAME")`.

Das Perlmodul unterstützt auch die Authentisierung über TSIG. Dafür muss das Perlscript Zugriff auf den Schlüssel haben. Im Beispiel wird er direkt einer Variablen zugewiesen, in einem produktiv verwendeten Script sollte er aus einer Datei gelesen werden, die besonders geschützt ist.

```
my $keyname = "rndc-key";
my $key = "+Q0s8Rjh0gMJgjveICqRAQ==";

my $update = Net::DNS::Update->new("opensourcepress.de");
$update->push("update", rr_add("www.opensourcepress.de IN A 192.168.1.
5"));
$update->sign_tsig($keyname, $key);
```

Es ist dabei wichtig, dass das Signieren des Updates als letzte Aktion vor
dem Versenden des Paketes erfolgt, da sonst die Signatur nicht stimmt.
rr_add ist einen Kurzschreibweise für das oben verwendete Erzeugen eines
RR, der hinzugefügt werden soll.

14

Praktische Konfigurationen und häufige Fehler

RFC 1912 stellt in seiner Einleitung folgendes fest: „Running a nameserver is not a trivial task. There are many things that can go wrong, and many decisions have to be made about what data to put in the DNS and how to set up servers."

Dieser RFC mit dem Titel „Common DNS Operational and Configuration Errors" aus dem Jahr 1996 beschäftigt sich mit häufigen Fehlern, die sich in DNS-Konfigurationen finden und bei den darauf aufbauenden Diensten wie E-Mail zu Störungen führen. Obwohl der Text schon mehr als zehn Jahre alt ist, findet man viele der in ihm vorgestellten Fehlkonfigurationen auch heute auf Nameservern im Internet.

Neben diesen häufigen Fehlern stellt dieses Kapitel noch drei ausgewählte Lösungen für Probleme vor, mit denen sich fast jeder DNS-Administrator früher oder später beschäftigen muss: Die Delegation von Teilnetzen, die Integration von Microsofts ADS und die Bekämpfung von Spam.

14.1 Häufige Fehler

Die im Folgenden beschriebenen Fehler oder Misskonfigurationen scheinen in einigen Fällen nur kosmetischer Natur zu sein. Denn es liegt in der Natur eines so massiv verteilten Systems wie DNS, dass es auf Fehlertoleranz ausgelegt ist. Das heißt, auch bei Patzern in der Nameserver-Konfiguration wird unter Umständen alles problemlos funktionieren. Ändern sich aber die Bedingungen, etwa aufgrund einer veränderten internen Infrastruktur oder einer anderen Anbindungen an die Außenwelt, können diese zunächst übersehenen Kleinigkeiten enorme Probleme verursachen, da man als Administrator dann zumeist nicht auf die Idee kommt, an den richtigen Stellen zu suchen. Der RFC erklärt deshalb auch die Auswirkungen dieser vermeintlichen Schönheitsfehler.

14.1.1 Fehlende PTR-Records

Ein recht häufig auftretender Fehler sind fehlende PTR-Records. Im LAN mag dies vertretbar sein, aber Rechner, die im Internet als Clients oder Server agieren, können beim Fehlen einer Reverseauflösung in Probleme laufen.

Bei Mailservern ist der Effekt am deutlichsten. Wenn sie versuchen, eine Mail zuzustellen, so verweigert der empfangende Server die Annahme, wenn er zu der IP-Adresse, die sich mit ihm verbindet, keinen Hostnamen findet. Der Grund ist der Schutz vor Spam. Der empfangende Server geht nämlich dann davon aus, dass der Sender kein „ordentlicher" Mailserver ist, mit ziemlicher Sicherheit also ein Versender von Spam und/oder Viren. Spam und Viren werden in den meisten Fällen von gekaperten Rechnern von Heimbenutzern versendet, die in Einwahl (oder heutzutage DSL/Kabelmodem) Pools stehen. Gerade bei solchen Clients von Internetprovidern wird häufig die Reverseauflösung weggelassen.

Beim populären Mail Transfer Agent Postfix reicht die folgende Anweisung, um die Annahme von Mail zu verweigern, wenn kein PTR-RR existiert:

```
reject_unknown_sender_domain
```

Diese Anweisung fügt man in die `smtpd_client_restrictions` ein, was dazu führt, dass bei der Überprüfung, ob ein SMTP-Client eine Mail zustellen kann, die Existenz eines PTR-RR verifiziert wird – und mehr als das: Wenn der Name gefunden wurde, wird zu diesem Namen der A-RR gesucht. Die Suchergebnisse müssen zusammenpassen, sonst wird die Annahme der Mail verweigert. Die folgenden beiden Records aus der Vorwärts- und der Rückwärtszone funktionieren:

```
1.1.168.192.in-addr.arpa. IN PTR mail.opensourcepress.de.
mail.opensourcepress.de. IN A 192.168.1.1
```

Wenn die beiden RRs, wie im nächsten Beispiel, nicht zusammenpassen, wird die Annahme verweigert.

```
1.1.168.192.in-addr.arpa. IN PTR mail.opensourcepress.de.
mail.opensourcepress.de IN A 172.16.1.1
```

Gerade im Zusammenhang mit Network Address Translation, bei der private Adressen auf die offiziell vom Provider vergebenen Adressen umgesetzt werden, kommt es häufig zu Inkonsistenzen. Wichtig ist, dass Rechner im Internet auch bei DNS-Abfragen die offiziellen Adressen finden.

Bei Mailservern mag der Effekt eines fehlenden PTRs am extremsten sein. Aber je nach Konfiguration anderer Applikationen wie Webservern kann es sein, dass einem Client ohne PTR der Zugriff auf den Dienst zwar nicht verweigert wird, es aber doch zu Verzögerungen kommt, weil der Server erst versucht, einen Namen zum Client zu finden.

14.1.2 Fehler bei der Namenswahl

Die in RFC 1035 definierten Regeln für gültige Domainnamen besagen, dass ein Domainname nur aus Buchstaben, Zahlen und Bindestrichen bestehen darf. Seine Bestandteile sind Labels, die durch Punkte getrennt werden. Die Punkte dienen zur Trennung und sind ausdrücklich nicht Teil des Namens. Ein Label darf nicht länger als 64 Zeichen sein und der ganze Domainname darf 255 Zeichen nicht überschreiten. In der ursprünglichen Version durften Labels auch nicht mit Zahlen beginnen. Diese Vorschrift wurde aber in RFC 1123 gelockert.

Jedoch haben Zahlen in Domainnamen einige Tücken. Wenn eine Applikation, die einen Hostnamen oder eine IP-Adresse als Argument übergeben bekommt, auswerten soll, was sie bekommen hat, so kann sie dies nur am Muster der Daten erkennen. Vier durch Punkte getrennte Zahlen werden als IP-Adresse interpretiert. Ein Domainname darf diese Form also nicht haben, da die Resolver-Bibliothek in diesem Fall keine Chance hat, zu entscheiden, worum es sich handelt.

Neben diesem offensichtlichen Konflikt gibt es aber noch weitere. Diese sind darin begründet, dass eine IP-Adresse eine 32-Bit-Zahl ist. Die Schreibweise in Oktetten, die mit Punkten getrennt werden, dient nur der besseren Lesbarkeit. Die Bibliotheksaufrufe, die von Anwendungen, die einen Hostnamen auflösen wollen, aufgerufen werden, tragen aber der Tatsache Rechnung, dass es sich um eine Zahl handelt. Das folgende Beispiel zeigt dies:

```
# telnet 1
Trying 0.0.0.1...
telnet: Unable to connect to remote host: Invalid argument
```

```
# telnet 2130706433
Trying 127.0.0.1...
Connected to 2130706433.
Escape character is '^]'.
```

Die übergebene Zahl wird als 32-Bit-Zahl interpretiert und die Trying-Ausgabe zeigt die Repräsentation als IP-Adresse in der gewohnten Schreibweise. Wird die Zahl als FQDN verwendet, so ist die Auflösung möglich. 2130706433.opensourcepress.de führt nicht zu Missinterpretationen. Clients, die aber in der Domain opensourcepress.de nur den lokalen Namen verwenden wollen, verbinden sich an localhost[1]. Auch hexadezimale Schreibweisen werden von den Resolverbibliotheken ausgewertet. Allerdings muss die Kennung 0x vorangestellt werden:

```
# telnet 0x7F000001
Trying 127.0.0.1...
Connected to 0x7F000001.
Escape character is '^]'.
```

Um Konflikte zu vermeiden, sollte man auf Hostnamen verzichten, die nur aus Dezimalzahlen bzw. Hexadezimalzahlen mit 0x bestehen.

14.1.3 Unvollständige Records

Der Datenanteil eine SOA-RRs besteht aus sieben Einträgen. Ein Fehler, den eigentlich die Nameserver-Software abfangen sollte, ist das Vergessen eines Eintrages bei einem komplexeren RR. Bind erkennt und moniert dies bei den Recordtypen, die ihm bekannt sind. Bei neuen RRs, die man in der „Rohform" eingibt, kann es aber leicht passieren, dass man ein Feld beim Ausrechnen der Hexadezimalschreibweise auslässt, was dazu führt, dass ein Client, der einen solchen RR auflöst, unvollständige oder fehlerhafte Daten vom Nameserver bekommt. Dies kann zu Abstürzen auf Clientseite führen.

14.1.4 RNAME- und MNAME-Fehler

Das erste Feld im SOA, der MNAME, soll den gültigen Nameserver angeben. Das heißt, der Domainname, der hier steht, sollte auch als NS-Record für die Zone vorkommen, und es sollte sich dabei um den Primary Nameserver handeln. Häufig findet man hier einfach Einträge wie localhost oder andere Namen, die nichts mit den Namservern der Zone zu tun haben.

Auch das zweite Feld im SOA, der RNAME wird häufig falsch ausgefüllt. Viele Administratoren scheinen, wenn sie „E-Mail-Adresse" lesen, zu übersehen, dass die Adresse *nicht* mit einem Klammeraffen angegeben wird,

---

[1] Auch Webbrowser lösen die Dezimalschreibweise auf, http://3259836661 führt zu einem Webserver.

sondern dass statt dessen ein Punkt stehen muss.[2] Wenn es der Betreiber des Nameservers trotzdem schafft, den RR mit @ anzulegen, so stört dies zwar nicht den Betrieb des eigenen Nameservers, aber Software, die den SOA-Record verwendet, um eine E-Mail an den Zonenverantwortlichen zu schicken (z. B. weil die Zone bald ausläuft), stürzt unter Umständen ab oder liefert die Mail nicht aus, und in der Folge wird die Zone freigegeben. Daher sollte hier immer eine gültige Mailadresse stehen. Wenn diese selbst einen Punkt enthält (z. B. bei `vorname.nachname@opensourcepress.de`), so muss dieser mit einem \ maskiert werden:

```
IN SOA ns1.opensourcepress.de hans\.mustermann.opensourcepress.de
```

14.1.5   Behandlung der Serial Number

Die Serial Number der Zone wird häufig bei Änderungen vergessen. Dies hat zwar keine Auswirkungen auf Fragen, die direkt an den Nameserver gestellt werden, aber die Secondaries bekommen nicht mit, dass sich etwas geändert hat, transferieren also auch die Zone nicht. Wird der Secondary jetzt gefragt, so hat er alte Informationen. Wenn zwei für eine Zone zuständige Nameserver aber unterschiedliche Informationen liefern, so führt dies zu Inkonsistenzen, deren Ursache für den Administrator schwer zu finden ist. Man sollte also unbedingt daran denken, nach jeder Zonenänderung auch die Serial zu erhöhen. Bei dynamisch verwalteten Zonen gilt das gleiche: Ein Eintrag des DHCP-Servers etwa führt nicht zu einer Erhöhung der Serial. Hier sollte die Serial regelmäßig mit einem Script erhöht werden.

Die Seriennummer im SOA-Record ist eine 32-Bit-Zahl ohne Vorzeichen. Gültige Werte sind 0–4 294 967 295. Es gibt Implementierungen von Nameservern, die auch rationale Zahlen (also 1,5) erlauben, dies sollte man aber vermeiden, da dies bei anderen Implementierungen die eventuell als Secondary arbeiten, zu Fehlinterpretationen führt. Die Serial Number wird immer nur erhöht. Wenn man über $2^{32} - 1$ hinausschießt, fängt die Zählung wieder bei 0 an. Man kann sich also den Wertebereich wie ein Zifferblatt vorstellen (Abbildung 14.1).

Wenn die Serial erhöht wird, bewegt man sich im Uhrzeigersinn. Gelangt man dabei wieder oben an, springt der Wert wieder auf 0 zurück.

Die zweite Operation, die mit Serials durchgeführt wird, sind Vergleiche. Secondaries fragen die Serial des Primaries ab und laden, wenn sie erhöht wurde, die Zone erneut herunter. Was dabei nicht so ganz intuitiv ist, ist die Definition von „höher". Dieser Definition wurde ein eigener RFC (RFC 1982) gewidmet. Als höher gilt eine Serial dann, wenn man sich auf dem Zifferblatt nicht weiter als 180 Grad im Uhrzeigersinn bewegt, die Serial also nicht um mehr als $2^{31} - 1$ oder 2 147 483 647 erhöht hat. Wenn

---

[2] Das gleiche gilt auch beim RP-RR.

man dabei einen Überlauf erzeugt (also wieder oben auf dem Zifferblatt vorbeikommt), so kommt dabei z. B. heraus, dass als Serial 1 größer als 3 000 000 000 ist.

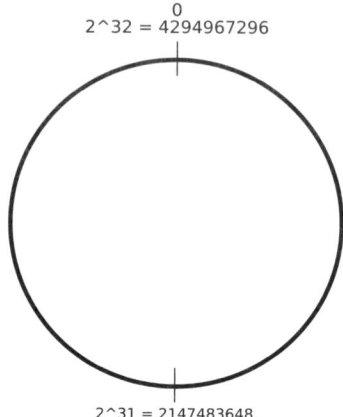

Die empfohlene Verwendung für Serials ist das Format JJJJMMDDnn.

Dabei ist nn ein Zähler, pro Tag stehen also 100 Serials zur Verfügung. Sollte man versehentlich die Serial von „morgen" verwenden, so kann man sich mit dem folgenden Trick behelfen, der den Überlauf bei 2^{32} ausnutzt.

Es geht also darum, was geschieht, wenn man einen Fehler begeht und beispielsweise am 10.3.2007 statt der Serial 2 007 031 000 die Zahl 2 007 041 000 einträgt. Denn da die Serial immer nur erhöht werden kann, ist jetzt einen ganzen Monat lang keine Änderung mehr möglich, da andere Nameserver Änderungen an der Zone nicht an der Änderung der Serial erkennen, wenn man sich an das Format JJJJMMDDnn hält. Um die Serial wieder zurückzubringen, wird das folgende Verfahren angewandt:

Wenn man am 1.1.2007 als Serial 2 007 020 100 setzt, addiert man auf diese Zahl $2^{31} - 1$ und erhält 4 154 503 747, was noch kleiner als $2^{32} - 1$ ist. Man ist im Zifferblatt also noch nicht oben angekommen. Die Secondaries werden zu einem Reload veranlasst. Jetzt wählt man als Serial ein Datum, dass ein Hochzählen um weniger als $2^{31} - 1$ repräsentiert, z. B.: 1 900 010 100. Dies sind 2 040 473 649 Schritte auf der Serial-Uhr im Uhrzeigersinn, und damit weniger als $2^{31} - 1 = 2 147 483 647$. Die Secondaries werden erneut zum Neuladen der Zone bewegt. Schließlich kann man das Datum wieder auf den 1.1.2007 stellen, da 2 007 010 100 deutlich kleiner als 2 147 483 647 ist.

14.1.6 Gültigkeitsdauer optimieren

Die Werte für Erneuern, erneutes Versuchen, Gültigkeit und die Minimal-
gültigkeit für Records (Refresh, Retry, Expire und Minimum TTL) sollten
nicht willkürlich gewählt werden. Refresh, Retry und Expire sind wie die
Serial für das Zusammenspiel zwischen Primary und Secondary zuständig. Die Minimum TTL steuert die Gültigkeit von Records in den Caches
anderer Nameserver, sofern kein individueller Parameter für die einzelnen
Records gesetzt wurde.[3] Setzt man die Werte zu niedrig an, so wird der eigene Nameserver ständig mit Anfragen belastet. Wählt man sie zu hoch, so
bekommen die Secondaries bzw. Clients im Internet die Änderungen nicht
zeitnah mit. RFC 1912 empfiehlt, für den Refresh ein Vielfaches des Retry zu wählen. Auf der Webseite des DENIC wird für den Refresh ein Wert
zwischen ca. 2 3/4 Stunden (10 000 Sekunden) und einem Tag (86 400 Sekunden) und für den Retry ein Wert zwischen 1/2 Stunde (1 800 Sekunden)
und 8 Stunden (28800 Sekunden) empfohlen.

Wenn man häufige Änderungen an den Zonen vornimmt, so sollte man die
unteren Werte dieses Bereichs verwenden. Sind Änderungen eher selten,
dann kann man sich auch am oberen Ende des Spektrums bewegen. Als
Wert für den Ablauf der Gültigkeit der Zone schlägt RFC 1912 2-4 Wochen
(1 209 600–2 419 200 Sekunden) vor, der DENIC empfiehlt Werte zwischen 1
Woche und 41 Tagen. Man sollte diesen Wert nicht zu kurz wählen. Fällt
der Primary aus, löschen die Secondaries sonst zu schnell die Zonen und
die eigene Domain ist dann nicht mehr erreichbar.

Die Minimum TTL sollte ebenfalls an die zu erwartende Änderungshäufigkeit der Zonendaten angepasst werden. Der RFC empfiehlt dafür ein bis
fünf Tage (86 400–432 000 Sekunden), der DENIC Werte von 150 Sekunden
bis zu vier Tagen.

14.1.7 Umzugsvorbereitungen

Wenn größere Änderungen an den Zonen anstehen, etwa der Umzug auf
einen neuen Nameserver oder Änderungen an den Mailservern, so empfiehlt es sich, in einem der Minimum TTL entsprechenden Abstand vor Beginn der Arbeiten die TTL der sich ändernden Record-Typen auf die untere
Grenze zu senken. Nach dem Umzug, wenn die neuen Server erreichbar
sind und die Zone geändert wurde, führt dies dazu, dass Clients aus dem
Internet schnell nach den neuen Adresse fragen und keine alten RRs in
den Caches ihrer Nameserver benutzen, die ihnen falsche Informationen
geben. Dabei sollte man daran denken, auch die TTL der A-Records und
gegebenfalls der CNAME-Records (etwa bei Webservern) zu ändern.

---

[3] Man kann auch $TTL in der Zonendatei verwendet werden.

Bei Wechseln der Nameserver kommt es unter Umständen zu eine Downtime, in der kein Nameserver erreichbar ist. Hierbei ist zu beachten, dass auch negative Antworten wie „Server nicht erreichbar" oder „Den Record gibt es nicht" von cachenden Nameservern gespeichert werden.

In einer negativen Antwort ist der SOA-Record der zuständigen Zone mit der für den SOA gültigen TTL hinterlegt. Diese TTL wird verwendet, um die Gültigkeitsdauer der negativen Antwort zu speichern.[4] Ist diese TTL zu hoch und greift ein Resolver auf den während des Umzugs nicht erreichbaren Nameserver zu, so cacht er diese negative Antwort zu lang. Daher sollte man die TTL des SOA-Records vor dem Umzug heruntersetzen.[5]

Werden Nameserver umgezogen, so reicht es nicht, einfach die NS-Records in der betroffenen Zone zu ändern. Man muss auch daran denken, die Glue-Records in der übergeordneten Zone zu ändern bzw. ändern zu lassen, wenn die Zone nicht in der eigenen Verwaltung liegt.

14.1.8 Zweckentfremdete Records

CNAMEs werden häufig aus Bequemlichkeit verwendet, auch wenn sie an der betreffenden Stelle in einer Zone gar nicht verwendet werden dürfen. Die ersten beiden Grundregeln sollten sein, dass an Stellen, an denen im RData-Bereich eines Records (rechte Seite) ein Domainname steht, der Name selbst wieder auf einen A-Record zeigen sollte und kein CNAME sein darf.[6] Besonders NS- und MX-RRs dürfen nicht auf CNAMEs verweisen. Bei der Verwendung von CNAMEs muss auch darauf geachtet werden, dass es außer einem CNAME keinen anderen Record des gleichen Namens in der Zone geben darf. Wird das in Abschnitt 12.4 vorgestellte DNSSEC verwendet, so sind die Signatur-Records für die CNAMEs die einzige Ausnahme. Werden andere Records gefunden, so ist dies nicht nur ein RFC-Verstoß, sondern je nach Empfindlichkeit der verwendeten Nameserver-Software weigert sich diese sogar, die Zone zu laden.

Oftmals ist es erwünscht, dass Benutzer einer Website neben `http://www.opensourcepress.de` auch `http://opensourcepress.de` in ihren Browser eingeben können und beim Webserver landen. Hier begehen manche Administratoren den Fehler, einen CNAME statt eines A-Records zu verwenden. Am Anfang der Zone steht dann etwa Folgendes:

---

[4] Dieses Verhalten wird in RFC 2308 definiert.

[5] Die für das Cachen verwendete TTL ist das Minimum aus der Minimum TTL im SOA und der TTL für den SOA, daher sollte die heruntergesetzte TTL die kleinere von beiden sein.

[6] Eine Anwendung, die dieser Regel widerspricht, ist die Delegation von Teilnetzen, die nicht 8, 16 oder 24 Bit breit sind nach RFC 2317. Diese wird später in diesem Kapitel noch erklärt.

```
@ IN SOA...
  IN NS ns1.opensourcepress.de.
  IN CNAME www.opensourcepress.de.
www IN A 192.168.1.1
```

Dies verstößt gegen die Regel, dass es für den Domainnamen `opensource-press.de` nur einen CNAME-Record geben dürfte. Richtig ist es folgendermaßen:

```
@ IN SOA...
  IN NS ns1.opensourcepress.de.
  IN A 192.168.1.1
www IN A 192.168.1.1
```

Wenn man in der Zone A-Records löscht oder den Namen eine A-Records ändert, so kann dies dazu führen, dass der CNAME ins Nichts zeigt. Daher sollte man immer daran denken, nach dem Löschen oder Ändern in der Zonendatei nach dem alten Namen zu suchen. Um das ganze optisch zu vereinfachen, sollte man die CNAME-Records in der Nähe der zugehörigen A-Records eintragen.

Was man auf jeden Fall vermeiden sollte, sind CNAME-Ketten der folgenden Art:

```
bla     IN CNAME fasel.opensourcepress.de.
fasel   IN CNAME server.opensourcepress.de.
server  IN A 192.168.1.1
```

Oder die noch schlimmeren CNAME-Schleifen:

```
bla     IN CNAME fasel.opensourcepress.de.
fasel   IN CNAME bla.opensourcepress.de.
```

Der erste Fall ist unübersichtlich und führt zu unnötig vielen Abfragen, bis ein Client endlich die IP-Adresse hat, die er benötigt, um eine Verbindung aufzubauen. Auch das Risiko, bei Änderungen ein Glied der Kette zu vergessen, so dass es zu CNAME-Verweisen kommt, die ins Leere zeigen, ist höher, wenn die Konfiguration auf diese Weise verkompliziert wird.

Der zweite Fall kann eine Resolverbibliothek gegebenenfalls in eine Endlosschleife bringen. Dabei wird nicht nur der anfragende Client, sondern auch der eigene Nameserver oder der vom Client verwendete cachende Nameserver unnötig belastet.

Der in Abschnitt 7.7 vorgestellt HINFO-Record soll nur für Informationen über den Host, nicht für Kommentare verwendet werden. Der Grund dafür liegt darin, dass es Software gibt, die sich auf das vorgestellte Format verlässt. Wenn sie auf anderweitige Prosa stößt, kann dies zu Abstürzen führen.

14.1.9   Erlaubnis für Secondary MX

Neben dem bereits erwähnten Verweis auf CNAMEs, der häufig falsch verwendet wird, empfiehlt RFC 1912, die Verantwortlichen aller Hosts, die per MX als Mail-Empfänger für die Domain bekanntgegeben werden, zu fragen, ob sie als Secondary MX arbeiten möchten. Der Hintergrund dazu ist, dass die Mailserver heutzutage aus Spamschutzgründen auch dazu konfiguriert werden müssen, die Mail überhaupt anzunehmen und weiterzuleiten. Als der RFC geschrieben wurde, war es noch wesentlich üblicher, dass Mailserver alle Mail annahmen und, wenn sie nicht für eigene Benutzer bestimmt war, versuchten, sie an den richtigen Mailserver weiterzuleiten (Open Relay).

Ein Mailserver, der in der heutigen Zeit so konfiguriert ist, wird jedoch schnell gefunden und von Spamversendern benutzt. Das hat nicht nur eine hohe Belastung des Servers und der Internetleitung zur Folge, sondern führt auch dazu, dass der eigene Mailserver schnell auf im Internet publizierte schwarze Listen kommt. Dann kann reguläre Mail nicht mehr zugestellt werden, da andere Mailserver den offenen Relays auf diesen Listen den Dienst grundsätzlich verweigern.

14.1.10   Problematische Wildcards

Wildcard Records erlauben das Setzen eines Records für alle Anfragen unterhalb einer Domain, ohne dass explizit jeder mögliche Hostname einzeln eingetragen sein muss. Dabei gehen viele Domainadministratoren irrigerweise davon aus, dass wirklich alle Namen für den angegeben Recordtyp damit abgedeckt sind. Dies stimmt so nicht. Records, die einen Eintrag für einen beliebigen Namen haben, wo also ein Domainname schon existiert, werden von Wildcard Records nicht erfasst.

In der folgenden Konfiguration werden Mails an xyz.opensourcepress. de, foo.opensourcepress.de und bar.opensourcepress.de über den MX zugestellt, aber Mails an bla.opensourcepress.de gehen direkt an diesen Host, da er nach der Logik der Wildcard Records keinen MX-Record besitzt:

```
*.opensourcepress.de.  IN MX mail.opensourcepress.de.
bla.opensourcepress.de IN A 192.168.1.67
```

Das dürfte in den meisten Fällen nicht das erwünschte Verhalten sein. Als Nebeneffekt gibt es auch keine unmittelbaren negativen Antworten mit einer Fehlermeldung für Benutzer mehr, die Mails an eigentlich nicht gewünschte Empfänger wie @www.opensourcepress.de senden. Der Benutzer, der die Mail an eine nicht gültige Adresse sendet, bekommt die Fehlermeldung erst, nachdem sein Mailserver so oft probiert hat, die Mail zuzustellen, wie es seine Konfiguration erlaubt, was durchaus mehrere Tage dauern kann.

Es ist auch möglich A- oder CNAME-RRs mit einem Wildcard Record zu versehen. Das Ziel der Auflösung empfängt dann aber unter Umständen mehr Verbindungen als eigentlich geplant. Daher sollte man dies nur dann einsetzen, wenn man wirklich allen möglichen (und unmöglichen) Verkehr auf das Ziel des Records lenken möchte.

14.1.11 Lame Delegation

Bei der rekursiven Auflösung einer Domainanfrage fragt sich der als Resolver arbeitende Nameserver durch. Dabei ist er darauf angewiesen, dass die in den NS-Records einer Zone aufgeführten Nameserver funktionieren und erreichbar sind.

Die Glue Records in der übergeordneten Zone geben IP-Adressen der Nameserver mit, die der Resolver in der nächsten Runde der Anfragen verwendet. Wenn diese Adressen nicht erreichbar sind, so spricht man von einer *Lame Delegation*. Ein übergeordneter Nameserver leitet einen Resolver an eine Adresse weiter, die nicht antwortet. Dies kann aber nicht nur auf dem Weg der rekursiven Auflösung passieren, sondern auch, wenn die noch im Resolver-Cache befindliche NS-Records nicht erreichbar sind.

Für den Administrator bedeutet dies, dass er in regelmäßigen Abständen prüfen sollte, ob alle Nameserver noch von außen erreichbar sind und aktuelle Zonendaten besitzen (Serial im SOA vergleichen).

Wenn Secondary Nameserver umgezogen werden, so sollte der Nameservice auf der alten Adresse erst nach Ablauf der TTL abgeschaltet werden. In der zeitlichen Reihenfolge heißt dies:

1. Secondaries einrichten und sicherstellen, dass sie erreichbar sind.

2. Records auf dem Primary ändern.

3. Auf dem(n) alten Secondary(s) noch für TTL Sekunden die Zonen vorhalten und die Rechner erreichbar halten.

4. Erst jetzt die Secondaries abschalten, da jetzt in keinem Cache mehr Einträge mit den alten Adressen vorliegen sollten.

Es sollte auch keine Inkonsistenzen zwischen den Glue Records in der übergeordneten Zone und der eigenen Zone geben, da es sonst zu Lame Delegations kommt, wenn Einträge in einer der Zonen falsch sind.

14.1.12   Zonenkosmetik

Wie schon weiter oben angesprochen, ist es eine gute Empfehlung, alle zu einem Host gehörende Records in einer Zonendatei nah beieinander zu halten. Dadurch vermeidet man, bei Änderungen einen der Einträge zu vergessen.

Bei der Formatierung erhöht die Einhaltung von Spalten die Lesbarkeit, wie die folgenden Beispiele zeigen:

```
www IN A 192.168.1.6
server IN A 192.168.1.8
      IN TXT "Unser Server"
ganzlangername IN CNAME ganzandererlangername
```

oder

```
www            IN A 192.168.1.6
server         IN A 192.168.1.8
               IN TXT "Unser Server"
ganzlangername IN CNAME ganzandererlangername
```

Beide Versionen sind syntaktisch richtig und werden auch verarbeitet, aber die zweite ist deutlich übersichtlicher.

Es ist möglich, in einer Zone die unqualifizierte und die FQDN-Schreibweise zu mischen, aber auch dies trägt nicht zur Übersichtlichkeit bei. Zumindest auf einer Seite von Klasse und Typ sollte dies einheitlich verwendet werden:

```
$ORIGIN        opensourcepress.de.
www            IN CNAME server.opensourcepress.de.
server         IN A 192.168.1.8
               IN TXT "Unser Server"
ganzlangername IN CNAME ganzandererlangername.opensourcepress.de.
```

Bei der Angabe von FQDNs muss der abschließende Punkt mit angegeben werden. Gerade bei Reverse-Zonen wird dies gerne vergessen:

```
$ORIGIN        1.168.192.in-addr.arpa.

1       IN PTR server.opensourcepress.de
2       IN PTR mail.opensourcepress.de
```

In diesem Beispiel führt eine Anfrage nach dem PTR-Record für 192.168.1.2 zum Ergebnis `mail.opensourcepress.de.1.168.192.in-addr.arpa`. Die Nameserver-Software kann nur am abschließenden Punkt erkennen, dass es sich um einen FQDN handelt und der Zonenname nicht an das Ergebnis angehängt werden soll.

RFC 4472 gibt zwei Dinge bei der Verwendung von IPv6 im Zusammenspiel mit dem DNS zu bedenken: Erstens dürfen Link-Local-Adressen (Präfix `fe80`) laut RFC nicht ins DNS eingetragen werden. Da sich IPv6 noch in der Einführung befindet, sollte man zweitens AAAA-Records erst dann eintragen, wenn sichergestellt ist, dass sie erreichbar sind und darauf laufende Dienste auch mit IPv6 funktionieren.

Allgemein kann noch bemerkt werden, dass man nach einer Änderung und dem Neuladen der Zone immer direkt prüfen sollte, ob der Eintrag so angelegt ist wie gewünscht. Denn funktioniert aufgrund eines Fehlers später ein Dienst nicht, so muss sich der Administrator erst wieder daran erinnern, dass da „noch diese Änderung am DNS" war, und das erschwert die Fehlersuche ungemein.

14.2 Teilnetz-Delegation nach RFC 2317

Beantragt man offizielle IP-Adressen, so bekommt man vom Provider häufig ein kleines Netz mit 64 oder 32 Adressen zugeteilt. Dies stellt ein Problem für die Reverse Zone dar, da diese nur auf Oktett-Ebene unterteilt werden kann. Die kleinste Zone ist also `3.2.1.in-addr.arpa`.

Das bedeutet, dass der Internetprovider, der die Verantwortung für diese Zone hat, für die vier Kunden, die sich das Netz 1.2.3/24 aufteilen, die Verwaltung übernehmen muss. Um dies zu umgehen und die Verantwortung delegieren zu können, definiert RFC 2317 eine Methode, wie in der Zone `3.2.1.in-addr.arpa` Einträge vorgenommen werden können, die ganze Subnetze weiterdelegieren.

Ohne diese Methode müsste die Zone wie folgt aussehen:

```
$ORIGIN 3.2.1.in-addr.arpa.

1 IN PTR host1.kunde1.de.
2 IN PTR host2.kunde1.de.
3 IN PTR host3.kunde1.de.
...
65 IN PTR host1.kunde2.de.
66 IN PTR host2.kunde2.de.
...
129 IN PTR host1.kunde3.de.
130 IN PTR host1.kunde3.de.
...
193 IN PTR host1.kunde4.de.
194 IN PTR host1.kunde4.de.
  ...
```

Der Grundgedanke von RFC 2317 ist, die Zone `3.2.1.in-addr.arpa` weiter zu untergliedern, um eine Delegierung zu ermöglichen. Das Delegieren geschieht, wie bei allen anderen Zonen auch, über NS-Records. Als Label, für das der Nameserver-Record eingetragen wird, wählt man das letzte Oktett des Netzes und setzt die Netzmaske, durch einen Schrägstrich getrennt, dahinter. Im Beispiel ist dies für das erste Netz 0/26, für das zweite 64/26 und so weiter. Für jeden möglichen Eintrag muss jetzt noch ein Verweis in die Zone gepackt werden. Damit ergibt sich folgende Zonendatei:

```
$ORIGIN 3.2.1.in-addr.arpa.

0/26     IN NS    ns.kunde1.de.
1        IN CNAME 1.0/26.3.2.1.in-addr.arpa.
2        IN CNAME 1.0/26.3.2.1.in-addr.arpa.
...
64/26    IN NS    ns.kunde2.de.
65       IN CNAME 65.64/26.3.2.1.in-addr.arpa.
66       IN CNAME 66.64/26.3.2.1.in-addr.arpa.
...
```

Der Kunde 1 legt nun als Zone auf seinem Nameserver die Zone `0/26.3.2.1.in-addr.arpa` an und legt dort ganz normale PTR-Records an. Für Kunde 1 sieht dies folgendermaßen aus:

```
$ORIGIN 0/26.3.2.1.in-addr.arpa.
@   IN SOA ns.kunde1.de. hostmaster.kunde1.de. (2006060300 ...)
    IN NS  ns.kunde1.de.

1   IN PTR host1.kunde1.de.
2   IN PTR host2.kunde1.de.
  ...
```

In der Zone für das ganze Netz müssen zwar für alle Hosts Einträge angelegt werden, aber der Provider hat danach keinen Verwaltungsaufwand mehr.[7] Wenn Kunde Nummer 4 die Verwaltung beim Provider belassen will, so werden für das vierte Teilnetz einfach nur PTR-Records in die Hauptzone geschrieben.

Eine einfachere Methode, bei der keine neue Zone angelegt wird und daher auch keine NS-Records notwendig sind, sind CNAME-Records, die auf eine existierende Zone verweisen. Dabei werden in der übergeordneten Zone Einträge wie die folgenden geschrieben:

```
$ORIGIN 3.2.1.in-addr.arpa.

1    IN CNAME 1.3.2.1.in-addr.kunde1.de.
2    IN CNAME 2.3.2.1.in-addr.kunde1.de.
...
63   IN CNAME 63.3.2.1.in-addr.kunde1.de.
```

[7] Man kann sich das Leben bei der Verwendung von Bind auch mit der `$GENERATE`-Anweisung einfacher machen.

In der Zone von Kunde 1 werden jetzt einfach diese Records als PTR-Records eingetragen. Es ist zwar ungewöhnlich, in einer Forward-Zone PTR-Records zu finden, es ist aber auch kein Verstoß gegen einen RFC:

```
$ORIGIN kunde1.de.

1.3.2.1.in-addr IN PTR host1.kunde1.de.
2.3.2.1.in-addr IN PTR host2.kunde1.de.
...
```

14.3 Microsoft Active Directory und DNS

Microsoft führte mit Windows2000 den Active Directory Service ADS ein. Gegenüber den vorher üblichen Windows-Domains, die eine flache Hierarchie hatten, war es nun erstmals möglich, ein Windows-Netzwerk hierarchisch zu strukturieren. Der bis einschließlich NT 4.0 verwendete Namensdienst WINS wurde durch DNS abgelöst. Auch das Auffinden von Diensten für die Clients wurde über SRV-Records mittels DNS implementiert.

Die Active Directory Server verwalten in einer Standard-Installation auch das DNS, was bedeutet, dass zumindest der interne Nameserver auf Windows laufen muss. Dabei werden auch Einträge für die Mitglieder der ADS-Domäne gemacht, die deren Windows-SID enthalten.[8]

Es ist aber auch möglich, die gesamte Verantwortung für die eigene Domain im LAN auf ein Unix-System mit Bind zu legen. In der einfachen Variante erteilt man dem ADS-Master Schreibrechte auf die eigene Domain, wie man dies auch bei einem DHCP-Server konfiguriert. Allerdings muss dabei die unsichere Variante der Zugriffskontrolle über die IP-Adresse gewählt werden. Der Microsoft-Webserver beherrscht zwar Kerberos-Authentisierung, die versteht Bind aber nicht. Die TSIG-Authentisierung wiederum wird vom Microsoft-DNS-Server nicht unterstützt. Wenn auch der DHCP-Server auf einem Windows-Server läuft, so müssen allen Clients Schreibrecht haben, da sich in diesem Fall die Windows-Clients selbst in die DNS-Zone eintragen wollen. Dies sollte man sich angesichts der damit verbundenen Risiken (siehe Abschnitt 12.1) zweimal überlegen.

Die für die Funktion von Active Directory relevanten Informationen sind in Subzonen der eigentlichen Domain untergebracht, so dass es möglich ist, die Domain, z.B. `opensourcepress.de`, auf dem Unix-DNS-Server zu betreiben und lediglich die Subzonen auf dem Microsoft-DNS-Server zu belassen. Der Server für die Hauptzone muss dann so konfiguriert sein, dass er die DNS-Anfragen für die Unterzonen aus den Daten des ADS-DNS-Servers beantwortet.

---

[8] Beim Anlegen eines Maschinenkontos.

ADS sieht das Konzept mehrerer Standorte (z. B. Köln und München) vor. Dabei strukturiert man die Daten nach den Standorten, da ja unter Umständen Benutzer aus Köln, wenn sie in München zu Besuch sind, gar keinen oder nur eingeschränkten Zugriff auf die Ressourcen in München haben sollen. Dieses spiegelt sich auch im DNS-Baum wider, der standortabhängige Daten enthält. In der Logik des ADS ist ein Standort ein Baum, und alle Bäume aller Standorte zusammen ergeben den Wald (*Forest*).

Die Subzonen sind:

`_sites`

> enthält die standortabhängigen Daten (vor allem die Dienste und damit SRV-Records).

`_msdcs`

> steht für *MicroSoft Domain ControllerS*. In dieser Zone befinden sich alle Angaben zu den ADS-Mastern, wie deren A-Records, aber auch die Global Unique ID, ein Hexadezimalstring, der den Server unabhängig vom Namen eindeutig identifiziert.

`DomainDNSZones`

> Diese Subzone wurde bei Windows2003 eingeführt. Ihr Inhalt wird auf alle Domaincontroller einer Domain (Windows Domain, nicht DNS-Domain) repliziert.

`ForestDNSZone`

> Auch diese Subzone wurde mit Windows2003 eingeführt. Die Einträge unterhalb dieser Zone werden nicht nur auf die Server der lokalen Domain, sondern auf alle Server im „Wald" repliziert.

Leider legt der ADS-Master keine Subdomains mit NS-Records an, sondern trägt sämtliche Informationen direkt in die Zone ein. Daher kann man etwa in der Zone `opensourcepress.de` für die vier genannten Subzonen nicht einfach NS-Records anlegen, die auf den Windows-Nameserver zeigen. Auch Zonentransfers bleiben erfolglos, so dass man den Unix-Nameserver nicht als Secondary für diese Teilzonen verwenden kann.

Mit Zonen vom Typ `forward` lässt sich eine Umleitung implementieren. Als Beispiel sei 192.168.1.5 die IP-Adresse des Windows-Nameservers. In der Datei `/etc/named.conf` für den Unix-Nameserver werden jetzt die folgenden Zonen eingetragen:

```
zone "_msdcs.opensourcepress.de" {
        type forward;
        forwarders { 192.168.1.5; };
};

zone "_udp.opensourcepress.de" {
```

```
        type forward;
        forwarders { 192.168.1.5; };
};

zone "_tcp.opensourcepress.de" {
        type forward;
        forwarders { 192.168.1.5; };
};

zone "_sites.opensourcepress.de" {
        type forward;
        forwarders { 192.168.1.5; };
};

zone "DomainDnsZones.opensourcepress.de." {
        type forward;
        forwarders { 192.168.1.5; };
};

zone "ForestDnsZones.opensourcepress.de." {
        type forward;
        forwarders { 192.168.1.5; };
};
```

14.4 Spam und DNS

Spam-Mails sind eine ständige Belästigung für jeden Besitzer einer E-Mail-Adresse. Betrachtet man dabei, wie die Spammer ihre Werbung versenden, so kann man sich DNS zu Nutze machen, um die Annahme von Spam-Mails durch den eigenen Mailserver einzuschränken.

Ein Großteil des Spams wird aus sogenannten Botnetzen versendet. Dabei handelt es sich um durch Viren gekaperte PCs, deren private Internetverbindungen missbraucht werden, um Spam (oder Viren) zu versenden. Diese PCs haben häufig eine fehlende Reverse- oder Vorwärtsauflösung oder Vorwärts- und Reverseauflösung passen nicht zueinander. Ein Mailserver, der eine eingehende Verbindung verarbeitet, kann also prüfen, ob es zur eingehenden IP-Adresse einen Hostnamen im DNS gibt und ob dieser Hostname sich auch wieder zur eingehenden IP-Adresse auflösen lässt. Passen die beiden nicht zueinander oder fehlt eine der Angaben, dann kann man den Mailserver so konfigurieren, dass er die SMTP-Verbindung ablehnt.

Werden gültige Mailserver verwendet, so kann man diese sperren, bis die Administratoren das Spam-Problem auf dem eigenen Server bereinigt haben.

14.4.1 Realtime Blackhole List

Wenn ein Mailserver als Spamversender identifiziert ist, so haben eigentlich alle Betreiber von Mailservern im Internet Interesse, diesen Server zu kennen und bei sich zu sperren. Um dies einfach und für alle zugänglich zu implementieren, wurden sogenannte *Realtime Blackhole Lists* (RBLs) eingeführt. Damit sollen IP-Adressen oder ganze Netze, in denen Spam versendende Mailserver stehen, in einer Datenbank erfasst werden, die über DNS abfragbar ist. Dies wurde zuerst mit der MAPs-Datenbank von Paul Vixie implementiert. Mittlerweile gibt es eine Reihe von solchen Datenbanken.

Der Anbieter der Datenbank stellt eine Zone unterhalb seiner Domain bereit, in der ähnlich wie bei PTR-Records Einträge für bekannte Spamserver hinterlegt sind. Dabei handelt es sich um A- oder auch TXT-Records, die einen Kommentar enthalten können. Dieser wird in die Fehlermeldung eingebaut, die der Sender erhält.

Die meisten Mailserver unterstützen RBL direkt. Man sollte bei der Auswahl der verwendeten RBL-Server auf die Policies achten, mit denen diese festlegen, wer auf die Liste kommt, und wie man als vermeintlicher Spammer auch wieder herunterkommt. Es empfiehlt sich auf jeden Fall, nach Einführung von RBL-Support zu prüfen, ob sich unter den abgewiesenen Mails solche befinden, die hätten zugestellt werden sollen. Beispiele für RBL-Domains sind:

```
cbl.abuseat.org
sbl.spamhaus.org
list.dsbl.org
dnsbl.sorbs.net
dnsbl.njabl.org
```

Daneben existieren noch Datenbanken, die aufgrund der IP-Adresse des SMTP-Senders den Hostnamen speichern. Ein Beispiel hierfür ist `postmaster.rfc-ignorant.org`.

14.4.2 Sender Policy Framework (SPF)

Einem anderen Ansatz zur Spamvermeidung folgt das *Sender Policy Framework* (SPF), das in RFC 4408 definiert wurde. Es führt über DNS das Gegenteil des MX-Record ein.

Der MX-Record beschreibt, welcher Host oder welche Hosts Mail für eine Domain empfangen sollen. Die über das SPF angelegten Records definieren dagegen, wer Mail für eine Domain versenden darf. Damit schützt man Empfänger allerdings nicht vor dem Empfang beliebiger Spam-Mails, sondern nur vor dem Empfang von Mails mit gefälschten Absendeadressen, die aber bei Spam sehr häufig sind.

Wenn ein Mailserver, der SPF auswertet, eine eingehende Mail von `muster-mann@opensourcepress.de` empfängt, so kann er über den SPF-Record prüfen, ob die IP-Adresse, von der er diese empfängt, auch berechtigt ist, diese Mail zuzustellen. Dafür fragt der Empfänger entweder nach einem TXT-Record für `opensourcepress.de`, der SPF-Regeln enthält, oder nach dem SPF-Record (Type 99), der die Regeln enthält.

Ein SPF-TXT-Record für `opensourcepress.de` sieht zum Beispiel wie folgt aus:

```
$ORIGIN opensourcepress.de.

@ IN TXT "v=1 mx -all"
```

Das `v=1` am Anfang beschreibt die verwendete Version des SPF. Diese ist momentan immer 1. Nun folgt eine Reihe von „Mechanismen"[9], die man als Regeln verstehen kann. Diese werden der Reihe nach vom Empfänger abgearbeitet, bis einer passt. `mx` ist wahr, wenn die sendende IP-Adresse eine IP-Adresse ist, für die es einen MX-Record gibt, dessen A-Record auf sie zeigt. Wenn die Adresse 192.168.1.1 die Mail zusendet, greift die Regel, falls sich in der Zone von `opensourcepress.de` die folgenden Einträge befinden:

```
$ORIGIN opensourcepress.de.

@ IN MX mail.opensourcepress.de.
  IN TXT "v=1 mx -all"

mail IN A 192.168.1.1
```

Das `all` am Ende ist immer wahr. Wird ein Minus vorangestellt so kehrt sich die Wirkung um, die Mail wird also nicht zugelassen, sondern immer abgewiesen. Das Vorzeichen vor einer Regel heißt im RFC „Qualifier".

Die folgenden Mechanismen können verwendet werden:

`all`

> greift immer. Dieses verwendet man in der Regel am Schluss mit vorangestelltem Minus, um alle Adressen, die nicht von einem der Mechanismen davor eingefangen wurden, abzuweisen.

`a`

> Wird `a` allein verwendet, so greift die Regel, wenn die Domain auch einen A-Record hat, der der sendenden IP-Adresse entspricht (oder AAAA-RR bei IPv6). Steht hinter dem Mechanismus ein mit Doppelpunkt abgetrennter Domainname, so wird dieser auf den A- oder

---

[9] Der RFC spricht hier tatsächlich von „mechanisms".

AAAA-RR überprüft. `a:mail.opensourcepress.de` sucht nicht nach der Adresse für `opensourcepress.de`, sondern nach `mail.opensourcepress.de`. Man kann hinter den Hostnamen zusätzlich einen Schrägstrich und dahinter eine Maskenlänge setzen, so dass Hosts, die nach Auflösung der Adresse und Anwendung der Maske in dem daraus resultierenden Netz liegen, die Mail versenden dürfen.

`mx`

Dieser Mechanismus greift, wenn die IP-Adresse auf einen der MX-Records der Domain passt. Auch hier kann man, mit Doppelpunkt abgetrennt, einen explizit zu überprüfenden Domainnamen oder eine Maske anhängen.

`ptr`

Bei diesem Mechanismus wird nur überprüft, ob die IP-Adresse eine gültige Reverse-Auflösung hat, und einer der Namen, die dabei herauskommen, sich vorwärts wieder zur sendenden IP-Adresse auflösen lässt.

`ip4` und `ip6`

Mit diesen beiden Mechanismen kann ein IPv4- bzw. IPv6-Netz in der Schreibweise Netzadresse/Maskenlänge angegeben werden.[10]

`exists`

Der RFC definiert einige Makros für den Zugriff auf Teile des Mail-Envelope. Aus diesen lässt sich ein Domainname konstruieren, dessen Existenz (Gibt es einen A-Record?) dann mit `exists` überprüft wird. Will man z. B. auf die Existenz von Hostnamen der Art `Host-192.168.1.1.opensourcepress.de` testen, so lautet der entsprechende SPF-Ausdruck: `exists:Host-{i}.{d}`.[11]

`include:domain`

Hat man in einer Zone einen langen und komplizierten Ausdruck geschaffen, der für mehrere Zonen gelten soll, so kann man mit diesem Mechanismus einfach auf den Ausdruck der anderen Domain verweisen. Der auswertende Mailempfänger fragt beim angegebenen Domainnamen nach dem Record und wendet den Inhalt an. So muss die SPF-Regel nur einmal gepflegt werden und ist dennoch für alle Zonen gültig.

Möchte man einen selbst definierten Fehlertext zurückgeben, wenn die Mail abgewiesen wird, so dient dazu die Anweisung `exp:Erklärungstext`. Auch in diesem Text können die Makros aus Kapitel 8.1 des RFCs verwendet werden. Die `exp`-Anweisung wird an den Schluss des Eintrags gestellt.

---

[10] Der große Mailprovider GMX verwendet zum Beispiel diese Methode in seinem SPF-Eintrag.

[11] Alle Makros findet man im RFC, Kapitel 8.1.

Die Qualifier, die vor den Mechanismus gestellt werden, legen fest, was mit der Mail passieren soll, wenn die Regel auf die sendende Adresse passt. Es gibt vier verschiedene Qualifier:

+

Die Mail soll zugestellt werden. Das Pluszeichen kann auch entfallen.

-

Die Mail soll mit Fehlercode abgewiesen werden.

?

Keine Angabe. Hiermit sagt der Besitzer der Domain: Kein Kommentar. Ein Empfänger handelt dann so, als ob es keinen SPF-Eintrag für die gesamte Domain gäbe.

=

Dieser Qualifier wird vom RFC als *Soft Fail* bezeichnet. Er ist keine klare Absage, aber auch keine Erlaubnis. Ein auswertender Empfänger sollte mit einem 4xx-Code antworten, der einen temporären Ausfall anzeigt.

Die Wahl von `mx` ist zwar die einfachste, erzielt aber nicht unbedingt genau das gewünschte Ergebnis. In einer Konfiguration, bei der die Mailserver des Internetproviders als Secondary MX dienen, empfangen diese zwar Mail, verschickt wird sie aber nur vom eigentlichen Mailserver der Firma. Daher sollte bei einer solchen Konfiguration auch nur dieser in der SPF-Regel auftauchen. Heißt der Mailserver `mail.opensourcepress.de`, so ist folgende Regel ausreichend:

```
$ORIGIN opensourcepress.de.

@    IN TXT "v=1 a:mail.opensourcepress.de -all"
```

15

Organisatorisches

Im letzten Kapitel geht es nicht um technische Eigenschaften, sondern ganz kurz um die organisatorischen Aspekte des DNS. Werden Domains nur für ein LAN benötigt, kann der Administrator konfigurieren, was ihm gefällt. Wenn die Clients auch eine Auflösung gegenüber dem Internet besitzen, sollten dabei allerdings existierende Domains, die anderen gehören, vermieden werden. Soll aber eine eigene Domain aus dem Internet erreichbar sein, so gelten Regeln für die Verwaltung, die beachtet werden müssen.

15.1 Struktur der Verwaltung

Wie in Kapitel 6 erläutert wurde, ist ein Domainname in der Hierarchie von rechts nach links zu lesen. `www.opensourcepress.de.` „beginnt" mit der Rootdomain, ihr folgt `de`, dann kommt `opensourcepress`, und `www` gibt gerade noch den Hostnamen an.

Bei der Zuteilung von Namen bedeutet jeder Punkt im Namen auch eine Weitergabe der Verantwortung an eine andere organisatorische Einheit. Die Verantwortung für die Rootdomain und damit auch das Recht, neue Top-Level Domains zu vergeben, besitzt die ICANN. ICANN steht für *Internet Corporation for Assigned Names and Numbers*. Zur Verantwortung des ICANN zählt neben dem Betrieb der Rootnameserver auch die Definition von Regeln, wie mit Domains umgegangen wird, und die Definition der Top-Level Domains (TLDs).

Diese unterscheiden sich in allgemeine (Generic TLDs oder gTLDs) und länderspezifische (Country Code TLDs oder ccTLDS). Allgemeine TLDs gliedern sich in gesponsorte und nichtgesponsorte Domains, der Unterschied liegt darin, dass bei den nichtgesponsorten die ICANN selbst die Regeln zur Vergabe von Second Level Domains festlegt, bei den gesponsorten ist dies dem Betreiber der TLD überlassen.

15.2 Registries

Diese Betreiber werden *Registries* genannt. Im deutschsprachigen Raum sind das die genossenschaftlich organisierte DENIC für Deutschland, nic.at für Österreich und SWITCH in der Schweiz. Für .eu-Domains nimmt im Auftrag der Europäischen Kommission die Non-Profit-Organisation EURid mit Sitz in Belgien die Registry-Aufgaben wahr.

Registries für weltweite Domains werden von der ICANN mit der Domainvergabe beauftragt. Für die weit verbreiteten Domains `.com` und `.net` ist die Firma Verisign mit dieser Aufgabe betraut. Für die in den letzten Jahren neu hinzugekommenen TLDs sind jeweils verschiedene Registries zuständig. So wird zum Beispiel die `.info`-Domain von der Firma Afilias verwaltet. Auf der ICANN-Website findet sich eine Liste aller Registries für Top-Level Domains unter ICANN-Obhut.[1] Bei den neuen Domains gelangt man auch über die URLs `www.nic.tld` über eine Weiterleitung zur entsprechenden Registry, also zum Beispiel `www.nic.name`.

In den meisten Fällen geht es unterhalb der Top-Level Domains direkt mit den Besitzern weiter. Einige Länder haben unterhalb ihrer Domain aber noch eine Struktur mit weiteren Labels, so zum Beispiel `.co` für kommerzielle Angebote, `.go` für Regierungsorganisationen und `or` für private Organisationen. Dies ist zum Beispiel bei Großbritannien, Neuseeland, aber auch Österreich der Fall. Wie dies angewendet wird, obliegt jedoch den Registries von z. B. `.uk` und `.nz`

So sind zum Beispiel in Österreich lediglich die Labels `ac` für Bildungseinrichtungen bzw. `gv` für Behörden vorbehalten. Private und kommerzielle Domains können direkt unterhalb des Top-Levels `at` registriert werden.

[1] http://www.icann.org/registries/listing.html

15.3 Domainanmeldung, Registrare

Möchte man eine Domain anmelden, so setzt man sich in der Regel nicht direkt mit dem Betreiber der Registry in Verbindung. Stattdessen gibt es als Glied in der Kette zwischen Registry und Endbenutzern die *Registrare*, die das Anlegen und Verwalten von Domains geschäftsmäßig betreiben. Diese können (müssen aber nicht) Internet Service Provider sein. Registrare für .de-Domains müssen Mitglieder in der DENIC-Genossenschaft sein. Bei .com- und .net-Domains muss eine Vertragsbeziehung zur Firma Verisign bestehen, die als Registry für diese Domains auftritt. Im üblichen Sprachgebrauch heißt derjenige, der die Domain anmeldet, *Registrant*.

Die Registrare müssen Gebühren an die Registry abführen (wie hoch diese sind, hängt von der Registry ab). Was die Registrare allerdings ihren Kunden berechnen, können sie selbst festlegen. Bei der Auswahl eines Registrars sollte man aber nicht nur auf den Preis achten, sondern auch auf die Qualität des Supports.

15.4 Verwaltungsaufgaben

Die erste Verwaltungsaufgabe ist das Anlegen einer Domain. Dabei stellt sich zunächst die Frage, ob der Domainname noch frei ist. Streitigkeiten, die entstehen, wenn dies nicht der Fall ist, haben schon mehr als einmal die Gerichte beschäftigt.

Anfänglich galt die Regel „Wer zuerst kommt, mahlt zuerst." Diese wurde aber von sogenannten Domaingrabbern ausgenutzt, die sich Domainnamen bekannter Firmen registrieren ließen, und, wenn dann die Firma selbst eine Internetpräsenz aufbauen wollte, nur gegen Zahlung von Geldbeträgen bereit waren, die Domain wieder freizugeben.

Bei der Registrierung von deutschen Domains gilt deshalb laut DENIC die Einschränkung, dass die Anmeldung „nicht gegen Rechte Dritter verstößt". Diese Rechte ergeben sich aus dem Namensrecht (für Privatpersonen und Firmen) und dem Markenrecht. In der Automobilbranche ist beispielsweise volkswagen.de der Firmenname und golf.de der Markenname. Auch Beleidigungen in Form eines Domainnamens oder Diffamierungen der Konkurrenz können wegen des Persönlichkeits- oder Wettbewerbsrechts als Verstoß gewertet werden. Die letztendliche Entscheidung, was Rechte Dritter verletzt, obliegt dabei aber nach wie vor den Gerichten.

Wenn die Domain noch frei ist, müssen neben Domainnamen folgende Angaben gemacht werden, die feste Bezeichnungen haben:

OWNER-C/HOLDER-C

>Dies ist der Halter der Domain, die Person oder Firma, die sie beantragt hat. OWNER-C ist die ältere Bezeichnung, HOLDER-C wird heute verwendet.

ADMIN-C

>Dabei handelt es sich um den administrativen Kontakt für diese Domain. Diese Rolle agiert als Bevollmächtigte(r) des OWNER-C bzw. HOLDER-C. Dabei sollte es sich um eine natürliche Person handeln. Sie ist anzusprechen, wenn man die Domain z. B. übernehmen möchte. Im Falle einer privaten Domain sind OWNER-C und ADMIN-C häufig identisch, bei einer Firma sollte der ADMIN-C im Auftrag des OWNER-C handeln.

TECH-C

>Dieser Eintrag beschreibt den Ansprechpartner für technische Fragen zur Domain.

ZONE-C

>Mit diesem Eintrag wird der Administrator der Zonen und der Nameserver angegeben. Wenn also z. B. Fragen zu den Nameservern der Domain bestehen, wird dieser Kontakt angesprochen.

Für diese Ansprechpartner sind auch Anschriften und Telefonnummern zu hinterlegen. Die Informationen können über den Whois-Service eingesehen werden (siehe Abschnitt 15.5).

15.4.1 Domaintransfers

Wechselt man den Registrar (weil man z. B. den Internet Provider wechselt), so muss die Zuständigkeit für die Domain von einem zum anderen Registrar wandern. Zieht man eine .de Domain um, so läuft dies unter dem Begriff *KK* (früher *ChProv*). KK steht für *Kommunikations-Koordination*.

Der Ablauf ist der folgende:

1. Der Registrant (Besitzer) kontaktiert den neuen Registrar und teilt diesem mit, dass er die Domain gerne an ihn übertragen würde. Dabei sollte er auch beweisen, dass er der Inhaber der Domain ist, indem er z. B. ein offizielles Firmenschreiben beilegt.

2. Der neue Registrar leitet die Anfrage an die zuständige Registry weiter.

3. Die Registry kontaktiert den bisherigen Registrar und fordert diesen auf, den Transfer zu bestätigen.

4. Der aktuelle Registrar kontaktiert den ADMIN-C der Domain, damit dieser den Transfer bestätigt.

5. Der administrative Kontakt bestätigt den Transfer.

6. Der alte Registrar leitet die Bestätigung an die Registry weiter.

7. Die Registry transferiert die Zone.

Wenn eine Instanz, die in diesem Ablauf etwas bestätigen muss, dies unterlässt, ist der ganze Transfer ausgesetzt.

Einige Registries ermöglichen es, die Schritte 3-6 mit einem AUTH-Key zusamenzufassen. Der AUTH-Key ist ein Passwort für Aktionen rund um die Domain und wird dem Verantwortlichen beim Zuteilen der Domain mitgeteilt, wenn die Registry dies unterstützt. Bei Domains wie .com und .net heißt der AUTH-Key auch AUTH-Code.

Das Ergebnis eines Transfers ist eine Bestätigung (im Prozess *ACK* genannt) oder eine Ablehnung (*NACK*). Erfolgt eine der Bestätigungen sehr spät, so spricht man von einem *LATEACK*. Wie lange „sehr spät" ist, hängt von den Regeln der jeweiligen Registry ab. Beim DENIC kann der LATEACK innerhalb von drei Monaten erfolgen.

Für den Administrator einer Domain sind die Schritte 1 und 4 relevant, sofern er auch als ADMIN-C für diese Domain fungiert. Ist er dies nicht, so sollte er unbedingt dem ADMIN-C Bescheid geben, da dieser sonst den Transfer ablehnen könnte.

Soll eine Domain lediglich einen neuen Eigentümer bekommen, also den Registrant, aber nicht den Registrar wechseln, wird dieses einfach mit einer Änderung der OWNER-C- und ADMIN-C-Einträge bewerkstelligt. Diese müssen vom alten Besitzer der Domain beantragt werden.

Um Domain-Klau zu verhindern, kann eine Domain vom Registrar auf Anfrage des Besitzer mit einem *Lock* versehen werden. Ist dieses gesetzt, kann der Domaintransferprozess erst dann beginnen, wenn es wieder aufgehoben wurde. Dieses Verfahren ist für .de-Domains nicht in Gebrauch, wohl aber bei .com.

15.5 Domain-Informationen herausfinden

Um herauszufinden, ob ein Domainname bereits vergeben ist, kann man auf den Webseiten der meisten Registries die gewünschte Domain prüfen. Ein wesentlich älterer Dienst, um Informationen über Domains, aber auch über vergebene IP-Netze und IP-Adressen zu erhalten, ist WHOIS. Dieser Dienst nach RFC 3912 läuft auf TCP-Port 43 und funktioniert denkbar einfach: Nach dem Verbindungsaufbau wird die gesuchte Domain an einen

Whois-Server gesendet, und wenn es Informationen über diese gibt, werden sie zurückgeschickt.

TLD	Whois-Server	Web-Interface
.at	whois.nic.at	www.nic.at
.biz	whois.neulevel.biz	www.whois.biz
.ch	whois.nic.ch	nic.switch.ch
.com	whois.internic.net	www.internic.net
.de	whois.denic.de	www.denic.de
.edu	whois.educause.net	whois.educause.net
.eu	whois.eu	www.eurid.eu
.gov	whois.nic.gov	www.dotgov.gov
.info	whois.afilias.info	www.afilias.info
.int	whois.iana.org	whois.iana.org
.name	whois.nic.name	whois.nic.name
.net	whois.internic.net	www.internic.net
.org	whois.pir.org	www.internic.net

In der Ausgabe der Antwort sind in der Regel auch die Kontaktdaten der Ansprechpartner enthalten, jedoch unterscheiden sich die Ausgaben von Registry zu Registry, und manchmal fehlen diese Angaben, vor allem um Adresssammlern die automatisierte Abfrage zu erschweren. Mehr Informationen erhält man unter Umständen, wenn man statt des Kommandozeilen-Tools whois das Webinterface der zuständigen Registry bemüht.

Falls whois den für eine Domain zuständigen Whois-Server nicht kennt, kann es auch keine Informationen über die Domain liefern. In solchen Fällen kann man mit der Option -h einen Server explizit angeben. Tabelle 15.1 zeigt die Whois-Server für die wichtigsten Domains. Eine Liste von ständig aktualisierten Informationen über TLDs inklusive Whois-Server führt die IANA[2], die *Internet Assigned Numbers Authority*, eine Unterorganisation des ICANN.

Mit whois lassen sich außer Domain-Informationen auch Kontaktdaten zu einem vergebenen IP-Netz herausfinden. Die Datenbanken dazu werden von regional zuständigen Organisationen, den RIRs (*Regional Internet Registries*) verwaltet. Für Europa ist das das RIPE (*Réseaux IP Européens*). Eine vollständige Liste führt wiederum die IANA[3]. Die Abfrage erfolgt genau wie bei Domains, nur dass man statt des Domainnamens eine IP-Adresse angibt.

[2] http://www.iana.org/root-whois/
[3] http://www.iana.org/ipaddress/ip-addresses.htm

Anhang

DHCP-Optionen

Jede DHCP-Option hat eine Nummer, die im DHCP-Paket steht. Beherrscht ein DHCP-Server eine benötigte Option nicht, so kann diese bei einigen Produkten mittels Angabe der Optionsnummer und eines Datentyps angegeben werden.

Nr.	Option	Beschreibung	Datentyp
1	Subnet Mask	Subnetzmaske des Netzes	IP-Adresse
2	Time Offset	Zeitzonen-Abstand in Sekunden	32-Bit-Zahl
3	Router	Default Router	Liste von IP-Adressen
4	Time Server	Zeitserver nach RFC 868	Liste von IP-Adressen
5	Name Server	Nameserver nach IEN116	Liste von IP-Adressen

Tabelle A.1:
DHCP-Optionen

Fortsetzung:

Nr.	Option	Beschreibung	Datentyp
6	Domain Name Server	DNS-Server	Liste von IP-Adressen
7	Log Server	Log-Server	Liste von IP-Adressen
8	Cookie Server	Cookie-Server nach RFC 865	Liste von IP-Adressen
9	LPR Server	Druck-Server für das LPD-Protokoll	Liste von IP-Adressen
10	Impress Server	Imagen Impress Server	Liste von IP-Adressen
11	Resource Location Server	Resource Location Server nach RFC 887	Liste von IP-Adressen
12	Host Name	Hostname des Clients	String
13	Boot File Size	Größe der Bootdatei	16-Bit-Zahl
14	Merit Dump File	Datei für einen Speicherdump des Client	String
15	Domain Name	Name der Domain, der dem Client zugewiesen wird	String
16	Swap Server	Server mit Festplatte, auf den der Client swappen kann	Liste von IP-Adresse
17	Root Path	Pfadname für das Rootfilesystem eines Clients	String
18	Extensions Path	Datei, die heruntergeladen wird und weitere Optionen enthält	String
19	IP Forwarding	Soll der Client IP-Forwarding aktiviert haben	0/1
20	Non-Local Source Routing	Hat der Client Source-Routing aktiviert oder nicht	0/1
21	Policy Filter	Policy Filter für das Sourcerouting	Liste von Adressen und Masken
22	Maximum Datagram Reassembly Size	Maximalgröße von Paketen, die der Client aus Fragmenten zusammensetzt	16-Bit-Zahl
23	IP Time-to-Live	TTL für IP-Pakete, die akzeptiert werden	8-Bit-Zahl
24	Path MTU Aging TImeout	Zeit in Sekunden, nach der Path-MTU-Discovery-Werte vergessen werden	32-Bit-Zahl
25	Path MTU Plateau Table	Liste von Path MTU Werten nach RFC 1191	Liste auf 16-Bit-Zahl

Fortsetzung:

Nr.	Option	Beschreibung	Datentyp
26	Interface MTU	MTU der Schnittstelle	16-Bit-Zahl
27	All Subnets are Local	Soll der Client annehmen, dass alle Subnetze die gleiche MTU verwenden	0/1
28	Broadcast Address	Broadcastadresse im Netz	IP-Adresse
29	Perform Mask Discovery	Soll nach der Adressmaske gesucht werden	0/1
30	Mask Supplier	Soll der Client auf Anfragen nach der Netzmaske antworten	0/1
31	Perform Router Discovery	Sollen Router mit dem Protokoll aus RFC 1256 gefunden werden	0/1
32	Router Solicitation Address	An welche Adresse sollen Anfragen nach Routern gesendet werden	IP-Adresse
33	Static Route	Statische Routen in Paaren aus Netz und Gateway	Liste IP-Adresspaaren
34	Trailer Encapsulation	Soll der Client über ARP Trailer aushandeln (RFC 893)	0/1
35	Arp Cache Timeout	Nach welcher Zeit in Sekunden sollen Werte aus dem Arp-Cache gelöscht werden	32-Bit-Zahl
36	Ethernet Encapsulation	Soll Ethernet Encapsulation verwendet werden	0/1
37	TCP Default TTL	TTL für TCP-Verbindungen	8 Bit Zahl
38	TCP Keepalive Interval	Zeit in Sekunden für das TCP-Keepalive-Intervall	32-Bit-Zahl
39	TCP Keepalive Garbage	Soll der Client ein Extraoktett für die Kompatibilität mit älteren TCP-Implementierungen in die Keepalive-Option packen	0/1
40	NIS Domain	Name der NIS-Domain	String
41	NIS Server	IP-Adressen der NIS-Server	Liste von IP-Adressen
42	NTP Server	IP-Adressen der NTP-Server	Liste von IP-Adressen
43	Vendor Specific	Unterhalb dieser Option befinden sich Vendorspace-Optionen	Rohdaten
44	NetBIOS Name Server	WINS-Server	Liste von IP-Adressen

Fortsetzung:

Nr.	Option	Beschreibung	Datentyp
45	NetBIOS Datagram Distribution Server	DDS-Server für Wins	Liste von IP-Adressen
46	NetBIOS Node Type	Node-Type des NetBIOS-Clients	8-Bit-Zahl
47	NetBIOS Scope	Scope der NetBIOS-Domain	String
48	X Window Font Server	IP-Adresse des Fontservers für X-Windows Clients	Liste von IP-Adressen
50	Requested IP Address	IP-Adresse für den Client	IP-Adresse
51	IP Address Lease Time	Gültigkeit der Lease in Sekunden	32-Bit-Zahl
53	DHCP Message Type	Typ der Nachricht	1-9
54	Server Identifier	Adresse, die der Server mitschickt, um sich zu identifizieren	IP-Adresse
55	Parameter Request List	Liste der angefragten DHCP-Optionen	Liste aus 8-Bit-Zahlen
56	Message	Fehlemeldung, sofern notwendig	String
57	Maximum DHCP Message Size	Maximale Größe einer DHCP-Nachricht	16-Bit-Zahl
58	Renewal Time	Zeit in Sekunden, bis der Client seine Lease erneuert	32-Bit-Zahl
59	Rebinding Time	Zeit in Sekunden, bis die Lease des Clients abläuft	32-Bit-Zahl
60	Vendor Class Identifier	Kennung, die der Client an den Server schickt, um seinen Typ anzugeben	String
61	Client Identifier	Kennung, die der Client an den Server schickt, um sich zu identifizieren	String
64	NIS+ Domain	Name der NIS+-Domain	String
65	NIS+ Server	Liste der IP-Adressen der NIS+-Server	Liste von IP-Adressen
66	TFTP Server Name	Name des TFTP-Servers	String
67	Bootfile Name	Name der Bootdatei	String
68	Mobile IP Home Agent	IP-Adresse des Home Agent für Mobile IP, den ein Mobile-IP-Client verwenden kann	Liste von IP-Adressen
69	SMTP Server	IP-Adressen der SMTP-Server	Liste von IP-Adressen

Fortsetzung:

Nr.	Option	Beschreibung	Datentyp
70	POP3 Server	IP-Adressen der POP3-Server	Liste von IP-Adressen
71	NNTP Server	IP-Adressen der NNTP-Server	Liste von IP-Adressen
72	Default WWW Server	IP-Adressen der WWW-Server	Liste von IP-Adressen
73	Default Finger Server	IP-Adressen der Finger-Server	Liste von IP-Adressen
74	Default IRC Server Option	IP-Adressen der IRC-Server	Liste von IP-Adressen
75	StreetTalk Server	IP-Adressen der StreetTalk-Server	Liste von IP-Adressen
76	StreetTalk Directory Assistance	IP-Adressen für die Verzeichnisunterstützung bei StreetTalk	Liste von IP-Adressen
77	User Class	String, den der Client zum Server schicken kann, damit dieser die Parameterauswahl bestimmt	String
78	SLP Directory Agent	SLP Directory Agents (RFC 2610)	Siehe RFC 2610
79	SLP Service Scope	Der Scope des Clients bei der Verwendung von SLP (RFC 2610)	Siehe RFC 2610
80	Rapid Commit	Mit dieser Option nach RFC 4039 zeigt der Client an, dass er nur zwei Nachrichten statt den üblichen vier austauschen will.	Keine Daten
83	iSNS	Option, damit Storage-Clients ihre Server im iSCSI- oder iFCP-Protokoll finden (RFC 4174)	Aufbau gemäß RFC
88	Broadcast and Multicast Service Controller Domain Name List	FQDNs von Broadcast- und Multicast-Controllern (RFC4280)	Liste von FQDNs
89	Broadcast and Multicast Service Controller List	IP-Adressen von Broadcast- und Multicast-Controllern (RFC4280)	Liste von IP-Adressen
93	PXE Client System Architecture	Typ der Hardware des Clients (RFC 4578)	16-Bit-Zahl
94	PXE Client Network Interface Identifier	Typ der Schnittstelle des Client (RFC 4578)	3 8-Bit-Zahlen

Fortsetzung:

Nr.	Option	Beschreibung	Datentyp
95	LDAP Server	Der LDAP-Server in Form einer LDAP URI mit Suchbasis (keine Definition per RFC)	String
97	PXE Client Machine Identifier	Identifier, der die Maschine weltweit eindeutig beschreibt (RFC 4578)	1 8-Bit-Zahl (Typ) gefolgt von 16 Oktetten mit der UID
118	Subnet Selection	Ist ein Client in mehreren Subnetzen, kann mit dieser Option, die an den Server gesendet wird, vom Client bestimmt werden, aus welchen Netz die Adresse zugewiesen werden soll.	IP-Adresse
119	Domain Search	Liste der Domains, die ein Client bei unqualifizierten Namen probieren soll (RFC 3397)	Siehe Abschnitt 3.2
120	SIP Server	Liste von SIP-Servern für einen Client (RFC 3361)	Liste von FQDNs
121	Classless Static Route	Liste von Routen mit Netzmasken (RFC 3442)	Siehe Abschnitt 3.1

Resource Records

B.1 Im Buch vorgestellte Resource Record Types und QTYPE-Codes

QTYPE-Code	Record Type	Beschreibung
1	A	Address, eine IP-Adresse zu einem Host
2	NS	Nameserver für eine Zone
5	CNAME	Canonical Name, für Verweise
6	SOA	Start of Authority, zur Definition der Zuständigkeit und der Timing Parameter für eine Zone

Tabelle B.1:
Resource Record
Types

Fortsetzung:

QTYPE-Code	Record Type	Beschreibung
12	PTR	Pointer, zur Zuordnung einer IP-Adresse zu einem Hostnamen
13	HINFO	Hostinfo, um Informationen über einen Host zu hinterlegen
15	MX	Mailexchanger, zur Festlegung eines Mailserver für einer Domain
16	TXT	Text, um Kommentare über einen Host zu hinterlegen
17	RP	Responsible Person, über diesen Record können verantwortliche Personen für einzelne Records hinterlegt werden
29	LOC	Location, mit diesem Record werden geographische Koordinaten zu einem Host hinterlegt
39	DNAME	DNS Name, um Verweise für ganze Teilbäume zu definieren
44	SSHFP	SSH Fingerprint, dieser Record definiert den Fingerprint eines SSH Hostkeys
46	RRSIG	Resource Record Signature, um die Signatur eines Records anzugeben
47	NSEC	Next Owner Name, dieser Record gibt den nächsten existierenden Record in der Zone an
48	DNSKEY	DNS Key, um die Public Keys der Zone zu hinterlegen

B.2 Syntax–Beispiele für die vorgestellten Recordtypen[1]

A (Adresse zu Host)
```
host.opensourcepress.de. IN A 192.168.1.1
```

NS (Nameserver für Domain)
```
opensourcepress.de. IN NS ns.opensourcepress.de.
```

---

[1] Hostnamen immer in der FQDN-Variante.

CNAME (Aliasname)
www.opensourcepress.de. IN CNAME server.opensourcepress.de.

SOA (Start of Authority für eine Domain)
opensourcepress.de. IN SOA ns.opensourcepress.de hostmaster.
opensourcpress.de 2006100100 86400 3600 864000 86400

PTR (Hostname zu Adresse)
1.1.168.192.in-addr.arpa. IN PTR host.opensourcepress.de.

HINFO (Hostinfos zu einem Eintrag)
host.opensourcepress.de. IN HINFO "PC-Pentium4-2GB" "Gentoo
-Linux-2-6-17-r7"

MX (Mailserver für eine Domain)
opensourcepress.de. IN MX 10 mailserver.opensourcepress.de.

TXT (Kommentare zu einem Eintrag)
host.opensourcepress.de. IN TXT "Dies ist ein Kommentar"

RP (Zuständige Person für einen Eintrag)
www.opensourcepress.de. IN RP webmaster.opensourcepress.de.

LOC (Geographische Koordinaten zu einem Eintrag)
space.net. IN LOC 48 11 6.000 N 11 36 11.000 E 530.00m 1m
10000m 10m

DNAME (Verweis für einen ganzen Teilbaum im DNS)
opensourcepress.de. IN DNAME opensourcepress.com.

SSHFP (SSH Fingerprint eines Hostkeys)
host.opensourcepress.de. IN SSHFP 1 1 a46b8d6f8f87ecd7fd480
3653b6f418daacc32eb

RRSIG (Resource Record Signature)
server.sec.opensourcepress.de. 86400 IN RRSIG A 5 4 86400 2
0061228095119 20061218095119 55976 sec.opensourcepress.de.
bnUy42S3OUCqtnQ5XryYk/Ml5LAOpJZhhGDSAqBgoCIzlSjzJY4kv34bvsC
hztFyqcPMuSlznyJBJk85DeNAMUbNfApJ9lIZqZVp5ktnV4DHWokJPwWCUx
qkuvcVNZQWpy45T3nc5lMNvEyakeLlr+4kLU/c0kDKY=

NSEC (Next Owner Name, wird vom Nameserver generiert und nicht manuell eingetragen)

```
ftp.sec.opensourcepress.de. 86400 IN NSEC
www.sec.opensourcepress.de. A RRSIG NSEC
```
[2]

DNSKEY (Schlüssel für eine DNS-Zone)

```
sec.opensourcepress.de. 86400 IN DNSKEY 256 3 5 AwEAAcMtJ7O
UPNVrsjRaqil9O/QtsmfPxZmF99YVZVmxrWhxdhE3S+ UDnCKYgBrxm+9lz
RNO42BHVGVBiLTBAzB/s=
```

---

[2] Es werden zwei NSEC-RRs zurückgegeben, die in der Reihenfolge jeweils vor und nach dem nichtexistierenden liegen.

Index